职业院校
汽车类"十二五"规划教材

"十二五"江苏省高等学校重点教材（编号：2013-1-143）

汽车发动机检修（第2版）

Maintenance of Automobile Engine (2nd Edition)

◎ 孙海波 倪晋尚 主编

人 民 邮 电 出 版 社
北 京

图书在版编目（CIP）数据

汽车发动机检修 / 孙海波，倪晋尚主编. -- 2版
. -- 北京 : 人民邮电出版社，2015.8
职业院校汽车类“十二五”规划教材
ISBN 978-7-115-39237-4

Ⅰ. ①汽… Ⅱ. ①孙… ②倪… Ⅲ. ①汽车－发动机－检修－高等职业教育－教材 Ⅳ. ①U472.43

中国版本图书馆CIP数据核字(2015)第143588号

内容提要

本书共五个项目，主要内容包含维修车辆接待与建档，发动机大修的前期准备，发动机机械系统检修，发动机电控系统检修，发动机大修后的交付、回访及维护。

本书按照汽车发动机检测与维修的工作流程，将汽车发动机检修的整个工作过程划分成若干个相对独立的工作任务，每个任务均按照任务分析、任务实施、相关知识、拓展知识的体系结构编排、层次清晰、实践性强。

本书可作为高职高专院校汽车类相关专业的教材，也可作为汽车维修与服务从业人员的参考书。

◆ 主　　编　孙海波　倪晋尚
　责任编辑　刘盛平
　责任印制　杨林杰
◆ 人民邮电出版社出版发行　　北京市丰台区成寿寺路 11 号
　邮编　100164　　电子邮件　315@ptpress.com.cn
　网址　http://www.ptpress.com.cn
　北京鑫正大印刷有限公司印刷
◆ 开本：787×1092　1/16
　印张：19.5　　　　2015 年 8 月第 2 版
　字数：456 千字　　2015 年 8 月北京第 1 次印刷

定价：42.00 元

读者服务热线：(010) 81055256　印装质量热线：(010) 81055316
反盗版热线：(010) 81055315

Foreword 第 2 版 前言

《汽车发动机检修》自 2009 年出版以来，承广大读者和全国各兄弟高职院校师生厚爱，被选为汽车类专业核心课程《汽车发动机构造与检修》教材或参考书，2010 年被评为“全国高职高专汽车类专业教学指导委员会优秀教材”、2011 年被评为“江苏省高等学校精品教材”，2013 年被江苏省教育厅确定为“‘十二五’江苏省高等学校重点建设教材”。能够为高职院校汽车类专业及其课程建设做出微薄贡献并得到好评，我们倍感欣慰。

作为第 2 版，我们在修订过程中，在保持第 1 版教材特点的基础上，结合广大读者和师生们的反馈意见，除了正常的汽车发动机检修作业规范和技术数据的更新外，还结合汽车修理工职业技能鉴定“汽车发动机”部分的考核要求，针对性地调整了项目任务设置，细化了各项目任务的知识、技能和素质目标，更加突出了学生职业岗位技能训练和职业素养的形成；按照职业岗位的典型工作任务及其工作过程，按照职业能力递进规律，优化了教材体例结构、丰富了教材案例，进一步体现了高职教育专业课程理实一体化教学理念，更利于“项目载体、任务驱动”式课程教学。

此次修订，增补了近年来编者们在进行项目化教学改革过程中的原创性教学文件和经验性总结的内容，丰富完善了考核要求及其方案设计，在每个任务中增加了“工作质量评价”内容，分别设计了工作质量评价表，用于教学过程的质量评价环节。同时更新修正了所有的项目和任务实施导向图，为教师组织教学和学生完成工作任务提供思维导向。

本书主要以本田 VTEC 发动机机型为主进行发动机大修任务的开展，按照工作过程程序组织编写，设置了“维修车辆接待与建档”、“发动机大修的前期准备”、“发动机机械系统检修”、“发动机电控系统检修”和“发动机大修后的交付、回访及维护”5 个项目，第 1 版建议学时为 180 学时，由于近年来汽车类专业一般都开设汽车电控技术相关课程，为此，本版建议学时有所调整，参见下表。

项目名称	项目性质				建议学时
	入门项目	主导项目	自主项目	综合项目	
项目一 维修车辆接待与建档	√		√		6
项目二 发动机大修的前期准备	√		√	√	6
项目三 发动机机械系统检修		√	√		64
项目四 发动机电控系统检修		√	√		32
项目五 发动机大修后的交付、回访及维护			√	√	4
总学时					112

此次修订，同步开展了立体化教材建设，增加并更新了本教材的配套资源，如教学课件、电子教案、任务工单、引导文、学习指南、习题库、动画库及其他资源，建有《汽车发动机检修》课程学习网络平台（http://web.czie.net/jpkc/fdj/stmain.asp），师生们可以随时使用。

本书由常州工程职业技术学院孙海波、倪晋尚主编，常州工程职业技术学院皮连根、于瑞、彭卫锋、陈瑄、王中磊、姜淑华、常州信息职业技术学院代洪和江苏信息职业技术学院、无锡商业职业技术学院、江海职业技术学院等院校汽车类专业教师，以及常州万帮本田、常州福尔特、一汽大众常州上瑞、常州宝尊、苏州林肯、一汽大众启东文锋等品牌汽车 4S 店专业技术人员共同编写，全书由常州工程职业技术学院倪晋尚统稿。

本书由常州工程职业技术学院陈保国教授主审，常州机电职业技术学院李彦教授、无锡商业职业技术学院王凤军教授、江苏信息职业技术学院何雨漾教授审阅，对本书的修订提出了许多宝贵意见。在本书编写过程中还参考了大量文献资料，借鉴了部分数据和图表，在此，谨向以上有关人员和原书作者表示衷心感谢！

由于编者水平有限，不足不妥之处在所难免，恳请广大读者批评指正。

编者

2015 年 5 月

Foreword

前言

"汽车发动机检修"是高职高专院校汽车类专业的一门主干课程，为了使此专业的学生能够胜任汽车生产制造、汽车维修、交通运输、汽车检测等企业相关岗位的工作要求，便于教师比较全面、系统地讲授这门课程，我们联合了汽车维修企业的一线工作人员共同编写了本书。

本书在教学中以工作过程为主线，按信息采集→制定维修方案→讨论决定→任务实施→过程检查→结果评价 6 个步骤展开教学内容。教师可在课内以一或两部典型发动机检修为主，再以另外一或两部发动机检修为辅实施课外训练项目。本书建议学时数为 180 学时，各项目可以根据具体内容采用不同的教学方法，学时分配参见下表。

项目名称	项目性质				建议学时
	入门项目	主导项目	自主项目	综合项目	
项目一　维修车辆接待与建档	√		√		8
项目二　发动机大修前期工作	√		√	√	12
项目三　发动机机械系统检修		√	√		88
项目四　发动机电控系统检修		√	√		60
项目五　发动机大修后的交付、回访及维护			√	√	12
总学时					180

本书项目一和项目五由常州工程职业技术学院王中磊、于瑞编写，项目二由常州工程职业技术学院倪晋尚、皮连根编写，项目三由常州工程职业技术学院孙海波、倪晋尚、皮连根、彭卫锋编写，项目四由常州工程职业技术学院姜淑华，黑龙江省齐齐哈尔农业机械化学校赵志勇、徐景彬编写，全书由常州工程职业技术学院孙海波统稿。

本书由常州工程职业技术学院侯文顺、常德职业技术学院文有华主审，常州工程职业技术学院陈保国和陈瑄参与审阅，对本书的项目设置与任务编排提出了许多宝贵意见。在本书编写过程中得到了有关汽车特约维修站、汽车维修厂工作人员的大力支持，本书还参考了大量文献资料，借鉴了部分数据和图表，在此，谨向以上有关人员和原书作者表示衷心感谢！

由于编者水平有限，书中难免存在错误和不足之处，恳请广大读者给予批评指正。

编　者

2009 年 7 月

目 录

项目一 维修车辆接待与建档

汽车维修企业进行车辆维修的第一步就是接待维修客户的工作。这一个环节要完成送修车辆的一般检查、建立维修车辆档案、签订维修合同等工作。本项目顺利完成后，送修车辆才能进入维修车间进行相应的保养、诊断及维修作业。通过本项目的实施与训练，读者能够了解汽车维修企业基本作业流程，掌握车辆维修接待与建档工作的内容与过程，树立服务意识与法律意识，了解汽车维修企业服务规范。组织本项目实施的导向图如图 1-1 所示。

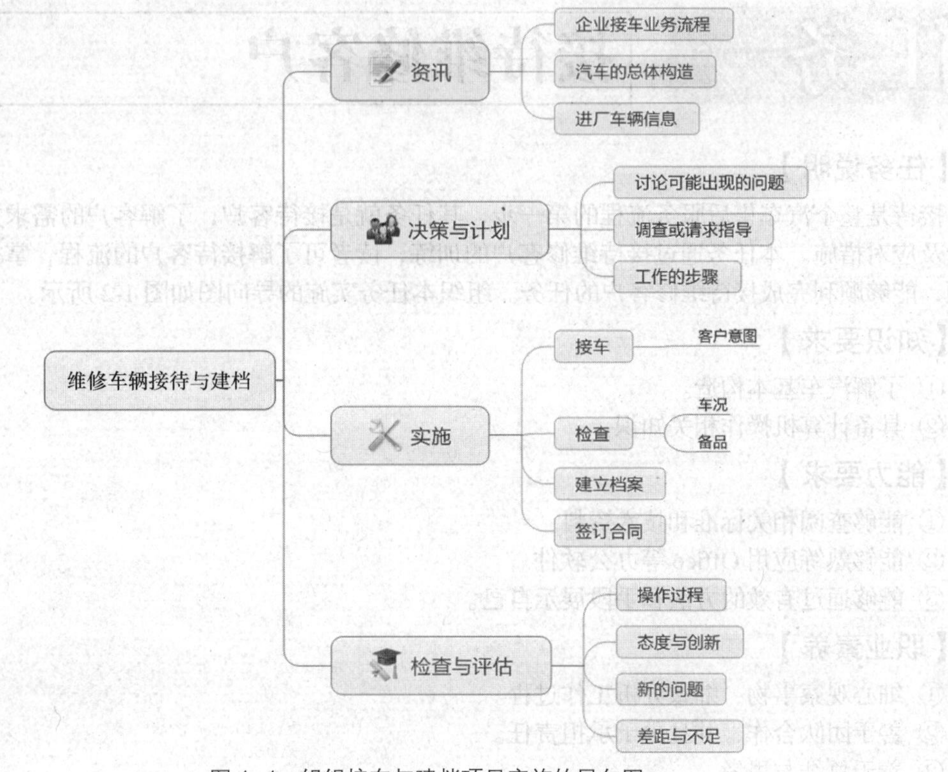

图 1-1　组织接车与建档项目实施的导向图

【知识目标】

① 了解汽车维修企业接待流程。
② 掌握汽车维修企业接待要点与注意事项。
③ 了解汽车维修企业前台接待员的主要工作内容。
④ 掌握维修车辆检查与工单填写要求。

【能力目标】

① 能够完成环车检查内容。
② 能够与客户进行有效沟通，并向客户了解车辆相关状况，做好记录。
③ 能够准确快速建立或查找维修车辆档案。
④ 能够引导客户签订维修合同。

【素质目标】

① 培养服务意识、经济意识，并能很好完成本职工作。
② 善于语言表达，能够与不同类型的客户进行沟通与交流。
③ 遵守服务规范，提高法律意识。

【项目实施要求】

本项目是本课程的一个引导项目，还没有涉及汽车的专业知识，目的是使读者初步了解汽车维修企业服务流程与服务规范，激发学习兴趣。项目实施可以由教师与学生共同设置情景，进行角色定位，虚拟接车与建档过程，同时也可布置任务，进行相应的企业调研，使学生进行入企业现场，了解实际工作中维修车辆接待过程。

任务一 接待维修客户

【任务说明】

接待是整个汽车售后服务流程的第一步，其任务就是接待客户，了解客户的需求并做出相应的判断及应对措施。本任务通过接待维修客户的训练，读者可了解接待客户的流程，掌握接车的各个要领，能够顺利完成接待维修客户的任务。组织本任务实施的导向图如图 1-2 所示。

【知识要求】

① 了解汽车基本构造。
② 具备计算机操作相关知识。

【能力要求】

① 能够查阅相关标准和技术资料。
② 能够熟练应用 Office 等办公软件。
③ 能够通过有效的方法和手段展示自己。

【职业素养】

① 细心观察事物、细致分析工作过程。
② 善于团队合作，并且勇于承担责任。
③ 善于总结与思考。

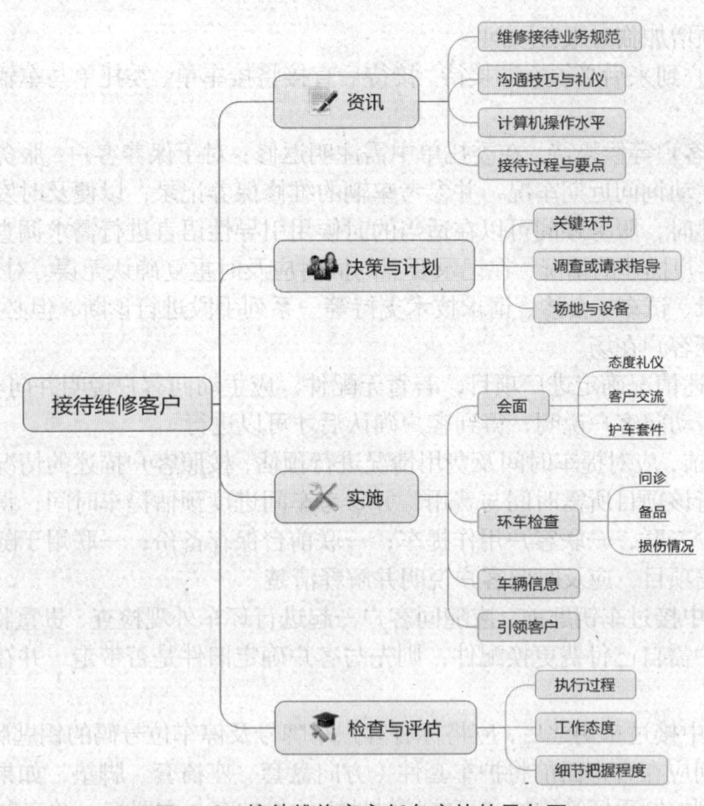

图 1-2 接待维修客户任务实施的导向图

一、资讯

1. 汽车维修业务接待工作内容描述

① 及时、热情地接待客户，并实行首问负责制，对所接待的客户负责，及时联系和解答客户疑问。

② 负责建立并修改客户档案和车辆维修档案。

③ 协助执行预约制度。

④ 仔细倾听客户对车辆故障的描述，正确判断车辆故障并作出正确估时与估价。

⑤ 负责向客户提出维修保养和使用方面的建议。

⑥ 参与信息反馈的作业，掌握车辆与配件出现的问题，并及时反馈给服务经理。

⑦ 参与协助解决现场的客户抱怨。

⑧ 协助质量跟踪人员进行跟踪后问题的处理。

2. 汽车维修业务接待服务规范（节选）

① 客户车辆进入经销商待修车停车区，尚未接待客户的服务顾问应主动出迎致意，出迎时携带接车单。

② 若客户是进厂维修客户，则服务顾问直接在接车单上记录车辆外观情况、进厂原因，并进行情况描述简要记录；若客户不是进厂维修客户，则应带领客户至相关业务部门。

③ 如果客户需要等候接待，等待时间不得超过 5min。如果客户等待时间超过 5min 或有几位客

户同时等待时，必须增加临时服务顾问。

④ 预约过的客户到来后必须立即接待。接待后直接将接车单、委托单与车辆一起送至车间交给接受了预约的班组。

⑤ 禁止让返修客户等候接待，在委托单中需注明返修；对于保养客户，服务顾问在进行保养项目记录的同时，应主动询问近期车况，并参考车辆的维修保养记录，以便及时发现隐含问题。在客户进行故障情况描述时，服务顾问可以在适当的时候用引导性语言进行需求调查，但严格禁止打断客户的描述。对于客户描述的情况，在记录要点的同时应及时重复确认无误。对于客户描述的故障，可通过查看维修记录、试车、会诊、请求技术支持等一系列手段进行诊断，但必须保证快速、准确。如需试车，必须保证客户在场。

⑥ 根据客户描述情况确定进厂项目，若暂无配件，应主动向客户说明并向客户提供到货时间；若需转包修理，应主动向客户说明，得到客户确认后才可以进行。

⑦ 打印委托单前，应对提车时间及费用情况进行预估，按照客户描述的情况向客户逐项解释所需进行的项目及进行该项目所需时间与费用，并参考车间进度预估提车时间；得到客户确认后才可以打印。委托单至少三联，一联客户用作提车；一联前台保存备份；一联用于随车作业。若即将进行的项目中存在索赔项目，应及时向客户说明并解释清楚。

⑧ 在从客户手中接过车钥匙前，应随同客户一起进行环车外观检查、贵重物品确认，并在接车单上标明。如果客户需自己付费更换配件，则先与客户确定旧件是否带走，并在接车单和委托单上注明。

⑨ 在从客户手中接过车钥匙后，应将标有客户车牌号及停车位号码的钥匙牌连在钥匙上，方便找到车辆。服务顾问应在客户面前将护车套件（方向盘套、座椅套、脚垫，如果条件许可还应包括换挡手柄、灯光雨刷控制手柄等维修工可能接触地方的保护套）安置好，并亲自将车辆送入车间。

⑩ 接车时，服务顾问应尽量记住座椅、后视镜、反光镜等的位置及角度。

⑪ 将车辆送入车间时，应先建议客户去客户休息室休息；然后将车辆送入车间并将接车单与委托单交给车间主管，最后向客户确认车辆已经送入车间并再次说明预计交车时间；若客户要求直接离开，则在和客户确认预计的交车时间后送客户离开，并留给客户能够随时联络到的联系方式，在客户离开后应随时保持联系。

以上服务规范节选自《北京现代汽车售后服务体系指导手册》。

3. 汽车维修业务接待的执行要点

① 在任何时间及场合都必须保证高标准的个人形象与公司形象。

② 亲切礼貌地接待客户并热心地帮助他们；与客户交谈以便发现他们对服务的要求与期望；通过满足客户的期望并提供超过他们期望值的服务。

③ 向客户回答有关产品和技术方面的问题，在回答时应使用浅显易懂的语言。

④ 准确及时地为客户提供工时及配件信息；协助客户了解车辆维修的最新情况。

⑤ 维修完工后确认维修项目是否全部完成；维修后，与客户进行交谈以确认客户了解潜在问题，并防止它们发生。

⑥ 协助回答客户的咨询电话，并把客户介绍或转接到相关工作人员。

二、工作方案制订

学生需根据任务工单进行相关资讯并进行课前的自主学习，针对任务实施前的维修工具及材料准备、实施中的小组人员分工安排以及任务实施操作步骤等制订方案计划，如表 1-1 所示。

表 1-1 工作方案计划表

工作项目/任务	接待维修客户
人员分工	
时间安排	
设备、材料及维修工具准备	
任务实施操作步骤	

三、工作组织实施

完成本任务建议采用以下步骤。

步骤 1：客户来到维修中心后，维修业务接待人员需主动热情迎接出去，带上接待工单、方向盘套、座椅套、脚垫，引领客户将车辆停放至指定待修区域。

步骤 2：与客户共同环车检查，并填写环车检查表 1-2。检视车辆的外观和内饰情况，如有损坏应及时和客户沟通，并在接待工单上标记车辆哪些区域有损坏。征求客户意见，将客户车辆内贵重物品打包存放。

表 1-2 环车检查表

车牌号：________ 行驶里程：________（km） 车架号：________

用户名：________ 电 话：________ 来店时间： / /   ：

外观确认：	功能确认：（工作正常√ 不正常×） □音响系统 □门锁（防盗器） □全车灯光 □工具 □后视镜 □天窗 □座椅 □点烟器 □玻璃升降器 □玻璃
（请在有缺陷部位作标识） ○：划痕 △：凹坑 W：裂痕，磨损，老化，缺失等 □：车身多处划痕，凹坑，无法一一记录	F E 物品确认：（有√ 无×） □贵重物品提示 □工具 □备胎 □灭火器 □其他（ ） 旧件交还用户 □是 □否

检测费说明：本次检测的故障如用户在本店维修，检测费包含在修理费用内；如用户不在本店维修，请您支付检测费。本次检测费：￥________元。

贵重物品：在将车辆交给我店检查修理前，已提示将车内贵重物品自行收起并保存好，如有遗失恕不负责。

业务接待：________ 客户确认：________

步骤 3：与客户沟通，进行问诊。了解客户的需求，如果是故障车辆，则需通过详细问诊，得出初步诊断，缩小故障范围，为进入车间维修车辆时节省时间。

步骤 4：维修业务接待应在客户面前将护车套件（方向盘套、座椅套、脚垫等；如果条件许可，

还应包括换挡手柄、灯光雨刷控制手柄等维修工可能接触地方的保护套）安置好。

步骤 5：记录车辆的相关保养信息，如车型、车牌号、生产年份、车辆识别码（VIN）、车身颜色、总里程数、油箱剩余油量、进厂时间和有无故障指示灯等相关信息。

步骤 6：维修业务接待应尽量记住座椅、后视镜、反光镜等的位置及角度。

步骤 7：锁好车门，拿取车辆钥匙，引领客户至业务接待办公桌前就坐。

四、工作质量评价

将接待维修客户的工作质量评价填入表 1-3 中。

表 1-3 接待维修客户工作质量评价表

质量评价项目/任务	接待维修客户		
	质量评价要点及要求	分值	评分
礼仪态度	① 迅速出迎并且礼貌地问候客户	4	
	② 自我介绍	4	
	③ 确认客户的姓名并在交谈中使用	4	
	④ 微笑，眼睛看着对方礼仪态度	4	
	⑤ 与客户保持 1m 左右的安全距离	4	
沟通技巧	① 耐心倾听客户需求	5	
	② 询问：注意获得并记录信息	5	
	③ 交谈：注意音量、清晰度，要有礼貌，注意语速和停顿	5	
	④ 归纳	5	
接待维修客户	① 上车检查前，当着顾客的面安装保护罩（三件套），进行车辆保护	10	
	② 检查车辆，填写《环车检查表》并带领顾客进行环车检查	12	
	③ 运用维修管理系统软件制作估价单、派工单	10	
	④ 根据需要的修理时间和车间负荷正确预估交车时间	10	
	⑤ 向客户说明，实际需要的费用和交车时间可能和现在的估计有出入，如果有特殊情况，将马上与客户取得联系	10	
	⑥ 送走客户或者将客户送到休息室	8	
合　计		100	

五、考核建议与结果展示

1. 考核建议

关于本任务的考核与评价，应该侧重以下几点。

① 工作方案质量。
② 任务实施过程的态度与关键环节的把握。
③ 任务实施后的总结报告质量。

2. 学生应展示的结果

① 班组制定的本任务实施方案。
② 任务实施记录与总结报告。

3. 思考与练习

① 汽车维修企业维修车辆接待服务执行要点有哪些？
② 简述车辆维修接待工作的内容。
③ 汽车总体构造与型号编制规则有哪些？
④ 与客户沟通技巧有哪些？
⑤ 维修车辆接待时为何要安放护车套件？

六、知识与思维拓展

1. 国产汽车型号编制规则

根据国家颁布的《汽车产品型号编制规则》（GB 9417—88）规定，国产汽车型号应能表明汽车的厂牌、类型和主要特征参数等。这项国家标准规定，汽车型号由汉语拼音字母和阿拉伯数字组成。

汽车产品型号的构成如图 1-3 所示。

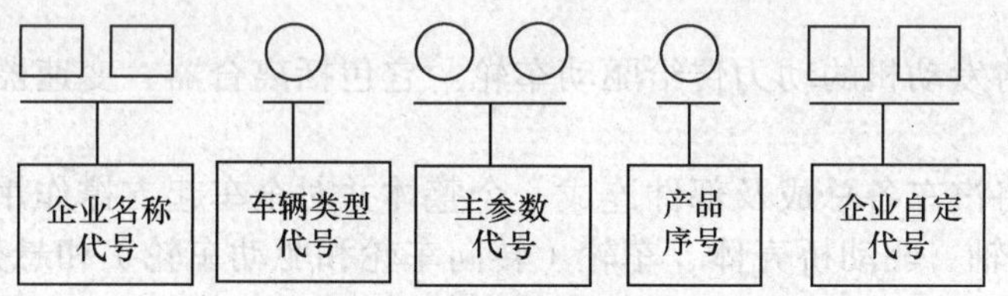

图 1-3 汽车产品型号含义

专用汽车产品型号的构成如图 1-4 所示。

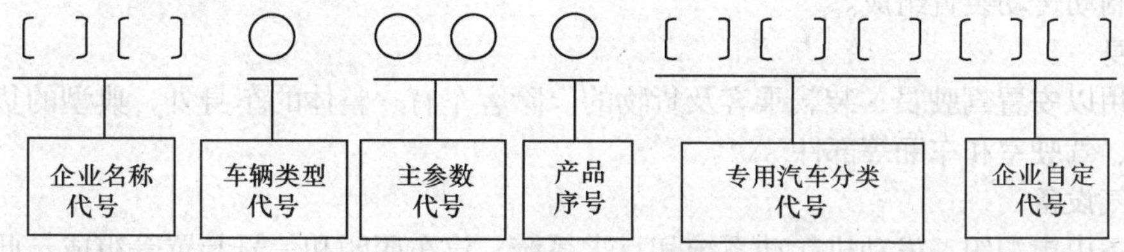

图 1-4 专用汽车产品型号含义

首部——由两个或三个汉语拼音字母组成，为企业名称的代号，如 CA 代表第一汽车制造厂，BJ 代表北京汽车制造厂。

中部——由四位或五位阿拉伯数字组成，左起第一位数字表示车辆类别代号，如“1”为载货车；“2”为越野车等；左起第二、三两位数字表示汽车的主要特征参数，载货车为总质量（t），客车为

总长度（m），轿车为发动机排量（L）等；第四位（或四、五两位）数字是企业自定的产品序号。第一代汽车产品序号依次为 0、1、2、3…第二代汽车产品序号依次为 10、11、12、13…第三代车产品序号依次为 20、21、22、23…。

1959 年第一机械工业部颁布的《汽车产品编号规则》（汽 130—59）中，中部数字只有三位，其首位与最末位的含义大致与新编号相同，中间 1 位数字表示汽车的级别。新旧两种编号规则相比，新编号不但较直观，也更确切，因此，近年来各企业已开始逐渐将其旧编号改换成新编号，如解放 CA141 货车的新编号为 CA1091（总质量 9310 千克）。

尾部—分为两部分，前部由汉语拼音字母组成，表示专用汽车分类代号。例如，X 表示厢式汽车，G 表示罐式汽车；后部是企业自定代号，可用汉语拼音字母或阿拉伯数字表示。基本型汽车的编号一般没有尾部，其变型车（例如，采用不同的发动机、加长轴距、双排座驾驶室等）为了与基本型区别，常在尾部加 A、B、C 等企业自定代号。如 EQ11090E，“EQ”代表二汽，“1”代表货车，“09”代表总质量的整数（t），“G”代表第一代第一种产品，“t”表示驾驶室的平面玻璃；TJ6481，为天津牌客车，总长 4.8m，是同类车型的第二种产品；SH7221，为上海牌轿车，排量 2.2L，是同类车型的第二种产品。

2. 汽车总体构造

汽车通常由发动机、底盘、车身和电气设备 4 个部分组成。

（1）发动机

发动机的功用是将供入其中的燃料经燃烧所产生的热能转化为机械能。大多数汽车都采用往复活塞式内燃机，它一般是由机体、曲柄连杆机构、配气机构、供给系统、冷却系统、点火系统（汽油发动机采用）和起动系统等部分组成。

（2）底盘

底盘接受发动机的动力，使汽车运动，并保证汽车按照驾驶员的操纵正常行驶。底盘由下列部分组成。

① 传动系统：将发动机的动力传给驱动车轮。它包括离合器、变速器、传动轴和驱动桥等部件。

② 行驶系统：将汽车各总成及部件连成一个整体并对全车起支撑作用，以保证汽车正常行驶，它包括车架、前轴、驱动桥壳体、车轮（转向车轮和驱动车轮）和悬架（前悬架和后悬架）等部件。

③ 转向系统：保证汽车能按照驾驶员选择的方向行驶，它由转向器及转向传动装置组成。

④ 制动系统：使汽车减速或停车，并保证驾驶员离去后汽车能可靠地停止，它由制动器和制动控制装置及制动传动装置组成。

（3）车身

车身是用以安置驾驶员、装载乘客及货物的。除客车有一整体的车身外，典型的货车车身包括车前板制件、驾驶室和车厢等部件。

（4）电气设备

电气设备由电源组、发动机起动系统和点火系统、汽车照明和信号装置等组成。此外，在现代汽车上越来越多地装置各种电子设备，如微处理机、中央计算机系统及各种人工智能装置等，显著地提高了汽车的性能。

（5）汽车的主要技术参数

汽车的主要技术参数包括整车装备质量、最大总质量、最大装载质量、外廓尺寸、转弯直径、最高车速、最大爬坡度、平均燃料消耗量等。

建立维修档案、签订维修合同

【任务说明】

建立汽车维修档案是车辆进入车间维修作业前重要的工作之一。通过输入客户信息到电脑的管理软件里，将客户及车辆详细信息形成独立的电子档案。记录客户车辆进厂的每次保修项目，客户个人信息，并且将顾客来厂的需求、车辆的作业项目书面化，打印形成作业合同工单。工单是维修厂的工具，是维修厂与客户之间的合同，因此工单的书写必须十分清楚而且易懂。通过建档、签订合同任务的学习，读者能够掌握工单的建立、协调维修作业、配件供应、维修时间、维修费用等相关问题。组织本任务实施的导向图如图 1-5 所示。

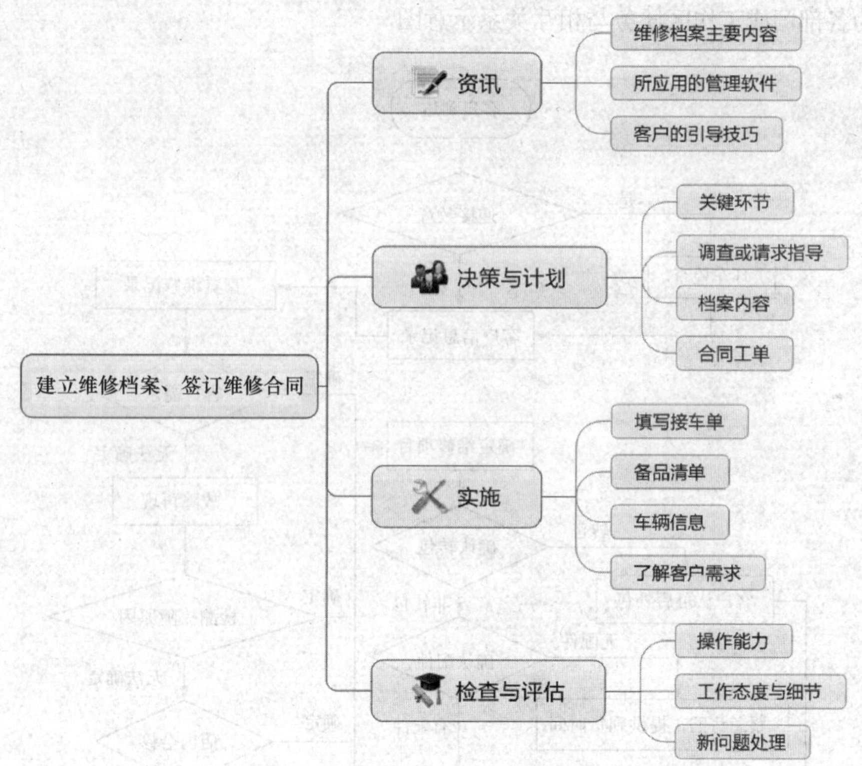

图 1-5　组织建立维修档案、签订维修合同任务实施的导向图

【知识要求】

① 具有计算机操作相关知识。
② 大致了解汽车基本构造。
③ 清楚汽车维修工作流程。

【能力要求】

① 能够采集维修车辆基本信息，建立维修档案。
② 能够带领客户共同完成环车检查。
③ 能够了解客户需求并准确记录。

④ 能够填写相关表格，向客户展示维修合同并能正确解释，并促成维修合同签订。

【职业素养】

① 良好的语言表达能力与协调能力。

② 主动、热情，精明干练，注重礼节，行为大方得体。

③ 积极与客户交流与沟通，善于与客户建立良好关系。

一、资讯

1. 工作流程

汽车维修企业目前正在向着规模化与集成化发展，无论是综合修理厂还是汽车特约维修服务站（通常所说的汽车 4S 店），其岗位配置与工作流程都是类似的。图 1-6 所示为接待工作流程示意图，图 1-7 所示为各部门或工作区任务与相互关系示意图。

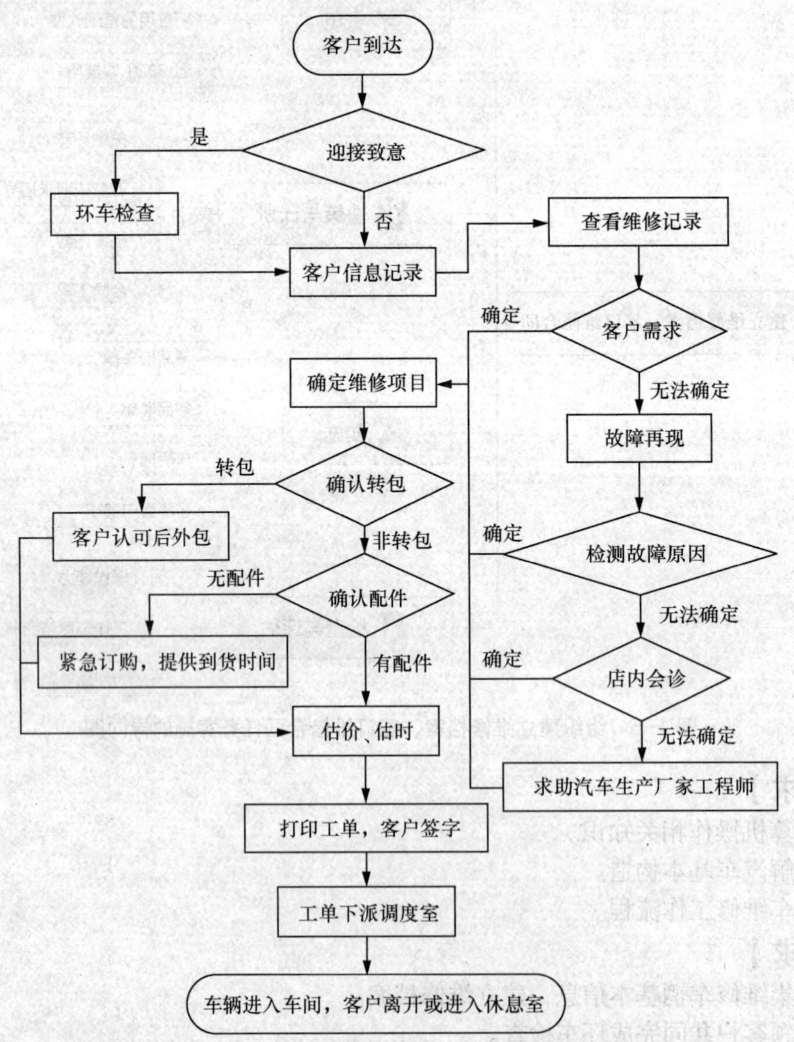

图 1-6 某汽车维修企业车辆进厂接待作业流程图

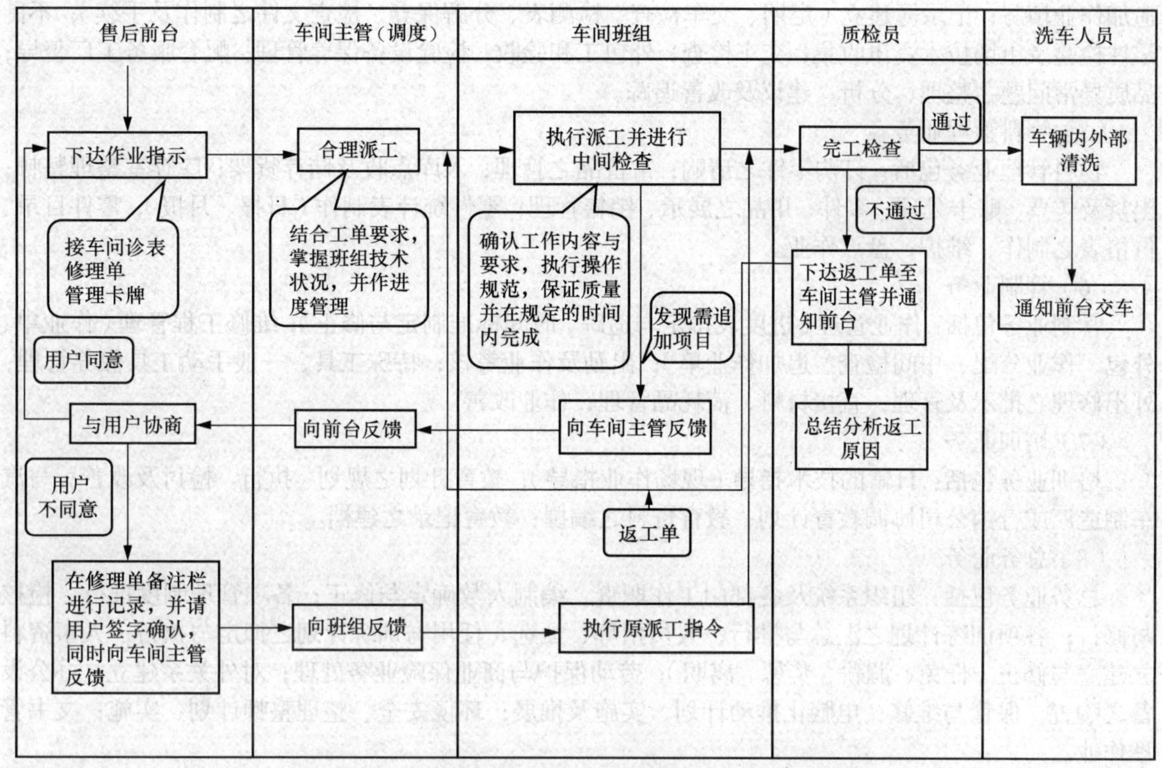

图 1-7 某汽车维修企业各工作区域任务与相互关系

2. 汽车维修企业业务

（1）接待业务

接待业务包括：配合营业目标、计划分派责任实施；落实各项营业资料建立（日报、月报）；圆满达成客户受理事务处理（用户选定、问诊、商谈、估价、定案、付款确认）；客户联络、电话应对客户抱怨与退货等事务处理；完成交车事务处理（交货单、车历卡核对、附带保养内容说明、不良品退还、开立发票）；配合公司进行市场推广及客户开发；缴交账款（现金、确认账款支票抬头、付款日期、信用卡）事务处理；停车、车辆、休息室管理；做好客户服务工作，积极协助争取入厂维修，以达成营业目标。

（2）收款业务

收款业务包括：访问计划拟定、执行、检讨与改善；账款管理（账款总账整理、请款单之填写及寄发、核对余额、账款时间表整理）；收款业务（回收卡整理、回收访问计划）；出纳业务（收款处理）；小额现金管理；开立收据或发票；外部请款单处理及付款手续；回收资料之整理（日报、不良客户名单）；公共关系之建立。

（3）服务维修业务

服务维修业务包括：负责满足客户维修服务要求，如期排除异常状况并交车；解说与教育客户用车知识，必要时示范操作；提报客户报怨或申诉、建议事项；作好维修服务管理工作（事前联络、资料填写）；强化维修及管理能力，提出教育训练需求；维护维修仪器、设备、工具；责任区整理、整顿之执行与落实维持。

（4）品质保证业务

品质保证业务包括：估价检查；受理检查（一般保养要求事项、定期及交车检查）；作业内容及

追加作业填写；记录簿建立（定期、交车检查、检测表、分解保养、检查文件之制作及手续）；不良零件检验及市场技术资讯收集；交车检查；外包工和验收；检验设备保养管理；配套服务工厂督导；品质异常问题之整理、分析、建议及改善追踪。

（5）物料管理业务

物料管理业务包括：订购零件之请购；常备品之管理；入库点收及储存货架；库存室整理整顿；出货及传票、账卡处理；零件、用品之展示、销售管理；零件统计表制作（日报、月报）；零件目录、价格表之制作、维护；盘点作业。

（6）管制业务

管制业务包括：作业管理（进度表排定与追踪、时间标准制定与修正）；维修工程管理（作业单、外包、作业分配、中间检查、追加作业单）；出勤及作业考核；特殊工具、一般手动工具保养管理；外出修理之批示及管理；直接材料、消耗品管理；作业改善。

（7）培训业务

培训业务包括：日常的技术指导（现场作业指导）；教育计划之规划、执行、检讨及改善；与汽车制造厂或行销公司协调教育计划；教育资料之编撰；教育记录之建档。

（8）总务业务

总务业务包括：组织系统及各部门工作职责、编制人数确定与修正；各项管理制度推行、检核与修订；各项训练计划之汇总与推行；人员招募、甄选、任用与训练计划之拟定与执行；人事资料之建立与修正（任免、调薪、奖惩、离职）；劳动保护与商业保险业务处理；对外关系建立；办公设备之购置、保管与维修；电脑化推动计划、实施及推展；环境安全、整理整顿计划、实施；文书管理作业。

二、工作方案制订

学生需根据任务工单进行相关资讯并进行课前的自主学习，针对任务实施前的维修工具与材料准备、实施中的小组人员分工安排以及任务实施操作步骤等制订方案计划，如表 1-4 所示。

表 1-4　工作方案计划表

工作项目/任务	建立维修档案、签订维修合同
人员分工	
时间安排	
设备、材料及维修工具准备	
任务实施操作步骤	

三、工作组织实施

建立车辆维修档案，并最终与客户签订车辆维修合同，建议步骤如下。

步骤 1：建立客户基本信息档案，如车主姓名、驾驶证、行驶证、车辆保险、家庭住址、公司地址和联系方式等；准确填写接车单和随车物品清单。接车单主要内容如表 1-5 和表 1-6 所示，随车物品清单格式如表 1-7 所示。

表 1-5　××汽车维修服务有限公司接车单（正面）

工单号：　地址：　联系电话：　传真：　投诉电话：

车主：______ 地址：______ 电话：______ 传真：______ 联系人：______

车牌号：______ 型号/年份：______ 引擎号：______ 车架号：______ 公里数：______ 燃油量：F—1/2—E 维修类型：______

入厂时间：______ 约定交车时间：______ 修正交车时间：______ 出厂时间：______ 接车员：______ 调度员：______

故障陈述						换件项目	数量	单位	单价	金额
维修项目	工时	工价	作业班组	开工时间	完工时间					

客户签字：　约定联络时间：			□车匙□备胎□轮盖□行驶证□随车工具□故障灯			说　明
班组长：______ ______ 检验员：______ 接车员：______ 服务专员：______	工时费用总计：______ 材料费用总计：______ 估价人：______ ______ 付款方式： 转账支票□ 现金□ 其他□	接车前的检查		×划痕 ○凹陷 √破损	检查人	1. 车内贵重物品由客户带走，否则如有遗失，本厂恕不负责。 2. 车主同意上述维修项目并授权本厂对无法修复零件予以更换。 3. 客户自带配件与客户要求要换副厂件的，本厂恕不负责质量保修。

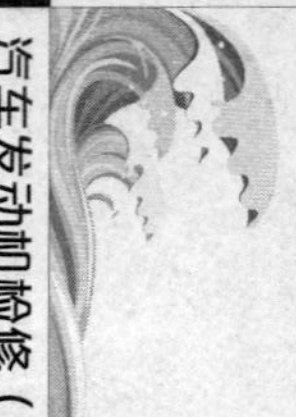

表 1-6　　××汽车维修服务有限公司接车单（反面）

<table>
<tr><td colspan="3">请留下您宝贵的意见
以便我们为您提供更好的服务</td><td colspan="2">尊敬的车主阁下：
我中心已遵照您的尊意，将您的座驾□修理□保养□检验完毕，经检查发现您的座驾还有以下问题，敬请您早作处理，以确保您旅途愉快！</td><td>完工检验
检验结果：</td></tr>
<tr><td rowspan="3">质量</td><td>技术</td><td>□好　□一般　□差</td><td rowspan="11">检查结果：</td><td rowspan="11">处理意见：</td><td rowspan="11">处理意见：
备注：
班组签名：________</td></tr>
<tr><td>设备</td><td>□先进　□落后</td></tr>
<tr><td>操作</td><td>□规范　□一般　□不规范</td></tr>
<tr><td rowspan="2">工期</td><td>待工</td><td>□长　□一般</td></tr>
<tr><td>待料</td><td>□长　□一般</td></tr>
<tr><td rowspan="2">价格</td><td>工价</td><td>□满意　□能接　不能接受</td></tr>
<tr><td>料价</td><td>□满意　□能接受　□不能接受</td></tr>
<tr><td rowspan="4">服务</td><td>态度</td><td>□热情　□一般　□冷淡</td></tr>
<tr><td>环境</td><td>□整洁　□一般　□脏乱</td></tr>
<tr><td>秩序</td><td>□有序　□一般　□混乱</td></tr>
<tr><td>手续</td><td>□烦琐　□简便</td></tr>
<tr><td colspan="2" rowspan="2">抱怨处理情况</td><td>□能得到有效处理</td><td colspan="2" rowspan="2">检验员签名：　　　技术主管签名：</td><td rowspan="2">检验员签名：________</td></tr>
<tr><td>□不能得到有效处理</td></tr>
<tr><td>其他建议</td><td colspan="2"></td><td>出厂检验</td><td>1. 确认油、水及所有安全项目均已检查过。
2. 检查工单是否填写完整。
3. 同车主交涉旧件的处理。
4. 确认车辆内外是否做过清洁。
5. 清点随车工具和其他物品。
6. 确认检查或维修过的地方没有弄脏或弄坏。
7. 确认实际维修换件项目和费用是否与报修单相符。</td><td>接车员签名：________</td></tr>
</table>

表 1-7　　随车物品清单

公司：　　业字 000　　标识 No.00001

序 号	物 品 名 称	数 量	序 号	物 品 名 称	数 量
接待员接收签名：			年　月　日		
客户接收签名：			年　月　日		

步骤 2：登记客户车辆信息，如车辆型号、颜色、车架号、发动机号、行驶里程数等。

步骤 3：倾听客户的描述，了解客户的需求，根据客户车辆的实际情况，配合客户拟定作业项目清单。

步骤 4：拟定作业项目清单后，需要联系车间调度，合理安排维修人员及作业时间，预估作业完成时间。有些项目需要联系仓库管理员，查询配件库存情况，以便安排作业。

步骤 5：个别特殊项目如果在车间内无法完成作业，需要转厂外包作业的，需要和客户事先说明情况，征询客户意见。

步骤 6：特殊故障车辆，回厂二次返修车辆，需要联系车间技术经理，组织店内技术会诊，及时解决车辆问题。

步骤 7：作业项目的建立。提供给客户整个作业项目预估价格以及作业完工提车的预估时间。打印作业工单，客户签字确认，形成维修合同。

四、工作质量评价

将建立维修档案、签订维修合同的工作质量评价填入表 1-8 中。

表 1-8　　建立维修档案、签订维修合同工作质量评价表

质量评价项目/任务	建立维修档案、签订维修合同		
	质量评价要点及要求	分值	评分
礼仪态度	① 迅速出迎并且礼貌地问候客户	4	
	② 自我介绍	4	
	③ 确认客户的姓名并在交谈中使用	4	
	④ 微笑，眼睛看着对方礼仪态度	4	
	⑤ 与客户保持 1m 左右的安全距离	4	
沟通技巧	① 耐心倾听客户需求	5	
	② 询问：注意获得并记录信息	5	
	③ 交谈：注意音量、清晰度，要有礼貌，注意语速和停顿	5	
	④ 归纳	5	
建立维修档案、签订维修合同	① 运用维修管理系统软件制作估价单、派工单	10	
	② 根据需要的修理时间和车间负荷正确预估交车时间	10	
	③ 向客户说明，实际需要的费用和交车时间可能和现在的估计有出入， 如果有特殊情况，将马上与客户取得联系	10	
	④ 用估价单说明要完成的工作、估计费用和估计交车时间，请客户在估价单上签字	10	
	⑤ 正确填写维修合同（维修施工单），并于客户签订维修合同	10	
	⑥ 为客户正确建立维修档案	10	
合　计		100	

五、考核建议与结果展示

1. 考核建议

关于本任务的考核与评价，应该侧重以下几点。

① 班组工作方案完成质量。

② 任务实施过程中职业素养的体现情况。

③ 接车单和物品清单填写的正确性与完整性。

④ 任务实施后的总结报告质量。

2. 学生应展示的结果

① 班组制定的本任务实施方案。

② 教师布置的任务工单（接车单、物品清单）。

③ 任务实施记录与总结报告。

3. 思考与练习

① 汽车维修企业主要工作业务是什么?
② 简述汽车维修企业车辆维修工作流程。
③ 接车单内容如何确定，物品清单有何作用?
④ 进行环车检查的目的与要点有哪些?
⑤ 向客户问询的主要内容与方法有哪些?

六、知识与思维拓展

1. 汽车工业发展概况

汽车自1886年问世至今已有一百多年的历史，随着科学技术的发展，汽车的结构、性能正逐渐完善。到20世纪前半期，汽车的基本结构已全部形成。汽车工业发展较快的国家主要有日本、美国、德国、法国、俄罗斯、意大利、加拿大和英国等。

日本、美国及欧洲一些国家的汽车工业一直发展较快。汽车的生产与经营逐渐趋于国际化。

发展中国家的汽车工业正在崛起。其中不少国家都用优惠政策吸引外资，引进先进技术及设备、进口全拆散零件装车，逐步提高国产零件的装车比率，进而使主要部件自给，使汽车工业得以迅速发展。

我国的汽车工业是1949年后建立起来的，第一汽车制造厂（简称一汽）于1953年7月开始兴建，于1959年10月建成投产，从而结束了中国不能制造汽车的历史。在第一汽车制造厂逐步扩大生产的同时，先后又有南京汽车制造厂、北京汽车制造厂、济南汽车制造厂、上海汽车制造厂等相继建成，有力地奠定了我国汽车工业的基础。我国自行设计与装备的规模最大的第二汽车制造厂（简称二汽）于1968年开始兴建，标志着我国汽车工业走上了新阶段。

为了发展轿车生产，我国还确定了以第一汽车制造厂、第二汽车制造厂、上海汽车制造厂为三大基地，天津汽车制造了、北京汽车制造厂、广州汽车制造厂为三小基地。“三大、三小”生产基地的确立，标志着我国轿车工业正朝着大发展的“家庭汽车时代”迈进，使我国进入世界主要汽车生产国的行列。

2. 汽车的分类

（1）按用途分类

汽车按用途可分为运输车和特种用途车。

① 运输车。运输车根据需要又可分为轿车、客车、货车、牵引车等。

（a）轿车。轿车一般可乘坐2～9个乘员（包括驾驶员）。

轿车按发动机排量分为以下几种。

- 微型轿车：发动机工作容积在1L以下，如天津夏利微型轿车。
- 普通级轿车：发动机工作容积为1.0～1.6L，如一汽的高尔夫轿车和捷达轿车、二汽的雪铁龙轿车。
- 中级轿车：发动机工作容积为1.6～2.5L，如上海桑塔纳、广州标致505轿车、一汽奥迪100轿车。
- 中高级轿车：发动机工作容积为2.5～4L，如日本丰田公司的皇冠轿车和德国奔驰300系列轿车。

- 高级轿车：发动机工作容积为4L以上，如一汽生产的红旗CA770高级轿车，德国奔驰500系列、560系列高级轿车。

（b）客车。客车一般可乘坐9个以上乘员。

客车按车辆长度可分为微型、轻型、中型、大型和特大型客车。

- 微型客车：长度在3.5m以下，如JL6320微型客车和天津大发微型客车。
- 轻型客车：长度为3.5～7m，如沈阳金杯的丰田海狮RZH114L轻型客车。
- 中型客车：长度为7～10m，如四平客车厂生产的SPK6900中型客车。
- 大型客车：长度为10～12m，如丹东汽车制造厂生产的DD6112H大型客车。
- 特大型客车：包括铰接式客车（车辆长度大于12m）和双层客车（长度为10～12m）两种，如上海客车厂生产的5K6141A3铰接式客车和南京金陵双层客车。

（c）货车。货车用于运载各种货物，在驾驶室内还可容纳2～6个乘员。根据运载货物的需要，货车的车厢结构和装载量也各有不同，主要分为普通货车和专用货车两大类。

普通货车具有栏板式车厢，可装载各种货物。

专用货车是为专门运载某种类型的货物而设计的，如运载易污货物的闭式车厢、运载液体或气体等的罐式车厢和运载大型货物的平台式车厢等。

货车按其装载总质量可分为微型、轻型、中型和重型货车。

- 微型货车：装载总质量为1.8t，如JL1010微型货车。
- 轻型货车：装载总质量为1.8～6t，如北京BJ1041轻型货车、南京跃进NJ1061轻型货车。
- 中型货车：装载总质量为6～14t，如解放CA1091型货车和二汽的EQ1090E货车。
- 重型货车：装载总质量大于14t，如济南黄河JN1181Cl3（JN162）重型货车和斯太尔重型货车。

（d）牵引车。牵引车专门或主要用于牵引挂车。通常分为半挂牵引车和全挂牵引车。

② 特种用途车。特种用途车根据特殊的使用要求设计或改装而成，主要用于执行运输以外的任务。特种用途车有娱乐车、竞赛车、特种作业车等。

（a）娱乐车。专供假日娱乐消遣的车，运输已不是它的主要任务，如旅游车。

（b）竞赛车。按照特定的竞赛规范而设计的车，如F1赛车。

（c）特种作业车。在汽车上安装各种特殊设备，进行特种作业的车辆，如医疗救护车、公安消防车和机场作业车等。

（2）按行驶道路条件分类

① 公路用车。这种车指主要行驶于公路和城市道路的汽车，受交通法规的限制。

② 非公路用车。这种车主要有两类，一类是本身的外廓尺寸、单轴负荷等参数超出了法规限制，只能在矿山、机场和工地内的无路地或专用路上行驶的车；另一类是越野车，这种车是一种能在复杂的无路地面上行驶的高通过性车辆。按总质量可分为轻型、中型、重型越野车。

轻型越野车—总质量小于5t，如北京吉普车有限公司生厂的切诺基吉普车。

中型越野车—总质量为5～13t，如二汽生产的东风EQ2080中型越野车。

重型越野车—总质量大于13t，如四川汽车制造厂生产的红岩重型越野车。

（3）按行驶机构的特征分类

① 轮式车。轮式车通常分为非全轮驱动和全轮驱动两种。解放CA1091普通货车为4×2型，北京BJ 2020越野车为4×4型。

② 其他样式车。其他样式主要有履带式车和气垫式车等。

（4）按使用燃料分类

目前，汽车的发展趋势是追求节能与环保，因此，越来越多的燃料应用在汽车发动机上，广义上的汽车有汽油汽车、柴油汽车、电动汽车、酒精或醇类以及天燃气等其他燃料汽车。

Chapter 2

项目二

发动机大修的前期准备

无论是故障车还是事故车，在进行发动机大修作业前都要进行必要的准备工作，例如，查阅待修发动机的技术资料、采集发动机基本信息、制定发动机大修作业流程、发动机的整机拆装等，以便更好地、有步骤地、有依据地完成发动机的大修。组织本项目实施的导向图如图 2-1 所示。

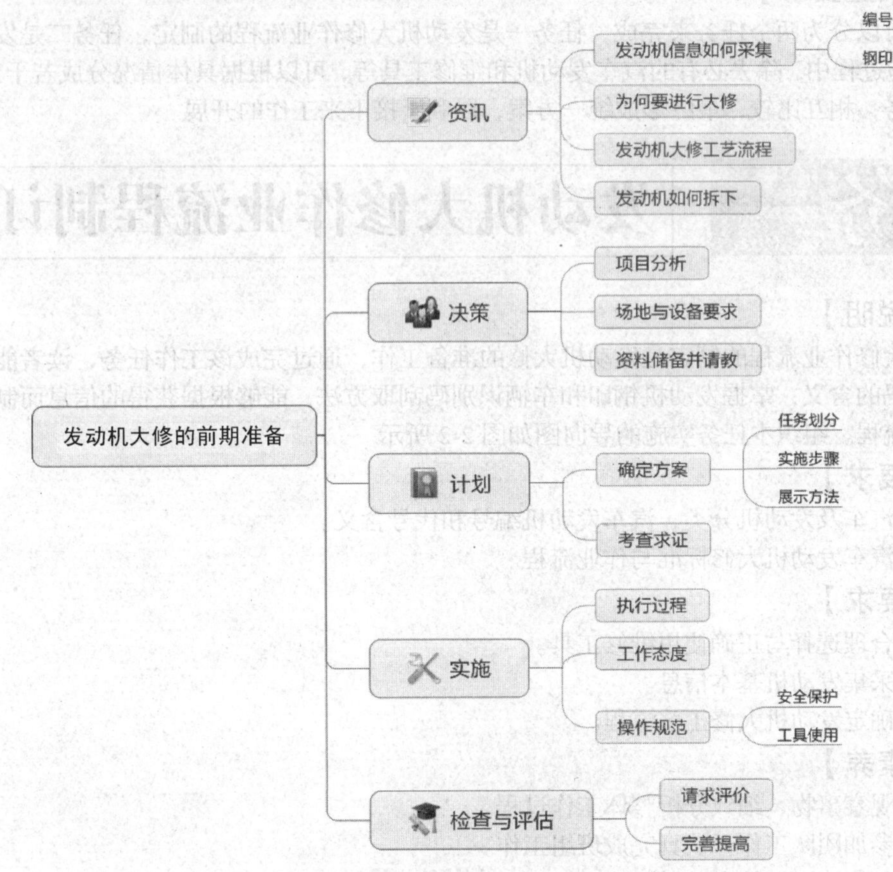

图 2-1　组织发动机大修的前期准备工作实施的导向图

【知识目标】

① 了解汽车发动机大修的基础知识。
② 理解车辆识别号与发动机标号的含义。
③ 熟悉汽车发动机的总体组成与功用。
④ 理解汽车发动机大修基本作业流程。
⑤ 掌握汽车发动机整机拆装操作要点。

【能力目标】

① 能够采集待修发动机的基本信息。
② 能够识别汽车发动机的各组成部分。
③ 能够查阅待修发动机的中英文技术资料。
④ 能够根据具体情况制定汽车发动机大修基本作业流程。
⑤ 能够正确完成汽车发动机整机拆装。

【素质目标】

① 培养团队协作意识，并能很好完成本职工作。
② 养成认真细致、诚实守信的工作作风。
③ 牢固树立安全责任意识，确保安全规范操作。
④ 善于交流并主动展示自己。

【项目实施要求】

本项目可以分为两个任务来完成，任务一是发动机大修作业流程的制定，任务二是发动机整机拆装。在实施过程中，除去必有的汽车发动机和维修工具等，可以根据具体情况分成若干工作小组，分别完成任务，相互比较，最终形成统一方案，以利于接下来工作的开展。

任务一 发动机大修作业流程制订

【任务说明】

发动机大修作业流程的制定是发动机大修的准备工作，通过完成该工作任务，读者能够理解发动机型号编码的含义，掌握发动机钢印和车辆识别码刮取方法，能够根据获得的信息而制定发动机的大修作业流程。组织本任务实施的导向图如图2-2所示。

【知识要求】

① 理解汽车及发动机分类、汽车发动机编号和代号含义。
② 理解汽车发动机大修标准与作业流程。

【能力要求】

① 能够合理选择与正确使用维修工具。
② 能够采集发动机基本信息。
③ 能够确定发动机大修工艺流程。

【职业素养】

① 细心观察事物、细致分析整体工作过程。
② 积极参加团队工作，认真完成班组工作。
③ 知识与实践有机结合，举一反三。

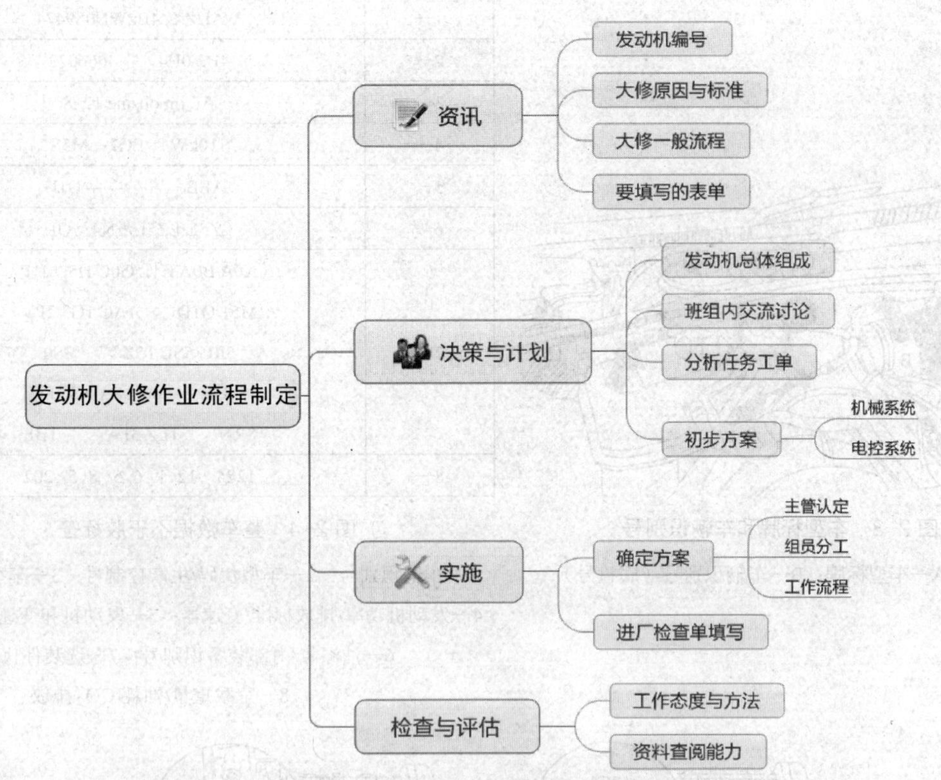

图 2-2　组织发动机大修作业流程制定任务实施的导向图

一、资讯

1. 车辆识别号与发动机号

（1）车型标牌和车辆识别号

车型标牌和车辆识别号分别在后围板上和发动机舱后围板上，如图 2-3 所示。

整车数据不干胶标签在《保养手册》中及行李箱备胎坑或行李箱地板上，标签各部分的内容示例及含义见图 2-4 所示。

（2）发动机代码和发动机号

发动机代码和发动机号对于不同车型，其位置也不同。四缸汽油发动机号（指发动机代码和流水号）在缸体左侧，六缸汽油发动机号（指发动机代码和流水号）在缸盖和液压泵之间的缸体右内侧，如图 2-5 所示。

整车数据标签上也有发动机代码。

2. 发动机型号的编号规则

为了便于内燃机的生产管理和使用，国家标准《内燃机产品名称和型号编制规则》（GB/T 725—2008）中对内燃机的名称和型号作了统一规定。

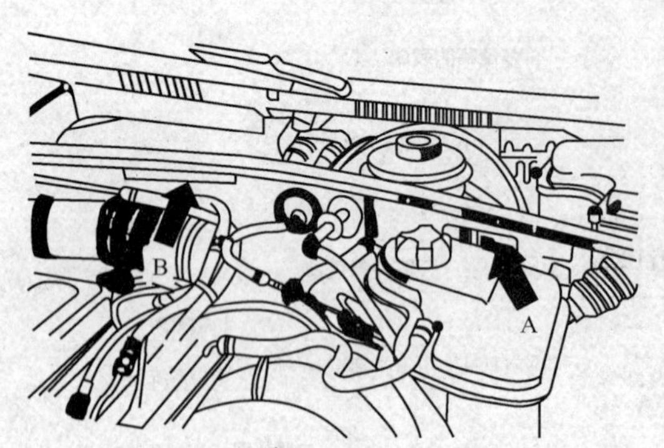

图 2-3 车型标牌和车辆识别号

A—车型标牌；B—车辆识别号（底盘号）

1—	WAUZZZ4BzWN089474
2—	4B2 0H4 4666022
3—	A6 limousine 1．8
4—	110kW /EG2 M5S
5—	AEB ——— DJJ
6—	LZ5L/LZ5L N4A/QL
7—	X0A B0A C1L G0C H5U J1P M51 Q1D 1AC 1G3 2PV 5RC 5SL T5Z 3S0 4UE 0G1 8AD 8GD 8RN 1LZ 3FA 1BE
8—	1284 12，1 6，5 8，5 202

图 2-4 整车数据不干胶标签

1—车辆识别号；2—车型代码/生产控制号；3—车型说明；4—发动机功率/排放标准/变速器；5—发动机和变速器代码；6—油漆号/内部装备识别号；7—选装件代码；8—空载重量/油耗/CO_2排放

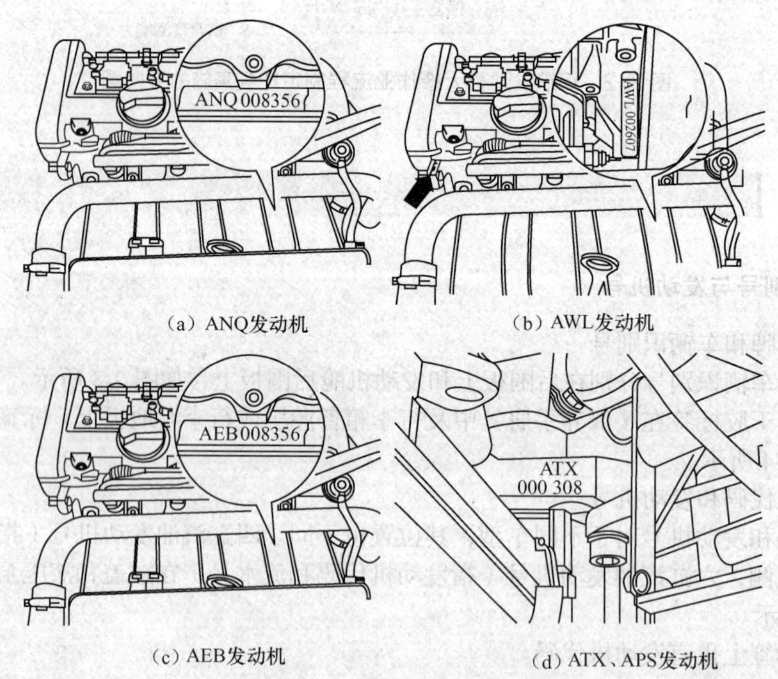

（a）ANQ发动机　（b）AWL发动机

（c）AEB发动机　（d）ATX、APS发动机

图 2-5 发动机代码和发动机号

内燃机产品名称应符合 GB/T 1883.1 的规定，均按所使用的主要燃料命名，如汽油机、柴油机、煤气机等。

内燃机型号由阿拉伯数字（以下简称数字）、汉语拼音字母或国际通用的英文缩略字母（以下简称字母）组成；型号编制应优先选用表 2-1、表 2-2、表 2-3 规定的字母，允许制造商根据需要选用其他字母，但不得与表 2-1、表 2-2、表 2-3 规定的字母重复；符号可以重叠使用，但应按照图 2-6 顺序使用；内燃机的型号应简明，第二部分规定的符号必须表示，但第一、三、四部分符号允许制造商根据具体情况进行增减，同一产品的型号应一致，不得随意更改；由国外引进的内燃机产品，允许保留原产品型号或在原型号的基础上进行扩展，经国产化的产品宜按照国家标准（GB/T 725—2008）的规定编制。

表 2-1 气缸布置形式符号

符　号	含　义	符　号	含　义
无符号	多缸直列或单缸	H	H 形
V	V 形	X	X 形
P	卧式		

注：其他布置型式符号见 GB/T 1883.1

表 2-2 结构特征符号

符　号	结构特征	符　号	结构特征
无符号	冷却液冷却	Z	增压
F	风冷	ZL	增压中冷
N	凝气冷却	DZ	可倒转
S	十字头式		

表 2-3 用途特征符号

符　号	用　途	符　号	用　途
无符号	通用型及固定动力（或制造商自定）	D	发电机组
T	拖拉机	C	船用主机、右机基本型
M	摩托车	CZ	船用主机、左机基本型
G	工程机械	Y	农用三轮车（或其他农用车）
Q	汽车	L	林业机械
J	铁路机车		

注：内燃机左机、右机的定义按 GB/T 726 的规定

内燃机型号依次包括以下 4 部分组成，如图 2-6 所示。

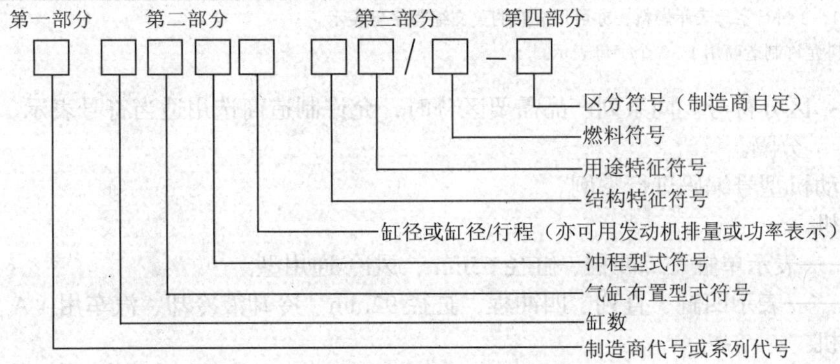

图 2-6 发动机型号表示方法

第一部分：由制造商代号或系列符合组成，本部分由制造商根据需要选择 1～3 位字母表示。

第二部分：由气缸数、气缸布置型式符号、冲程型式符号、缸径符号组成。

气缸数用 1～2 位数字表示；

气缸布置型式符号按表 2-1 所示；

冲程型式为四冲程时符号省略，二冲程用 E 表示；

缸径符号一般用缸径或缸径/行程数字表示，亦可用发动机排量或功率数表示。其单位由制造商自定。

第三部分：由结构特征符号、用途特征符号组成。其符号分别按表 2-2、表 2-3 的规定。燃料符号参见表 2-4。

表 2-4 燃料符号

符　　号	燃 料 名 称	备　　注
无符号	柴油	
P	汽油	
T	天然气（煤层气）	管道天然气
CNG	压缩天然气	
LNG	液化天然气	
LPG	液化石油气	
Z	沼气	各类工业化沼气（农业有机废弃物、工业有机废水物、城市污水处理、城市有机垃圾）允许用 1～2 个字母的形式表示。如“ZN”表示农业有机废弃物产生的沼气
W	煤矿瓦斯	浓度不同的瓦斯允许用 1 个小写字母的形式表示。如“Wd”表示低浓度瓦斯
M	煤气	各类工业化煤气如焦炉煤气、高炉煤气等。允许在 M 后加 1 个字母区分煤气的类型
S SCZ	柴油/天然气双燃料 柴油/沼气双燃料	其他双燃料用两种燃料的字母表示
M	甲醇	
E	乙醇	
DME	二甲醇	
FME	生物柴油	

注 1：一般用 1～3 拼音字母表示燃料，亦可用成熟的英文缩写字母表示。

2：其他燃料允许制造商用 1～3 个字母表示。

第四部分：区分符号。同系列产品需要区分时，允许制造商选用适当符号表示。第三部分与第四部分可用“-”分隔。

下面对发动机型号编码进行举例。

（1）汽油机

1E65F/P——表示单缸、二冲程、缸径 65mm、风冷\通用型。

492Q/P-A——表示四缸、直列、四冲程，缸径 92mm、冷却液冷却、汽车用（A 为区分号）。

（2）柴油机

G12V190ZLD——12 缸、V 形、四冲程、缸径 190mm、冷却液冷却、增压中冷、发电用（G 为

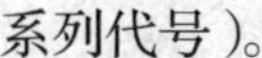

系列代号）。

R175A——单缸、四冲程、缸径 75mm、冷却液冷却（R 为系列代号，A 为区分代号）。

YZ6102Q——六缸、直列、四冲程、缸径 102mm、冷却液冷却（YZ 为扬州柴油机厂代号）。

8E150C-1——八缸、直列、二冲程、缸径 150mm、冷却液冷却、船用主机、右机基本型（1 为区分符号）。

12VE230/300ZCZ——12 缸、V 形、二冲程、缸径 230mm、行程 300mm、冷却液冷却、增压、船用主机、左机基本型。

（3）燃气机

16V190ZLD/MJ—— 16 缸、V 形、四冲程、缸径 190mm、冷却液冷却、增压中冷、发电用、燃气为焦炉煤气。

（4）双燃料发动机

12V26/32ZL/SCZ——12 缸、V 形、四冲程、缸径 260mm、行程 320mm、冷却液冷却、增压中冷、燃料为柴油/沼气双燃料。

3. 发动机大修常识

发动机是一个能量转换机构，即将汽油（柴油）的热能，通过在密封气缸内燃烧气体膨胀时，推动活塞做功，转变为机械能，这是发动机最基本原理。发动机所有结构都是为能量转换服务的，发动机的设计者们，不断地将最新科技与发动机融为一体，把发动机变成一个复杂的机电一体化产品，使发动机性能达到近乎完善的程度。但再先进的发动机，其工作原理是固定不变的。各摩擦副之间的摩擦是不可避免的。当摩擦到一定程度，发动机就出现了一些不良反应，例如，烧机油、功率下降、燃油消耗增加等，此时应对发动机进行深入的修理，也就是对发动机进行大修。

大修是指发动机主要零件出现破损、断裂、磨损和变形，在彻底分解后，用修理更换零件的方法，使其达到完好技术状况和使用寿命的恢复性修理。大修后的发动机，其技术状况和使用性能必须达到规定的技术标准。

小修是指用修复或更换个别零件的方法来消除发动机在运行中临时出现的故障或在维护作业中发现的隐患所进行的运行性修理。

大修的送修标志为发动机加速性能明显恶化；标定功率或气缸压缩压力低于标准值 25%以上；气缸磨损，其圆柱度达到 0.175～0.250mm 或圆度达到 0.050～0.063mm；燃油和机油消耗量明显增加；发动机出现异响；发动机不能正常运转或根本不能运转；发生重大损伤事故。

二、工作方案制订

学生需根据任务工单进行相关资讯并进行课前的自主学习，针对任务实施前的维修工具及材料准备、实施中的小组人员分工安排以及任务实施操作步骤等制订方案计划，如表 2-5 所示。

表 2-5　　　　　　　　　　工作方案计划表

工作项目/任务	发动机大修作业流程制订
人员分工	
时间安排	
设备、材料及维修工具准备	
任务实施操作步骤	

三、工作组织实施

发动机大修工作流程的制定可分为两个步骤：一是大修发动机的信息采集；二是制定发动机大修作业流程。

1. 大修发动机的信息采集

（1）车辆识别号和发动机钢印的刮取

几种发动机钢印位置如图 2-7 所示。

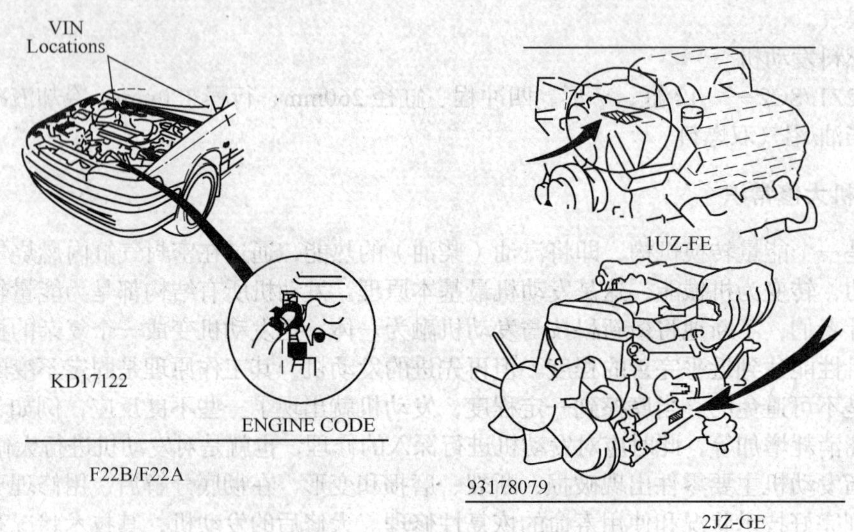

图 2-7 发动机钢印位置图

如果钢印处因锈迹看不清楚，先用松锈剂稍微喷洒，10min 后用 600#砂纸轻轻打磨后擦拭干净。为了防止标签纸贴上后取不下来，应先在标签纸后面涂上一层粉笔灰来降低黏度，但不可太多，太多粘不上。

看清钢印的位数，一般车型为 7 位，少数为 6 位。例如，本田钢印为 F22B 123456。将标签纸完全覆盖住所有数字。如果标签纸长度不够，可以用两张合在一起。用铅笔轻轻刮取，刮取方向由左到右，不要上下刮。如果铅笔不够长，可以将铅笔接在螺丝刀（起子）上。用铅笔刮取清楚后剥下标签纸。注意要小心，标签纸容易破损。

车辆识别号的刮取方法类似。

（2）填写发动机大修进厂检验单

待修的发动机，要正确如实填写发动机大修进厂检验单，如表 2-6 所示。

表 2-6 发动机大修进厂检验单

进厂日期		进厂编号	
厂牌车型		车牌照号码	
发动机型号		发动机号码	
送修单位		单位地址	
联系电话		送修人	

续表

用户报修项目 及发动机现状	维修前使用此发动机的驶入或拖入 总行驶里程______km 已进行发动机大修_____次 进厂前主要问题是		
发动机主要修理问题 及重点修理部位			
发动机外观及装备（完整“○”，缺少“△”，损坏“×”）			
检验项目	检验结果	检验项目	检验结果
空气滤清器		各传感器	
燃油滤清器		机油散热器及管道	
机油滤清器		加机油口盖	
喷油泵		机油尺、放油塞	
机油泵		水泵	
燃油泵		风扇电机	
气缸体、气缸盖		风扇皮带	
进、排气歧管		风扇叶	
起动机		排气管、消声器	
发电机		油管、真空管	
增压器		电控系统	
备注：			
进厂检验员：		年　月　日	

2. 制订发动机大修作业流程

任何发动机的修理均应安排一个合理的工艺流程，即合理的操作顺序。当然，工艺流程的安排会随着发动机的结构、修理设备、机具、作业组织和分工方法、修理人员素质等的变化而变化，一般情况下，进厂大修的发动机作业流程如下：

从轿车上拆下发动机→发动机解体→零件清洗→零件检验分类→需修零件→零件修复→检验→零件清洗→发动机总装；不可用零件→废料库；可用零件→零件清洗→发动机总装；外购零件→备品库→零件清洗→发动机组装。

轿车发动机大修工艺流程包含很多工序，如果把整个大修工艺过程看作一个系统，用统筹法对这些工序加以合理安排及规划，使之相互密切配合，协调一致，不仅可以确保大修质量，而且还能缩短工时，减少费用，从而获得较大的经济效益。

四、工作质量评价

将发动机大修作业流程制定的工作质量评价填入表 2-7 中。

表 2-7 发动机大修作业流程制定工作质量评价表

质量评价项目/任务	发动机大修作业流程制定		
质量评价要点及要求		分值	评分
发动机大修作业流程制订	① 发动机钢印的刮取	10	
	② 车辆、发动机的信息收集	10	
	③ 大修发动机进厂检验的实施及检验单填写	10	
	④ 发动机大修作业流程是否具备可实施性	10	
	⑤ 发动机大修作业流程是否完整、正确	10	
人员安全/车辆保护/团队意识	① 车辆保护三件套是否正确安装	7	
	② 拆卸电子元件前是否断开蓄电池电路	7	
	③ 汽车停在地面上是否用楔子挡住车轮	7	
	④ 举升机对汽车的支撑是否规范，操作时举升机是否站人	8	
	⑤ 安装燃油管路或喷油器时，必须使用新密封垫或O形圈	7	
	⑥ 密封垫或O形圈是否粘到汽油或机油	7	
	⑦ 燃油泄压是否正确	7	
合　计		100	

五、考核建议与结果展示

1. 考核建议

关于本任务的考核与评价，应该侧重以下几点。

① 工作方案质量。

② 查阅资料能力与实践能力。

③ 任务实施后的总结报告质量。

2. 学生应展示的结果

① 班组制定的本任务实施方案。

② 发动机编号或钢印刮取标签。

③ 任务实施总结报告。

3. 思考与练习

① 简述维修前进行发动机信息采集并填写相关表单的意义。

② 汽车维修企业为何要推行“6S”管理规范？

③ 发动机为何有编号和钢印？

④ 制定发动机大修工作流程要考虑的关键因素有哪些？

⑤ 查阅资料制定一部桑塔纳AJR发动机（行驶20万千米）大修作业流程。

六、知识与思维拓展

下面对汽车维修企业车间6S管理规范进行简要介绍。

1. 何谓6S

6S就是整理（SEIRI）、整顿（SEITON）、清扫（SEISO）、清洁（SETKETSU）、素养（SHITSUKE）安全（SAFETY）六个项目，因日语的罗马拼音均以“S”开头，简称为6S。没有实施6S的企业，触目可及地就可感受到职场的脏乱，例如，地板粘着垃圾、油渍或切屑等，日久就形成污黑的一层，零件与箱子乱摆放，起重机或台车在狭窄的空间里游走。再如，好不容易引进的最新式设备也未加维护，经过数个月之后，也变成了不良的机械，要使用的工具、夹具、计测器也不知道放在何处等，显现出脏污与零乱的景象。员工在作业中显得松松跨跨，规定的事项，也只有起初两三天遵守而已。改变这样企业的面貌，实施6S活动最为适合。

2. 6S的定义与目的

（1）整理

定义：区分要与不要的东西，职场除了要用的东西以外，一切都不放置。

目的：将“空间”腾出来活用。

（2）整顿

定义：要的东西依规定定位、定方法摆放整齐，明确数量，明确标示。

目的：不浪费“时间”找东西。

（3）清扫

定义：清除职场内的脏污，并防止污染的发生。

目的：消除“脏污”，保持职场干干净净、明明亮亮。

（4）清洁

定义：将上面3S实施的做法制度化、规范化，维持其成果。

目的：通过制度化来维持成果。

（5）素养

定义：培养文明礼貌习惯，按规定行事，养成良好的工作习惯。

目的：提升“人的品质”，成为对任何工作都讲究认真的人。

（6）安全

定义：按照规章，流程作业。

目的：清除事故隐患，排除险情，保障员工人身安全和生产正常。

3. 6S的效用

6S的六大效用可归纳为：5个S，即：Sales、Saving、Safety、Standardization、Satisfaetion。

（1）6S是最佳推销员（Sales）

顾客对于干净整洁的企业更有信心，乐于下订单并口碑相传，会有很多人来企业参观学习。整洁明朗的环境，会使大家希望到这样的企业工作。

（2）6S是节约家（Saving）

降低很多不必要的材料以及工具的浪费减少“寻找”的浪费，节省很多宝贵的时间；能降低工时，提高效率。

（3）6S 对安全有保障（Safety）

宽广明亮，视野开阔的职场，流物一目了然；遵守堆积限制，危险处一目了然；走道明确，不会造成杂乱情形而影响工作的顺畅。

（4）6S 是标准化的推动者（Standardization）

“3 定”、“3 要素”原则规范现场作业；大家都正确的按照规定执行任务；程序稳定，带来品质稳定，成本也安定。

（5）6S 形成令人满意的工作场所（Satisfaction）

明亮、清洁的工作场所；

员工动手做改善、有成就感；

能造就现场全体人员进行改善的气氛。

4. 6S 管理推行步骤和要领

6S 管理推行步骤和要领如表 2-8 所示。

表 2-8　　6s 管理推行步骤和要领

阶　段	步　骤	具体作业内容
准备阶段 P	第一步	高层承诺、做好准备
	第二步	成立 6S 推进领导小组
	第三步	6S 推行方案
	第四步	宣传造声势、教育培训
实施、评价阶段 DC	第五步	局部推进： 1. 现场诊断 2. 选定样板区 3. 实施改善
	第六步	全面起动： 1. 区域责任制 2. 制定评价标准 3. 评价诊断、检查监督和考核 4. 进行 6S 评比、竞赛
巩固阶段 A	第七步	维持 6S 管理成果（标准化、制度化）
	第八步	挑战新目标

（1）整理的推行要领

① 对工作场所（范围）全面检查，包括看得到和看不到的；

② 制定［要］和［不要］的判别基准；

③ 不要物品的清除；

④ 要的物品调查使用频度，决定日常用量；

⑤ 每日自我检查。

因为不整理而发生的浪费包括下面几方面。

① 空间的浪费；

② 使用棚架或柜橱的浪费；

③ 零件或产品变旧而不能使用的浪费；

④ 放置处变得窄小；

⑤ 连不要的东西也要管理的浪费；

⑥ 库存管理或盘点花时间的浪费。

（2）整顿的推行要领

① 前一步骤整理的工作要落实；

② 需要的物品明确放置场所；

③ 摆放整齐、有条不紊；

④ 地板划线定位；

⑤ 场所、物品标示；

⑥ 制订废弃物处理办法。

重点：

① 整顿的结果要成为任何人都能立即取出所需要的东西的状态；

② 要站在新人、其他职场的人的立场来看，使得什么东西该放在什么地方更为明确；

③ 要想办法使物品能立即取出使用；

④ 另外，使用后要能容易恢复到原位，没有恢复或误放时能马上知道。

（3）清扫的推行要领

① 建立清扫责任区（室内、外）；

② 开始一次全公司的大清扫；

③ 每个地方清洗干净；

④ 调查污染源，予以杜绝或隔离建立清扫基准，作为规范。

● 清扫就是使职场成为没有垃圾，没有污脏的状态，虽然已经整理、整顿过，要的东西马上就能取得，但是被取出的东西要成为能被正常的使用状态才行。而达成这样状态就是清扫的第一目的，尤其目前强调高品质、高附加价值产品的制造，更不容许有垃圾或灰尘的污染，造成产品的不良。

（4）清洁的推行要领

① 落实前 3S 工作；

② 制订目视管理的基准；

③ 制订 6S 实施办法；

④ 制订稽核方法；

⑤ 制订奖惩制度，加强执行 6S、高阶主管经常带头巡查，带动全员重视 6S 活动。

● 6S 活动一旦开始，不可在中途变得含糊不清。如果不能贯彻到底，又会形成另外一个污点，而这个污点也会造成公司内保守而僵化的气氛，如 [我们公司做什么事都是半途而废]、[反正不会成功]、[应付应付算了]。

● 要打破这种保守、僵化的现象，唯有花费更长时间来改正。

（5）素养的推行要领

① 制订服装、臂章、工作帽等识别标准；

② 制订公司有关规则、规定；

③ 制订礼仪守则；

④ 教育训练；

⑤ 推动各种激励活动；

⑥ 遵守规章制度；

⑦ 例行打招呼、礼貌运动。

（6）安全的推行要领

① 建立系统的安全管理体制；

② 重视员工的教育培训；

③ 实行现场巡视，排除隐患；
④ 创造明快、有序、安全的作业环境。

5. 检查要点

① 有没有用途不明之物；
② 有没有内容不明之物；
③ 有没有闲置的容器、纸箱；
④ 有没有不要之物；
⑤ 输送带之下，物料架之下是否置放物品；
⑥ 有没有乱放个人的东西；
⑦ 有没有把东西放在通路上；
⑧ 物品有没有和通路平行或直角地放；
⑨ 是否有变型的包装箱等捆包材料；
⑩ 包装箱等有否破损（容器破损）；
⑪ 工夹具、计测器等是否放在所定位置上；
⑫ 移动是否容易；
⑬ 架子的后面或上面是否置放东西；
⑭ 架子及保管箱内之物，是否有按照所标示物品置放；
⑮ 危险品有否明确标示，灭火器是否有定期点检；
⑯ 作业员的脚边是否有零乱的零件；
⑰ 同一的零件是否散置在几个不同的地方；
⑱ 作业员的周围是否放有必要以上之物（工具、零件等）；
⑲ 是否有在工场到处保管着零件。

6. 员工的 6S 活动中之责任

① 自己的工作环境须不断的整理、整顿，物品、材料及资料不可乱放；
② 不用的东西要立即处理，不可使其占用作业空间；
③ 通路必须经常维持清洁和畅通；
④ 物品、工具及文件等要放置于规定场所；
⑤ 灭火器、配电盘、开关箱、电动机、冷气机等周围要时刻保持清洁；
⑥ 物品、设备要仔细的放，正确的放，安全的放，较大较重的堆在下层；
⑦ 保管的工具、设备及所负责的责任区要整理；
⑧ 纸屑、布屑、材料屑等要集中于规定场所；
⑨ 不断清扫，保持清洁；
⑩ 注意上级的指示，并加以配合。

7. 干部在 6S 活动中之责任

① 配合公司政策，全力支持与推行 6S；
② 参加外界有关 6S 教育训练，吸收 6S 技巧；
③ 研读 6S 活动相关书籍，搜集广泛资料；
④ 部门内 6S 之宣导及参与公司 6S 文宣活动；
⑤ 规划部门内工作区域之整理、定位工作；

⑥ 依公司之 6S 进度表，全面做好整理、定位、划线标示之作业；
⑦ 协助部属克服 6S 之障碍与困难点；
⑧ 熟读公司[6S 运动竞赛实施方法]并向部属解释；
⑨ 必要时，参与公司评分工作；
⑩ 6S 评分缺点之改善和申述；
⑪ 督促所属执行定期之清扫点检；
⑫ 上班后之点名与服装仪容清查，下班前之安全巡查与确保。

任务二　发动机整机拆装

【任务说明】

发动机整机拆装是一项实战性很强的工作任务，难度较大。但它是发动机大修的必要过程，其操作步骤和注意事项必须要掌握。组织本任务实施的导向图如图 2-8 所示。

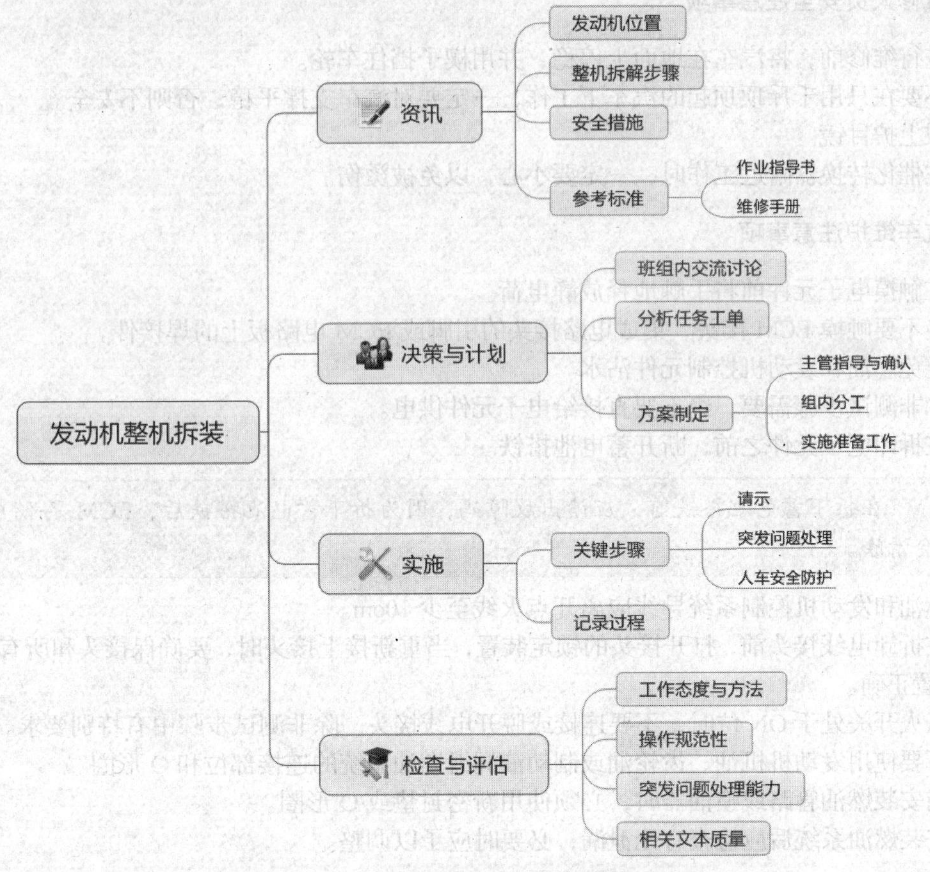

图 2-8　组织发动机整机拆装任务实施的导向图

【知识要求】

① 了解发动机的基本总成部件。
② 理解维修过程中维修人员安全和汽车保护注意事项。

③ 掌握发动机整机拆装的方法、步骤。

④ 掌握发动机整机装配的规定扭矩要求。

【能力要求】

① 能够查阅相关标准和技术资料，确定发动机整机拆装方案。

② 能够合理选择与正确使用维修工具。

③ 能够快速、准确安全地进行发动机整机拆装工作。

【职业素养】

① 合理使用工具，安全规范操作。

② 注意相互合作，相互提醒安全与规范。

③ 认真工作，听从指挥。

④ 培养吃苦耐劳精神。

一、资讯

1. 维修人员安全注意事项

① 进行维修前，将汽车在地面上停稳，并用楔子挡住车轮。

② 不要在只用千斤顶顶起的汽车下工作，一定要对汽车支撑平稳，否则不安全。

③ 戴上护目镜。

④ 在催化转换器附近工作时，一定要小心，以免被烫伤。

2. 汽车维护注意事项

① 在触摸电子元件前将手触地释放静电荷。

② 绝不要触摸 ECM 接头、集成电路接头的引脚或 ECM 电路板上的焊接件。

③ 避免燃油和发动机控制元件沾水。

④ 除非测试步骤需要，绝不要直接给电子元件供电。

⑤ 在拆卸电子元件之前，断开蓄电池搭铁。

在拆下蓄电池搭铁前，应读出故障码，因为拆下蓄电池搭铁后，ECM 存储内容将会清除。

⑥ 燃油和发动机控制系统导线应离开点火线至少 10cm。

⑦ 在拆卸电线接头前，打开接头的锁定装置，当重新接上接头时，要确保接头和所有绝缘体及屏蔽的位置正确。

⑧ 点火开关处于 ON 位时，不要连接或脱开电线接头，除非测试步骤中有特别要求。

⑨ 不要使用发动机机油、齿轮油或制动液润滑燃油系统的连接部位和 O 形圈。

⑩ 当安装燃油管路或喷油器时，必须使用新密封垫或 O 形圈。

⑪ 安装燃油系统后应检查有无泄漏，必要时应予以调整。

二、工作方案制订

发动机的整机拆装的任务是将将要进行大修的发动机从汽车发动机舱内拆下，在发动机大修结束后再将发动机整机装入汽车发动机舱内。其实在汽车维修中，无论发动机是否进行大修，只要维

修过程需要将发动机整机从机舱内拆下，其操作步骤都是一致的，只是因汽车品牌与发动机型式的不同而有所差异。安装的步骤则是按与拆卸相反顺序操作。

发动机的整机拆装，需要参照待修车辆维修手册作业要求，综合考虑场地条件与人员分工，准备相应工具，按照操作规范与技术要求进行作业。作业方案要条理清晰、步骤明确、各司其职、协同作业、确保安全。工作方案格式如表 2-9 所示。

表 2-9 工作方案计划表

工作项目/任务	发动机整机拆装
人员分工	
时间安排	
设备、材料及维修工具准备	
任务实施操作步骤	

三、工作组织实施

1. 发动机整机的拆卸步骤

下面以本田 F22B 型发动机为例，介绍整机拆卸步骤，其他车型可参考其维修手册。

① 打开并支撑住发动机罩。

② 先脱开蓄电池负极端子，然后脱开正极端子。

③ 拆下蓄电池、蓄电池底板和发动机搭铁线。

④ 松开锁止螺母，拆下节气门拉索和定速控制拉索，然后将拉索的末端从节气门联杆上滑出，如图 2-9 所示。

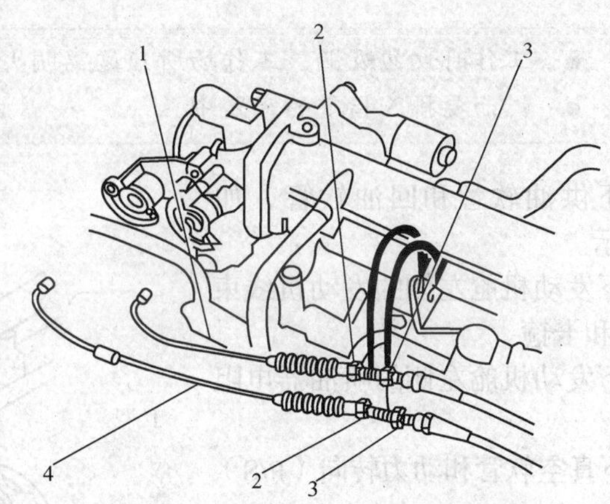

图 2-9 节气门、定速控制拉索的拆卸

1—节气门拉索；2—锁止螺母；
3—调节螺母；4—定速控制拉索

- 不要松开调节螺母。
- 拆卸时，不要弄弯拉索，如果拉索发生绞扭，一定要用新的来更换。

⑤ 拆下进气导管和进气导管/空气滤清器壳总成。

⑥ 脱开进气谐振腔（IAR）控制电磁阀接头，然后拆下真空软管和 IAR 装置（F22B1 发动机），如图 2-10 所示。

⑦ 从发动机罩下保险丝/继电器盒和 ABS 保险丝/继电器盒上拆下蓄电池电缆，如图 2-11 所示。

⑧ 拆下发动机舱右侧的发动机配线线束接头。

⑨ 拆下制动助力器真空软管。

⑩ 缓慢放松燃油滤清器上的检修螺栓大约 1 圈，以释放燃油压力。

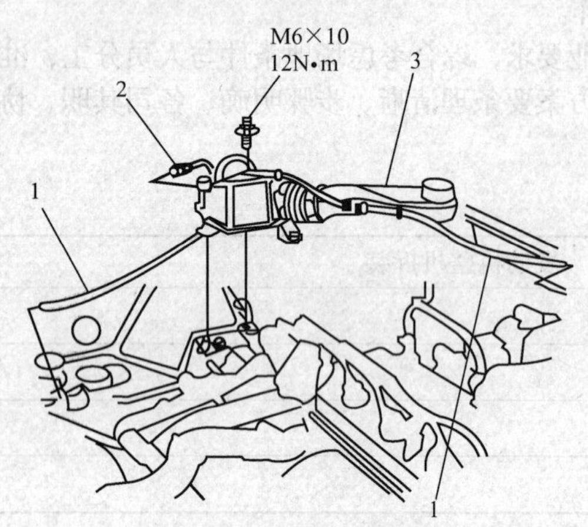

图 2-10 进气谐振腔

1—真空软管；2—IAR 控制电磁阀接头；3—进气谐振腔（IAR）

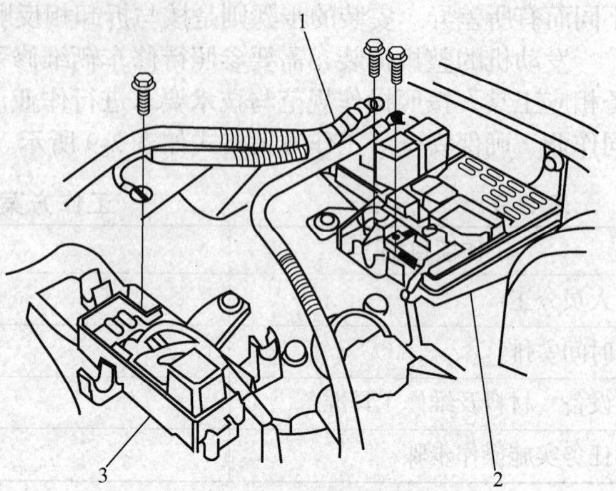

图 2-11 保险丝和继电器盒

1—蓄电池电缆；2—发动机罩下保险丝和继电器盒；3—发动机罩下 ABS 保险丝和继电器盒

- 工作时切勿吸烟，工作场所应远离明火或火花。
- 燃油要排入指定的容器中。

⑪ 拆下供油软管和回油软管，如图 2-12 所示。

⑫ 拆下发动机舱左侧的发动机线束接头、端子和卡箍。

⑬ 拆下发动机舱左侧的喷油器电阻器接头。

⑭ 拆下真空软管和动力转向（P/S）软管夹。

⑮ 旋下安装螺母和调节螺栓，然后拆下动力转向（P/S）泵皮带和动力转向泵，如图 2-13 所示，不要脱开 P/S 软管。

⑯ 松开交流发电机的安装螺栓、螺母和调整螺栓，然后拆下发电机皮带，如图 2-14 所示。

⑰ 对于手动变速器，拆下换挡拉索和选择拉索（SELECT CABLE），如图 2-15 所示。

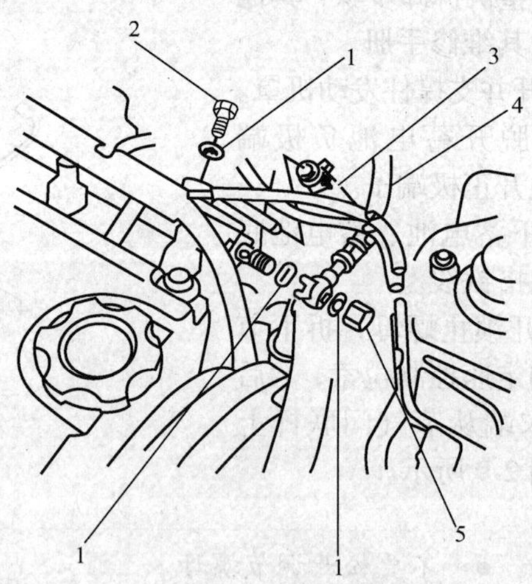

图 2-12 供油和回油软管

1—垫圈（更换）；2—检修螺栓；3—回油软管；4—供油软管；5—螺母

在拆卸时，不要弄弯拉索。如果拉索发生绞扭，应更换新的。

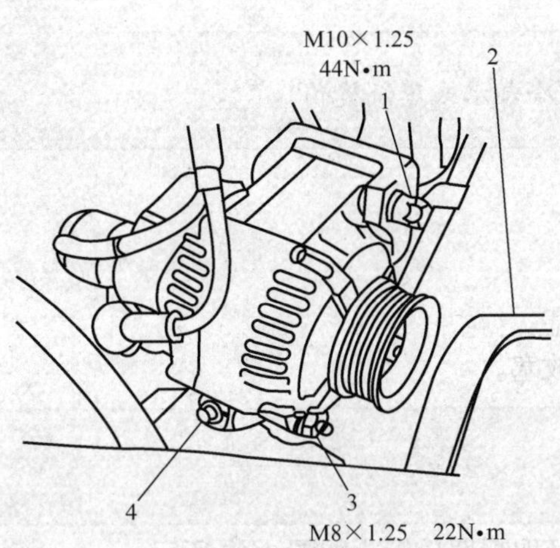

图 2-13 动力转向泵

1—安装螺栓；2—交流发电机皮带；3—安装螺母；4—调整螺栓

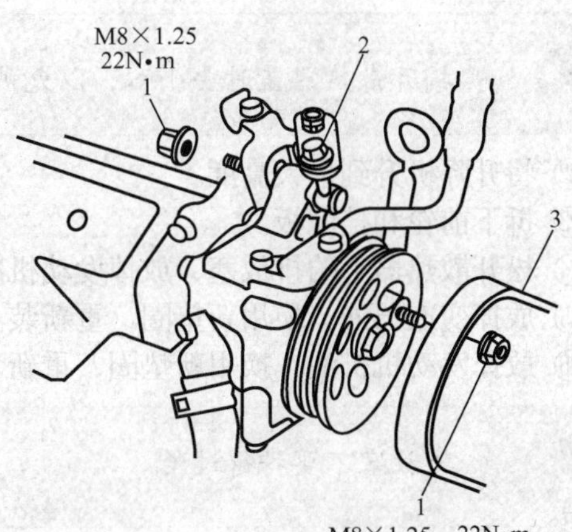

图 2-14 交流发电机皮带

1—安装螺母；2—调整螺栓；3—P/S 泵皮带

⑱ 脱开倒车灯开关接头和起动机导线接头。

⑲ 拆下离合器从动油缸和管道/软管总成，如图 2-16 所示。

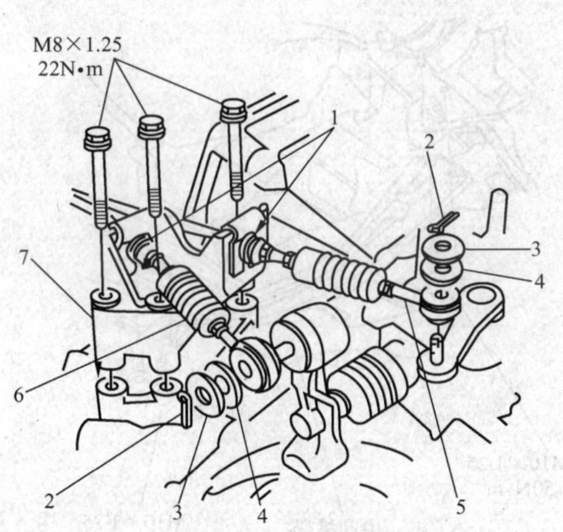

图 2-15 换挡、选挡拉索的拆卸

1—不要移动；2—开口销（更换）；3—钢垫圈；
4—塑料垫圈（检查是否磨损或损坏）；
5—选择拉索；6—换挡拉索；
7—拉索支架

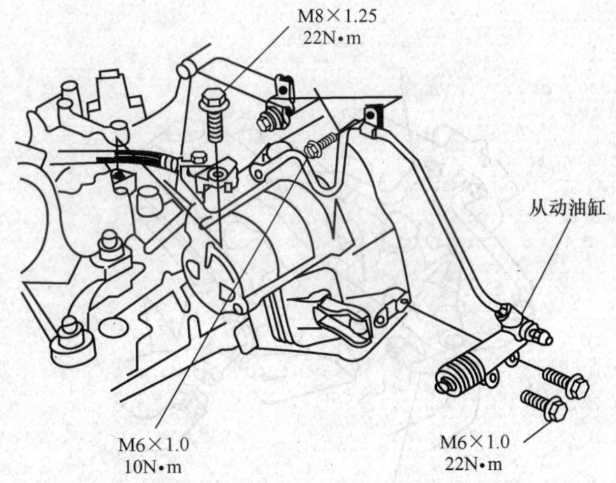

图 2-16 离合器从动缸和软管总成的拆卸

不要脱开管道/软管总成。拆下从动油缸后，不要去踩离合器踏板。小心不要弄弯管子。

⑳ 脱开车速传感器（VSS）接头。

㉑ 揭开散热器盖。

警告

揭开散热器盖时要小心，以免被过热的冷却水或蒸汽烫伤。

㉒ 将升降机升到最大高度。

㉓ 拆下前轮和挡泥板。

㉔ 松开散热器上的排放塞，放掉发动机冷却液。

㉕ 放掉变速器油，换用新垫圈，重新装上排放塞。

㉖ 放掉发动机机油，换用新垫圈，重新装上排放塞。

注意

排放塞不要拧得过紧。

㉗ 降下升降机，然后拆下散热器的上、下软管及取暖器软管，如图 2-17 所示。

㉘ 对于自动变速器，拆下 ATF（自动变速器油）冷却器软管。

㉙ 拆下散热器总成。

㉚ 拆下空调（A/C）压缩机，不要脱开 A/C 软管。

㉛ 将升降机升到最高位置，然后拆下中间横梁，如图 2-18 所示。

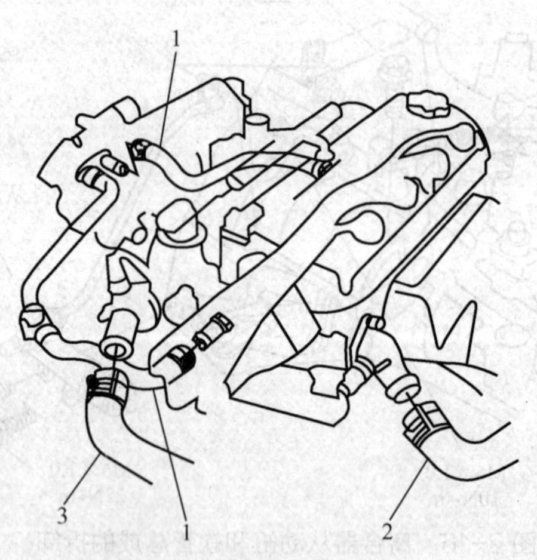

图 2-17 散热器软管的拆除

1—取暖器软管；2—散热器上软管；3—散热器下软管

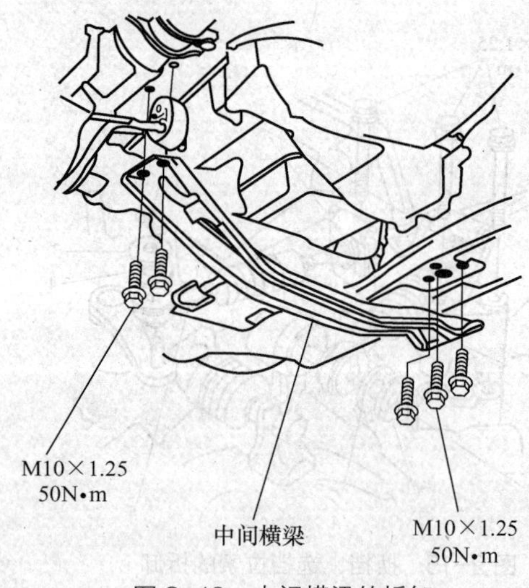

图 2-18 中间横梁的拆卸

㉜ 拆下排气管 A，如图 2-19 所示。

㉝ 脱开主热氧传感器接头。

㉞ 拆下自动变速器的换挡拉索。

注意

拆卸时要小心，不要弄弯拉索，如果拉索发生绞扭，应换上新拉索。

㉟ 拆下减震器前叉。

㊱ 用球形接头拆卸器脱开悬架下臂的球形连接，如图 2-20 所示。

注意

调整球形接头拆卸器，使其钳口相互平行。

F22B2 发动机

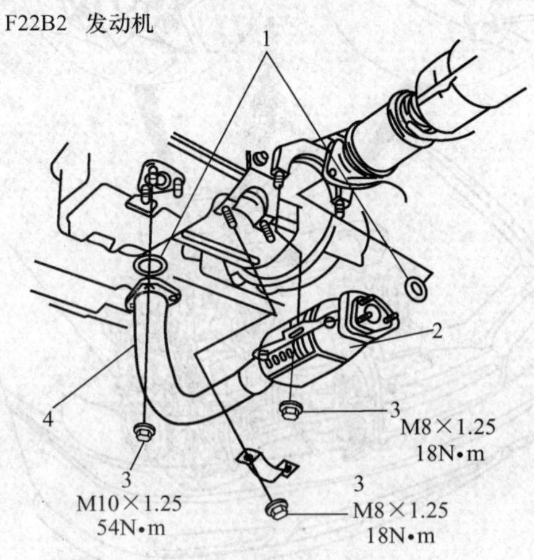

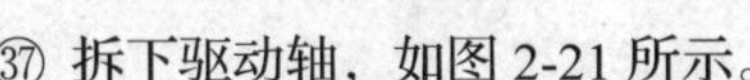

图 2-19 换挡、选挡拉索的拆卸

1—垫圈（更换）；2—开预热三元催化转换器；
3—自锁螺母（更换）；4—排气管 A；

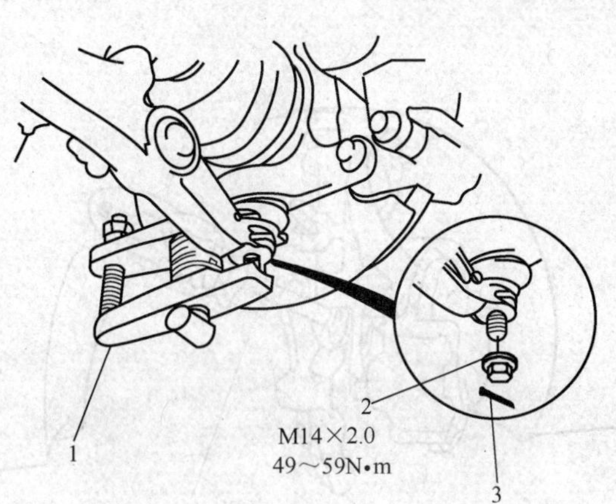

图 2-20 悬架下臂的球形连接的拆卸

1—球形接头拆卸器（28mm）；2—碟形螺母；
3—开口销（更换）

㊲ 拆下驱动轴，如图 2-21 所示。

注意

- 拆下驱动轴后，不要再拉驱动轴，否则可能会拆散等速万向节。
- 在拆卸驱动轴总成时一定要小心，要沿轴向拉动驱动轴总成，以免损坏差速器油封或中间轴防尘密封件。
- 用清洁的机油涂抹所有精加工表面，并用塑料袋套盖驱动轴端部。

㊳ 降下升降机。

㊴ 如图 2-22 所示，将吊链套在发动机上。

㊵ 拆下发动机后座支架，如图 2-23 所示。

㊶ 拆下前座支架，如图 2-24 所示。

㊷ 拆下发动机侧座，如图 2-25 所示。

㊸ 拆下变速器支座及其托架，如图 2-26 所示。

㊹ 检查是否拆下了发动机上的所有真空软管、燃油和冷却液软管以及电气配线。

㊺ 慢慢地将发动机升高大约 150mm，再次检查发动机上的所有软管和配线是否都已拆下。吊起发动机，将它从车上卸下。

2. 发动机整机的装配

按与拆卸相反的顺序安装发动机。一定要按下列顺序重新安装螺钉和螺母，否则可能会引起发动机工作时，噪声和震动过大，降低轴套的使用寿命。

装配时要按规定扭矩拧紧螺栓和螺母。F22B 型发动机支架安装螺栓/螺母的规定扭矩如图 2-27 所示。

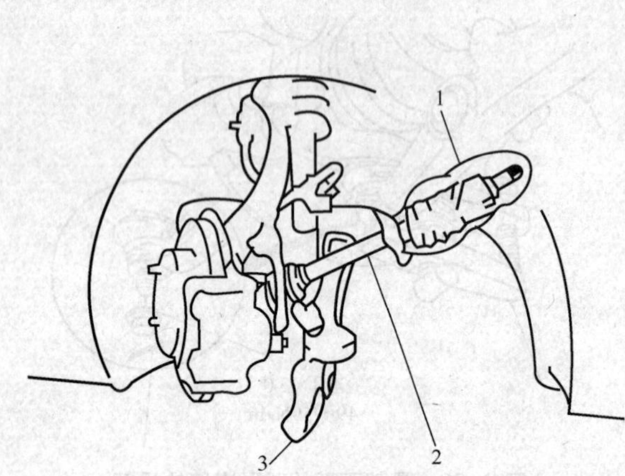

图 2-21 驱动轴的拆卸

1—塑料袋；2—驱动轴；3—悬架下臂

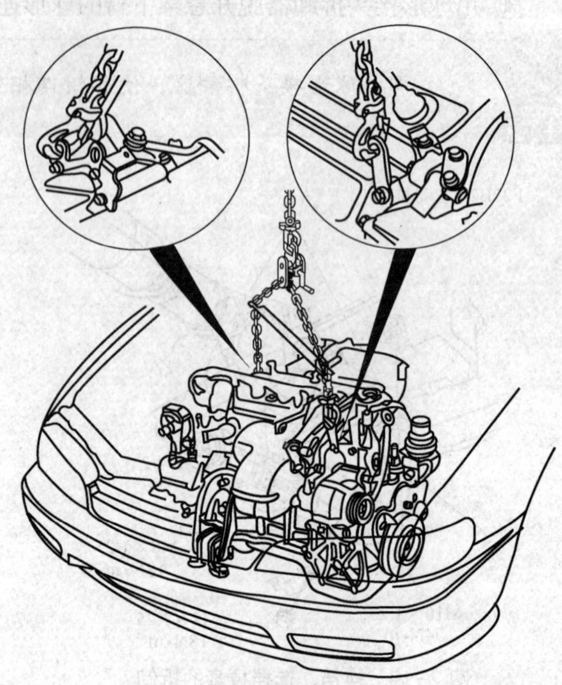
图 2-22 发动机的悬吊

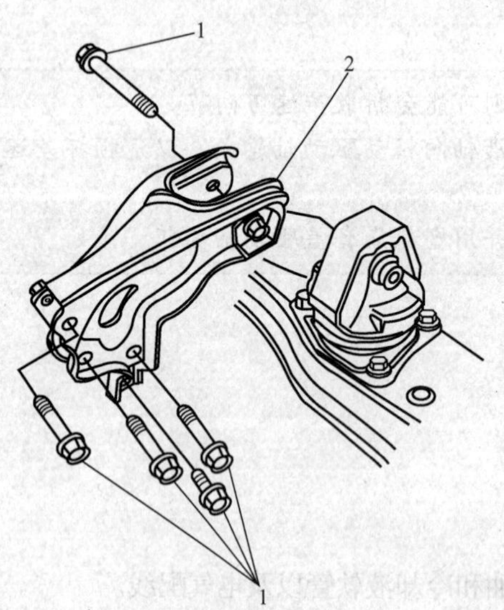

图 2-23 发动机后座支架的拆卸

1—螺栓（更换）；2—后座支架

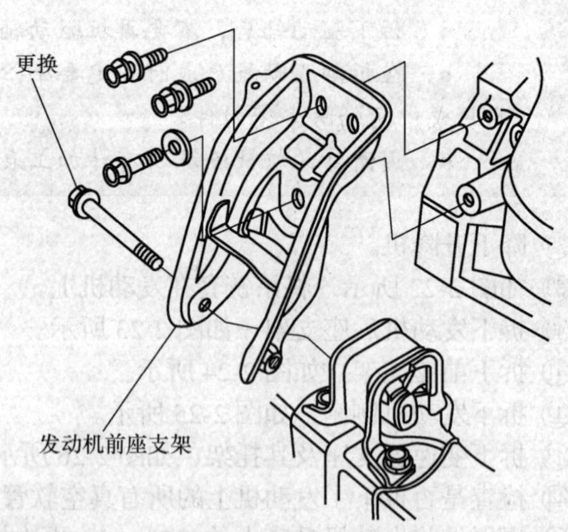

图 2-24 发动机前座支架

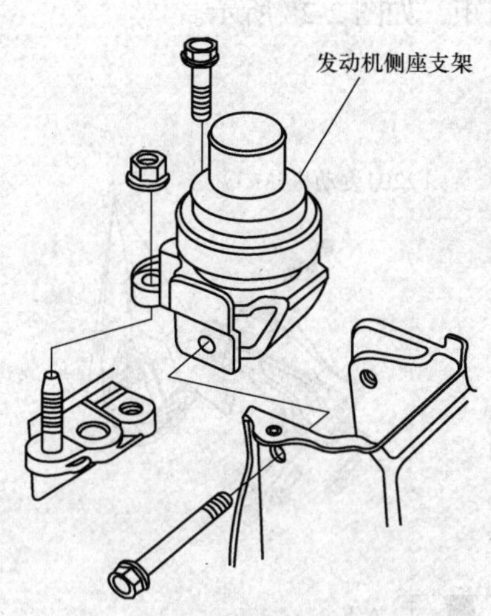

图 2-25　发动机侧座支架

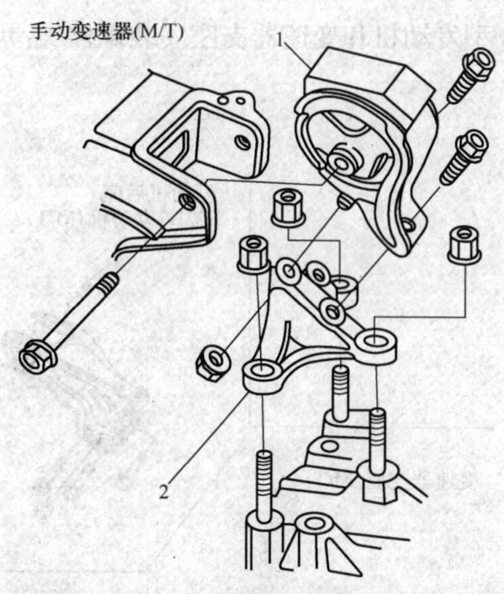

图 2-26　变速器支座和托架的拆卸

1—变速器支座；2—变速器支座托架

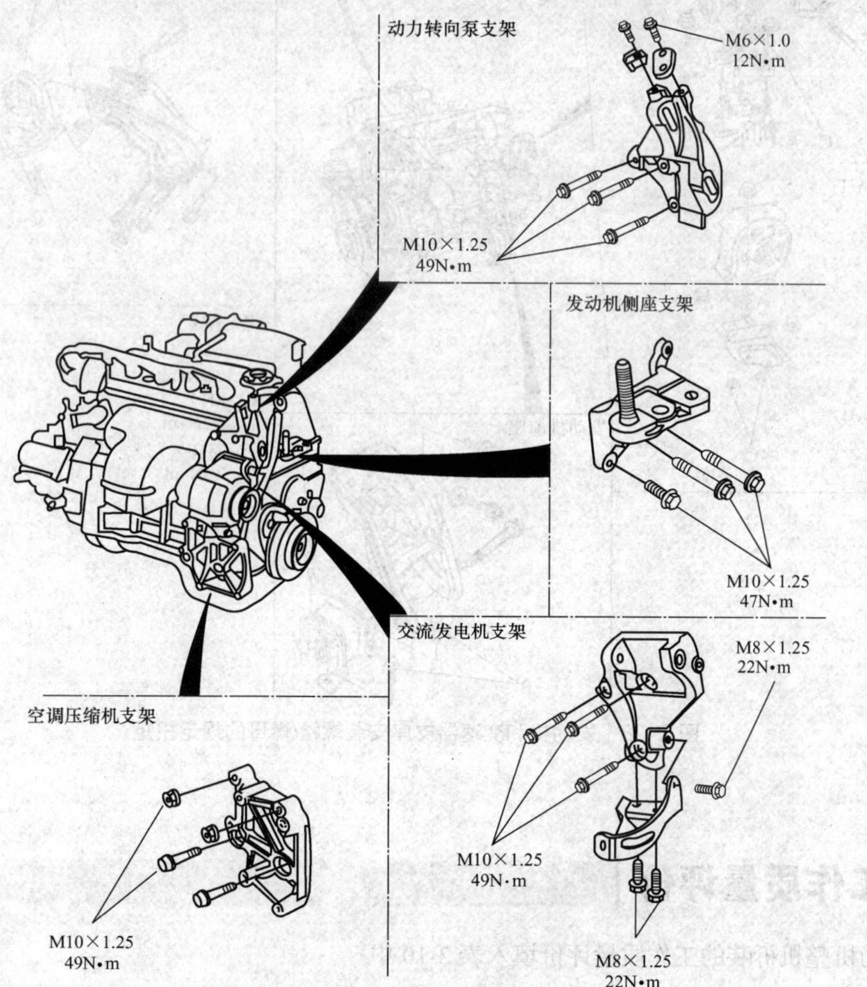

图 2-27　支架安装螺栓/螺母的规定扭矩

F22B 型发动机和变速器支座安装螺栓/螺母的规定扭矩，如图 2-28 所示。

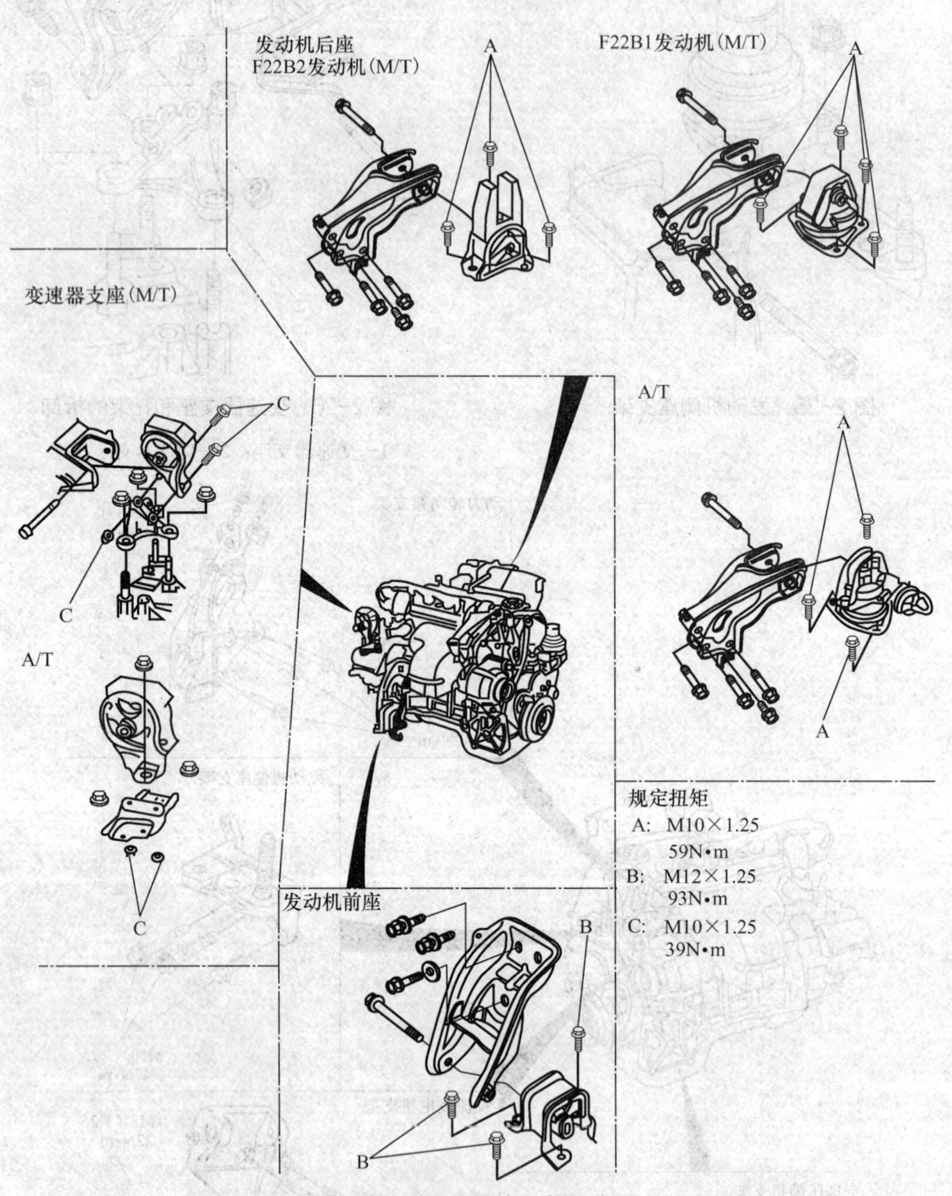

图 2-28 发动机和变速器支座安装螺栓/螺母的规定扭矩

四、工作质量评价

将发动机整机拆装的工作质量评价填入表 2-10 中。

表 2-10 发动机整机拆装工作质量评价表

<table>
<tr><td>质量评价项目/任务</td><td colspan="3">发动机整机拆装</td></tr>
<tr><td></td><td>质量评价要点及要求</td><td>分值</td><td>评分</td></tr>
<tr><td rowspan="6">发动机整机拆装</td><td>① 发动机的外部清洗</td><td>10</td><td></td></tr>
<tr><td>② 发动机外部附件的拆除</td><td>10</td><td></td></tr>
<tr><td>③ 发动机吊架的安装</td><td>10</td><td></td></tr>
<tr><td>④ 发动机支撑螺栓的拆卸</td><td>10</td><td></td></tr>
<tr><td>⑤ 发动机与变速箱连接的拆除</td><td>10</td><td></td></tr>
<tr><td>⑥ 发动机的起吊</td><td>10</td><td></td></tr>
<tr><td rowspan="7">人员安全/车辆保护/团队意识</td><td>① 车辆保护三件套是否正确安装</td><td>4</td><td></td></tr>
<tr><td>② 拆卸电子元件前是否断开蓄电池电路</td><td>6</td><td></td></tr>
<tr><td>③ 汽车停在地面上是否用楔子挡住车轮</td><td>6</td><td></td></tr>
<tr><td>④ 举升机对汽车的支撑是否规范，操作时举升机是否站人</td><td>6</td><td></td></tr>
<tr><td>⑤ 安装燃油管路或喷油器时，必须使用新密封垫或 O 形圈</td><td>6</td><td></td></tr>
<tr><td>⑥ 密封垫或 O 形圈是否粘到汽油或机油</td><td>6</td><td></td></tr>
<tr><td>⑦ 燃油泄压是否正确</td><td>6</td><td></td></tr>
<tr><td colspan="2">合 计</td><td>100</td><td></td></tr>
</table>

五、考核建议与结果展示

1. 考核建议

关于本任务的考核与评价，应该侧重以下几点。

① 发动机整机拆装工作方案的合理性。

② 任务实施过程中的团队合作情况。

③ 任务实施后的总结报告质量。

2. 学生应展示的结果

① 班组制定的本任务实施方案。

② 任务实施记录与总结报告。

3. 思考与练习

① 汽车发动机为何要进行大修？

② 简述发动机整机拆装过程的安全防护措施。

③ 简述雅阁轿车发动机的整机拆装过程的关键步骤。

④ 通过查阅资料，为桑塔纳轿车发动机的整机拆装制定方案。

六、知识与思维拓展

1. 汽车维修实习生及学徒岗位描述

（1）职责描述

学习分析工单，了解车况，能进行常规的保养作业；能确认完成常规保养项目所需的配件和工具；能按规定的维修流程进行维修；能全面地进行汽车的常规保养；在工单上正确填写完成的维修项目，初步的检查结果等；在维修过程中发现并记录报修以外的故障；及时将车辆故障及维修方案反馈给班组长和业务接待；遵守维修作业基本的规范；负责维修工具、设备的日常维护保养；在维修过程中细心爱护顾客车辆。

（2）技能要求

了解车辆各车型、各系统的维修知识；了解配件知识，有能力通过修理工单了解所需配件；了解维修保养规定的正确流程，掌握车间质量控制和检查要求；了解新车型和新技术（通过维修通信、培训和技术论坛等获得信息）；了解车辆的常见故障；了解车辆的索赔政策及汽车工业相关的国家法规；了解维修设备的基本保养；能正确的使用维修工具（手工具、专用工具、诊断仪器等）；能进行基本的故障诊断及检修；能正确阅读，充分使用维修资料。

（3）个人素养

遵守公司行政规范；具有专业的仪表和热情的工作态度；能积极地配合其他技工和业务接待的工作，做到有问必答；能独立完成常规保养的相关工作；能够独立的完成常规的维修保养作业；努力学习，积极进取，不断提高维修技术水平；积极、主动地完成主管所布置的任务。

2. 汽车维修初级技师岗位描述

（1）职责描述

能独立分析工单，了解车况，准确地对常见故障进行诊断；确认完成常规修理项目所需的配件和工具；诊断并完成常规的修理作业；进行汽车的常规保养及故障诊断；在工单上正确填写完成的维修项目、检查结果等；按规定的维修流程进行维修；在维修过程中发现并记录报修以外的故障；及时将车辆故障及维修方案反馈给班组长和业务接待；遵守维修作业基本的规范；负责维修工具、设备的日常维护保养；在维修过程中细心爱护顾客车辆。

（2）技能要求

熟悉车辆各车型、各系统的维修知识；熟悉配件知识，有能力通过修理工单了解所需配件；熟悉维修保养规定的正确流程，掌握车间质量控制和检查要求；了解新车型和新技术（通过维修通信，培训和技术论坛等获得信息）；了解车辆的常见故障；了解车辆的索赔政策及汽车工业相关的国家法规；了解维修设备的基本保养；能正确的使用维修工具（手工具、专用工具、诊断仪器等）；能进行基本的故障诊断及检修；能正确阅读，合理使用维修资料。

（3）个人素养

遵守公司行政规范；具有专业的仪表和热情的工作态度；能积极地配合其他技工和业务接待的工作，做到有问必答；独立完成常规维修等相关工作；能够高品质的完成维修工作；努力学习，积极进取，不断提高维修技术水平；积极、主动地完成主管所布置的任务。

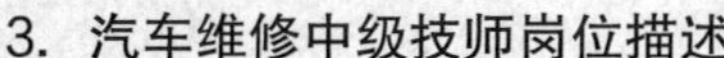

3. 汽车维修中级技师岗位描述

（1）职责描述

独立的全面分析工单，了解车况，准确对故障进行诊断；确认完成修理项目所需的配件和工具；诊断并完成修理作业；进行汽车的常规保养；在工单上正确填写完成的维修项目、检查结果等；按规定的维修流程进行维修；在维修过程中发现并记录保修以外的故障；及时将车辆故障及维修方案反馈给班组长和业务接待；遵守维修作业基本的规范；负责维修工具、设备的日常维护保养；在维修过程中细心爱护顾客车辆。

（2）技能要求

掌握车辆各车型、各系统的维修知识；掌握配件知识，有能力通过修理工单了解所需配件；掌握维修保养规定的正确流程，掌握车间质量控制和检查要求；掌握新车型和新技术（通过维修通信，培训和技术论坛等获得信息）；理解维修车辆的常见故障；熟悉车辆的索赔政策及汽车工业相关的国家法规；熟悉维修设备的基本保养；能熟练正确的使用维修工具（手工具、专用工具、诊断仪器等）；能熟练地进行一般的故障诊断及检修；能熟悉正确阅读，充分使用维修资料。

（3）个人素养

遵守公司行政规范；具有专业的仪表和热情的工作态度；能积极地配合其他技工和业务接待的工作，做到有问必答；独立完成维修等相关工作；能够高效率高品质的完成维修工作；努力学习，积极进取，不断提高维修技术水平；积极、主动地完成主管所布置的任务。

4. 汽车维修高级技师岗位描述

（1）职责描述

能独立的完整地分析工单，了解车况，准确对故障进行诊断；确认完成修理项目所需的配件和工具；诊断并完成修理作业；进行汽车的常规保养；在工单上正确填写完成的维修项目，检查结果等；按规定的维修流程进行维修；在维修过程中发现并记录报修以外的故障；能及时将车辆故障及维修方案反馈给班组长和业务接待；遵守维修作业基本的规范；负责维修工具、设备的日常维护保养；在维修过程中细心爱护顾客车辆。

（2）技能要求

掌握车辆各车型、各系统的维修知识；掌握配件知识，有能力通过修理工单了解所需配件；掌握维修保养规定的正确流程，掌握车间质量控制和检查要求；掌握新车型和新技术（通过维修通信，培训和技术论坛等获得信息）；理解维修车辆的常见故障；熟悉车辆的索赔政策及汽车工业相关的国家法规；熟悉维修设备的基本保养；能熟练正确的使用维修工具（手工具、专用工具、诊断仪器等）；能熟练地进行一般的故障诊断及检修；能熟悉正确阅读，充分使用维修资料。

（3）个人素养

遵守公司行政规范；具有专业的仪表和热情的工作态度；能积极地配合其他技工和业务接待的工作，做到有问必答；独立完成维修等相关工作；能够高效率高品质的完成维修工作；努力学习，积极进取，不断提高维修技术水平；积极、主动地完成主管所布置的任务。

项目三 发动机机械系统检修

根据制定好的发动机机械系统检修流程，按步骤进行发动机各系统的分解，零部件检修、装配等工作，在工作过程中要应用多种维修工具及专用工具，同时也需要执行相应的技术要求。组织本项目实施的导向图如图 3-1 所示。

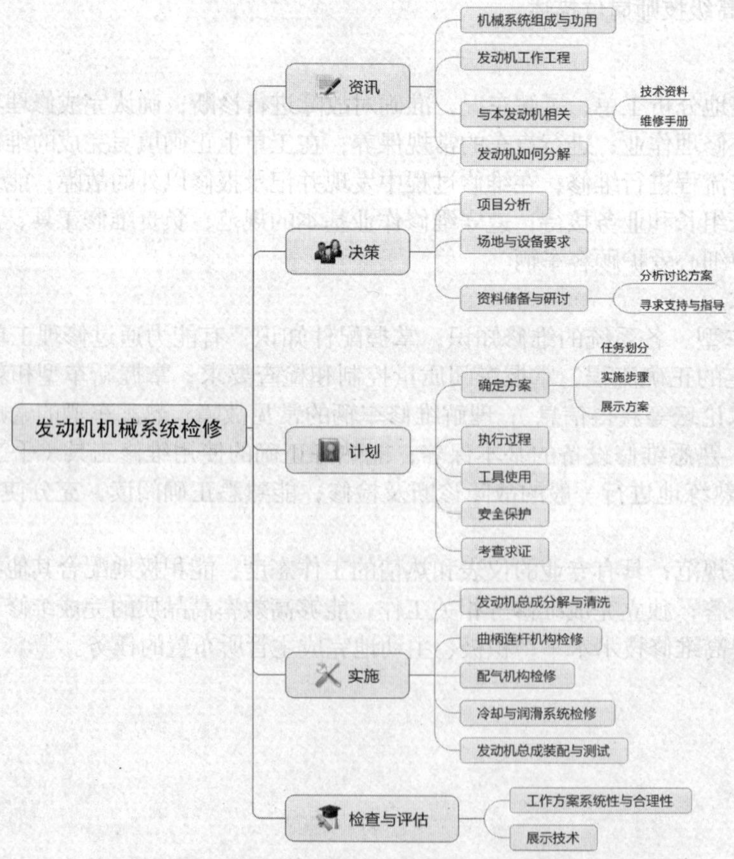

图 3-1 组织发动机机械系统拆解、检测与装配作业项目实施的导向图

【知识目标】

① 了解关于汽车发动机分类方法。
② 理解汽车发动机的名词术语。
③ 理解汽车发动机工作过程。
④ 熟悉汽车发动机机械系统的组成与功用。
⑤ 掌握汽车发动机各组成系统检修方法。

【能力目标】

① 能够分析待修发动机的工作过程，并能够计算发动机的准确排量。
② 能够合理选用相应工具与设备，分解发动机各组成系统。
③ 能够根据相关技术资料，正确检修发动机各组成系统主要零部件。
④ 能够正确装配发动机各组成系统，并且能够解决装配中出现的问题。
⑤ 能够根据检修结果，完成检修诊断报告。

【素质目标】

① 培养团队协作意识，能很好完成本职工作，并能够与其他部门进行有效沟通。
② 听从指挥，工作认真细致，诚实守信。
③ 动作安全规范，不盲目操作。
④ 培养语言表达能力，能够合理正确解释客户所提出的相关问题。
⑤ 善于总结与反思，并正确完成相应文本文件的填写。

【项目实施要求】

本项目内容包括了整个汽车发动机机械系统的各个部分，按照检修工作过程，先要进行发动机各总成的分解与清洗，然后分系统进行检修，最后再进行发动机的装配与测试。

任务一　发动机总成分解与清洗

【任务说明】

发动机总成分解与清洗是发动机检修中的一项重要工作，不正确的分解和清洗可能会造成发动机新的损伤和故障。组织本任务实施的导向图如图 3-2 所示。

【知识要求】

① 熟悉发动机的总体构造。
② 掌握发动机总成的分解和清洗方法及注意事项。

【能力要求】

① 能够合理选择与正确使用维修工具。
② 能够通过查阅资料，制定发动机总成分解和清洗方案。
③ 能够正确进行发动机总成分解与清洗。

【职业素养】

① 合理使用工具，爱护车辆，安全规范操作。
② 合理分工，认真工作，听从指挥。
③ 吃苦耐劳，加强团队合作。

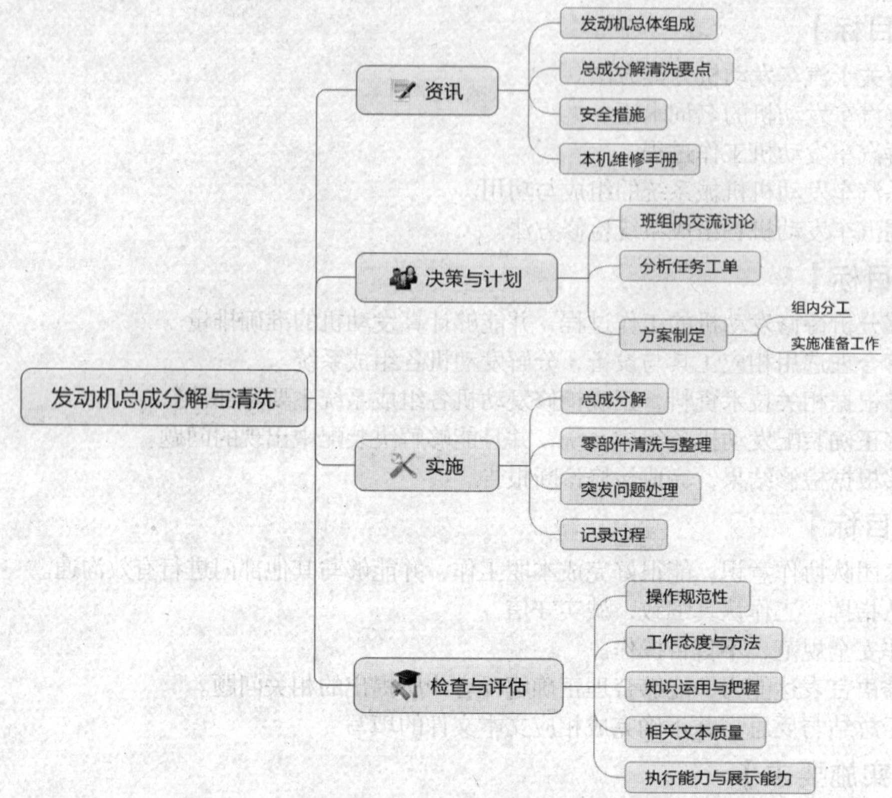

图 3-2 组织发动机总成分解与清洗任务实施的导向图

一、资讯

1. 发动机的分类

车用内燃机，根据其将热能转变为机械能的主要构件的形式，可分为活塞式内燃机和燃气轮机两大类。前者又可按活塞运动方式分为往复活塞式内燃机和旋转活塞式内燃机两种。往复活塞式内燃机在当今汽车上是应用最为广泛的。

汽车发动机（主要指车用往复活塞式内燃机）分类方法很多，按照不同的分类方法可以把汽车发动机分成不同的类型，下面是其分类情况。

（1）按照所用燃料分类

内燃机按照所使用燃料的不同可以分为汽油机和柴油机，如图 3-3 所示。使用汽油为燃料的内燃机称为汽油机；使用柴油为燃料的内燃机称为柴油机。汽油机与柴油机比较各有特点：汽油机转速高，质量小，噪声小，起动容易，制造成本低；柴油机压缩比大，热效率高，经济性能和排放性能都比汽油机好。

（2）按照行程分类

内燃机按照完成一个工作循环所需的行程数可分为四冲程内燃机和二冲程内燃机，如图 3-4 所示。把曲轴转两圈（720°），活塞在气缸内上下往复运动四个行程，完成一个工作循环的内燃机称为四冲程内燃机；而把曲轴转一圈（360°），活塞在气缸内上下往复运动两个行程，完成一个工作循环的内燃机称为二冲程内燃机。目前，汽车发动机广泛使用四冲程内燃机。

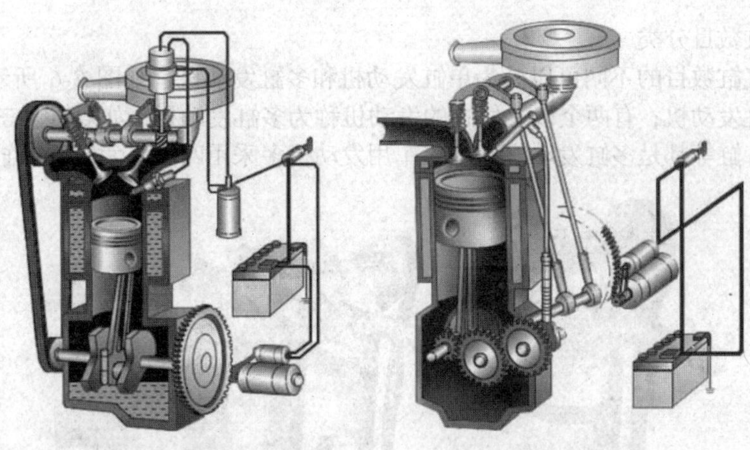

（a）汽油机　　（b）柴油机

图 3-3　发动机按燃料分类

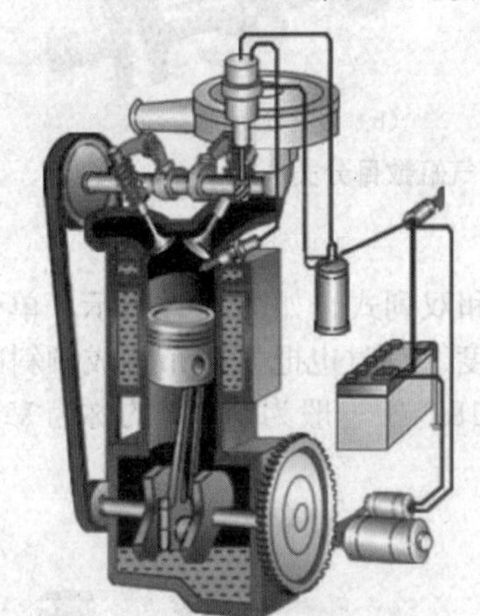

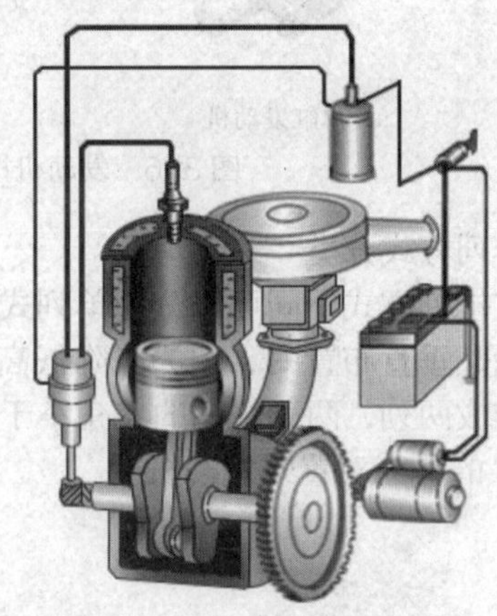

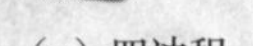

（a）四冲程　　（b）二冲程

图 3-4　发动机按冲程分类

（3）按照冷却方式分类

内燃机按照冷却方式不同可以分为水冷发动机和风冷发动机，如图 3-5 所示。水冷发动机是利用在气缸体和气缸盖冷却水套中进行循环的冷却液作为冷却介质进行冷却的；而风冷发动机是利用流动于气缸体与气缸盖外表面散热片之间的空气作为冷却介质进行冷却的。水冷发动机冷却均匀、工作可靠、冷却效果好，被广泛地应用于现代车。

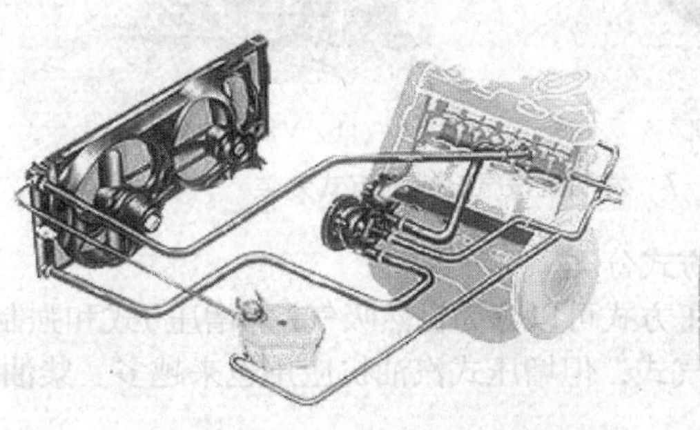

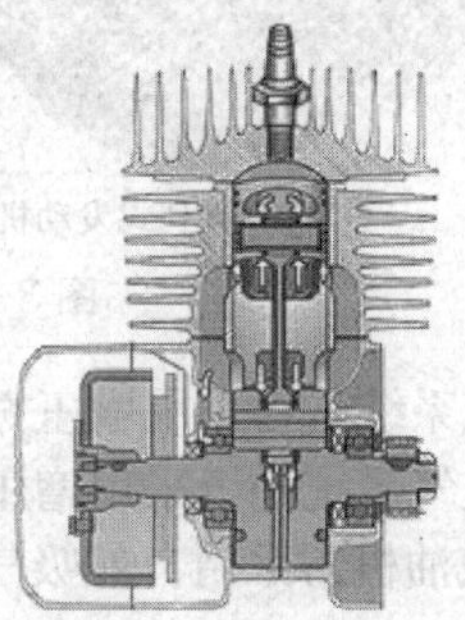

（a）水冷却　　（b）风冷却

图 3-5　发动机按冷却方式分类

（4）按照气缸数目分类

内燃机按照气缸数目的不同可以分为单缸发动机和多缸发动机，如图 3-6 所示。仅有一个气缸的发动机称为单缸发动机；有两个以上气缸的发动机称为多缸发动机，如双缸、三缸、四缸、五缸、六缸、八缸、十二缸等都是多缸发动机。现代车用发动机多采用四缸、六缸、八缸发动机。

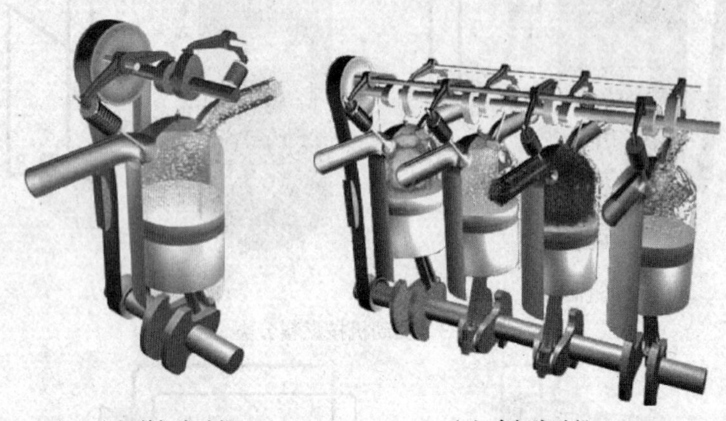

（a）单缸发动机　　（b）多缸发动机

图 3-6　发动机按气缸数目分类

（5）按照气缸排列方式分类

内燃机按照气缸排列方式不同可以分为单列式和双列式，如图 3-7 所示。单列式发动机的各个气缸排成一列，一般是垂直布置的，但为了降低高度，有时也把气缸布置成倾斜的甚至水平的；双列式发动机把气缸排成两列，两列之间的夹角小于 180°（一般为 90°）的称为 V 形发动机，若两列之间的夹角等于 180° 的称为对置式发动机。

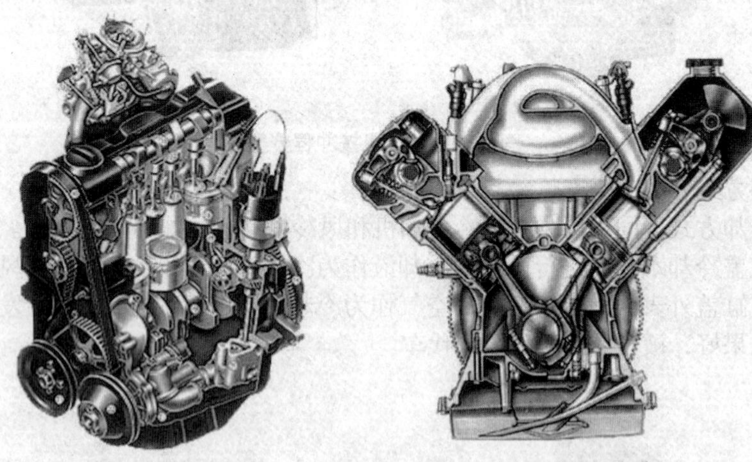

（a）直列式发动机　　（b）V形发动机

图 3-7　发动机按气缸排列方式分类

（6）按照进气系统是否采用增压方式分类

内燃机按照进气系统是否采用增压方式可以分为自然吸气（非增压）式和强制进气式（增压式），如图 3-8 所示。汽油机常采用自然吸气式，但增压式汽油机应用越来越多。柴油机为了提高功率也有采用增压式的。

2. 发动机基本构造

发动机是一种由许多机构和系统组成的复杂机器。无论是汽油机，还是柴油机；无论是四冲程发动机，还是二冲程发动机；无论是单缸发动机，还是多缸发动机，要完成能量转换，实现工作循环，保证长时间连续正常工作，都必须具备以下一些机构和系统。

（1）曲柄连杆机构

曲柄连杆机构是发动机实现工作循环，完成能量转换的主要运动零件。它由机体组、活塞连杆组、曲轴飞轮组等组成。在做功冲程中，活塞承受燃气压力，在气缸内作直线运动，通过连杆转换成曲轴的旋转运动，并通过曲轴对外输出动力。而在进气、压缩和排气冲程中，飞轮释放能量，又把曲轴的旋转运动转化成活塞的直线运动。

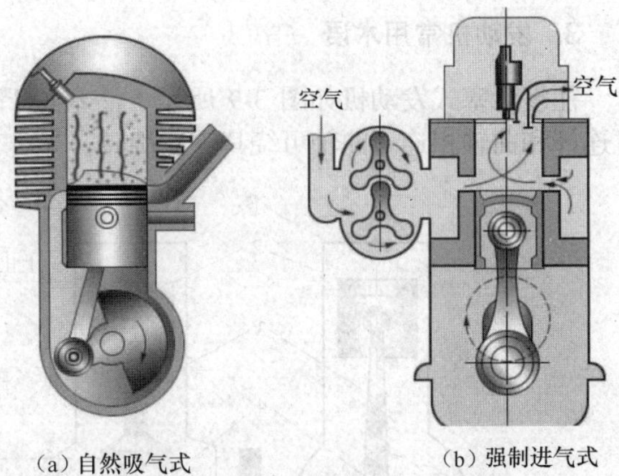

（a）自然吸气式　　（b）强制进气式

图 3-8　发动机按进气系统分类

（2）配气机构

配气机构的功用是根据发动机的工作顺序和工作过程，定时开启和关闭进气门和排气门，使可燃混合气或空气进入气缸，并使废气从气缸内排出，实现换气过程。配气机构大多采用顶置气门式配气机构，该机构一般由气门组、气门传动组和气门驱动组组成。

（3）燃料供给系统

汽油机燃料供给系统的功用是根据发动机的要求，配制出一定数量和浓度的混合气，供入气缸，并将燃烧后的废气从气缸内排出到大气中去；柴油机燃料供给系统的功用是把柴油和空气分别供入气缸，在燃烧室内形成混合气并燃烧，最后将燃烧后的废气排出。

（4）润滑系统

润滑系统的功用是向做相对运动的零件表面输送定量的清洁润滑油，以实现液体摩擦，减小摩擦阻力，减轻机件的磨损；并对零件表面进行清洗和冷却。润滑系通常由润滑油道、机油泵、机油滤清器和一些阀门等组成。

（5）冷却系统

冷却系统的功用是将受热零件吸收的部分热量及时散发出去，保证发动机在最适宜的温度状态下工作。水冷发动机的冷却系统通常由冷却水套、水泵、风扇、水箱、节温器等组成。

（6）点火系统

在汽油机中，气缸内的可燃混合气是靠电火花点燃的，为此在汽油机的气缸盖上装有火花塞，火花塞头部伸入燃烧室内。能够按时在火花塞电极间产生电火花的全部设备称为点火系统，点火系统通常由蓄电池、发电机、分电器、点火线圈、火花塞等组成。

（7）起动系统

要使发动机由静止状态过渡到工作状态，必须先用外力转动发动机的曲轴，使活塞做往复运动。气缸内的可燃混合气燃烧膨胀做功，推动活塞向下运动，使曲轴旋转，发动机才能自行运转，工作循环才能自动进行。因此，曲轴在外力作用下，转动到发动机开始自动地怠速运转的全过程，称为发动机的起动。完成起动过程所需的装置，称为发动机的起动系统。

汽油机由以上两大机构和 5 大系统组成，即由曲柄连杆机构、配气机构、燃料供给系统、润滑系统、冷却系统和起动系统组成；柴油机由以上两大机构和 4 大系统组成，柴油机是压燃，不需要点火系统。

3. 发动机常用术语

往复活塞式发动机如图 3-9 所示，活塞置于气缸中，活塞可在气缸内做往复直线运动，活塞通过连杆和曲轴相连，曲轴可绕其轴线旋转。

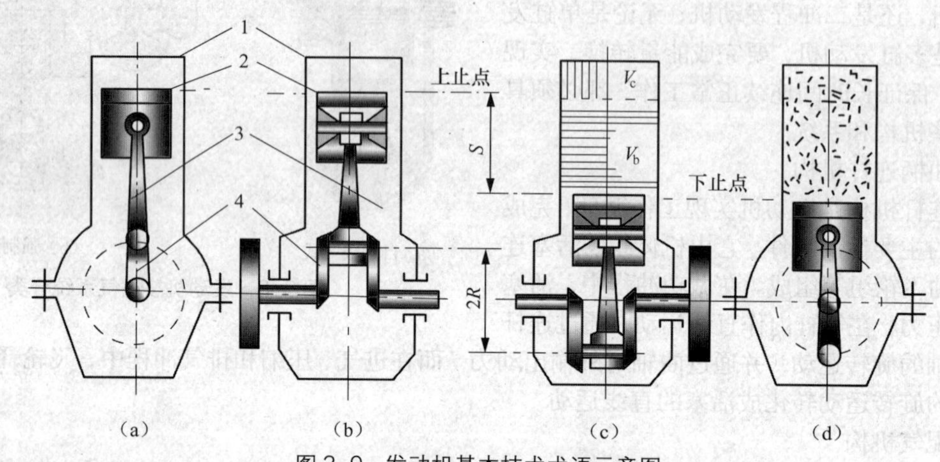

图 3-9 发动机基本技术术语示意图

1—气缸体；2—活塞；3—连杆；4—曲柄

掌握发动机的工作原理，应该重点理解以下有关发动机的基本技术术语。

① 上止点：活塞离曲轴回转中心最远处，通常指活塞上行到最高位置。

② 下止点：活塞离曲轴回转中心最近处，通常指活塞下行到最低位置。

③ 活塞行程（S）：上、下两止点间的距离（mm）。完成一个活塞行程，曲轴旋转 180°。

④ 曲柄半径（R）：与连杆下端（即连杆大头）相连的曲柄销中心到曲轴回转中心的距离（mm）。曲轴每转一转，活塞移动两个冲程。

$$S = 2R \tag{3-1}$$

⑤ 气缸工作容积（V_h）：活塞从上止点到下止点所让出的空间容积（L）。

$$V_h = \frac{\pi D^2}{4\times 10^6} S \tag{3-2}$$

式中，D——气缸直径，mm。

⑥ 发动机排量（V_L）：发动机所有气缸工作容积之和（L）。设发动机的气缸数为 i，则有：

$$V_L = i \times V_h \tag{3-3}$$

⑦ 燃烧室容积（V_c）：活塞在上止点时，活塞上方的空间叫燃烧室，它的容积叫燃烧室容积（L）。

⑧ 气缸总容积（V_a）：活塞在下止点时，活塞上方的容积称为气缸总容积（L）。它等于气缸工作容积与燃烧室容积之和，即

$$V_a = V_h + V_c \tag{3-4}$$

⑨ 压缩比（ε）：气缸总容积与燃烧室容积的比值，即

$$\varepsilon = \frac{V_a}{V_c} = \frac{V_h + V_c}{V_c} = 1 + \frac{V_h}{V_c} \tag{3-5}$$

它表示活塞由下止点运动到上止点时，气缸内气体被压缩的程度。压缩比越大，压缩终了时气缸内的气体压力和温度就越高。一般车用汽油机的压缩比为 6～10，柴油机的压缩比为 15～22。

⑩ 发动机的工作循环：在气缸内进行的每一次将燃料燃烧的热能转化为机械能的一系列连续过程（进气、压缩、做功和排气）称为发动机的工作循环。

⑪ 二冲程发动机：活塞往复运动 2 个冲程完成一个工作循环的发动机称为二冲程发动机。

⑫ 四冲程发动机：活塞往复运动 4 个冲程完成一个工作循环的发动机称为四冲程发动机。

4. 常用维修工具

（1）螺丝刀

分类：标准螺丝刀（一字）、十字螺丝刀、偏置螺丝刀。

使用方法及安全事项：使用前应该擦净螺丝刀上的油污，以免工作时滑脱；使用时用右手握螺丝刀，手心抵住柄端，使螺丝刀口与螺栓或螺丝槽口垂直吻合，并先用力压住螺丝刀，然后转动；禁止用螺丝刀当撬棒或凿子使用。

（2）手钳

分类：鲤鱼钳、尖嘴钳和可调节钳。

使用方法和安全事项：使用前、后应该保持清洁以便保养；使用时必须先将工件夹牢，然后用力剪断或扭弯；鲤鱼钳可以用来扭弯金属材料及夹、包箍，尖嘴钳用来夹持小工件或电线；禁止用手钳代替扳手、撬棒使用，不可用手钳夹持工件在火中加热，以防钳口退火。

（3）扳手

分类：开口扳手、梅花扳手、套筒扳手、活络扳手等。

使用方法和安全事项：根据实际螺母或螺栓大小选择尺寸相同的扳手，切不可凑合，这样会使螺母或螺栓损坏，不利拆装，同时也会造成手的破伤；由于开口扳手仅两边加力，所以尽量选用梅花扳手及套筒扳手；使用活络扳手时要将钳口大小与螺帽或螺栓大小调节一致，防止打滑；扳手的使用尽量用手拉，不准用手推，倘若必须推动时，也只能用手掌来推，并且手指要伸开，以防螺帽或螺栓突然松动碰伤手指。

（4）黄油枪

作用：用来加注黄油的专用工具，常用为手压杆式黄油枪。

使用方法：旋下油枪前盖，拉出活塞杆到顶端并转过一个角度，利用限位装置将活塞限制在枪筒后端，把清洁的黄油灌入枪筒内，旋上油枪筒前盖，松动活塞杆，将接头抵住黄油嘴，一手握住油枪筒，另一手往复拉动杠杆，将油枪内的黄油压入黄油嘴内，直到机件结合处或密封处有少许黄油渗出为止。

（5）塞尺

作用：用来测量两轴之间的间隙大小。

使用方法：可以单片使用，也可以多片使用；测量时注意工件和尺片的清洁；使用时以手动时有轻微摩擦力为合适，切不可硬插，以免损坏塞尺。

（6）落地式千斤顶

使用方法：将落地式千斤顶放在要支撑的物体下面，然后旋动（顺时针）手柄直到转不动为止，然后上下推动手柄，此时前端垫座上升顶起重物，放下时旋动手柄（逆时针），放下后拉出千斤顶，放回原处。

注意事项：顶起的重物不得超过千斤顶（吨位或千克）的极限；必要时在千斤顶垫座上放上木板以保护被顶起物的底面；卸下所顶物时，操纵手柄或操纵杆必须慢慢转动，以防止意外事故的发生。

（7）立式千斤顶

使用方法与落地式千斤顶相同，当要升起垫板时，将操纵杆扳到锁死位置，卸去油压时要慢慢转动。立式千斤顶主要用于顶油箱、变速箱。

（8）升降机（举升机）

图 3-10 所示为维修车间常用的双立柱液压汽车举升机示意图。若操纵杆向上，则升降机向上；若操纵杆向下，则升降机向下，升时切不可太高（可参考使用说明书）。对不同汽车选择不同的支撑点，汽车前端一般顶在大梁上，后端顶在支口上。在对底盘检查时，要对升降机进行机械安全上锁。操作升降机时，升降机下面不得站人。对上锁的升降机，放下时要先解除机械上锁，方能放下。要定期为升降机加注油料和黄油。

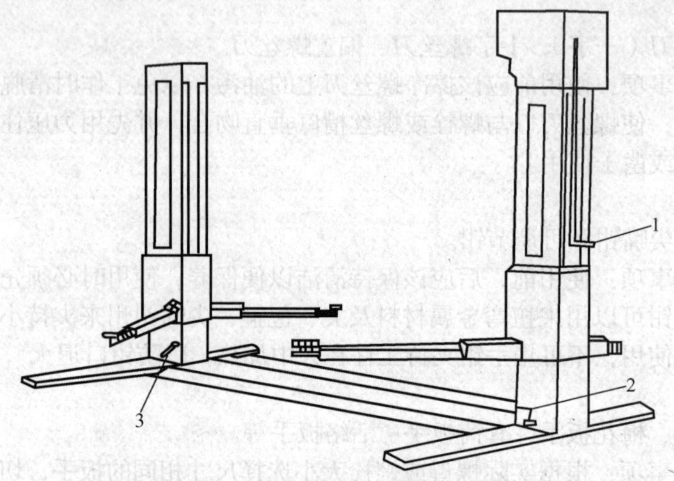

图 3-10 双立柱液压汽车举升机

1—操纵杆；2—主动立柱保险手柄；3—被动立柱保险手柄

（9）汽车专用检修工具

表 3-1 所示为大众汽车公司系列专修店或 4S 店配套的工具，其中编号为大众汽车公司工具代号。其他汽车公司专修店或 4S 店所配套的工具虽有区别，但大致类型相差不多，只是编号或代号不同而已。

表 3-1 专用维修工具

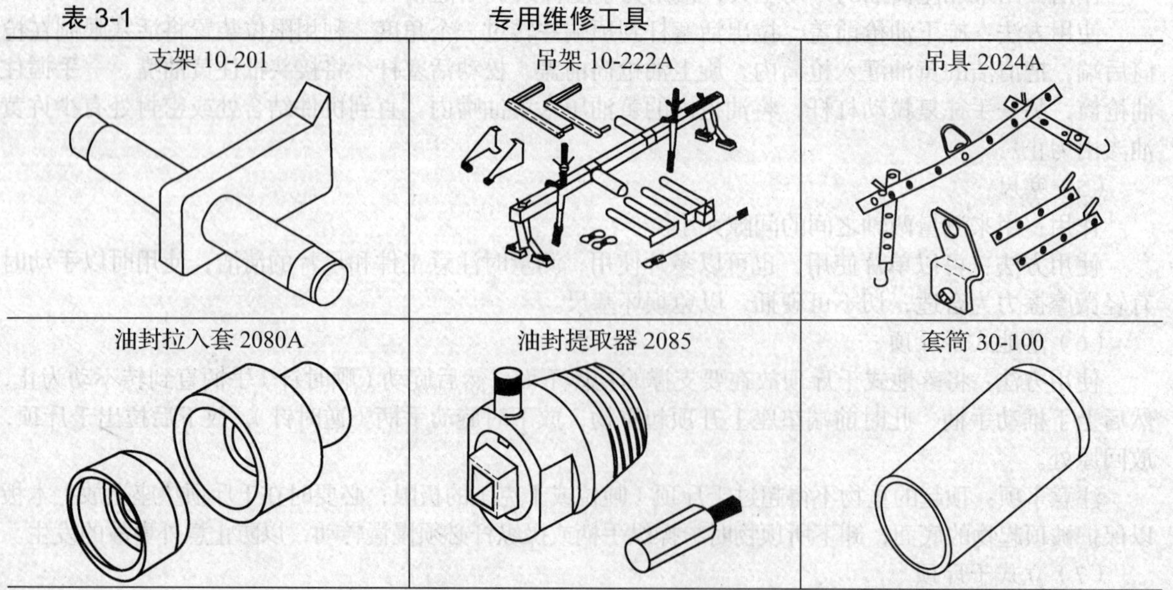

支架 10-201	吊架 10-222A	吊具 2024A
油封拉入套 2080A	油封提取器 2085	套筒 30-100

续表

支架 3036 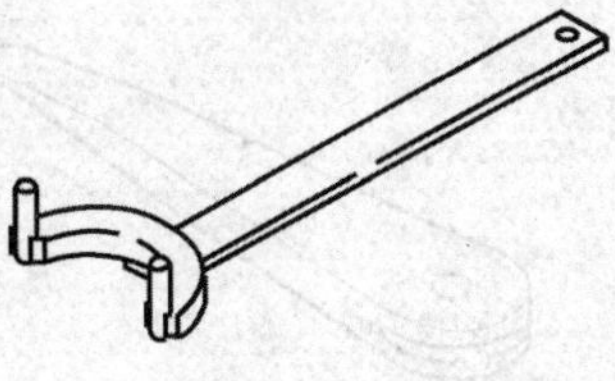	软管夹 3094 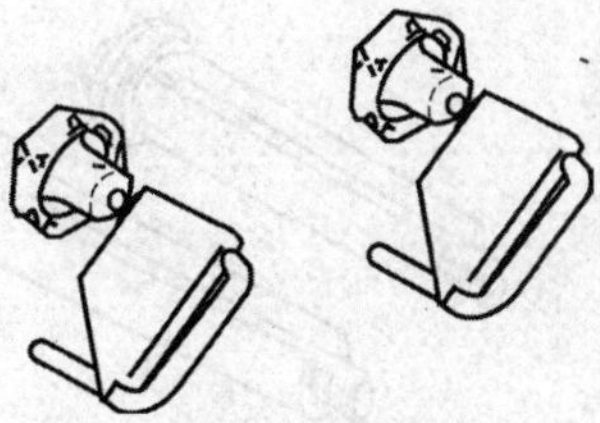	火花塞扳手 3122B 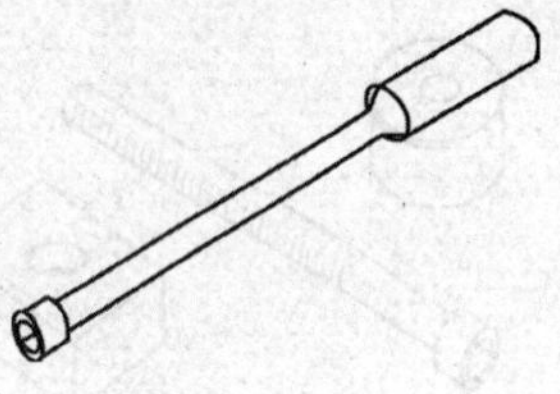
专用工具 3147 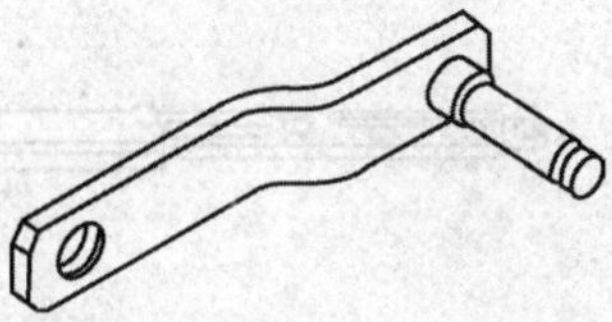	油封提取器 3203 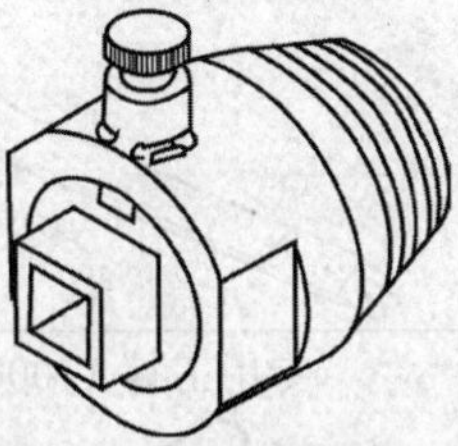	锁紧螺母扳手 3217 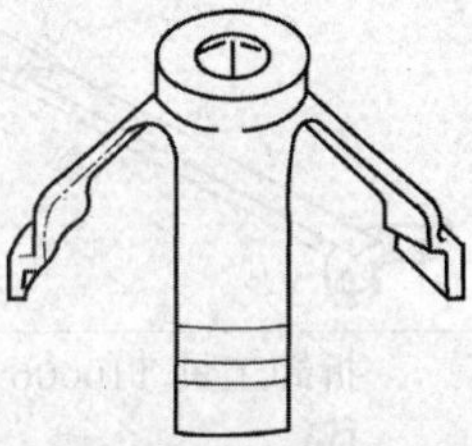
拉入工具 3241 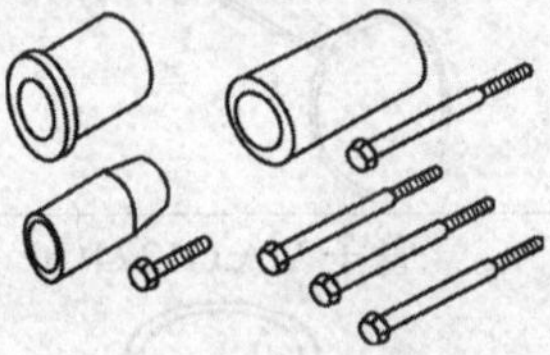	工具 3249 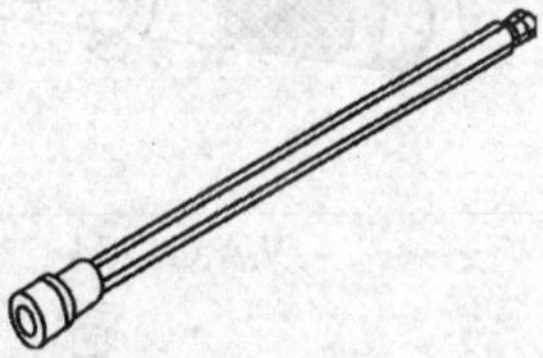	拉入套 3265 
复位工具 3272 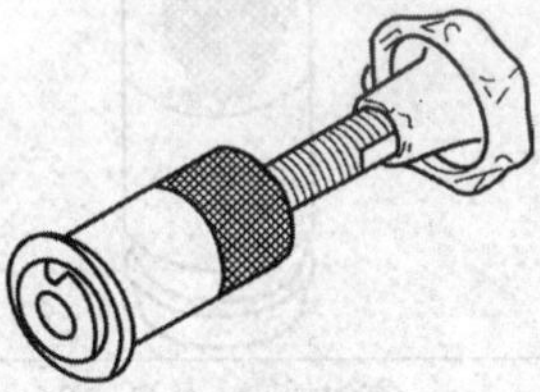	附加工具 3272/1 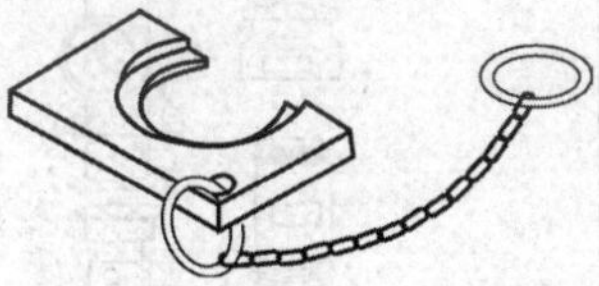	专用工具 3301 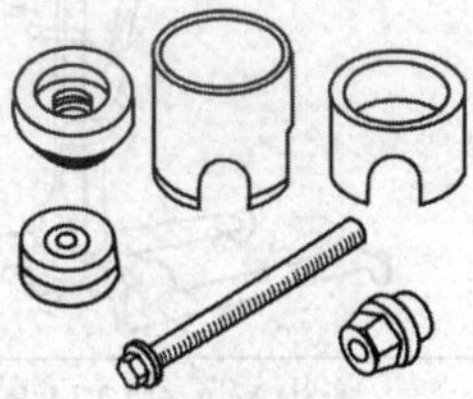
套筒扳手 3337 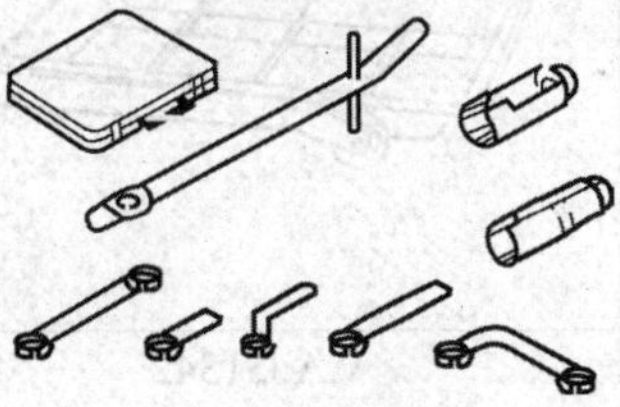	拆卸工具 3344 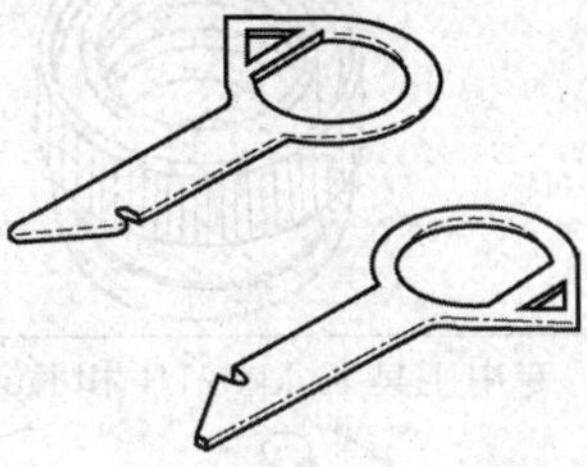	专用工具 3350 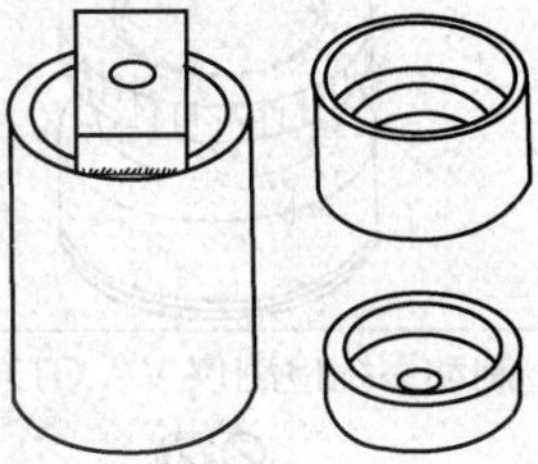
工具 3364 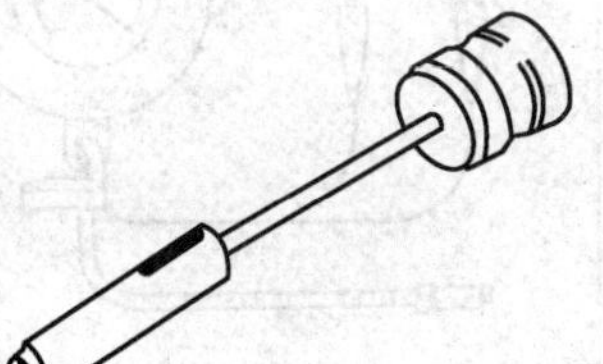	工具 3365 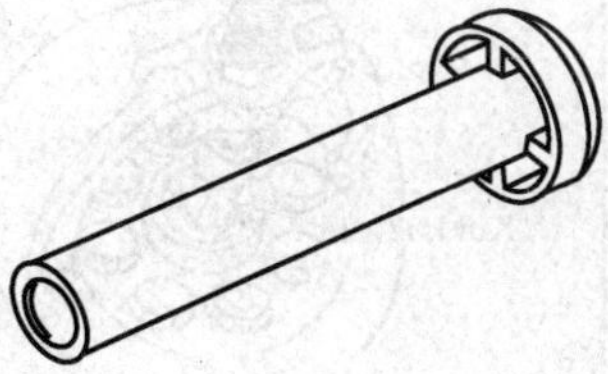	传动链张紧器支架 3366 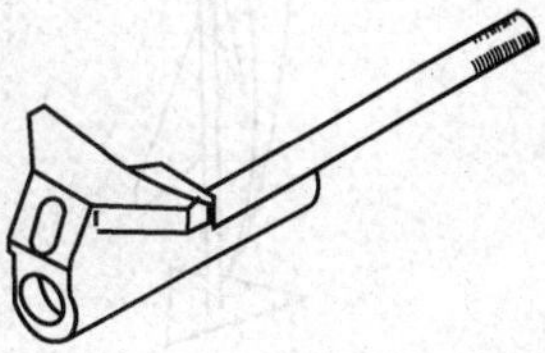

续表

专用工具 3367	专用工具 3369	安装楔 3409
支架 3415	安装工具 80-200	扭力扳手 V.A.G1331
拆卸工具 T10006	专用工具 T10007	工具 T40011
车间起重机 V.A.G1202A	V.A.G1274	管子 V.A.G1274/10
接头 V.A.G1274/8	接头 V.A.G1274/9	集油盘 V.A.G1306
制动系统检测仪 V.A.G1310A	专用工具 Kukko21/1 和 Kukko22/1 Kukko22/1 Kukko21/1	V.A.G1342

续表

V.A.G1348/3A 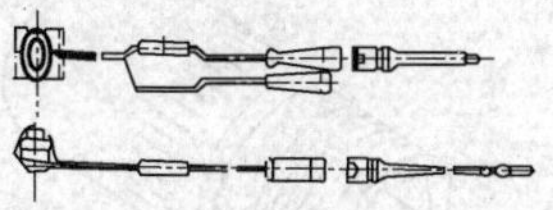	V.A.G1383A 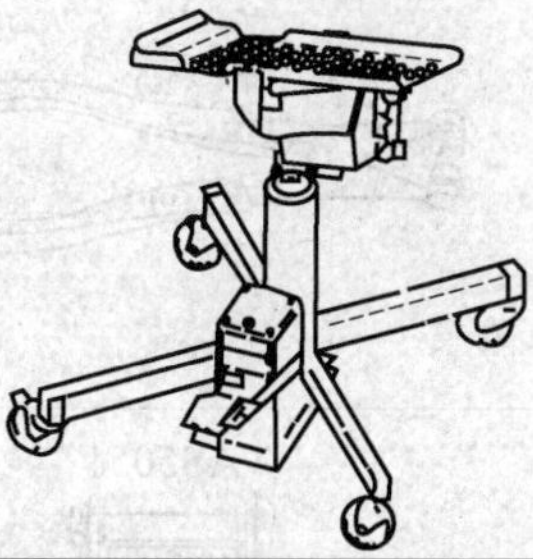	手动真空泵 V.A.G1390 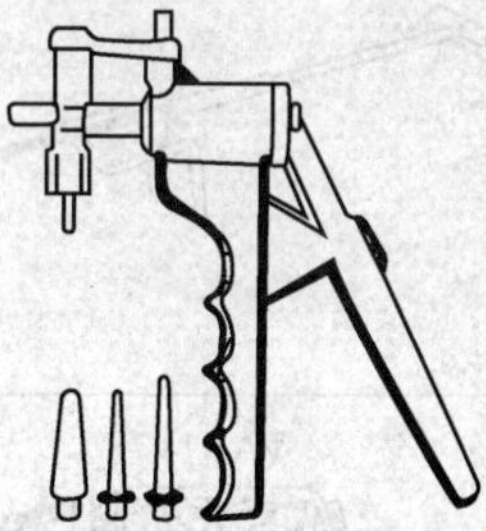
涡轮增压器检测仪 V.A.G1397A 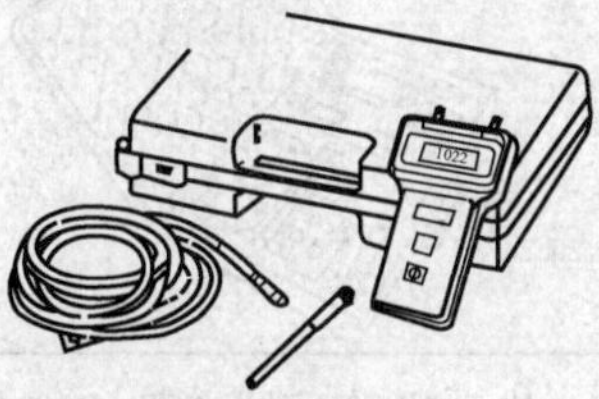	扭力扳手 V.A.G1410 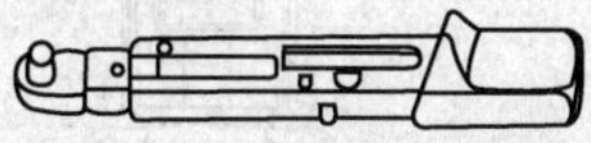	V.A.G1433A 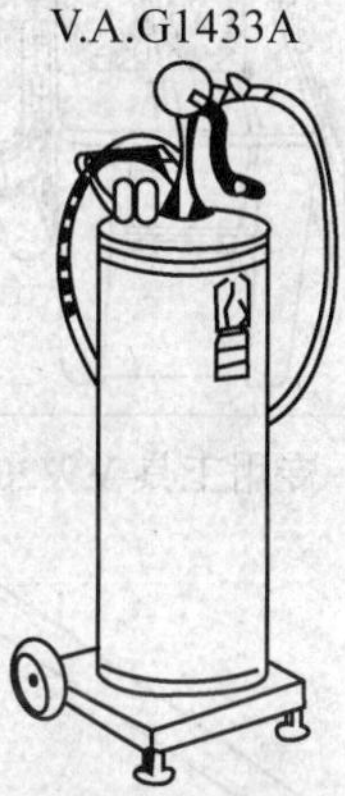
车身锯 V.A.G1523A 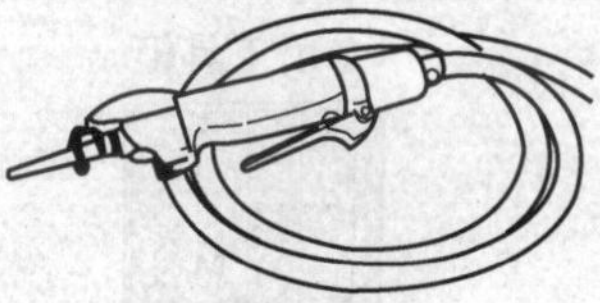	V.A.G1526A 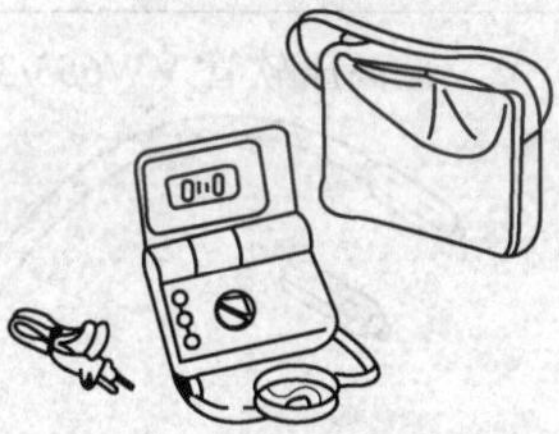	V.A.G1527B 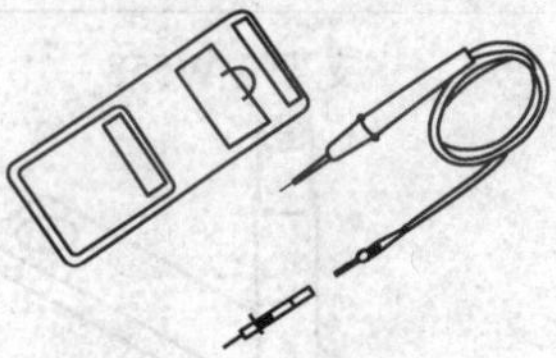
故障阅读仪 V.A.G1551 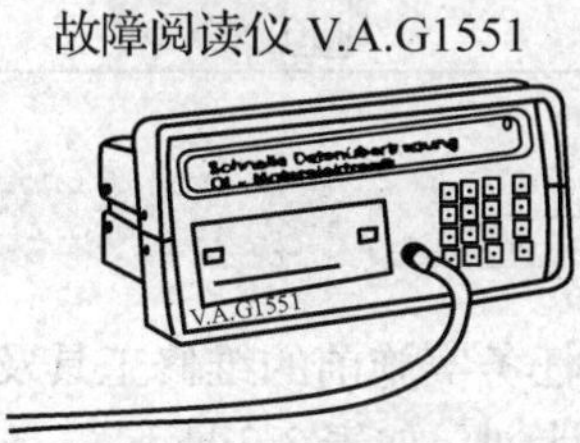	V.A.G1594A 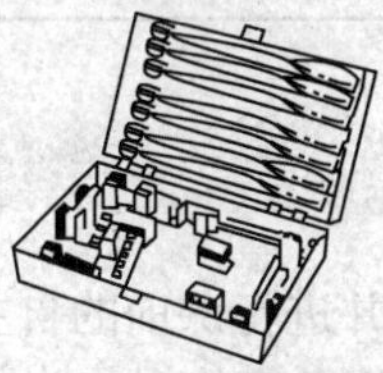	检测盒 V.A.G1598/31 
V.A.G1602 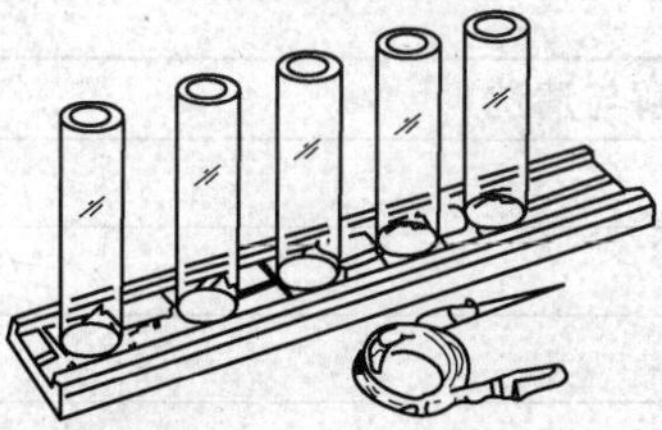	气缸压力检测仪 V.A.G1763 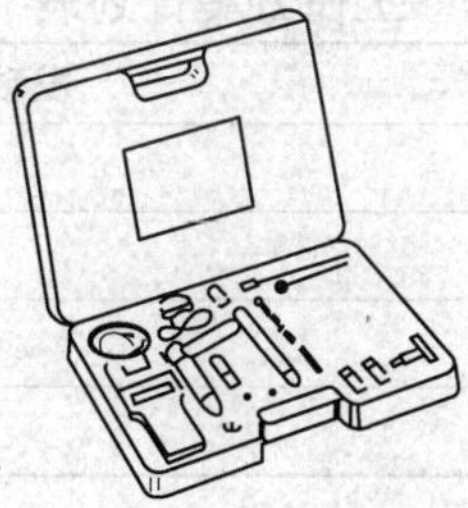	排气装置 V.A.G1869 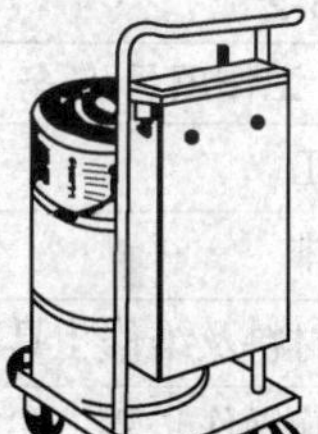

续表

制动踏板压下装置 V.A.G1869/2 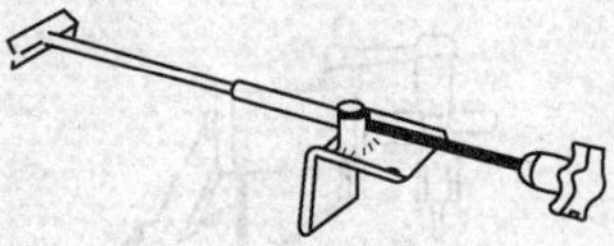	弹性卡箍钳 V.A.G1921 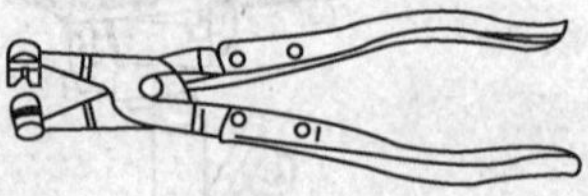	套筒扳手头 V/175 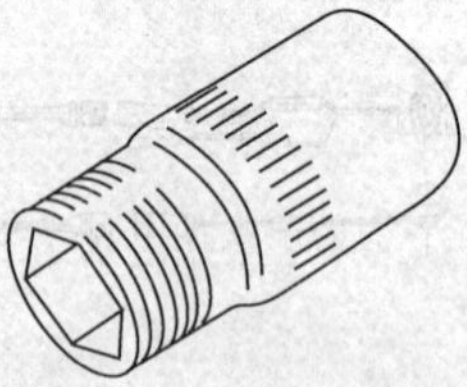
VAS1978 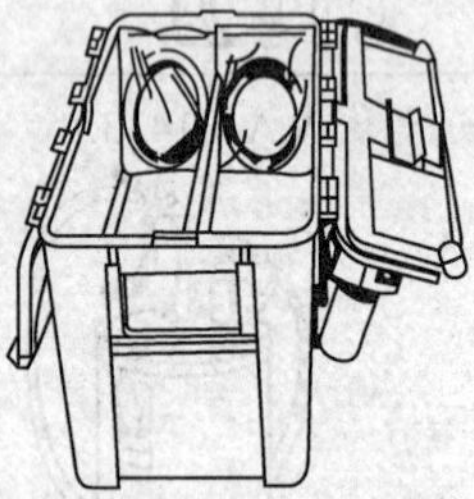	VAS5051 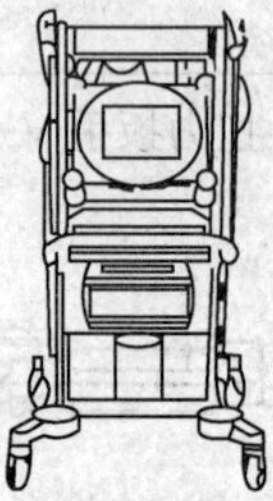	拆装工具 VAS5161 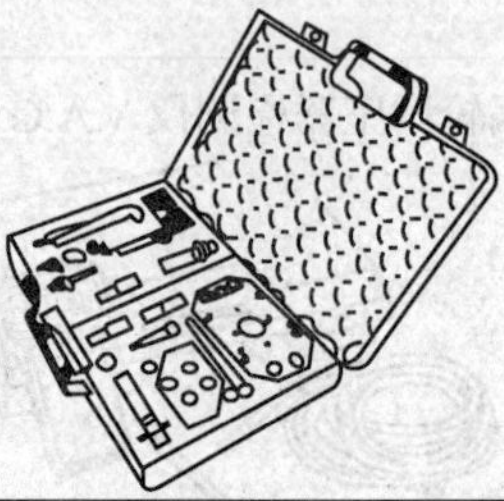
专用工具 VW207C 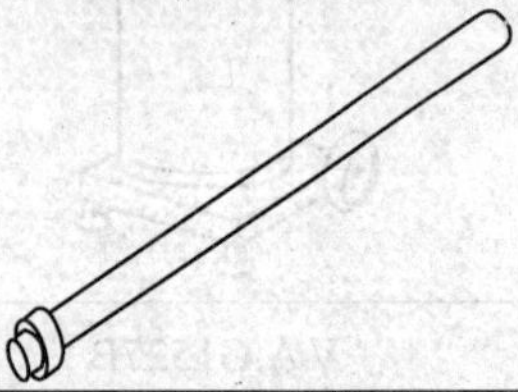	千分表支架 VW387 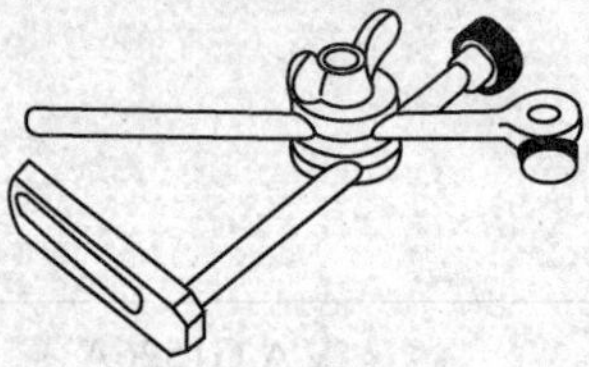	发动机/变速器支架 VW540 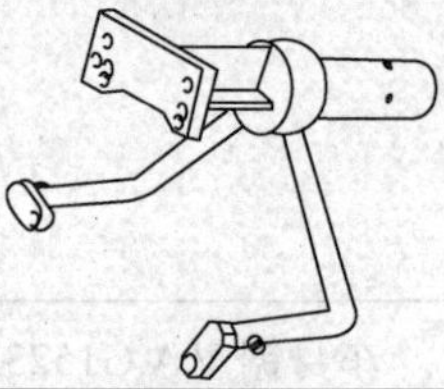
支架 VW558 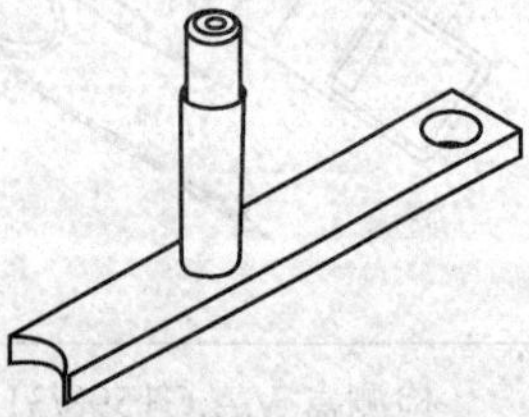	高压软管 VW653/3 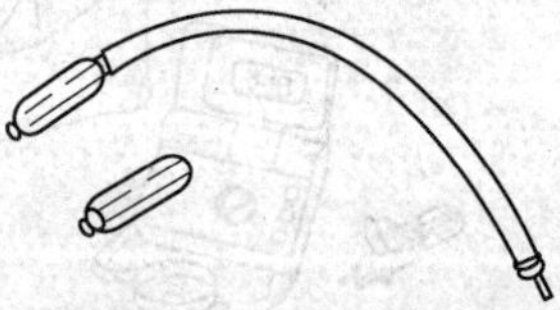	专用工具柜 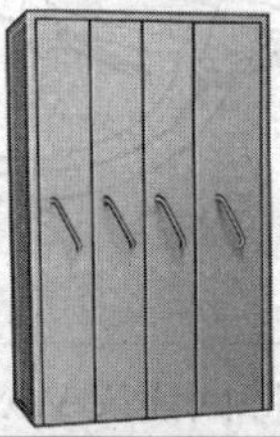

二、工作方案制订

学生需根据任务工单进行相关资讯并进行课前的自主学习，针对任务实施前的维修工具及材料准备、实施中的小组人员分工安排以及任务实施操作步骤等制订方案计划，如表 3-2 所示。

表 3-2　　工作方案计划表

工作项目/任务	发动机总成分解与清洗
人员分工	
时间安排	
设备、材料及维修工具准备	
任务实施操作步骤	

三、工作组织实施

从汽车上拆下的发动机整机进行检修的第一个任务就是要对发动机总成进行分解，并对其进行清洗，然后对发动机的零部件进行整理归类。拆卸前应了解要拆卸部位零部件的构造、技术要求和特性，避免因不了解结构而随便粗暴拆卸，造成零部件损坏。

1. 发动机总成分解

（1）正确选择和使用工具

选择的扳手尺寸必须与螺栓或螺母的尺寸相匹配，开口过大容易滑脱，并容易损伤螺栓或螺母的六角。各类扳手的选用原则：优先选用套筒扳手，其次为梅花扳手，再次为开口扳手，最后为活动扳手。使用扳手时，为防止扳手损坏和滑脱，应使拉力作用在开口较厚的一侧。对于受力较大的活动扳手尤其应该注意，以免出现"八"字形，损坏螺母和扳手。切忌用手钳代替扳手松紧 M5 以上的螺母连接件。用手锤敲击时要垫上铜棒，以保护零件不至损坏。

（2）按顺序拆卸发动机

开始拆卸前应先观察，记住各零件的位置，以便于安装。拆卸的一般原则是先拆卸附件，由外向里进行；先大后小，先粗后细，即先按部件拆成大块，再根据需要进行细部分解。

拆卸齿形皮带之前要注意观察正时标记，为避免气门与活塞相撞，拆卸齿形皮带时不要使活塞处于上止点位置。具体做法是先转动曲轴，错开正时标记（转动量为发动机做功间隔角的一半，即四缸发动机为 90°，六缸发动机为 60°，此时活塞大致在上、下止点的中部），然后再拆下正时皮带，这样在拆卸凸轮轴组件时，即使凸轮轴有所转动，气门与活塞也不会相撞。

为防止气缸盖变形导致泄漏，拆卸气缸盖螺栓时应由两端向中间分 2～3 次交叉拧松。对于凸轮轴轴承、曲轴轴承等重要螺栓，也要按顺序从两端到中间分 2～3 次拧松，以免引起凸轮轴、曲轴变形和断裂。

（3）按顺序摆放拆下的零件

所有拆下的零部件都要按顺序整齐地摆放在工作台上，以便于安装。螺栓、螺母要与其所紧固的零部件放在一起，或简单装配在对应位置上（拧入 3～4 圈）。活塞拆下后不但要按顺序摆放，还要注意朝前标记。如果没有朝前标记，那么连杆侧面的喷油孔正对的是气缸的主承压面（即做功冲程中受压较大的一面，根据曲轴的旋转方向可以确定气缸的主承压面），据此可以判断出活塞哪一面朝前。对于没有缸号标记的应打上标记，打标记时，活塞、连杆、连杆轴承盖上都要打。

2. 发动机总成清洗

汽车发动机各总成分解后，为便于检验和修理，需进行清理和清洗，通过清洗来消除零件表面的油污、积炭和水垢。若不及时清理，这些杂质会在拆卸发动机时混入机体内部，装机后，给相关部件带来不必要的磨损。再有，异物落入发动机内，会堵塞油道，并会因此导致润滑不良，造成抱缸、抱轴，离合器烧结等。此外，未经清洗的发动机外壳，在合箱时，异物会卡在箱体结合处，影响密封，造成渗油、漏油。清洗发动机外壳，还可以防止油泥覆盖住螺栓，以免漏拆，如发动机中箱固定螺栓，有两只极易被油泥盖住，若漏拆，强行拆箱，会损坏发动机箱体。

汽车零件上的油污主要是不可皂化的矿物油，在一般碱性溶液中不溶解。要使油污脱离零件表面，必须在碱性溶液中加入某种活性物质，例如，在碳酸钠或硅酸钠等碱性溶液中加入烷基石碳酸或软肥皂等活性物质。

轴承和精密零件通常用有机溶剂清洗。有机溶剂能很好地溶解零件表面上的各种油污。常用的有

机溶剂有煤油、柴油和三锍乙烯。但三锍乙烯蒸汽在空气中的含量超过 50mg/m^{2}时，对人体会产生有害影响，使用中应注意防护。汽油也是一种有机溶剂，但汽油容易引起火灾和爆炸。

除用刮除法刮掉零件表面的积炭外，一般采用退炭剂清除积炭。退炭剂有无机和有机退炭剂两种，后者退炭效果好。有机退炭剂在常温下使用对有色金属没有腐蚀性，但成本较高、有毒，使用中应注意防护和管理。

采用 3%～5%的磷酸三钠溶液能清除任何成分的水垢。使用时溶液应加热到 60℃～80℃，清除水垢后用清水冲洗零件。

在清洗内部零件时一定要注意不要碰伤工作面。清洗时，要注意不要堵塞油道防止导致润滑不良等。在用水或其他的溶液清洗结束后一定要用机油涂一层，防止缸体或零部件生锈。

四、工作质量评价

将发动机总成分解与清洗工作的工作质量评价填入表 3-3 中。

表 3-3　　发动机总成分解与清洗工作质量评价表

质量评价项目/任务	发动机总成分解与清洗		
	质量评价要点及要求	分值	评分
发动机总成分解与零件归类	① 拆装工具准备是否齐全	5	
	② 发动机分解步骤是否正确	10	
	③ 机油是否正确收集	5	
	④ 正时皮带张紧器拆卸前是否做标记	5	
	⑤ 周布螺栓的分解方法是否正确	5	
	⑥ 活塞连杆是否正确做记号	5	
	⑦ 零件是否正确归类	5	
发动机零部件的清洗	① 清洗剂及清洗工具的选用、使用	5	
	② 发动机的外部清洗	5	
	③ 橡胶类密封圈的清洗	5	
	④ 积炭、油泥、胶质的清洗	5	
	⑤ 轴承的清洗	5	
安全/环保意识	① 是否正确着装工作服	5	
	② 地面是否有机油滴漏	5	
	③ 是否用榔头敲击发动机及其零部件	5	
	④ 橡胶类零件是否粘油	5	
	⑤ 分解过程中是否有零件坠地	5	
	⑥ 操作过程是否有安全事故	10	
合　计		100	

五、考核建议与结果展示

1. 考核建议

关于本任务的考核与评价，应该侧重以下几点。

① 工作方案质量。

② 任务实施过程的态度与执行能力。

③ 任务工单完成情况。

④ “6S”规范执行情况。

2. 学生应展示的结果

① 班组制定的本任务实施方案。

② 零部件整理归类清单。

③ 任务实施记录与总结报告。

3. 思考与练习

① 查阅资料，为桑塔纳发动机总成分解与清洗制定方案并执行。

② 在实际工作中，发动机总成分解与清洗有哪些需要注意的事项？

六、知识与思维拓展

1. 汽车特约维修服务站派工组织模式

（1）日进站 25 台次以下的派工模式

如图 3-11 所示，维修业务较少时，服务顾问承担维修经理的调度角色，根据维修作业直接派工给维修技师班组，减少调度环节，此模式适用于日进站 25 台次以下的服务站。

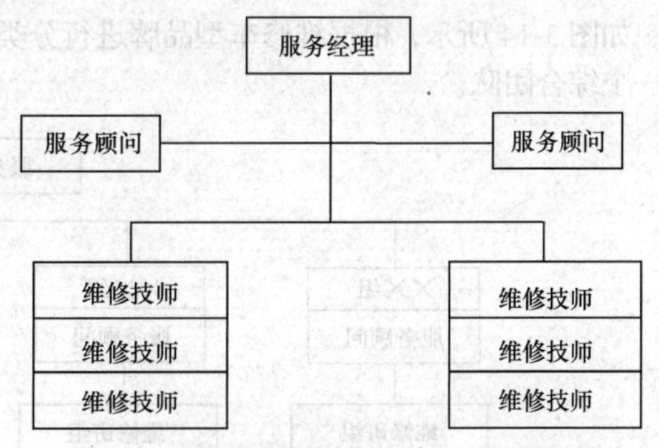

图 3-11　适用于日进站 25 台次以下的派工模式

维修技师班组建议 3～5 人为一组（以下相同），其中一人为维修班组长。

（2）日进站 25～50 台次的派工模式

如图 3-12 所示，服务顾问作为各个团队的领班，由服务顾问分配作业再由车间班组长分配给各个队员，此模式适用于日进站 25～50 台次的服务站。

通过团队之间对服务收入贡献的竞争，可以提高整个服务站的服务收入。

（3）日进站 50～75 台次的派工模式

如图 3-13 所示，服务顾问接收到的作业先汇总到维修经理，然后再分配给各个维修技师班组，此模式适用于日进站 50～75 台次的服务站。

维修经理要跟踪维修进度，避免停工情况发生，且确保公平派工。

（4）日进站 75 台次以上的派工模式

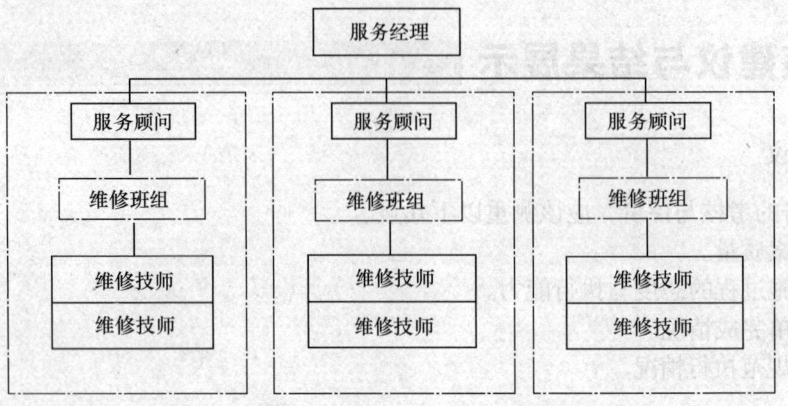

图 3-12　适用于日进站 25～50 台次的派工模式

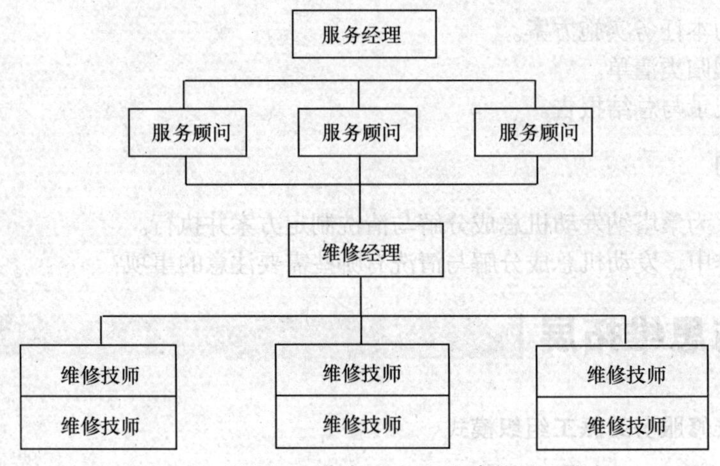

图 3-13　适用于日进站 50～75 台次的派工模式

如图 3-14 所示，根据维修车型品牌进行分类，将数量较多的车型分为数个团队，较少的集中分为一个综合团队。

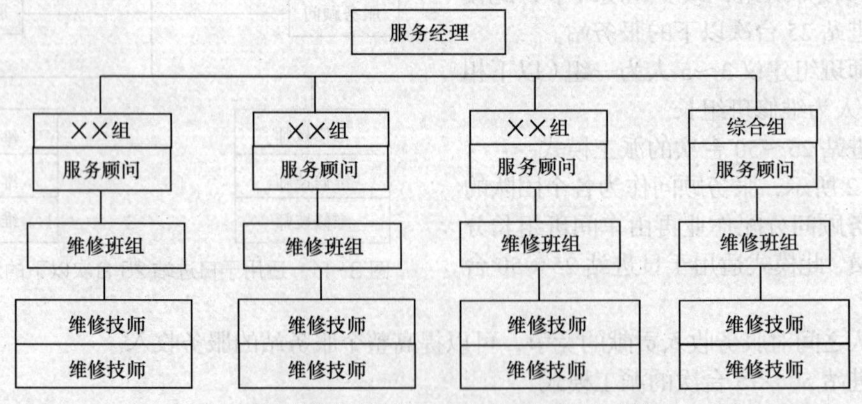

图 3-14　适用于日进站 75 台次以上的派工模式

服务顾问作为各个品牌团队的领班，通过分品牌接待和维修，可以提高作业效率，此模式适用于日进站 75 台次以上的服务站。为了保持各个品牌团队的服务收益的平衡，建议实行定期轮换制。

2. 汽车维修实训室内的安全隐患

为了避免人身伤害，必须充分认识实训室内的危险隐患，认识到这些危险隐患后，必须执行实训室安全规章制度，才能避免人身伤害。汽车维修实训室内的危险隐患主要有以下几点。

① 汽油和油漆等可燃液体，一定要妥善使用和存放。

② 易燃物品，如油抹布等，必须妥善放置，以免起火。

③ 蓄电池有腐蚀性，充电时还会产生爆炸性的氢气。

④ 松动的排水管或下水道的盖子会使脚或脚趾受伤。

⑤ 热的清洁桶内的碱性液体对眼睛和皮肤有害。

⑥ 实训室内空气压缩系统中的高压空气如果穿透皮肤并进入血液中是非常危险的。

⑦ 照明和电气设备的破损导线能导致严重的触电事故。

⑧ 像蓄电池溶液以及热的或冷的清洁桶内的碱性清洗液之类的有害废弃物都应妥善处理，避免产生危害性后果。

⑨ 汽车排出的一氧化碳是有毒气体。

⑩ 宽松的衣服或长头发可能卷进汽车或设备的旋转部件中，造成人身伤害。

⑪ 修理工作中产生的粉尘或蒸气是有害的。制动器和离合器衬片维修时产生的石棉粉尘是肺癌的诱发因素。

⑫ 实训室地面上的机油、润滑脂、水和零件清洗液可能使工作人员滑倒，并造成严重伤害。

3. 汽车维修实训室中的安全规程

汽车维修实训室内的每个成员都必须遵守基本的实训室安全规程，以消除实训室内各种隐患造成的危险。如果汽车维修实训室内的全体人员都能遵守这些规程，人身伤害、汽车损坏和财产损失都是可以避免的。

（1）人身保护措施

① 在维修实训室内始终应戴防护眼镜或面罩。

② 遇到强噪声，应戴耳塞或护耳罩。要穿能充分保护脚的靴或鞋，最好穿带钢质脚趾盖的结实的工作靴或鞋。所穿的鞋必须能抵挡落下的重物、飞溅的火星和腐蚀性的液体。鞋底应能抵挡尖锐物的刺扎。实训室内不要穿运动鞋和轻便鞋。

③ 维修汽车时不要戴手表、珠宝或戒指，这些物品能使某个电接头与地线接触而打火，引发严重的烧伤。珠宝饰物可能挂在某物上，引起伤痛。

④ 不要穿宽松衣服，应把长发系在脑后。宽松衣服和长发容易卷进旋转部件中。

⑤ 在多尘环境中工作时，应戴呼吸器，以保护你的肺脏。

（2）防火措施

① 熟悉实训室内所有灭火器的位置及使用方法。

② 如果你用过某个灭火器，要向管理人员报告，以便重新填充。

③ 不要用任何明火加热器为工作地区取暖。

④ 汽油管路拆开时不要接通点火开关。要把如汽油、油漆和油抹布之类的易燃物料放在经批准的安全容器内。

⑤ 若有溅洒的汽油、机油或润滑脂，应立即清理干净。

⑥ 一定要穿干净的工作服，不要穿浸了油的工作服。

⑦ 要防止火星或火焰接近蓄电池。

⑧ 不要堵住门、楼梯或安全出口。

⑨ 在汽车上工作时不要吸烟。

⑩ 在易燃材料或液体附近不要吸烟。

⑪ 实训室的易燃物资（如汽油和清洗剂等），应放在密闭的柜内。

⑫ 要用经批准的安全容器存放汽油。

⑬ 汽油箱从汽车上拆下后，不要在地面上拖拽。

⑭ 熟知从各房间到室外的规定火灾疏散路线。

⑮ 假如发生火灾，不要打开门窗，因为打开门窗反而使室内通风更好，火情更严重。

⑯ 不要把水泼在汽油火上，因为这样做只会加重火情。

⑰ 一旦有火情，立即给消防队打电话，然后设法灭火。

⑱ 可能的话，站在距离火区 6～10m 处，把灭火器的喷管对准火焰的底部灭火。

⑲ 如果火焰在室内产生大量的烟，应使身体接近地面，以便吸得氧气，避免吸入浓烟。

⑳ 如果火焰太热，或者浓烟令人呼吸困难，就逃到室外去。

㉑ 不要再次进入燃烧着的建筑物。

㉒ 溶剂容器要一直盖好，只在倒入或倒出溶剂时方可打开。当易燃液体从大容器倒出时，这个大容器应该用导线与实训室内的某个永久性固定装置，如金属管相连以便接地。

（3）安全用电

① 电气设备的破损导线必须立即更换或修复。

② 各种灯和电气设备的电缆都要接地。在三线式电插头中，接地线应连在圆形端头上。不要用转接器把三线插头变为双线插头。所有汽车维修实训室都必须采用三线电插座。

③ 不要让电气设备在无人看管的情况下工作。

（4）安全使用汽油

汽油是高度爆炸性的液体。从汽油挥发出来的蒸汽极为危险。甚至在低温下也有这种蒸汽。汽车汽油箱中形成的蒸汽是得到控制的，而贮油桶内产生的汽油蒸气则可能从桶中漏出，造成危险。因此，汽油容器要放在通风良好处。经批准的汽油桶出口内有一个阻火网。这个网能防止倒油过程中外部火源点燃桶内的汽油。在使用汽油时，应遵守下列有关汽油容器的安全规则。

① 使用经批准的汽油桶，它们都涂有红漆，以便辨识。

② 如果油桶装满了汽油，温度升高时汽油会膨胀，使汽油从桶内溢出，这是很危险的。

③ 如果汽油桶需要储存，应该放到通风良好的地方，比如货棚内。

④ 当汽油桶需要运输时，要确保它在途中不倒置。

⑤ 不要长期存储一个未装满油的汽油桶，因为这样会挥发出较多的蒸气，构成潜在的危险。

⑥ 除倒入或倒出汽油外，油桶的盖子必须总是关着的。

⑦ 起动发动机时，不要向发动机灌汽油。

⑧ 绝对不要用汽油作清洗剂。

任务二 曲柄连杆机构检修

【任务说明】

发动机的曲柄连杆机构主要由机体组、活塞连杆组和曲轴飞轮组 3 个部分组成，常见故障有曲轴主轴承响、连杆轴承响、活塞销响、敲缸响、活塞环响等。发动机在检修过程中要对曲柄连杆机构主要零部件进行检测与维修。组织本任务实施的导向图如图 3-15 所示。

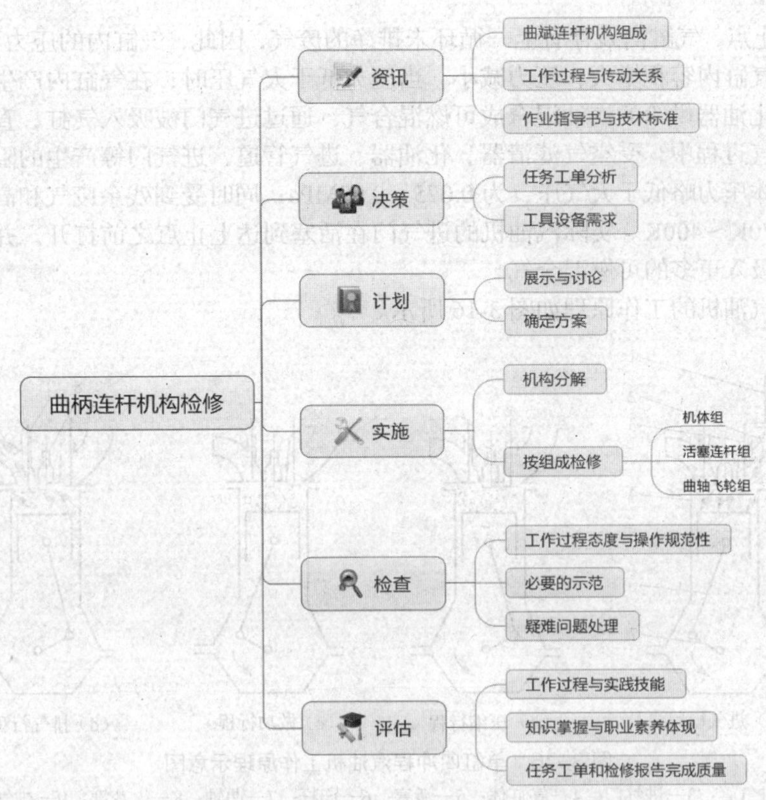

图 3-15 组织曲柄连杆机构检修任务实施的导向图

【知识要求】

① 理解曲柄连杆机构工作过程。
② 掌握曲柄连杆机构的拆装及检修方法。
③ 熟悉发动机曲柄连杆机构组成、功用。

【能力要求】

① 能够合理选择与正确使用维修工具，进行曲柄连杆机构的拆装及检修。
② 能够通过查阅相关技术资料，正确做出曲柄连杆机构检测报告。
③ 能够进行曲柄连杆机构常见故障的诊断与维修。

【职业素养】

① 诚实守信，爱护车辆与设备。
② 细心工作，严格遵守操作规程。
③ 工作中积极主动，能够分析并及时处理维修过程中出现的特殊情况。
④ 善于沟通与协作，培养团队意识与责任意识。

一、资讯

1. 四冲程汽油机的工作原理

（1）进气行程

由于曲轴的旋转，活塞从上止点向下止点运动，这时排气门关闭，进气门打开。进气过程开始

时，活塞位于上止点，气缸内残存有上一循环未排净的废气，因此，气缸内的压力稍高于大气压力。随着活塞下移，气缸内容积增大，压力减小，当压力低于大气压时，在气缸内产生真空吸力，空气经空气滤清器与化油器供给的汽油混合成可燃混合气，通过进气门被吸入气缸，直至活塞向下运动到下止点。在进气过程中，受空气滤清器、化油器、进气管道、进气门等产生的阻力影响，进气终了时，气缸内气体压力略低于大气压，为 0.075～0.09MPa；同时受到残余废气和高温机件加热的影响，温度达到 370K～400K。实际汽油机的进气门在活塞到达上止点之前打开，并且延迟到下止点之后关闭，以便吸入更多的可燃混合气。

单缸四冲程汽油机的工作原理如图 3-16 所示。

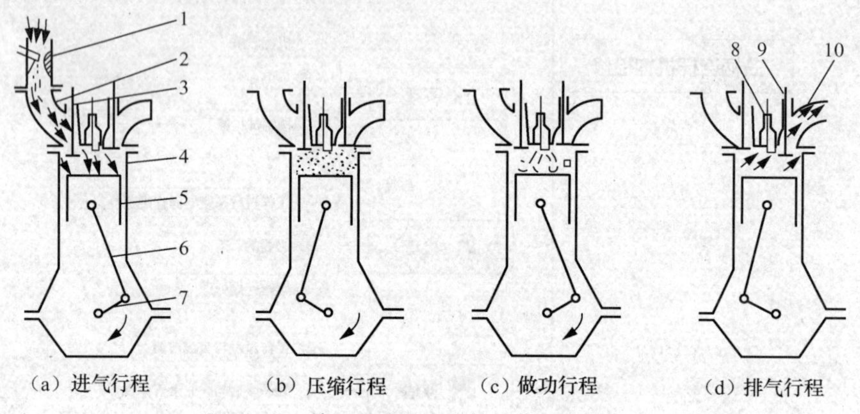

图 3-16 单缸四冲程汽油机工作原理示意图

1—喷油器；2—进气管；3—进气门；4—气缸体；5—活塞；6—连杆；7—曲轴；8—火花塞；9—排气门；10—排气管

（2）压缩行程

曲轴继续旋转，活塞从下止点向上止点运动，这时进气门和排气门都关闭，气缸成为封闭容积，可燃混合气受到压缩，压力和温度不断升高。当活塞到达上止点时压缩冲程结束，此时气体的压力和温度主要由压缩比的大小而定，可燃混合气压力可达 0.6～1.5MPa，温度可达 600K～800K，远高于汽油的点燃温度（约 263K）。压缩比越大，压缩终了时气缸内的压力和温度越高，则燃烧速度越快，发动机功率也越大，但压缩比太高，容易引起爆燃。所谓爆燃就是由于气体压力和温度过高，可燃混合气在没有点燃的情况下自行燃烧，且火焰以高于正常燃烧数倍的速度向外传播，造成尖锐的敲缸声。爆燃会使发动机过热，功率下降，汽油消耗量增加以及机件损坏。轻微爆燃是允许的，但强烈爆燃对发动机是很有害的。

（3）做功行程

做功行程包括燃烧过程和膨胀过程，在这一行程中，进气门和排气门仍然保持关闭。当活塞位于压缩冲程接近上止点（即点火提前角）位置时，火花塞产生电火花，点燃可燃混合气，可燃混合气燃烧后放出大量的热，使气缸内气体温度和压力急剧升高，最高压力可达 3～5MPa，最高温度可达 2 200K～2 800K，高温高压使气体膨胀，推动活塞从上止点向下止点运动，通过连杆使曲轴旋转并输出机械功，除了用于维持发动机本身继续运转外，其余用于对外做功。随着活塞向下运动，气缸内容积增加，气体压力和温度降低，当活塞运动到下止点时，做功行程结束，气体压力降低到 0.3～0.5MPa，气体温度降低到 1 500K～1 700K。

（4）排气行程

可燃混合气在气缸内燃烧后生成的废气必须从气缸中排出去，以便进行下一个进气行程。当做功接近终了时，排气门开启，进气门仍然关闭，先靠废气的压力进行自由排气，活塞到达下止点向上止点运动时，再继续把废气强制排出到大气中去。活塞越过上止点后，排气门关闭，排气行程结

束。实际汽油机的排气行程排气门会提前打开，延迟关闭，以便排出更多的废气。由于燃烧室容积的存在，不可能将废气全部排出气缸。受排气阻力的影响，排气终止时，气体压力仍高于大气压力，为 0.105～0.125MPa，此时温度为 900K～1 200K。曲轴继续旋转，活塞从上止点向下止点运动，又开始了下一个新的循环过程。可见四行程汽油机经过进气、压缩、做功、排气四个行程完成一个工作循环，这期间活塞在上、下止点往复运动了四个行程，相应地曲轴旋转了两圈。

2. 发动机曲柄连杆机构总体组成

汽油发动机曲柄连杆机构的结构组成如图 3-17、图 3-18、图 3-19、图 3-20 所示。

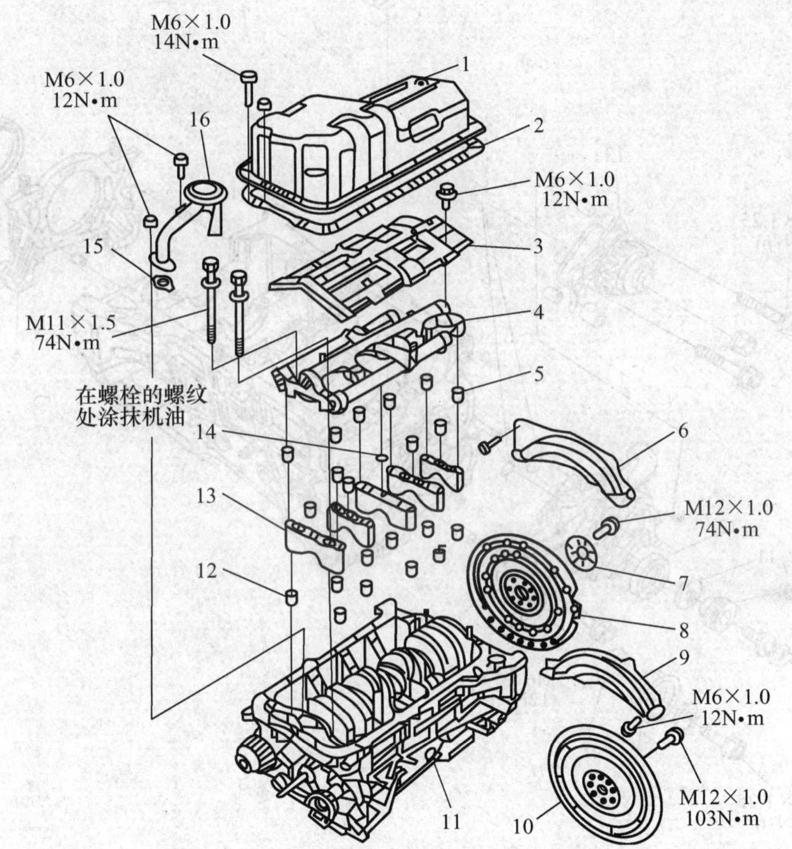

图 3-17 F22B1 型发动机曲柄连杆机构图（一）

1—油底壳；2—垫片（更换）；3—挡板（只适用于 F22B1 发动机）；4—轴承盖桥；
5—定位销；6—变矩器盖（A/T）；7—垫圈；8—传动板（A/T）；9—离合器盖（M/T）；
10—飞轮（M/T）；11—气缸体；12—定位销；13—主轴承盖；
14—O 形圈（更换）；15—衬垫（更换）；16—机油滤网

3. 机体组的组成与功用

发动机的机体组由气缸体、曲轴箱、气缸套、油底壳、气缸盖、气缸垫组成。发动机工作条件很恶劣，所以对机体组有一定的要求：要有足够的强度和刚度，工作时保证气缸体变形最小。

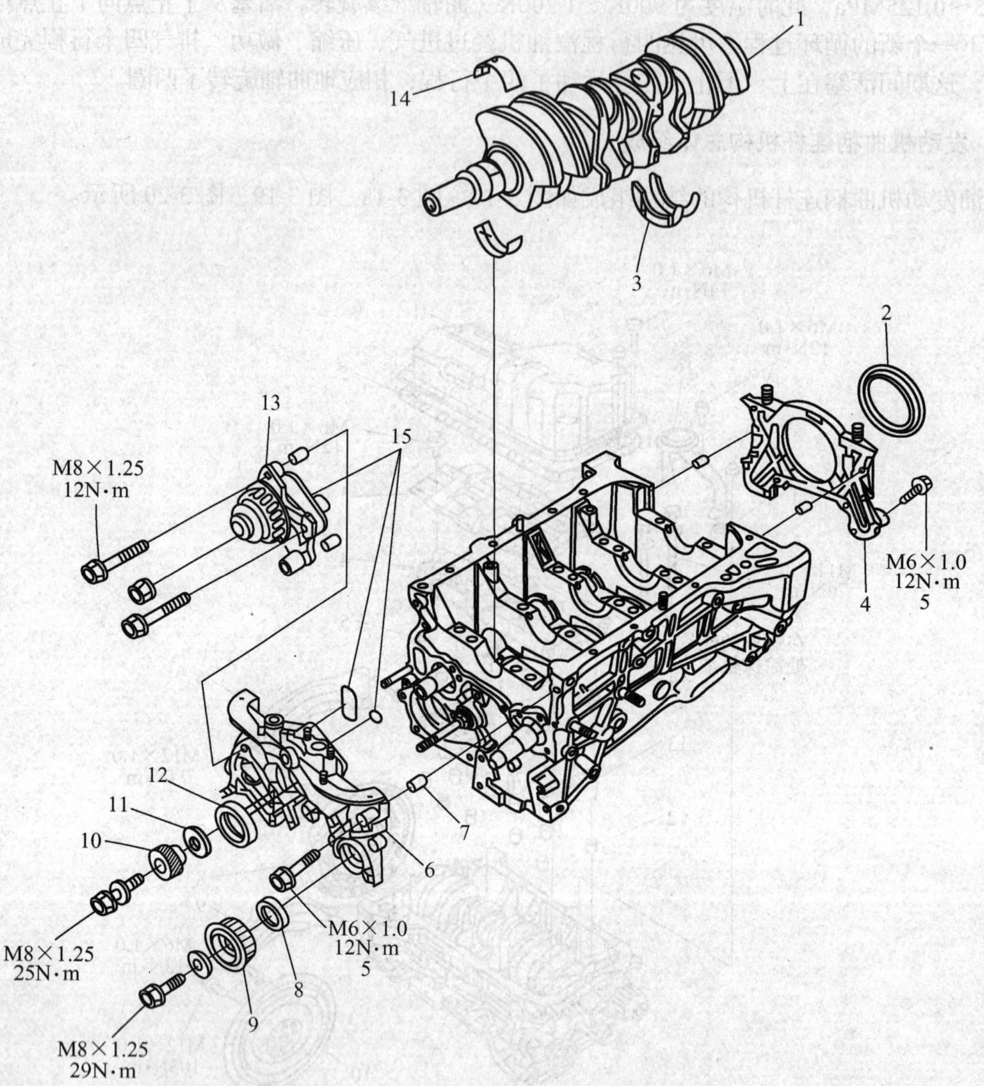

图 3-18 F22B1 型发动机曲柄连杆机构图（二）

1—曲轴；2—曲轴油封；3—止推垫片（凹槽侧朝外）；4—右侧盖板；
5—螺栓（在螺栓的螺纹上涂液态密封胶）；6—机油泵（在与缸体接触的表面涂抹密封胶）；
7—定位销；8—平衡轴油封（更换）；9—正时平衡轴皮带从动轮；
10—平衡轴从动齿轮；11—止推垫片；12—曲轴油封；
13—平衡轴齿轮壳；14—主轴承；15—O 形圈

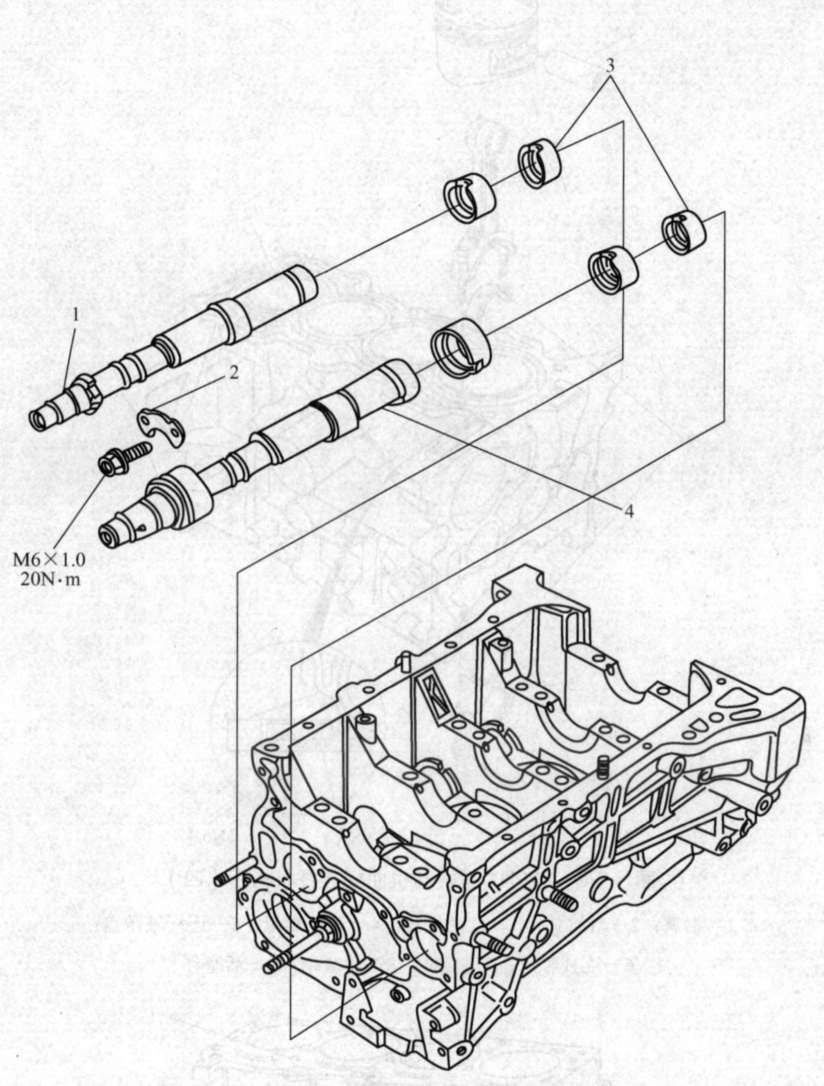

图 3-19　F22B1 型发动机曲柄连杆机构图（三）

1—后平衡轴；2—轴承保持器（注：轴承保持器的厚度是固定的，切不可采用研磨或加垫的方法来改变）；3—平衡轴轴承；4—前平衡轴

（1）气缸体与曲轴箱

通常情况下，将气缸体与曲轴箱组为一体，笼统地称为气缸体。气缸体内引导活塞做往复运动的圆筒就是气缸，气缸外面制有水套用于散热。曲轴箱上有主轴承座孔，还有主油道和分油道，如图 3-21 所示。

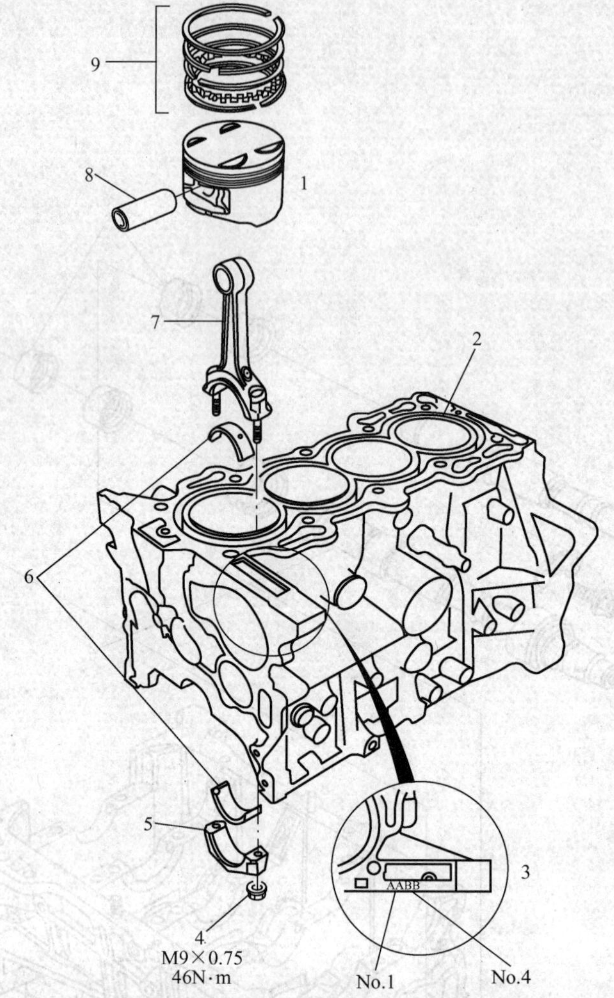

图 3-20 F22B1 型发动机曲柄连杆机构图（四）

1—活塞；2—气缸体；3—缸径尺寸；4—连杆螺母；5—连杆轴承盖；

6—连杆轴承；7—连杆；8—活塞销；9—活塞环

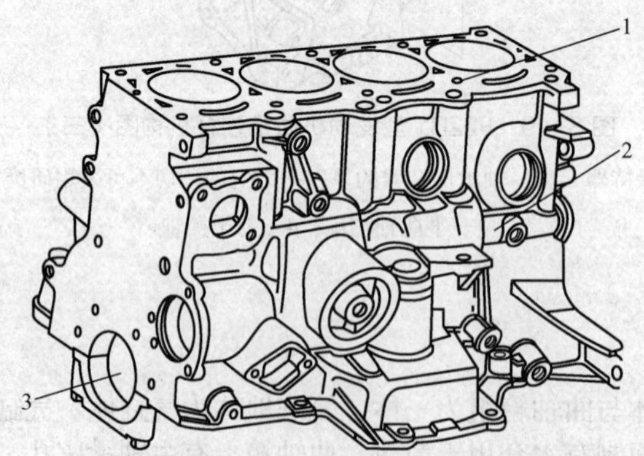

图 3-21 发动机气缸体与曲轴箱结构图

1—各缸分油道；2—主油道；3—主轴承座孔

气缸体的样式一般包含如下 3 种，如图 3-22 所示。

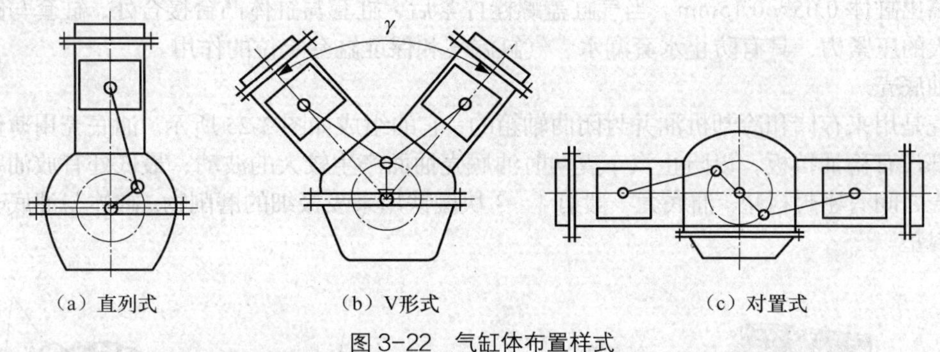

图 3-22　气缸体布置样式

① 直列式：多用于六缸以下的发动机。

② V 形式：它缩短了发动机的长度和高度，多用于六缸以上的发动机。

③ 对置式：是 V 形式的特殊形式。

曲轴箱的样式一般也分为 3 种：平分式、龙门式和隧道式，如图 3-23 所示。

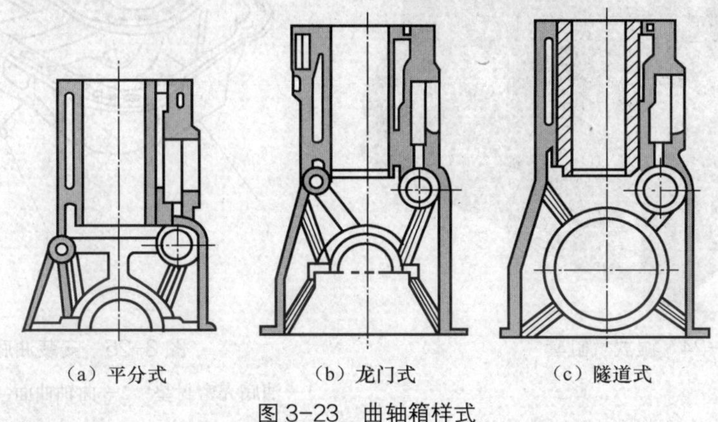

图 3-23　曲轴箱样式

① 平分式：主轴承座孔中心线位于曲轴箱分开面上。该型式刚度小，前后端呈半圆形，与油底壳接合面的密封较困难，主要用于中小型发动机。

② 龙门式：主轴承座孔中心线高于曲轴箱分开面。该型式刚度较大，油底壳前后端为一平面，密封简单可靠，主要用于大中型发动机。

③ 隧道式：主轴承座孔不分开。该型式刚度最大，主轴承同轴度易保证，主轴承用滚动轴承，主要用于负荷较大的柴油机。

（2）气缸套

气缸内如果镶了用耐磨的高级铸铁材料制成的气缸套，则缸体可用价廉的普通铸铁或质量轻的铝合金制成，这样，既延长了使用寿命，又节省了好材料，解决成本与寿命之间的矛盾。气缸套一般有干式和湿式两种。

① 干式气缸套：其外表面不直接与冷却水接触，壁厚较薄（1～3mm），与缸体承孔过盈配合，不易漏水漏气。

② 湿式气缸套：其外表面直接与冷却水接触，如图 3-24 所示，壁厚较厚（5～9mm），散热效果好，易漏水漏气，易穴蚀。

湿式气缸套的径向定位靠上下两个凸出的、与气缸体间为动配合的圆环带 A 和 B；轴向定位依

靠缸套上部凸缘与缸体相应的定位台阶相互配合；下部密封依靠1～3个耐热耐油的橡胶密封圈；气缸套顶面高出缸体0.05～0.15mm。当气缸盖螺栓拧紧后，缸套与缸体凸台接合处、缸套与缸垫接合处承受较大的压紧力，具有防止水套漏水、气缸漏气和保证缸套定位的作用。

（3）油底壳

油底壳是用来存储和冷却机油并封闭曲轴箱的，它的组成如图3-25所示。油底壳用薄钢板冲压而成，内部设有稳油挡板，以防止汽车震动时油底壳油面产生较大的波动；最低处有放油塞；曲轴箱与油底壳之间有密封衬垫。油底壳一般有1～3块磁铁用来吸极细的磨削物。缸体与油底壳之间有油底壳密封垫。

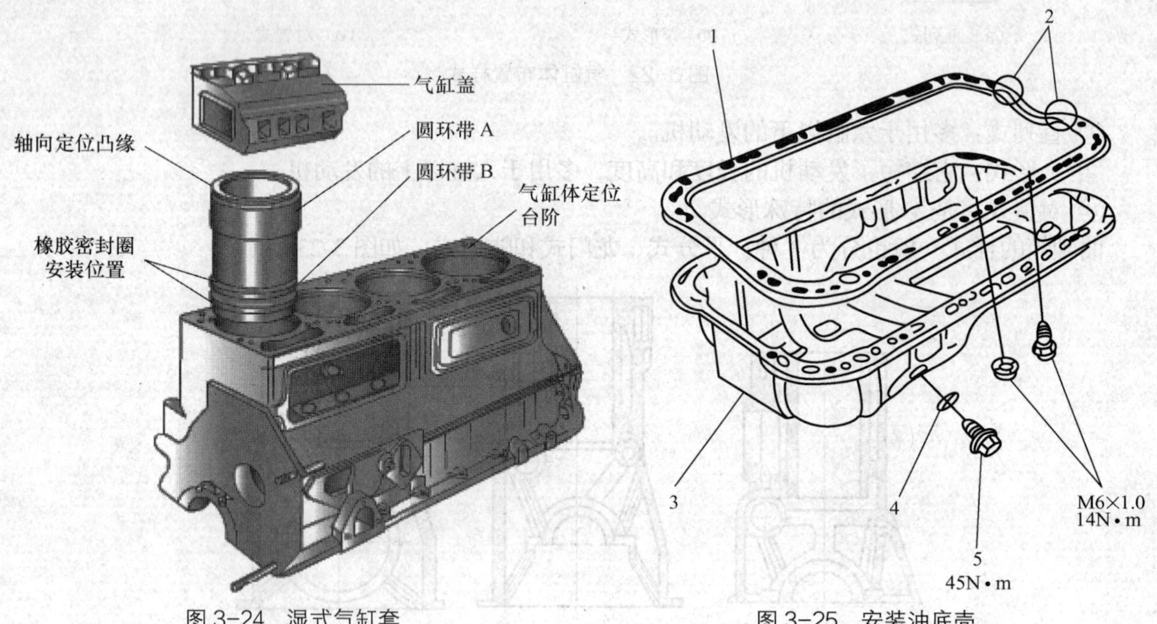

图3-24 湿式气缸套

图3-25 安装油底壳

1—油底壳密封垫；2—曲轴曲面；3—油底壳；4—密封圈；5—放油螺塞

（4）气缸盖

气缸盖安装在气缸体的上面，从上部密封气缸并构成燃烧室。它经常与高温高压燃气相接触，因此承受很大的热负荷和机械负荷。水冷发动机的气缸盖内部制有冷却水套，缸盖下端面的冷却水孔与缸体的冷却水孔相通，利用循环水来冷却燃烧室等高温部分；缸盖上还装有进、排气门座，气门导管孔（用于安装进、排气门），还有进气通道和排气通道等。汽油机的气缸盖上加工有安装火花塞的孔，而柴油机的气缸盖上加工有安装喷油器的孔。顶置凸轮轴式发动机的气缸盖上还加工有凸轮轴轴承孔，用以安装凸轮轴。气缸盖如图3-26所示。

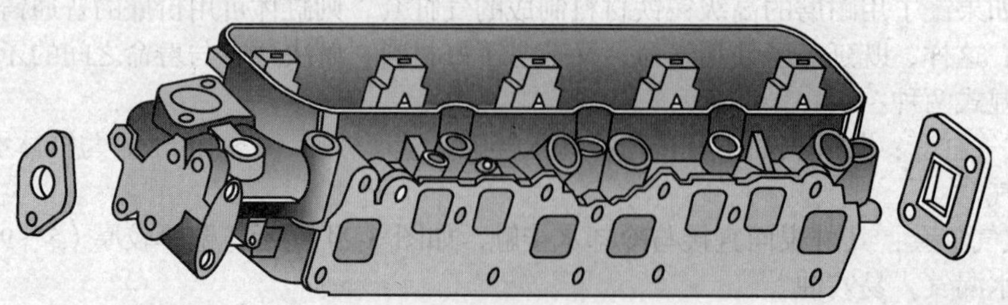

图3-26 气缸盖

气缸盖一般采用灰铸铁或合金铸铁铸成。铝合金的导热性好，有利于提高压缩比，所以近年来铝合金气缸盖被采用得越来越多。

气缸盖是燃烧室的组成部分，燃烧室的形状对发动机的工作影响很大，由于汽油机和柴油机的燃烧方式不同，其气缸盖上组成燃烧室的部分差别较大。汽油机的燃烧室主要在气缸盖上，而柴油机的燃烧室主要在活塞顶部的凹坑。

（5）气缸垫

气缸垫装在气缸盖和气缸体之间，其功用是保证气缸盖与气缸体接触面的密封，防止漏气、漏水和漏油。

气缸垫的材料要有一定的弹性，能补偿结合面的不平度，以确保密封，同时要有好的耐热性和耐压性，在高温高压下不烧损、不变形。目前应用较多的是铜皮—棉结构的气缸垫，由于铜皮—棉气缸垫翻边处有三层铜皮，压紧时较之石棉不易变形。有的发动机还采用在石棉中心用编织的钢丝网或有孔钢板为骨架，两面用石棉及橡胶黏结剂压成的气缸垫。

安装气缸垫时，首先要检查气缸垫的质量和完好程度，所有气缸垫上的孔要和气缸体上的孔对齐，并将光滑的一面朝向气缸体，以防气缸垫被高温气体冲坏。其次要严格按照说明书上的要求拧好气缸盖螺栓。拧紧气缸盖螺栓时，必须按由中央对称地向四周扩展的顺序分 2～3 次进行，最后一次拧紧到规定的力矩。

（6）发动机附件支架

发动机机体组除上述的几部分外，还包括发动机的附件支架。发动机的附件一般通过发动机附件支架与发动机连接。不同汽车由于设计不同，发动机的附件配备也不相同。一般来讲发动机的主要附件包括转向助力泵、发电机、空调泵、二次空气喷射气泵和散热器风扇。每个附件支架一般都通过组合皮带驱动，所以附件支架一般都靠近发动机前端，这样才能使附件在安装后在一个水平面上。发动机附件支架安装螺纹孔可以做在缸体上，也可做在缸盖上。另外，发动机与汽车之间的安装连接是通过几个支撑点实现的。这些支撑点一般选择在气缸体上、发动机飞轮上或与变速箱体上。

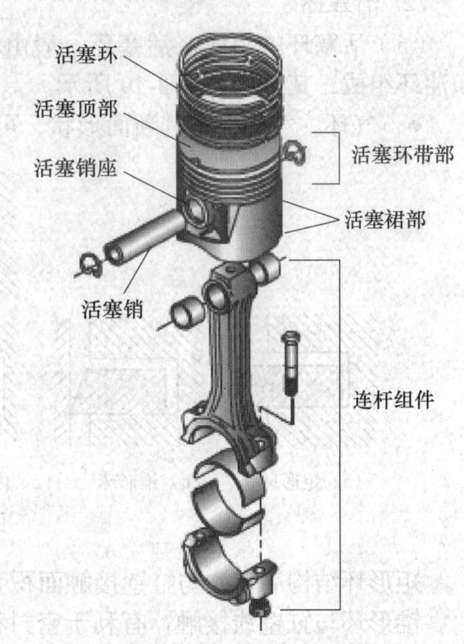

图 3-27 活塞组

4. 活塞连杆组的组成与功用

（1）活塞组件

活塞组件由活塞、活塞环、活塞销组成，如图 3-27 所示。

① 活塞。

（a）功用：与气缸盖、气缸壁等共同组成燃烧室；承受气体压力，并将此力传给连杆，以推动曲轴旋转。

（b）材料：汽车发动机活塞广泛采用铝合金，具有质量小（为铸铁活塞的 50%～70%）、导热性好（约为铸铁的 3 倍）和热膨胀系数大等特点。

（c）组成：根据其作用，活塞可分为顶部、环带部、裙部和活塞销座共 4 部分，如图 3-27 所示。

顶部是燃烧室的组成部分，用来承受气体压力。汽油机活塞的顶部形状有平顶、凸顶和凹顶 3

种，如图 3-28 所示。平顶受热面积小，因而被广泛采用。凸顶与半球形燃烧室配用。凹顶是高压缩比发动机为了防止碰撞气门而设计的，也可用凹坑的深度来调整压缩比。

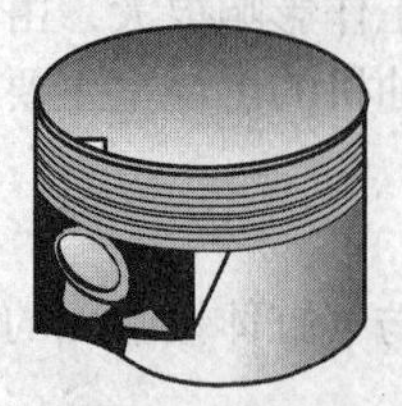

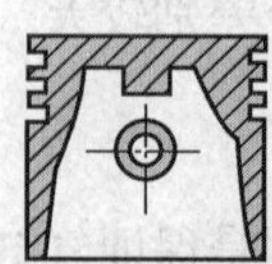

（a）平顶

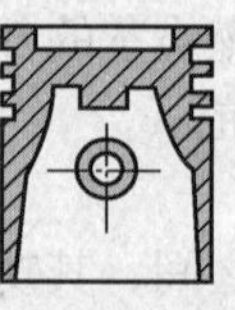

（b）凹顶

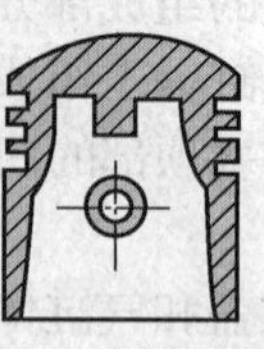

（c）凸顶

图 3-28 活塞及活塞顶部形状

环槽部用于安装活塞环。

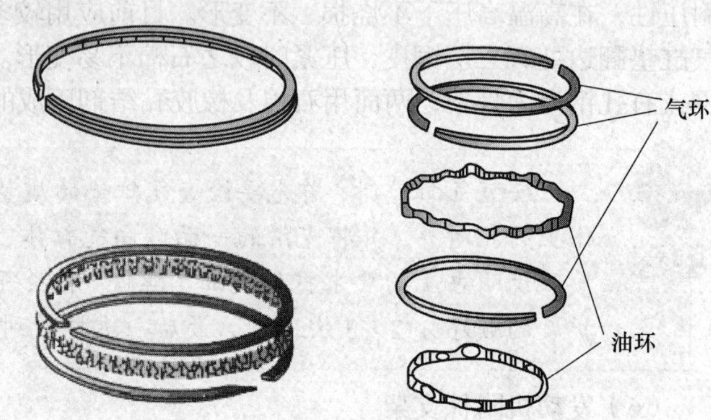

图 3-29 活塞环结构

裙部为活塞运动导向和承受侧压力。裙部样式中有一种是全裙式，裙部为一薄壁圆筒；还有一种是半拖板式，它将非承压面的裙部去掉一部分，以减少质量，防止碰撞曲轴平衡重；另一种是拖板式，它将非承压面的裙部全部去掉。

活塞销座用于安装活塞销。在活塞销座孔两端有卡环槽，用以安装卡环。

② 活塞环。

（a）活塞环的组成。活塞环一般由气环和油环组成，其结构如图 3-29 所示。

- 气环。气环根据其断面形状，可分为如下几类，如图 3-30 所示。

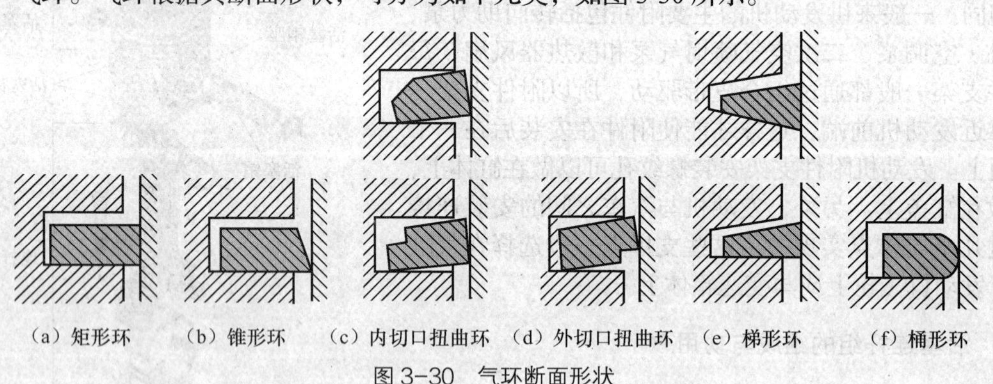

（a）矩形环 （b）锥形环 （c）内切口扭曲环 （d）外切口扭曲环 （e）梯形环 （f）桶形环

图 3-30 气环断面形状

矩形环结构简单，与缸壁接触面积大，散热好，但易泵油。

锥形环与缸壁线接触，有利于密封和磨合。下行有刮油作用，上行有布油作用，并可形成楔形油膜。安装时要注意将锥角朝下（在环端有向上或 TOP 等标记）。锥形环传热性差，常装到第二、三道环槽上。

扭曲环是将矩形环内圆上方或外圆下方切成台阶或倒角而成。当活塞环装入气缸后，环受到压缩产生弯曲变形，断面中性层以外产生拉应力、中性层以内产生压应力，矩形环由于中性层内外断面不对称，受力不在同一平面内，从而形成力偶，在力偶的作用下，活塞环发生微小的扭曲变形。扭曲环具有锥形环的特点，减小了泵油作用；做功冲程时环不再扭曲，两个密封面完全接触，有利于散热。安装时内上切的扭曲环装入第一道环槽，外下切的扭曲环装入第二、三道环槽。

桶形环的外圆面为凸圆弧形，外环面与缸壁圆弧接触，避免了棱角负荷。环上下运动时，均能形成楔形油膜。

梯形环是用于热负荷较大的柴油机的第一道环。

气环的作用是密封（用来防止气缸内的气体窜入油底壳），传热（将活塞头部的热量传给气缸壁），辅助刮油、布油。

- 油环。油环有整体式和组合式两种。

整体式油环如图 3-31 所示，其外圆上切有环形槽，槽底开有回油用的小孔或窄槽。

组合式油环如图 3-32 所示，由上下刮油片和产生径向、轴向弹力的衬簧组成。其特点是密封好、无侧隙、无窜油；刮油能力强（因钢片薄，对缸壁比压大）；上下片可分别动作、适应性好；回油能力强。

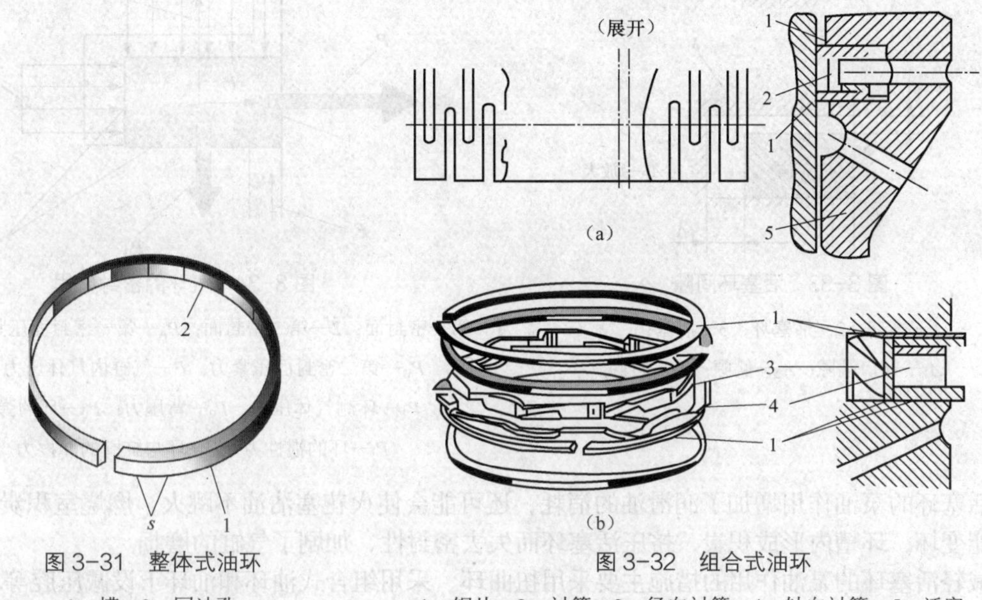

图 3-31　整体式油环

1—槽；2—回油孔

图 3-32　组合式油环

1—钢片；2—衬簧；3—径向衬簧；4—轴向衬簧；5—活塞

油环的作用是刮油、布油，即将气缸壁上多余的润滑油刮下来。

（b）活塞环的间隙。活塞环的间隙有 3 种，即端隙、侧隙和背隙，如图 3-33 所示。

端隙又称开口间隙，是活塞环装入气缸后开口处的间隙，一般为 0.25～0.50mm。

侧隙又称边隙，是环高方向上与环槽之间的间隙。第一道环因温度高，一般为 0.04～0.10mm；其他气环一般为 0.03～0.07mm。油环侧隙较小，一般为 0.025～0.07mm。

背隙是活塞环装入气缸后，活塞环背面与环槽底部的间隙。一般为 0.5～1mm。

气环的密封原理如图 3-34 所示。

第一密封面的建立：环在自由状态下，环外径大于缸径，装缸后在其弹力 $\boldsymbol{P}_0$ 作用下与缸壁压紧，形成第一密封面。

第二密封面的建立：活塞环在运动时产生惯性力（$\boldsymbol{P}_{\mathrm{j}}$），与缸壁间产生摩擦力（$\boldsymbol{F}$），以及侧隙有气体压力（$\boldsymbol{P}$），在这 3 个力的共同作用下，活塞环靠在环槽的上侧或下侧，形成第二密封面。

气环的第二次密封：窜入背隙和侧隙的气体，使环对缸壁和环槽进一步压紧，加强了第一、第二密封面的密封。

（c）活塞环的泵油作用及危害。由于存在侧隙和背隙，活塞环运动时在环槽中靠上靠下反复变化。当活塞带着环下行（进气冲程）时，环靠在环槽的上方，环从缸壁上刮下的润滑油充入环槽下方；当活塞带着环上行（压缩冲程）时，环又靠在环槽的下方，同时将油挤压到环槽上，如此反复，就将润滑油泵到活塞顶。这就是活塞环的泵油作用。

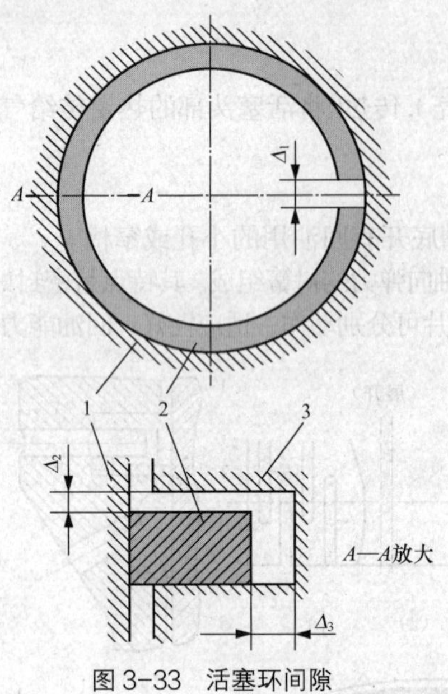

图 3-33 活塞环间隙

1—气缸；2—活塞环；3—活塞；

Δ_1—开口端隙；Δ_2—侧隙；Δ_3—背隙

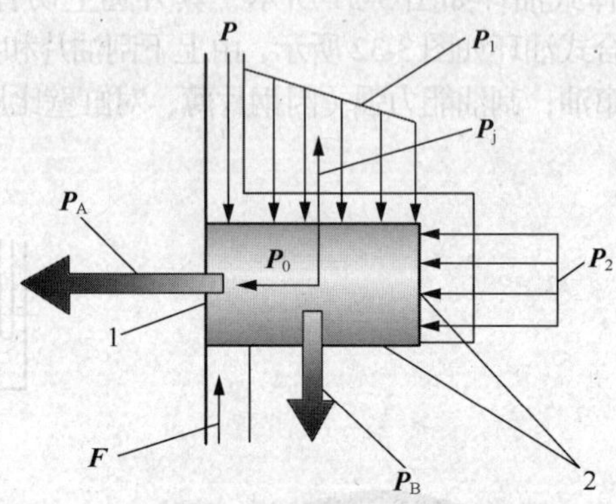

图 3-34 气环的密封作用

1—第一密封面；2—第二密封面；P_A—第一密封面压紧力；P_B—第二密封面压紧力；P—气缸内气体压力；P_1—环测气体压力；P_2—背压力；P_0—环的弹力；P_j—环的惯性力；F—环与缸壁的摩擦力

活塞环的泵油作用增加了润滑油的消耗，还可能会使火花塞沾油不跳火，燃烧室积炭增多，燃烧性能变坏，环槽内形成积炭，挤压活塞环而失去密封性，加剧了气缸的磨损。

减轻活塞环的泵油作用的措施主要采用扭曲环、采用组合式油环和油环下设减压腔等。

③ 活塞销。活塞销是用低碳钢或低碳合金钢制成的厚壁管状体如图 3-35 所示，其作用是连接活塞和连杆，并传递活塞的力给连杆。

活塞销的连接分为全浮式和半浮式两种。

全浮式连接是指在发动机正常工作温度下，活塞销在连杆小头孔和活塞销座孔中都能转动。

装配：销与销座孔在冷态时为过渡配合，采用分组选配法。

热装合：将活塞放入热水或热油中加热后，迅速将销装入。

半浮式连接是指销与销座孔和连杆小头两处，一处固定，一处浮动（一般固定连杆小头）。

装配加热连杆小头后，将销装入，冷态时为过盈配合。

（2）连杆组

连杆是采用中碳钢或中碳铬钢模锻、调质、机械加工而成的，是活塞连杆组的重要零件，其作用是连接活塞与曲轴，在变活塞的往复直线运动为曲轴的旋转运动或变曲轴的旋转运动为活塞的往复运动中传递动力。连杆的结构如图 3-36 所示。

连杆分小端、杆身和大端 3 个部分。小端孔中压装铜套，活塞销与铜套的润滑有两种：一是压力润滑，连杆杆身钻有油道孔，将油引入活塞销与铜套摩擦表面；二是集油润滑，在连杆小头制有集油孔或槽，把飞溅的机油集在孔或槽中渗入摩擦表面。在强化系数较大的柴油机连杆小端制有喷油孔，向活塞头部喷油以冷却活塞头部。

杆身做成“工”字形断面，使其既减轻重量又有足够的抗弯强度。大端孔中装有合金轴瓦，与曲轴的连杆轴颈相连。大端的剖分面有两种：一是平分式，即连杆大端沿着与杆身轴线垂直的方向切开，用于汽油机；二是斜切式，剖分面一般与杆身中线呈 45° 或 60° 夹角，以减少分解后的大端横向尺寸，便于活塞连杆组在气缸中的安装。斜切后会使连杆螺栓产生剪切应力，为此，必须使连杆大端盖有可靠的定位，其主要定位方法有锯齿形定位、止口定位和套筒定位等多种方式，如图 3-37 所示。

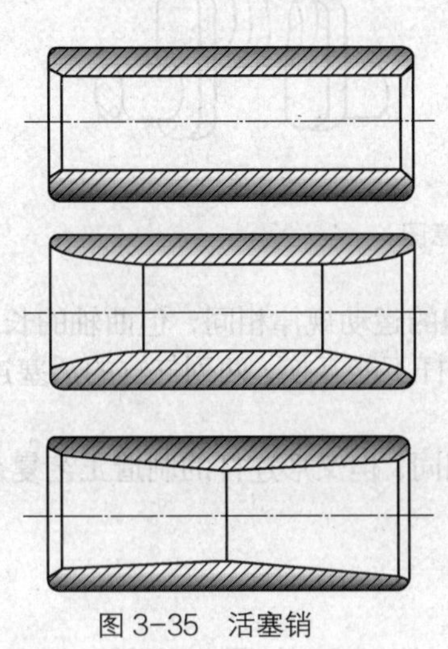

图 3-35 活塞销

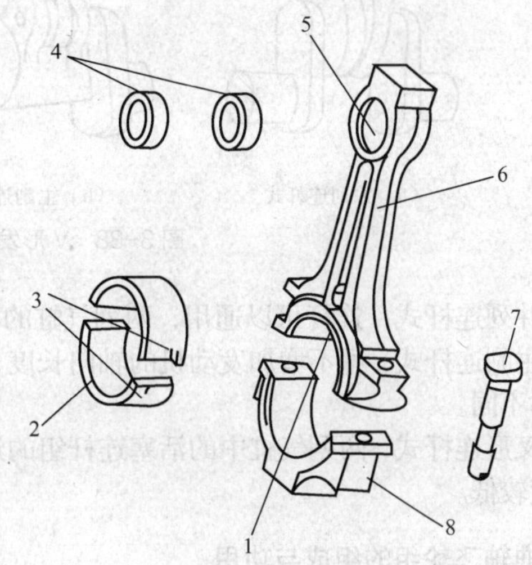

图 3-36 连杆的结构

1—连杆大端；2—连杆轴承；3—止推凸唇；4—衬套；5—连杆小端；6—连杆杆身；7—连杆螺栓；8—连杆盖

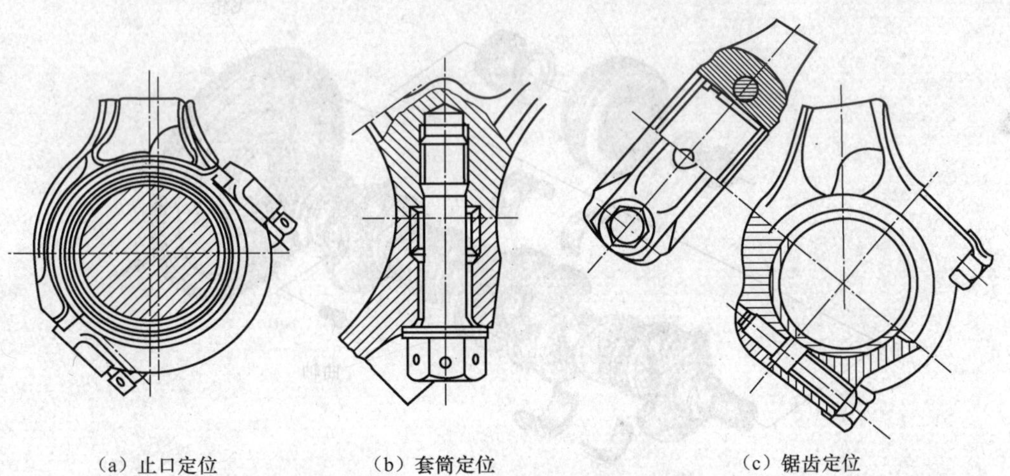

(a) 止口定位　(b) 套筒定位　(c) 锯齿定位

图 3-37 斜切口连杆大头的定位方式

连杆大端是配对加工的，没有互换性，也不可翻转 180° 安装，故在其侧面打有配对和重量分组记号。端盖一般用两根连杆螺栓紧固，大端为平分式的一般用螺栓外圆柱面定位，连杆螺栓或螺母必须可靠锁定，否则，产生松动就会酿成重大机械事故。其锁定方法有锁片法、开口销法、锥螺纹法、螺母开槽法、螺纹镀层法以及采用高强度精制螺栓、螺母的扭矩法等。锥螺纹上大下小，不得装反。为防止连杆瓦转动和轴向窜动，在大端剖分面处加工有定位舌槽与瓦片上的凸舌相配合。

V 形发动机连杆结构通常有下列 3 种，如图 3-38 所示。

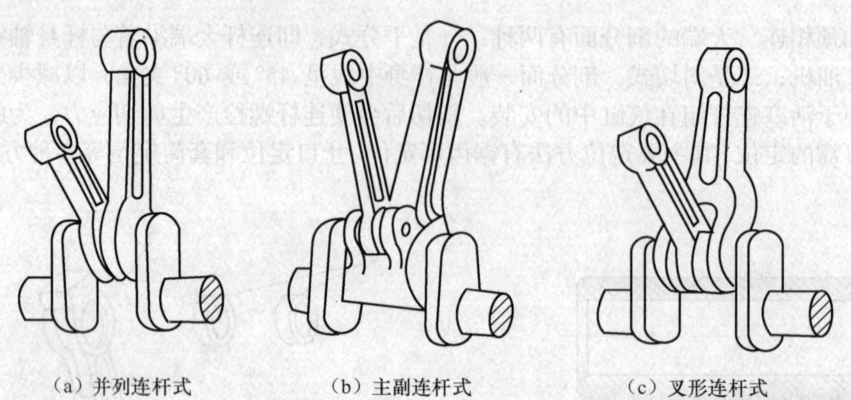

图 3-38 V 形发动机连杆示意图

① 并列连杆式，连杆可以通用，两列气缸的活塞连杆组的运动规律相同，但曲轴的长度增加。

② 主副连杆式，可不增加发动机的轴向长度，但主副连杆不能互换，两列气缸的活塞连杆组的运动规律不同。

③ 叉形连杆式，两列气缸中的活塞连杆组的运动规律相同，但叉形连杆的制造工艺复杂，且大头的刚度较低。

5. 曲轴飞轮组的组成与功用

曲轴飞轮组由曲轴、飞轮、皮带轮、正时齿轮（或链轮）等组成，如图 3-39 所示。

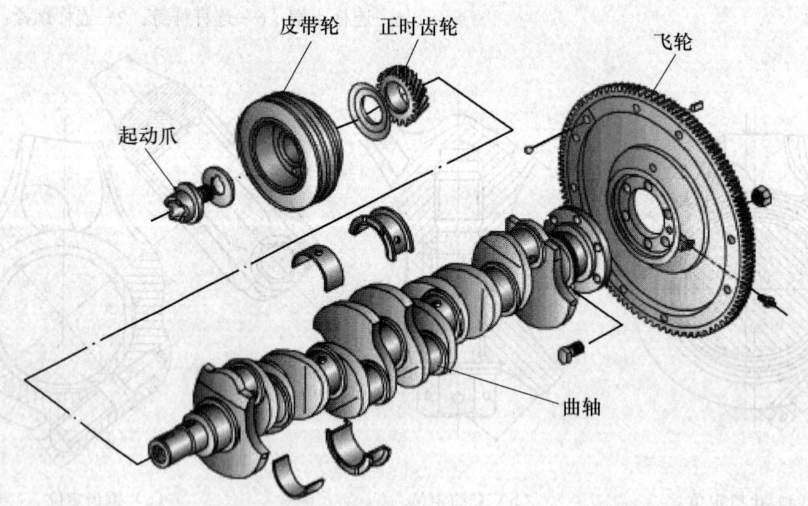

图 3-39 曲轴飞轮组

（1）曲轴

曲轴的功用是把活塞连杆组传来的气体压力转变为扭矩对外输出，驱动配气机构及其他附属装置。

曲轴的材料大多采用优质中碳钢或中合金碳钢，有的采用球墨铸铁。

曲轴包括前端轴、主轴颈、连杆轴颈、曲柄、平衡重、后端轴等，一个连杆轴颈和它两端的曲柄及主轴颈构成一个曲拐，如图 3-40 所示。

① 主轴颈和连杆轴颈。主轴颈是曲轴的支撑部分。每个连杆轴颈两边都有一个主轴颈的，称为

全支撑曲轴；主轴颈数等于或少于连杆轴颈数的，称为非全支撑曲轴。

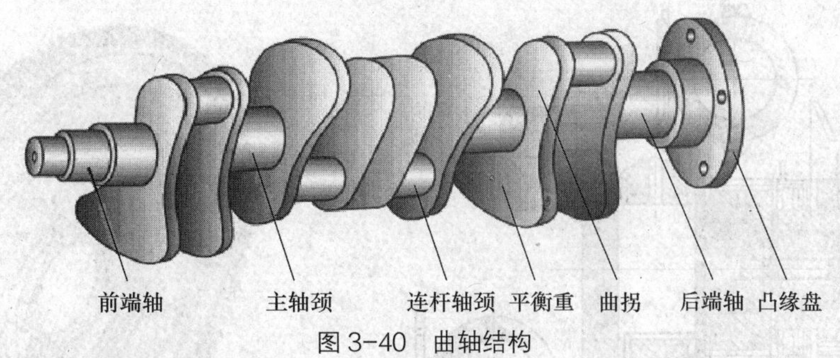

图 3-40　曲轴结构

② 曲柄和平衡重。曲柄是用来连接主轴颈和连杆轴颈的。平衡重的作用是平衡各机件产生的离心惯性力及其力矩。

③ 曲拐。曲拐的布置原则是使各缸做功间隔角尽量相等，连续做功的两缸相隔尽量远，减少主轴承连续载荷，避免相邻两缸进气门同时开启的抢气现象。例如，直列四冲程四缸发动机曲拐对称布置于同一平面内，相邻做功气缸的曲拐夹角为 180°（发动机工作顺序有 1—3—4—2 和 1—2—4—3 两种）；直列四冲程六缸发动机曲拐对称布置于 3 个平面内（见图 3-41），相邻做功气缸的曲拐夹角为 120°（发动机工作顺序有 1—5—3—6—2—4 和 1—4—2—6—3—5 两种）。

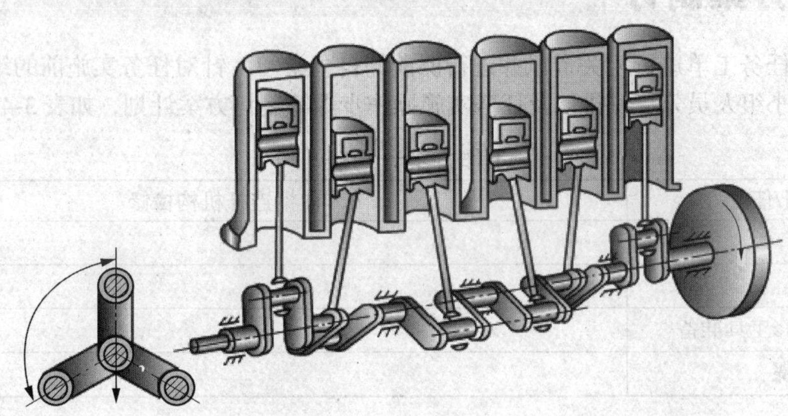
图 3-41　直列六缸发动机曲拐布置图

④ 前端轴与后端轴。如图 3-42 所示，曲轴的前端轴用来安装正时齿轮、皮带轮及起动爪等；后端轴有凸缘盘，用来安装飞轮。

曲轴前后端都伸出曲轴箱，为了防止润滑油沿轴颈流出，在曲轴前后都设有防漏装置。常用的防漏装置有挡油盘、填料油封、自紧油封、回油螺纹等。

曲轴的轴向定位是在某一道主轴承的两侧装止推片。止推片由低碳钢背和减磨层组成。

安装要注意将止推片有减磨层的一面朝向转动件。当曲轴向前窜动时，后止推片承受轴向推力；向后窜动时，前止推片承受轴向推力。若曲轴的轴向间隙不符合规定，则需更换止推片。

（2）飞轮

飞轮的功用是存储能量，在做功冲程存储能量，用以完成其他 3 个冲程，使发动机运转平稳；利用飞轮上的齿圈起动时传力；将动力传给离合器；克服短暂的超负荷。

飞轮为一外缘有齿圈的铸铁圆盘，其构造如图 3-43 所示。有的飞轮上有一缸上止点记号和点火提前角刻度线（汽油机）或供油提前角刻度线（柴油机），以便调整和检验点火正时，供油提前角和

气门间隙。

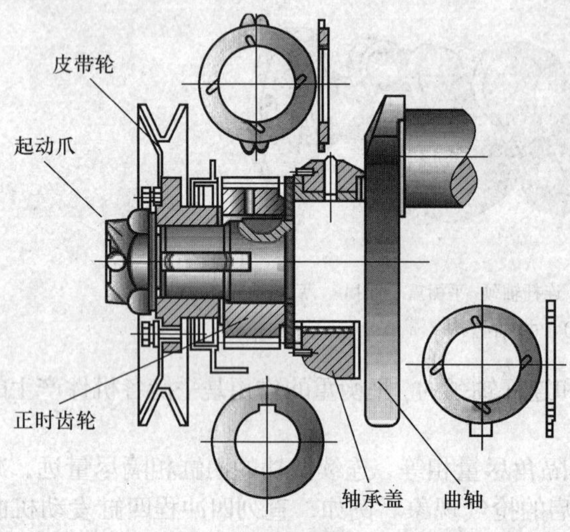

图 3-42 曲轴的前端

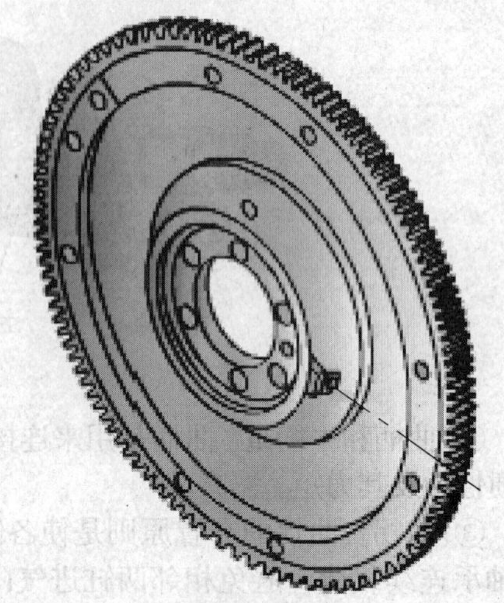

图 3-43 飞轮

二、工作方案制订

学生需根据任务工单进行相关资讯并进行课前的自主学习，针对任务实施前的维修工具及材料准备、实施中的小组人员分工安排以及任务实施操作步骤等制订方案计划，如表 3-4 所示。

表 3-4 工作方案计划表

工作项目/任务	曲柄连杆机构检修
人员分工	
时间安排	
设备、材料及维修工具准备	
任务实施操作步骤	

三、工作组织实施

1. 曲柄连杆机构主要零部件拆解

曲柄连杆机构拆解、检测与装配任务主要以本田 F22B1 型发动机为例介绍曲柄连杆机构检修的具体操作步骤及注意事项。本田 F22B1 型发动机是本田雅阁轿车的经典机型，为 2.2L 四缸四冲程活塞式、16 气门+VTEC 机构的电控汽油机，被誉为国内四大“黄金发动机”之一。

（1）正时皮带和正时平衡轴皮带的拆卸

拆卸正时皮带前，先转动曲轴皮带轮，使 1 缸活塞处于上止点（TDC）位置。

① 松开调整螺栓和安装螺母，然后拆下动力转向（P/S）泵传动带，如图 3-44 所示。

② 松开调整螺栓、安装螺栓和锁止螺母，然后拆下交流发电机传动带，如图 3-45 所示。

③ 拆下交流发电机的线束端子和接头，如图 3-46 所示。

④ 拆下机油尺及其导管，如图 3-47 所示。

⑤ 拆下气缸盖罩（气门室盖）。

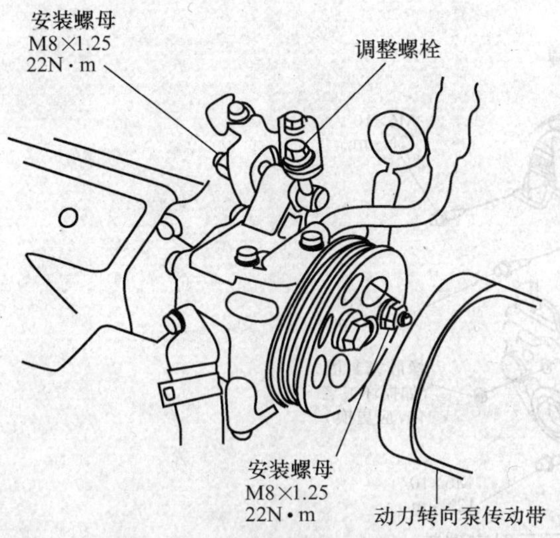

图 3-44 动力转向泵传动带

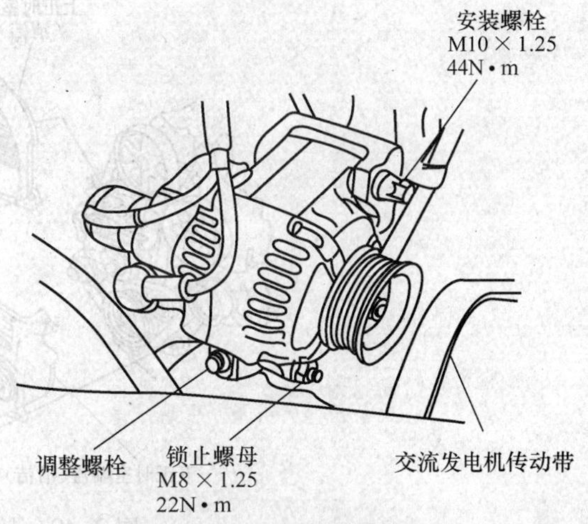

图 3-45 交流发电机传动带

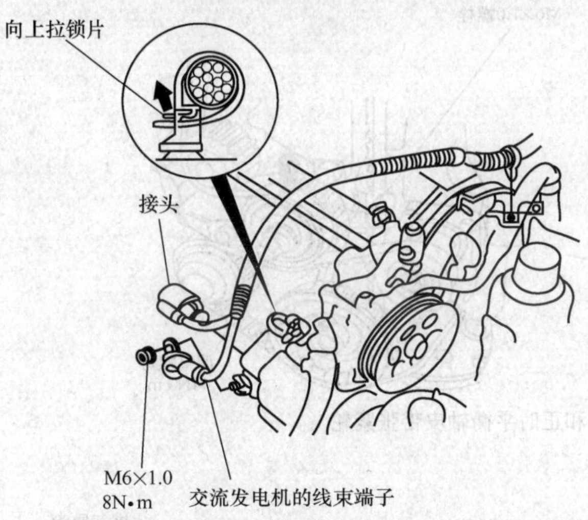

图 3-46 交流发电机的线束端子及接头

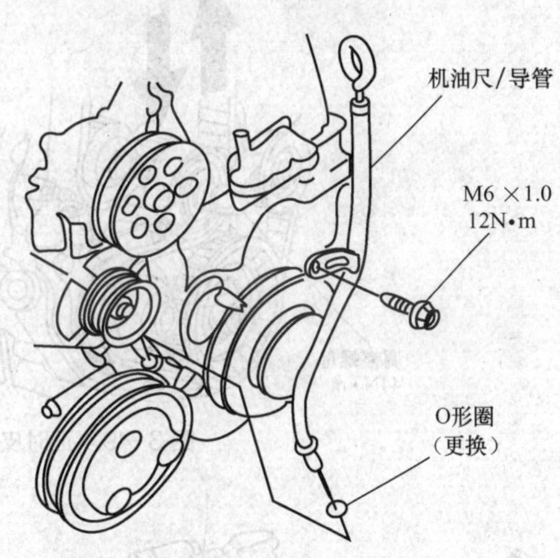

图 3-47 机油尺及导管

⑥ 拧下皮带轮螺栓，拆下曲轴皮带轮。

⑦ 从调整螺母上拆下橡胶密封圈，然后拆下上、下正时室端盖，如图 3-48 所示。

不要使用上、下正时室端盖来盛装拆下的零件。

⑧ 将调整螺母旋松 2/3～1 圈，推动张紧器，以消除正时皮带和正时平衡轴皮带上的张力，然后重新拧紧调整螺母，如图 3-49 所示。拆卸正时平衡轴皮带前，应先用 1 个 M6 × 1.0 的螺栓固定住正时皮带调整器臂。

⑨ 拆下正时皮带和正时平衡轴皮带。

（2）气缸盖的拆卸

① 拆下节气门拉索、节气门控制拉索（A/T）和定速控制拉索，如图 3-50 所示。拆卸时，不要

弄弯拉索，如果拉索发生扭结，需更换拉索。安装时，要重新调整上述 3 条拉索。

② 拆下进气导管，如图 3-51 所示。

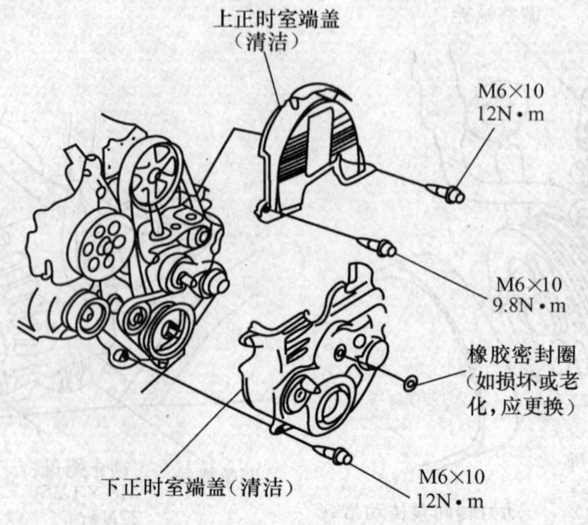

图 3-48 上、下正时室端盖

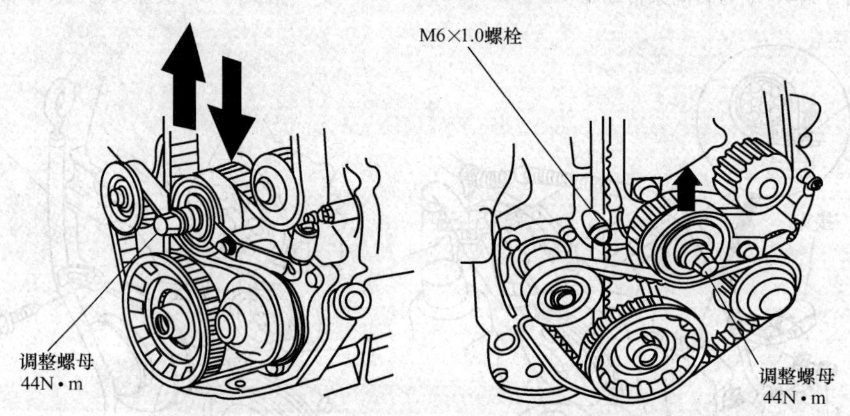

图 3-49 正时皮带和正时平衡轴皮带张紧轮

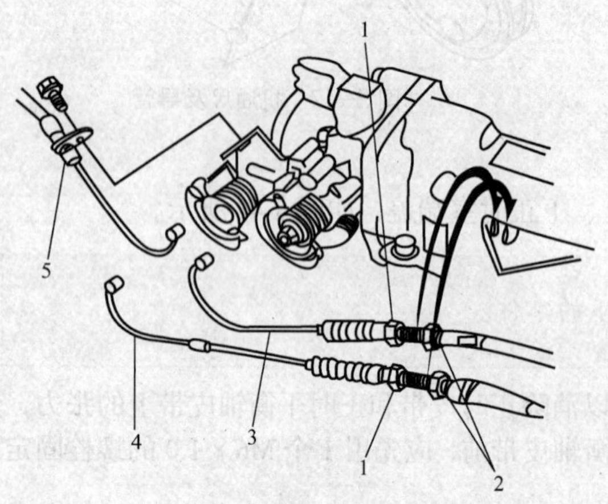

图 3-50 节气门体拉索

1—锁紧螺母；2—调节螺母；3—节气门拉索；

4—定速控制拉索；5—节气门控制拉索

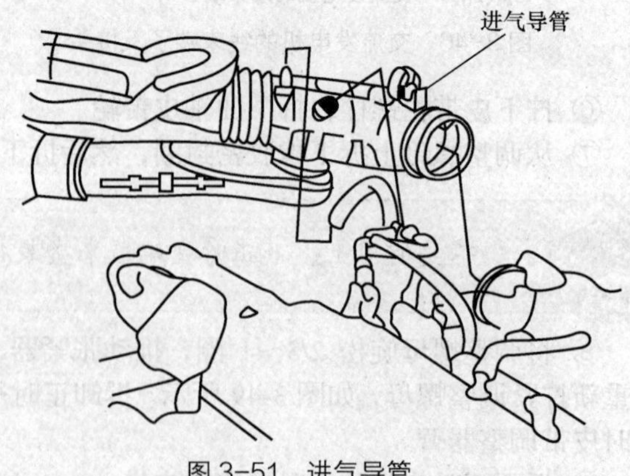

图 3-51 进气导管

③ 拆下通气软管、曲轴箱强制通风（PCV）软管和蒸发排放（EVAP）控制炭罐软管，如图 3-52 所示。

④ 释放燃油压力。

- 工作时不要吸烟。
- 工作场所不能有明火或火花。
- 燃油只能排入规定的容器内。

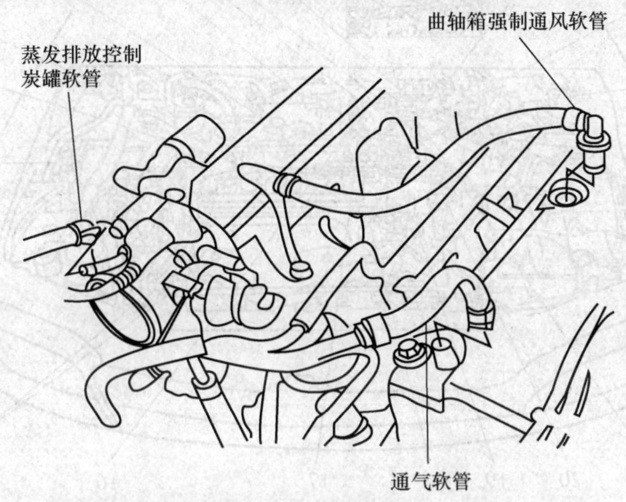

图 3-52 各种软管

⑤ 拆下供油软管、回油软管和真空软管，如图 3-53 所示。

⑥ 拆下动力转向泵和交流发电机。

⑦ 拆下发动机配线托架和冷却水旁通软管，如图 3-54 所示。

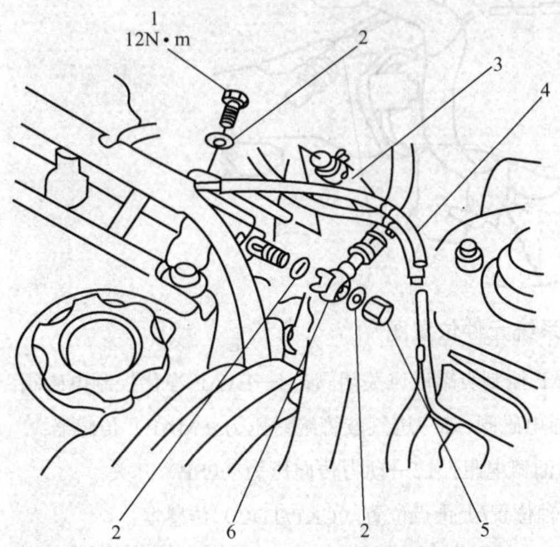

图 3-53 供油软管、回油软管和真空软管

1—检修螺栓；2—垫圈（更换）；3—回油软管；
4—真空软管；5—螺母；6—供油软管

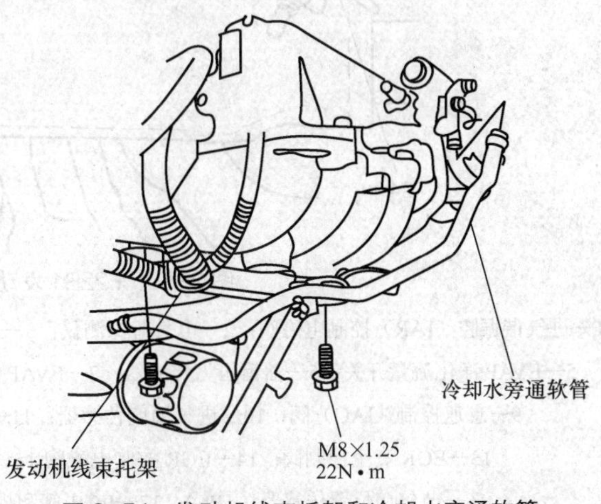

图 3-54 发动机线束托架和冷却水旁通软管

⑧ 从气缸盖上拆下发动机配线接头和线束夹子，然后拆下进气歧管，再依次拔下喷油器接头（4 个）、进气温度传感器接头、怠速控制（IAC）阀接头、节气门位置传感器接头、歧管绝对压力（MAP）传感器接头、主氧传感器接头、发动机冷却水温（ECT）传感器接头、ECT 开关接头、ECT 仪表传感器接头、VTEC 电磁阀接头、废气再循环（EGR）阀开度传感器接头、气缸位置（CYP）传感器接头、点火线圈接头，如图 3-55 所示。

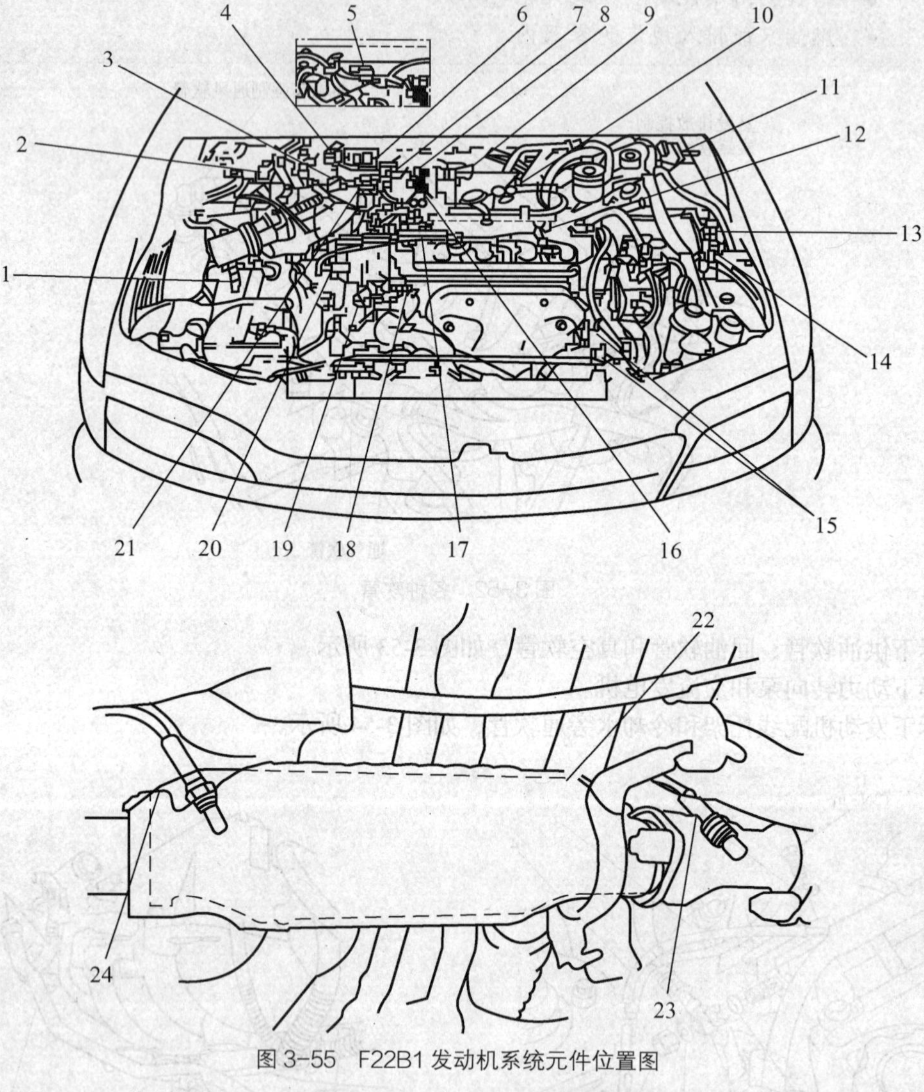

图 3-55 F22B1 发动机系统元件位置图

1—进气谐振腔（IAR）控制电磁阀；2—电负荷探测仪；3—EVAP 控制炭罐通风关闭阀；4—EVAP 净化控制电磁阀；5—EVAP 净化流量开关；6—油箱压力传感器；7—EVAP 旁通电磁阀；8—进气歧管绝对压力（MAP）传感器；9—怠速控制（IAC）阀；10—进气温度传感器；11—喷油器电阻；12—动力传向压力（PSP）开关；13—EGR 真空控制阀；14—EGR 控制电磁阀 15—曲轴位置/上止点位置（CKP/TDC）传感器；16—节气门位置传感器（TPS）；17—EGR 阀和提升传感器；18—冷却水温度传感器（ECT）；19—车速传感器（VSS）；20—气缸位置传感器（CYP）；21—EVAP 双通阀；22—三元催化转换器（TWC）；23—主热氧传感器；24—副热氧传感器

⑨ 从气缸盖上拆下火花塞帽和分电器。拆下气缸盖罩（气门室盖），如图 3-56 所示。

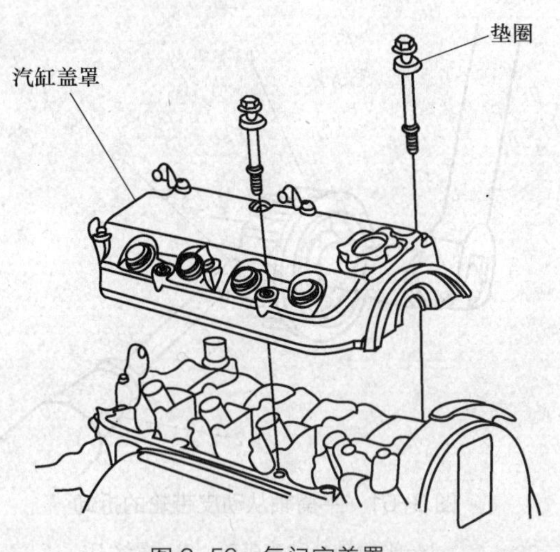

图 3-56 气门室盖罩

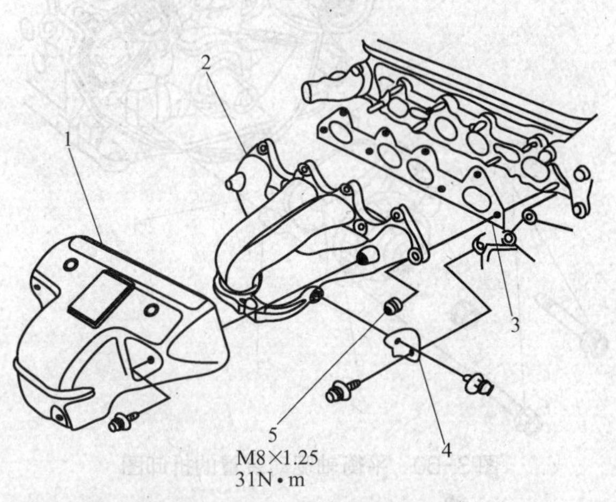

图 3-57 排气歧管

1—排气歧管外壳；2—排气歧管；3—垫片（更换）；4—托架；5—自锁螺母（更换）

⑩ 拆下排气歧管，如图 3-57 所示；拆下进气歧管，如图 3-58 所示。

⑪ 拧下气缸盖螺栓，然后拆下气缸盖。为避免气缸盖发生翘曲，按图 3-59 所示顺序将每个螺栓每次旋松 1/3 圈，直到松开所有的螺栓。

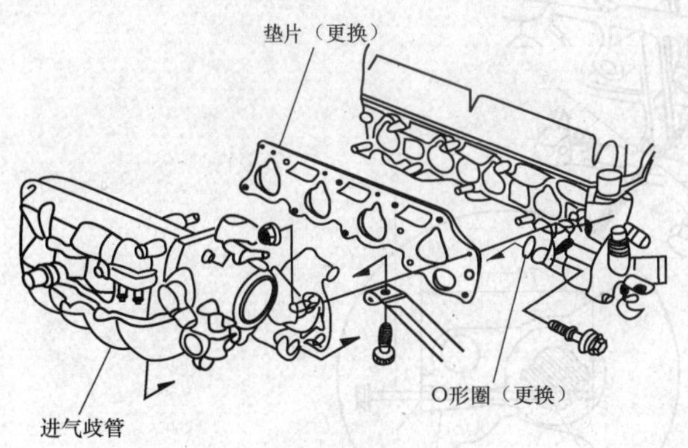

图 3-58 进气歧管

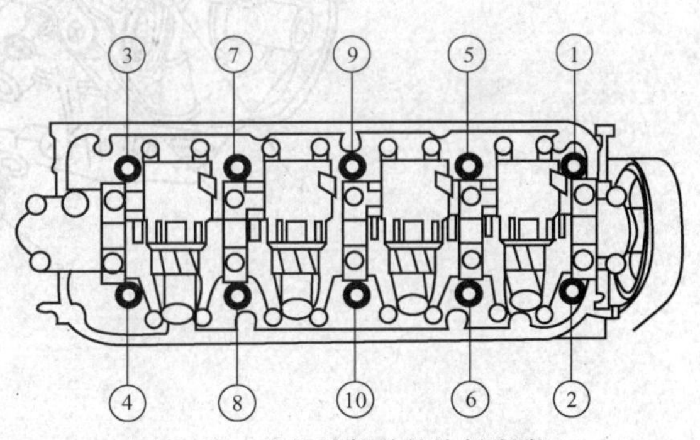

图 3-59 气缸盖螺栓的旋松顺序

（3）平衡轴的拆卸

① 拆下平衡轴驱动齿轮外壳，如图 3-60 所示。

② 拆下从动平衡轴皮带轮，如图 3-61 所示。

③ 使平衡轴孔正对保养孔，然后插进 1 个 M6 × 100 的螺栓固定后平衡轴，如图 3-62 所示。

④ 拆下螺栓和后平衡轴从动齿轮。拆下螺栓和轴承保持架，然后拆下前平衡轴和后平衡轴。

（4）曲轴和活塞连杆组的拆卸

① 拆下缸体右端盖，如图 3-63 所示。拆下机油滤清器、油泵和隔板。

② 按图 3-64 所示的顺序拆下螺栓和主轴承盖桥式安装架，然后拆下主轴承盖。为防止主轴承盖变形，每次只能将螺栓旋松 1/3 圈，并按顺序旋松所有螺栓。

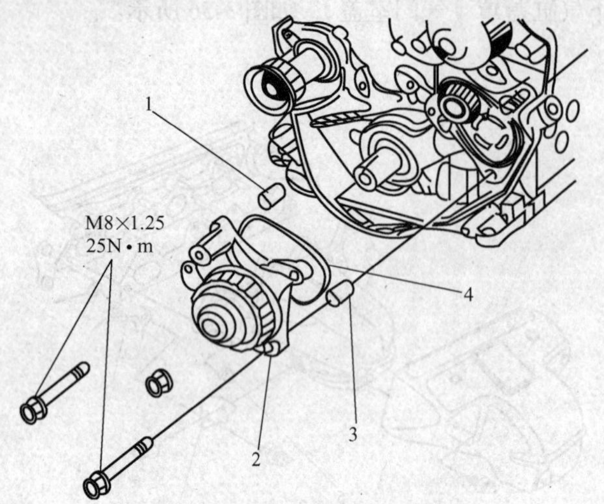

图3-60　平衡轴驱动装置的拆卸图

1—定位销；2—平衡轴齿轮外壳；3—定位销；
4—O形圈（涂发动机油，装配时更换新的）

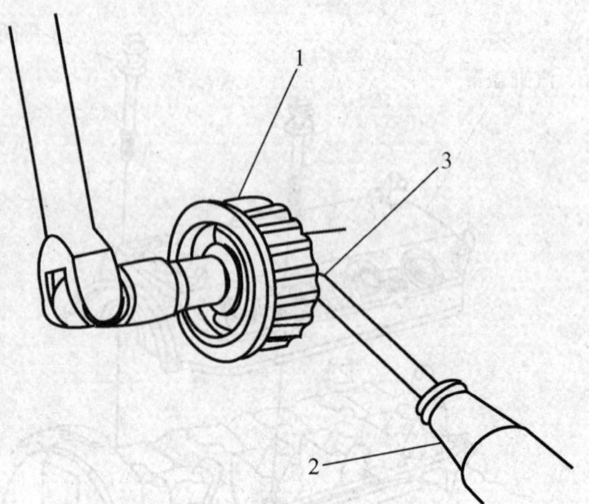

图3-61　平衡轴从动皮带轮的拆卸

1—平衡轴从动皮带轮；2—螺丝刀；
3—保养孔

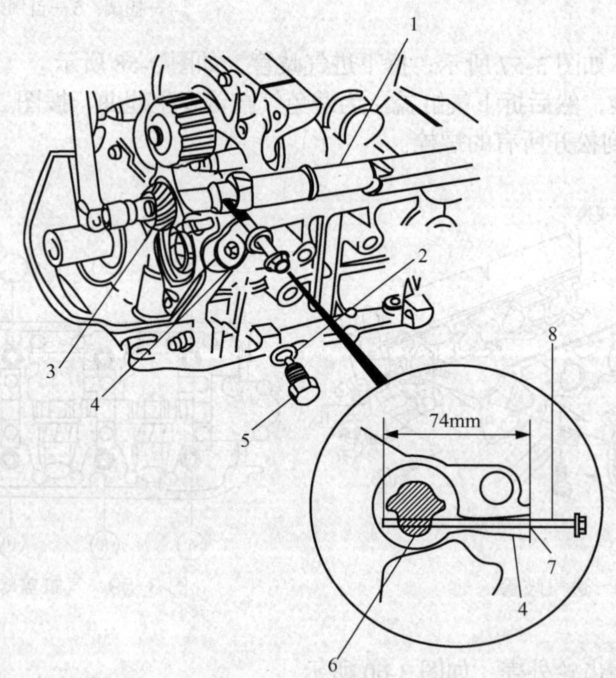

图3-62　在平衡轴上安装螺栓

1—后平衡轴；2—垫圈（更换）；3—从动平衡轴齿轮；4—保养孔；5—密封螺栓；
6—后平衡轴；7—标记；8—固定螺栓（M6×100）

③ 转动曲轴，使2号、3号曲柄销处于下止点位置。

④ 拆下2缸、3缸连杆轴承盖，并从连杆处往上推，取出2缸、3缸活塞连杆组，注意活塞安装方向，将连杆轴承盖、连杆螺栓、螺母按原位置装回。不同缸的连杆不能互相调换。

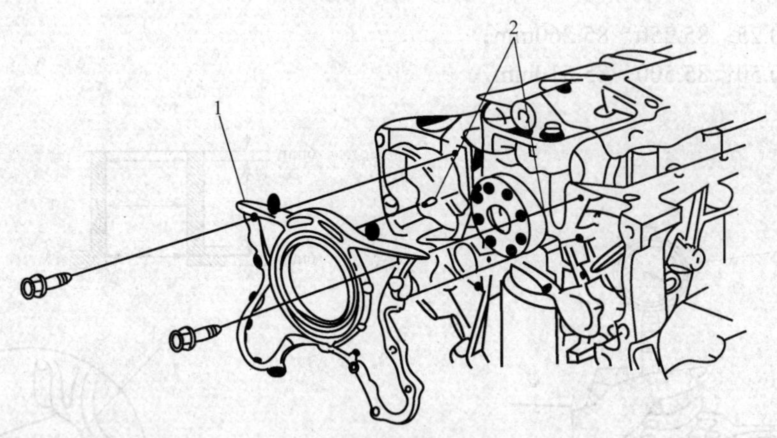

图 3-63　右端盖的拆卸

1—缸体右端盖；2—定位销

⑤ 转动曲轴，使 1 缸、4 缸曲柄销处于下止点，依次拆下 1 缸、4 缸连杆轴承盖，并从连杆处往上推，取出 1 缸、4 缸活塞连杆组，并按顺序放好。

⑥ 把曲轴抬出发动机，小心不要碰伤轴颈。

⑦ 采用专用的活塞环装卸钳拆卸各缸活塞环，如图 3-65 所示。

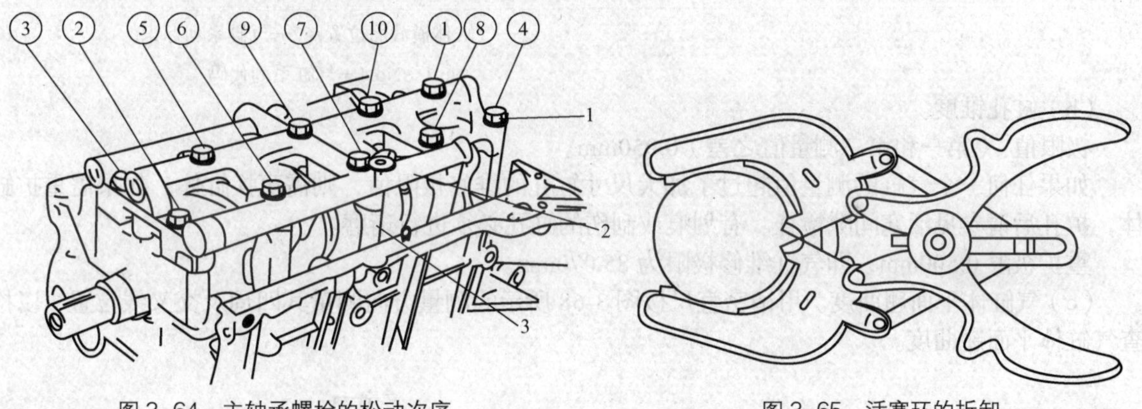

图 3-64　主轴承螺栓的松动次序

1—螺栓；2—主轴承盖桥式安装架；3—主轴承盖（5 个）

图 3-65　活塞环的拆卸

⑧ 在油压机上进行活塞销的拆卸。如果无油压机，也可以将活塞连杆组浸入 60℃的热水或机油中加热，然后用专用工具进行拆卸。

2. 曲柄连杆机构主要零部件检测

（1）机体组的检修

① 气缸体的检修。如图 3-66 和图 3-67 所示，分别在每一气缸的 3 个横截面上，沿着图示的 x 和 y 方向进行测量，并计算出缸体的圆柱度，从而确定该气缸的磨损量。

（a）缸孔尺寸。

标准值：A 或 I 为 85.010～85.020mm；

　　　　B 或 II 为 85.000～85.010mm。

维修极限值：85.07mm。

加大尺寸：0.25：85.250～85.260mm；

0.50：85.500～85.510mm。

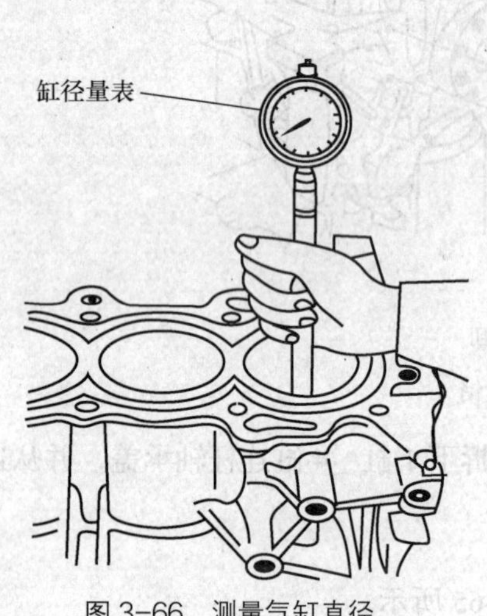

图 3-66 测量气缸直径

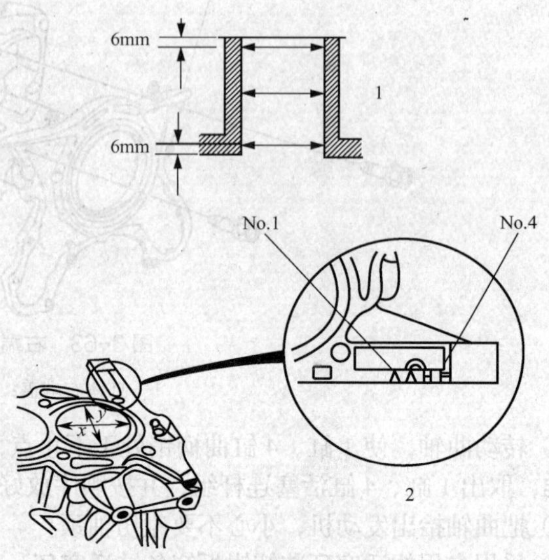

图 3-67 测量部位

1—气缸体横截面位置；2—气缸系列标识；

No.1～No.4—气缸系列代码

（b）缸孔锥度。

极限值：（第一和第三测量值之差）0.050mm。

如果任何一个气缸的测量值超过了加大尺寸缸孔的维修极限值，则需更换缸体。如果需重扩缸体，扩孔后请参见活塞间隙检查。有划痕或刮伤的缸孔必须进行珩磨。

重扩极限 0.500mm，即气缸维修极限为 85.070mm。

（c）气缸体平面翘曲度。用精密直尺按图 3-68 所示的测量方向测量其四周及交叉线位置，以检查气缸体平面翘曲度。

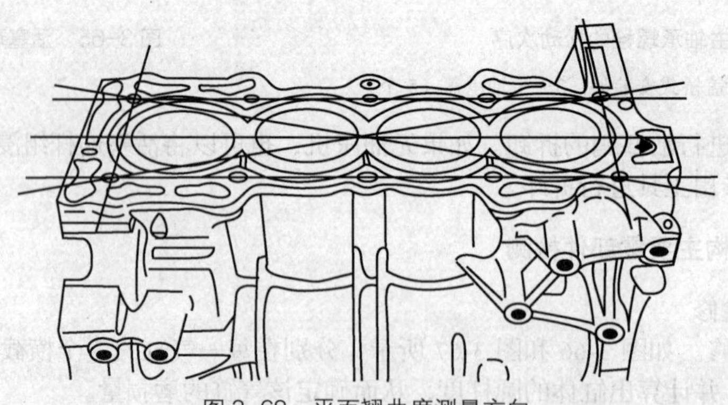

图 3-68 平面翘曲度测量方向

气缸体平面翘曲量：标准为最大 0.07mm，维修极限值为 0.10mm。

② 气缸盖的检修。缸盖翘曲变形检查的位置如图 3-69 所示，测量工具的放置如图 3-70 所示。

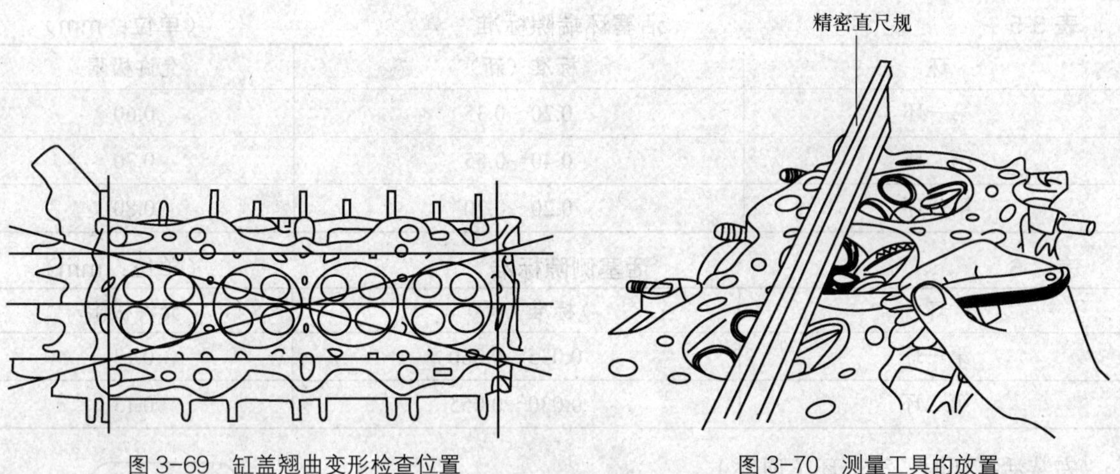

图 3-69 缸盖翘曲变形检查位置　　图 3-70 测量工具的放置

缸盖高度标准值为 99.95～100.05mm。如果翘曲变形小于等于 0.05mm，则不需要对缸盖表面进行修整；如果翘曲变形在 0.05～0.20mm，则应修整缸盖表面；如果翘曲变形大于 0.20mm，则应更换缸盖。

③ 缸盖螺栓检查。分别在点 A 和点 B 测量每只缸盖螺栓的直径，如图 3-71 所示。装配时，更换任何直径小于 12.30mm 的缸盖螺栓。

（2）活塞连杆组的检修

活塞连杆组的检修需要用到的专用工具是活塞拆装器和厚薄规（塞尺）。

① 活塞环及活塞的检修。

（a）活塞环的检查。用活塞将被测活塞推入气缸内距气缸底部 15～20mm 处，如图 3-72 所示。用厚薄规测量活塞环的端隙，如果间隙太小，检查选用的活塞环是否正确；如果间隙太大，检查气缸内径，如果气缸内径超出了允许极限，则必须重新磨缸。

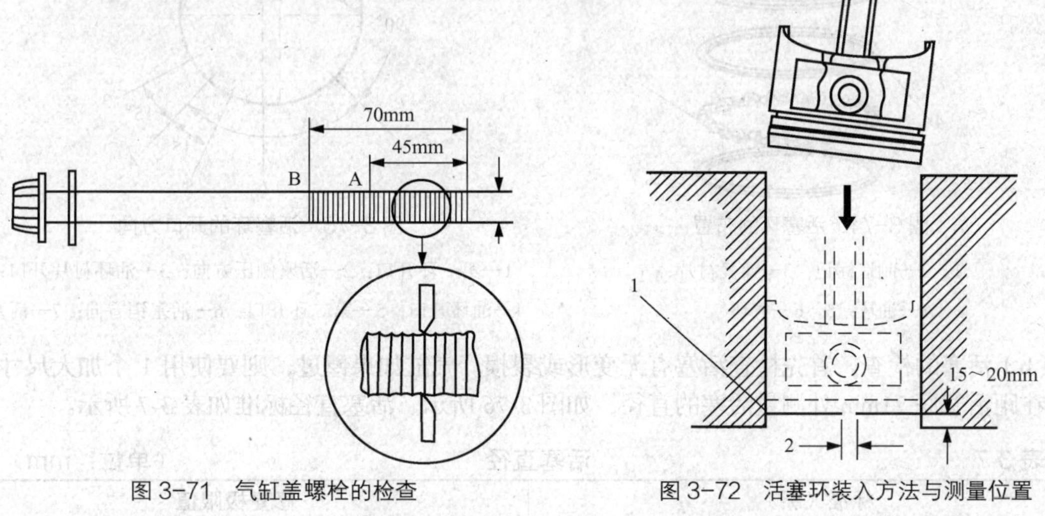

图 3-71 气缸盖螺栓的检查　　图 3-72 活塞环装入方法与测量位置

1—被测活塞环位置；2—活塞环开口（端隙）

活塞环端隙标准如表 3-5 所示。侧隙标准如表 3-6 所示。

表 3-5　活塞环端隙标准　（单位：mm）

环	标准（新）	允许极限
第一环	0.20～0.35	0.60
第二环	0.40～0.55	0.70
第三环	0.20～0.70	0.80

表 3-6　活塞侧隙标准　（单位：mm）

环	标准（新）	允许极限
第一环	0.035～0.060	0.13
第二环	0.030～0.055	0.13

安装活塞环时，第一环（顶环）和第二环的区别可从活塞边缘的倒角得以鉴别，如图 3-73 所示，要确保它们在活塞上的位置正确。制造标记必须面朝上。在活塞环槽中转动活塞环，应保证能转动自如，以确定活塞没有变形。

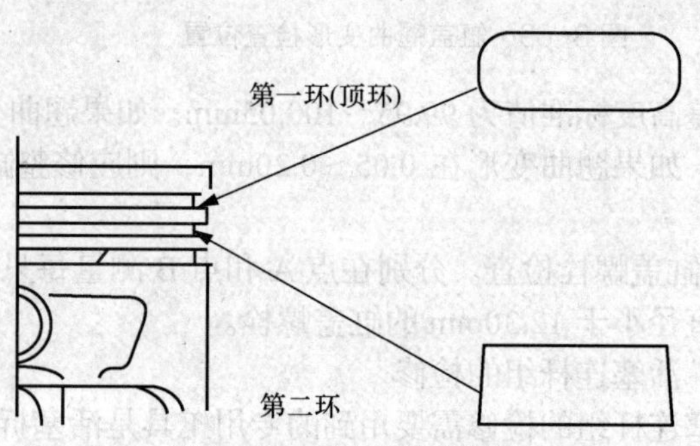

图 3-73　活塞环边缘倒角

活塞环的布置如图 3-74 所示，活塞环的开口方向如图 3-75 所示。

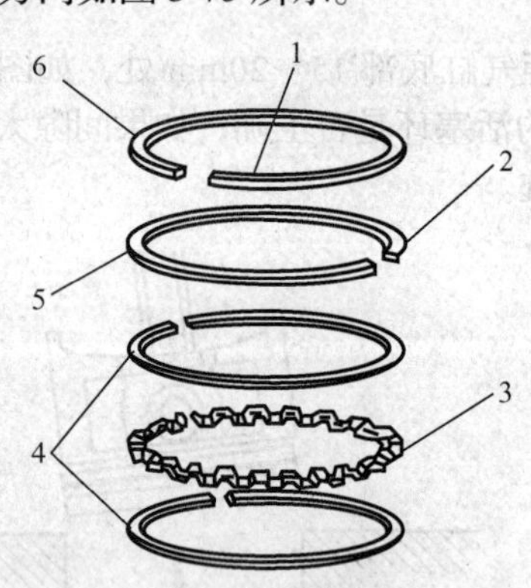

图 3-74　活塞环的布置

1、2—制造标记；3—弹簧衬片；4—油环；5、6—气环

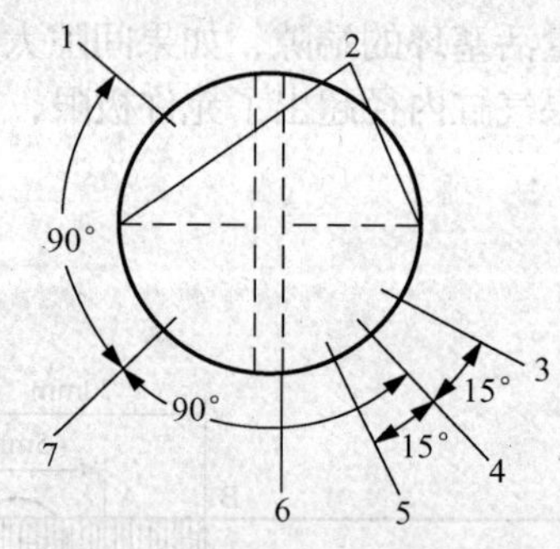

图 3-75　活塞环的开口方向

1—第一环开口；2—活塞侧压方向；3—油环衬片开口；4—油环开口；5—第二环开口；6—活塞销方向；7—活塞

（b）活塞的检查。首先检查活塞有无变形或裂损。气缸如果镗过，则要使用 1 个加大尺寸的活塞。在距活塞底 21mm 处测量活塞的直径，如图 3-76 所示。活塞直径标准如表 3-7 所示。

表 3-7　活塞直径　（单位：mm）

标准（新）	修复极限值
字母号 A：84.980～84.990	84.970
字母号 B：84.970～84.980	84.960

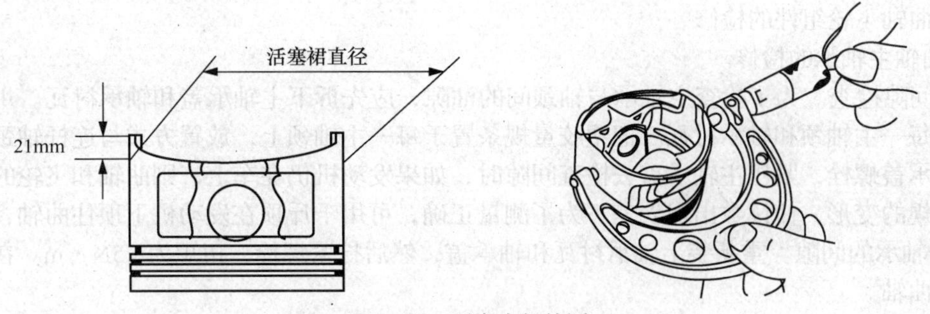

图 3-76 活塞直径的测

有两种标准尺寸的活塞（字母 A 或 B）。字母压印在活塞的顶部，也压印在气缸体上，作为缸径尺寸。

活塞与气缸间的配合间隙，如图 3-77 所示，计算缸径和活塞直径间的差值。标准（新）是 0.020～0.040mm，允许极限为 0.05mm。如果间隙接近或超出允许极限，检查活塞和缸体有无过度磨损。

加大尺寸的活塞直径：0.25：85.23～85.24mm；

0.50：85.48～85.49mm。

检查活塞销与活塞的配合间隙，给活塞销涂敷一些发动机机油。这时，应能用姆指将活塞销压入销孔。

活塞销与活塞的间隙：标准（新）为 0.012～0.024mm。

② 连杆的检修。取下带连杆轴承衬瓦的连杆轴承盖。用干净的毛巾清洁曲轴连杆轴颈和轴承衬瓦。如图 3-78 所示，将塑胶量规放到连杆轴颈上。

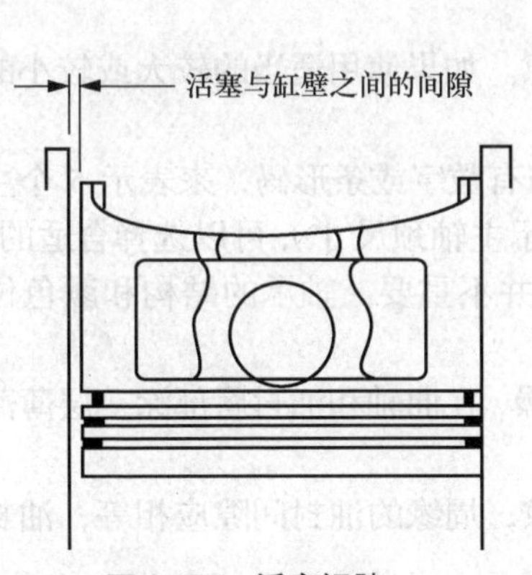

图 3-77 活塞间隙

塑胶量规

图 3-78 塑胶量规的放置

重新安装轴承衬瓦和连杆轴承盖，然后用 47N · m 的扭矩拧紧螺母。检查期间不要旋转曲轴。拆下连杆轴承盖和轴承衬瓦，测量塑胶量规最宽部分的厚度。

连杆轴承与轴颈之间的油隙：标准（新）为 0.021～0.049mm；允许极限为 0.06mm。

如果用塑胶量规太宽或太窄，拆下轴承的上衬瓦，更换新的、具有相同颜色代码的轴承衬瓦，重新检查间隙。注意不要通过修整轴承衬瓦或加垫方式来调节间隙。如果塑胶量规显示间隙仍不正确，则试用较大或较小的轴承，重新检查间隙。

如果使用合适的轴承不能获得正常的间隙，则需要更换相应的曲轴，然后重新开始检查。

（3）曲轴飞轮组件的检修

① 曲轴主轴承的检修。

（a）间隙检查。为了检查主轴承与轴颈间的油隙，应先拆下主轴承盖和轴承衬瓦。用一干净的毛巾清洁每一主轴颈和轴承衬瓦。把塑胶量规条置于每一主轴颈上，放置方式与连杆轴颈相同。当拧紧主轴承盖螺栓，紧压主轴承盖去检查间隙时，如果发动机仍在车上，则曲轴和飞轮的重量将增加塑胶量规的变形，使读数出现误差。为了测量正确，可用千斤顶在发动机下顶住曲轴，且每次只检查 1 个轴承的间隙。重新装上轴承衬瓦和轴承盖，然后拧紧螺栓，扭矩为 75N · m。在检查期间不要旋转曲轴。

拆下主轴承盖和轴承，测量塑胶量规最宽部分的厚度，其标准如表 3-8 所示。

表 3-8　　主轴承与轴颈之间的油隙　　（单位：mm）

轴　颈	标准油隙	维修极限
2 号	0.021～0.045	0.050
3 号	0.025～0.049	0.055
1 号、4 号	0.013～0.037	0.050
5 号	0.009～0.033	0.040

如果塑胶量规测量的间隙太宽或太窄，则抬下曲轴若发动机还在车上，则先卸下发动机，拆下轴承的上衬瓦，更换一套新的具有相同颜色号码的轴承，重新检查间隙。

不要通过修整轴承或轴承盖来调节间隙。

如果间隙仍不正确，则检查下一个较大或较小的轴承间隙。如果使用适当的较大或较小的轴承仍不能获得正确的间隙，则需更换曲轴，重新进行检查。

（b）选配。如图 3-79 和图 3-80 所示，在气缸体端部压印有数字或条形码，来表示 5 个主轴颈孔的尺寸。根据这些编码和压印在曲轴上的数字或条形码（表示主轴颈尺寸），可以选择合适的轴承。

当使用不同颜色的上下衬瓦时，上下衬瓦使用哪种颜色并不重要。轴承的结构和颜色位置如图 3-81 所示。

② 曲轴主轴承油封的安装。缸体上油封表面必须保持干燥，在曲轴和油封唇部涂一层薄薄的机油。

将曲轴油封垂直敲入右轴承盖内，用间隙规测量油封间隙，周缘的油封间隙应相等，油封间隙应为 0.5～0.8mm。

③ 曲轴的检修。用管道清洁器或合适的刷子清洁曲轴油道，检查键槽和螺纹。

（a）检查径向跳动量。如图 3-82 所示，测量所有主轴颈的径向跳动量，以确认曲轴无弯曲。在每一主轴颈上所测值之差不能超过维修极限。

曲轴总径向跳动量：标准（新）为 0.03mm；维修极限为 0.04mm。

（b）检查圆度误差和圆柱度误差。如图 3-83 所示，在每一连杆和轴颈中间处取两点测量圆度误差。每一轴颈上所测值之差不能超过维修极限。

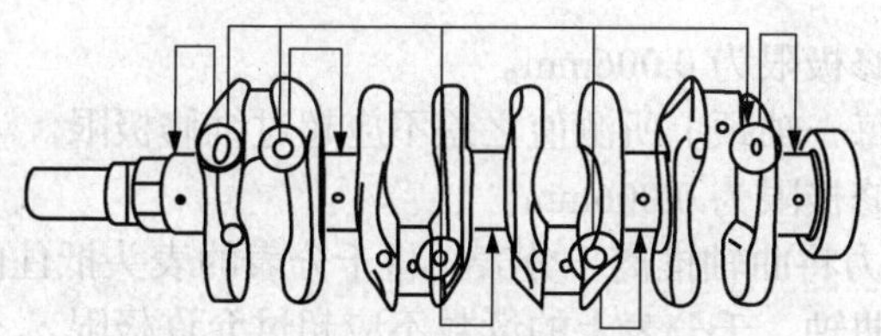

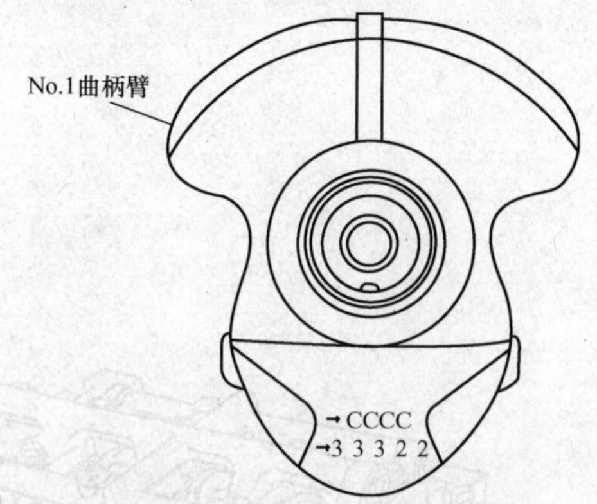

图 3-79　曲轴上的编码

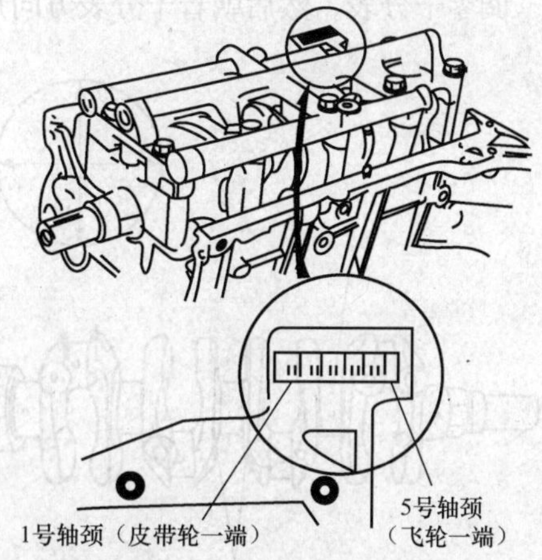

图 3-80　气缸体上的压印

轴承颜色涂在轴承的边缘

→较大的曲柄孔

→较小的轴承（较厚）

	A或 Ⅰ或1	B或 Ⅱ或2	C或 Ⅲ或3	D或 Ⅳ或4
1或 Ⅰ	粉红	粉红/黄	黄	黄/绿
2或 Ⅱ	粉红/黄	黄	黄/绿	绿
3或 Ⅲ	黄	黄/绿	绿	绿/棕
4或 Ⅳ	黄/绿	绿	绿/棕	棕
5或 Ⅴ	绿	绿/棕	棕	棕/黑
6或 Ⅵ	绿/棕	棕	棕/黑	黑

↓较小的主轴颈

↓较小的轴承（较厚）

图 3-81　轴承的结构与颜色

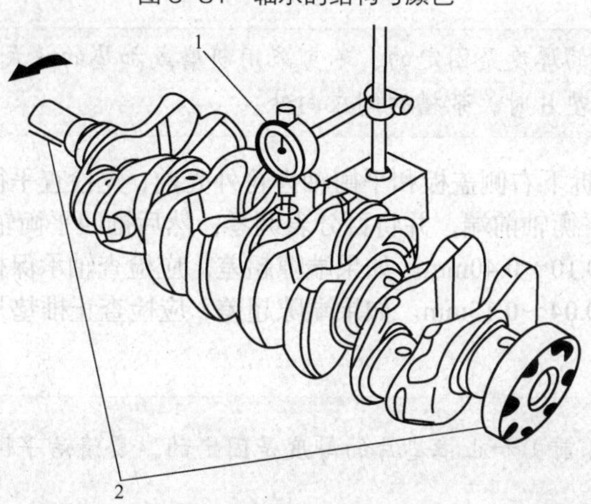

图 3-82　检查曲轴径向跳动量

1—曲轴两端；2—百分表

轴颈的圆度误差：标准（新）为 0.005mm；维修极限为 0.006mm。

在每一连杆和主轴颈的边缘测量圆柱度误差。每一轴颈上所测值之差不应超过维修极限。

轴颈圆柱度误差：标准（新）为 0.005mm；维修极限为 0.006mm。

（c）检查曲轴的轴向间隙。如图 3-84 所示，用力将曲轴推离千分表，将千分表的表头抵住曲轴端头，调零千分表，然后朝着千分表方向用力拉动曲轴，千分表上的读数不应超过允许极限。

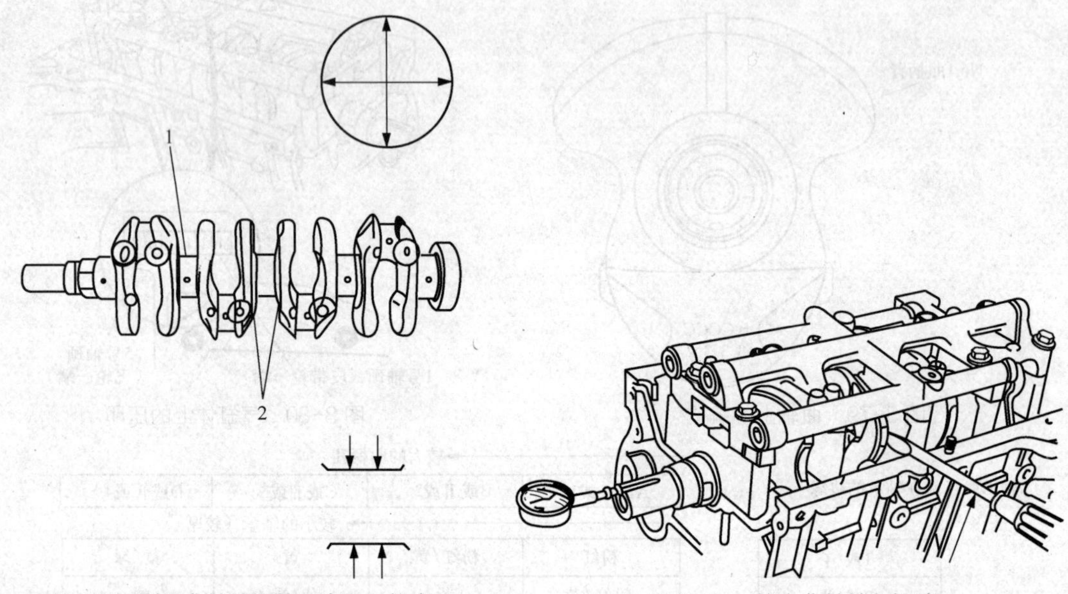

图 3-83 测量曲轴轴颈的圆度和圆柱度

1—在与曲轴平行和垂直两个方向的中间位置测量；
2—在边缘附近测量

图 3-84 检查曲轴轴向间隙

曲轴轴向间隙：标准（新）为 0.10～0.35mm，维修极限为 0.45mm。

如果曲轴的轴向间隙超出了允许极限，应检查止推垫片和曲轴的止推表面，视情况更换受损的元件。

- 止推垫片的厚度是固定的，不可采用研磨或加垫的方式来改变其厚度。
- 安装止推垫片时，带槽的侧应向外。

④ 平衡轴的检修。在拆下右侧盖板和平衡轴齿轮外壳前，先检查平衡轴。用力将平衡轴推离百分表，将百分表测头顶住平衡轴前端，并将百分表调零，然后推回平衡轴，如图 3-85 所示。

前平衡轴标准端隙为 0.10～0.40mm。如果端隙超差，应检查轴承保持架和平衡轴。

后平衡轴标准端隙为 0.04～0.15mm。如果端隙超差，应检查止推垫片、从动齿轮及机油泵体上的止推表面。

轴承保持架（前）和止推垫片的厚度是固定的。要清洁平衡轴。

检查平衡轴轴颈和平衡轴轴承表面，如果发现轴承或平衡轴颈表面有磨损或污点，应更换轴承或平衡轴。当更换 1 号后轴承时，要换 1 个新的机油泵外壳。

正常的表面应达到镜面程度。

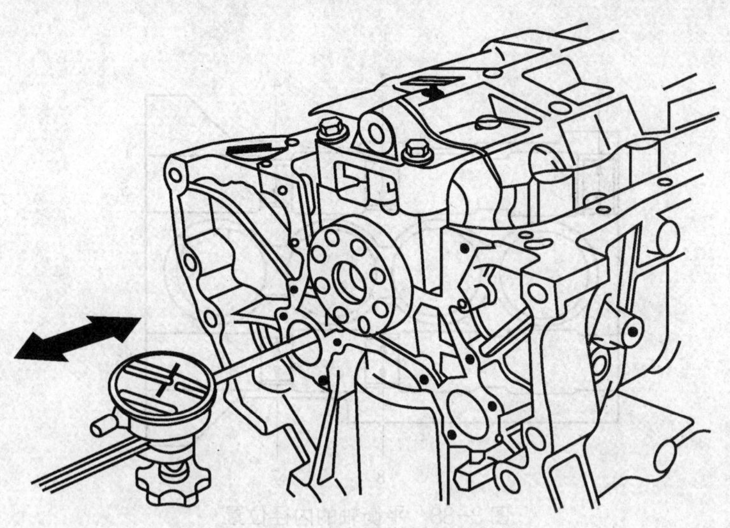

图 3-85　检查平衡轴轴向间隙

测量平衡轴的圆柱度，轴颈圆柱度标准（新）为 0.005mm。

测量每一平衡轴 2 号轴颈的径向跳动量，如图 3-86 所示，确保平衡轴无弯曲。平衡轴总的径向跳动量标准（新）为 0.02mm，维修极限为 0.03mm。

测量平衡轴轴颈的直径，如图 3-87 所示。平衡轴轴径的直径值如表 3-9 所示。

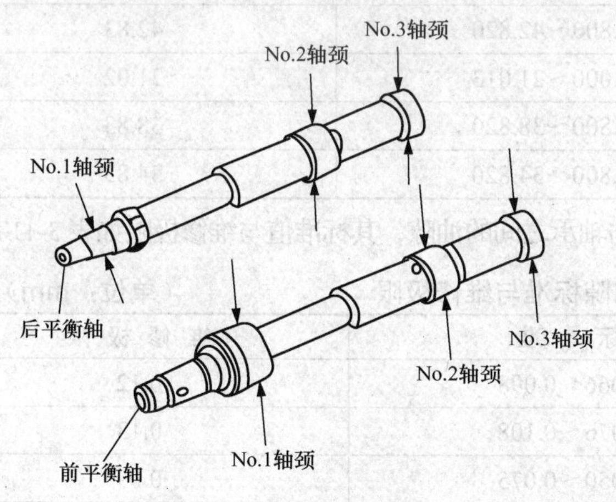

图 3-86　平衡轴的轴劲

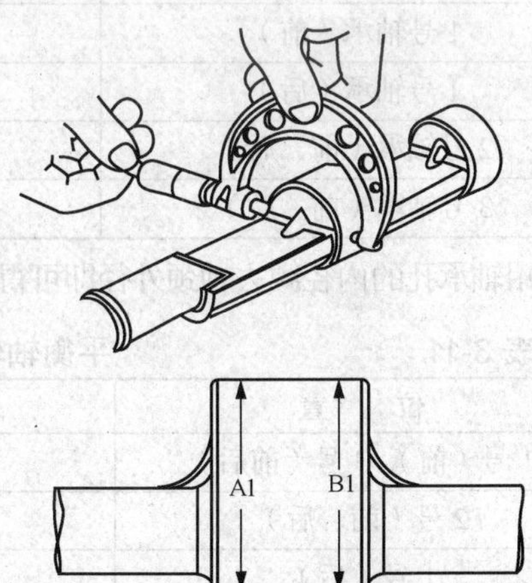

图 3-87　平衡轴轴劲测量位置

表 3-9　平衡轴轴颈直径标准（新）与维修极限　（单位：mm）

项目（轴颈号）	标准（新）	维修极限
1 号轴颈（前）	42.722～42.734	42.71
1 号轴颈（后）	20.938～20.950	20.92
2 号轴颈（前、后）	38.712～38.724	38.70
3 号轴颈（前、后）	34.722～34.734	34.71

拆下曲轴、活塞及其他的部件，然后用干净的毛巾清洁平衡轴轴承和机油泵壳体。检查轴承的表面，如果有磨损或污点，则更换轴承或机油泵外壳。测量平衡轴轴承孔内径，如图 3-88 所示。平衡轴轴承的内径值如表 3-10 所示。

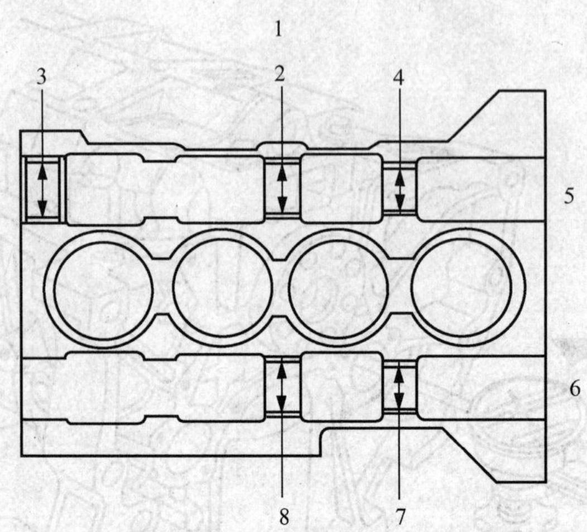

图 3-88 平衡轴的内径位置

1—测量点；2—2 号轴承（缸体）；3—1 号轴承（缸体）；4—3 号轴承（缸体）；5—前平衡轴；6—后平衡轴；7—3 号轴承（缸体）；8—2 号轴承（缸体）

表 3-10 平衡轴轴承孔内径标准与维修极限 （单位：mm）

轴 颈 号	标准（新）	维 修 极 限
1 号轴承（前）	42.800～42.820	42.83
1 号轴承（后）	21.000～21.013	21.02
2 号轴承（前、后）	38.800～38.820	38.83
3 号轴承（前、后）	34.800～34.820	34.83

用轴承孔的内径减去轴颈外径即可得到轴与轴承之间的油隙，其标准值与维修极限如表 3-11 所示。

表 3-11 平衡轴轴承间隙标准与维修极限 （单位：mm）

位 置	标 准	维 修 极 限
1 号（前）、3 号（前后）	0.066～0.098	0.12
2 号（前、后）	0.076～0.108	0.13
1 号（后）	0.050～0.075	0.09

3. 曲柄连杆机构主要零部件的装配

（1）活塞环的安装

利用活塞环扩张器拆下旧活塞环，如图 3-89 所示。

彻底清洁所有活塞环槽，使用方形断口的活塞环或带有与活塞槽相配刃口的环槽清洁器。气环一槽与气环二槽的间距为 1.20mm，油环槽的宽度为 2.80mm。如果有必要，可修锉刀口。

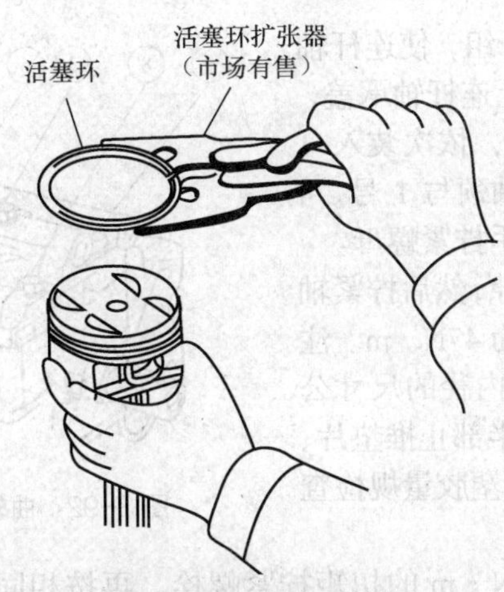

图 3-89　活塞环拆装

- 不要用钢丝刷清洁环槽，也不要用清洁工具切深环槽。
- 如果准备将活塞从连杆处分开，则先不要安装新的活塞环。按从下到上的顺序和位置安装新的活塞环。在槽中转动活塞环以确认没有卡滞。如图 3-45 和图 3-46 所示，设置活塞环端口。

（2）曲轴的安装

把新的活塞连杆组装到缸体内。

连杆大端上的号码不是发动机内气缸顺序号，而是尺寸的公差范围。在安装之前，所有零件的滑动表面和转动表面均应涂上一层薄薄的机油。

在气缸体和主轴承盖上安上主轴承衬瓦。在缸体第 4 号轴颈处安上上半部的止推垫片，如图 3-90 所示。

将曲轴放入主轴承内，并使第 2 缸和第 3 缸的连杆轴颈在下止点位置，固定住曲轴，如图 3-91 所示。

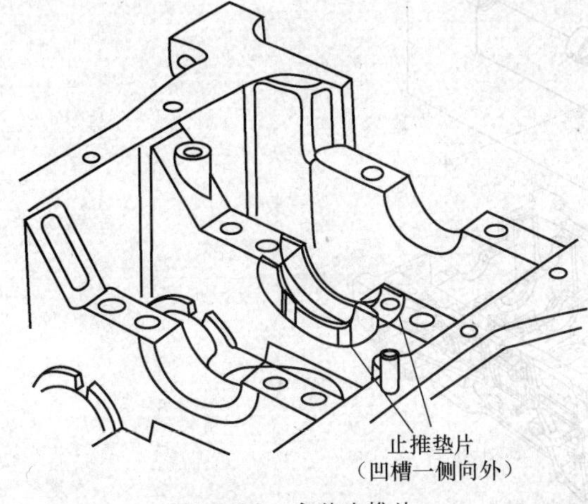

图 3-90　安装止推片

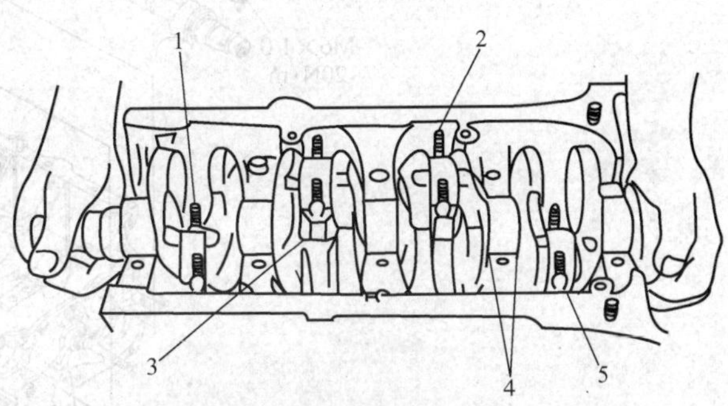

图 3-91　曲轴正确位置

1—1 缸连杆位置；2—3 缸连杆位置；3—2 缸连杆位置；4—止推片安装位置；5—4 缸连杆位置

依次装入2缸、3缸活塞连杆组，使连杆轴颈和2号、3号连杆接合好，装上连杆轴承盖，用手拧紧螺母。顺时针旋转曲轴，依次装入1缸、4缸活塞连杆组，并使连杆轴颈与1号、4号连杆接合好，装好轴承盖，用手拧紧螺母。

用塑胶量规检查连杆轴承间隙，然后拧紧轴承盖螺母至规定扭矩，规定扭矩为47N·m。注意连杆上的参考号码是连杆大端内径的尺寸公差，而不表示活塞的位置。装上下半部止推垫片、主轴承盖和轴承盖桥式安装架，用塑胶量规检查主轴承间隙。

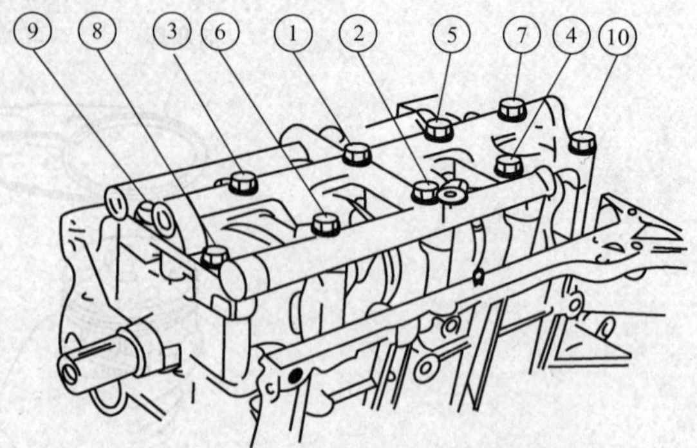

图3-92 曲轴主轴承盖坚固螺栓拧紧顺序

按图3-92所示的顺序用30N·m的扭矩拧紧螺栓。再按相同的顺序用75N·m的扭矩拧紧螺栓。

不管何时要更换曲轴或连杆轴承，在装好后都必须使发动机运转达到正常工作温度，然后再继续运转15min左右。使用零件号为No.08718-0001的液态密封胶进行密封。在涂液态密封胶前要检查配合表面是否洁净和干燥。均匀地涂上液态密封胶，要盖住所有配合表面。为防止机油泄漏，在螺栓孔的内螺纹上涂抹液态密封胶。

涂液态密封胶后，5min之内必须装上部件，否则应更换液态密封胶。装配后，等至少20min才能加注发动机机油。

（3）平衡轴的安装

把平衡轴插入缸体，然后将轴承保持架安装到前平衡轴和缸体上，如图3-93所示。

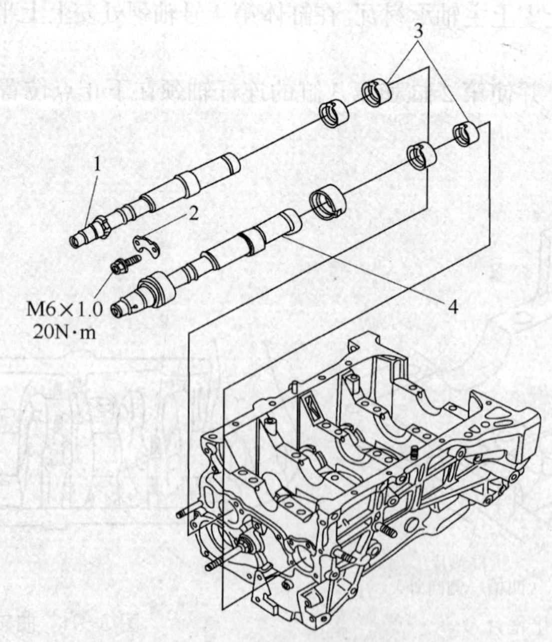

图3-93 前后平衡安装

1—后平衡轴；2—前平衡轴定位锁片；3—平衡轴保持架；4—前平衡轴

（4）曲轴主轴承油封的安装

缸体上油封表面必须保持干燥，在曲轴和油封唇部涂一层薄薄的机油。将曲轴油封垂直敲入右轴承盖，如图 3-94 所示。

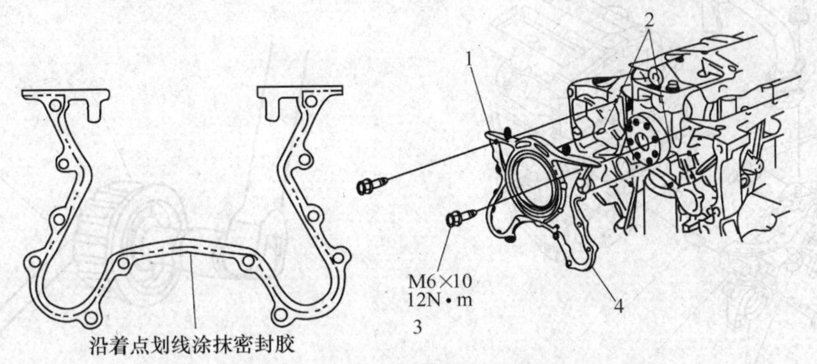

图 3-94　曲轴主轴承油封的安装

1—下表面；2—接合面；3—紧固螺栓；4—右轴承盖

用间隙规测量油封间隙，周缘的油封间隙应相等。油封间隙应为 0.5～0.8mm。在右端盖与缸体配合面涂液态密封胶，然后把右端盖固定到发动机体上，如图 3-95 所示。

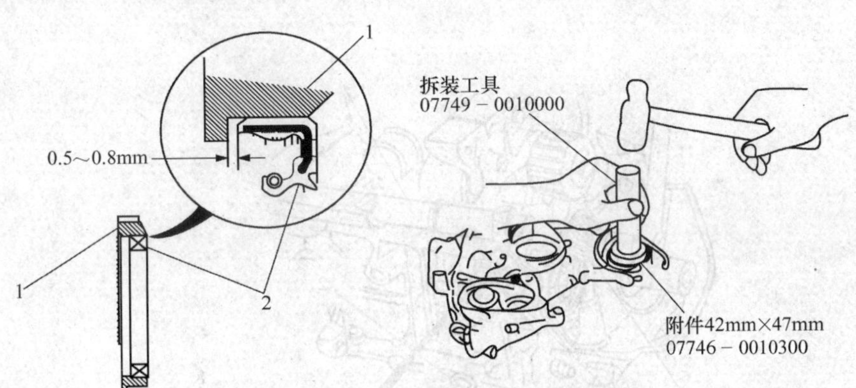

图 3-95　油封间隙的测量与油封的安装

1—右轴承盖；2—曲轴主轴承油封

（5）机油泵的安装

在机油泵与缸体配合表面涂液态密封胶，然后把机油泵装到发动机体上，加润滑脂到机油泵和平衡轴的密封唇上，然后将机油泵的内转子曲轴对齐，安装机油泵。安上机油泵后，除去曲轴和平衡轴上多余的润滑脂，然后检查油填充唇，保证它不变形。

装好隔板，然后安装机油滤网（集滤器），如图 3-96 所示。在平衡轴齿轮（见图 3-97）的止推面涂上二硫化钼。这一工作要在安装平衡轴从动齿轮和平衡轴驱动齿轮外壳之前进行。

把平衡轴齿轮外壳装到机油泵上。

用 M6 × 100 的螺栓固定住平衡轴，使皮带轮边缘上的槽口和齿轮外壳上的定位标记对正，然后装上齿轮外壳，如图 3-98 和图 3-99 所示。在安装齿轮外壳后，检查定位标记是否对正。

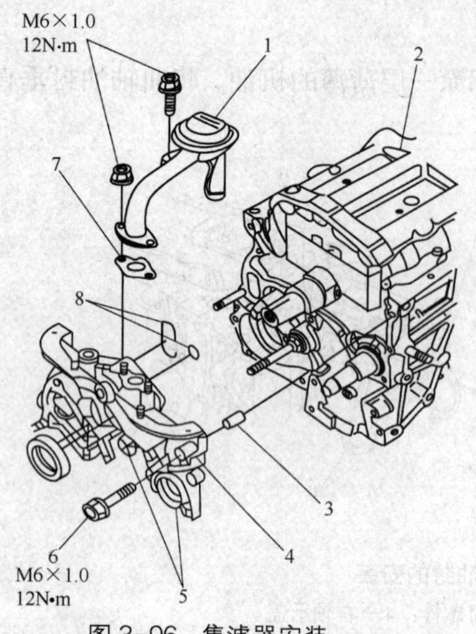

图 3-96 集滤器安装

1—集滤器；2—隔板；3—定位销；4—机油泵；5—平衡轴座孔；
6—螺栓；7—垫片；8—密封圈

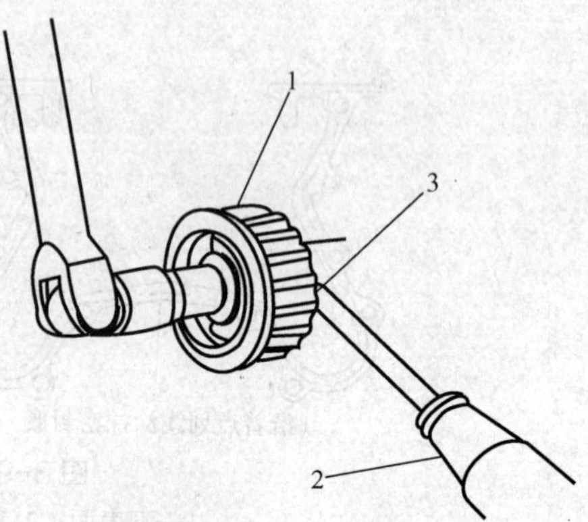

图 3-97 平衡轴从动齿轮

1—平衡轴从动齿轮；2—螺丝刀；3—平衡轴

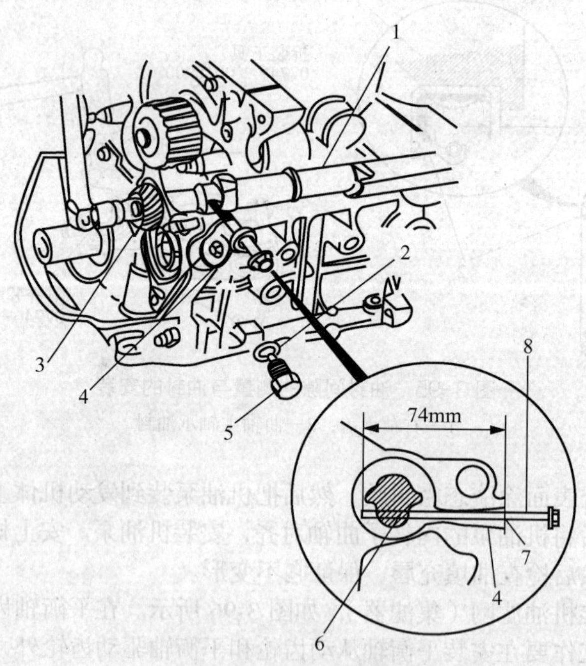

图 3-98 平衡轴定位

1—平衡轴；2—O 形圈；3—主动齿轮；4—检视孔；5—螺塞；
6—定位孔；7—端面；8—检查用螺栓

安装油底壳，如图 3-100 所示，再按图 3-101 所示的顺序拧紧螺栓和螺母，拧紧扭矩为 14N · m。

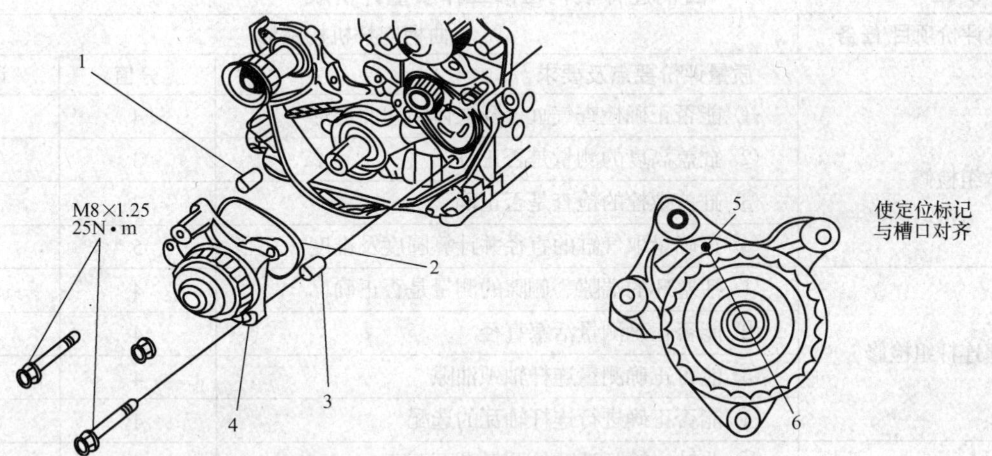

图 3-99　平衡轴齿轮外壳安装与定位

1、3—定位销；2—密封圈；4—平衡齿轮外壳；5—壳体定位点；6—平衡轴正时皮带轮定位槽口

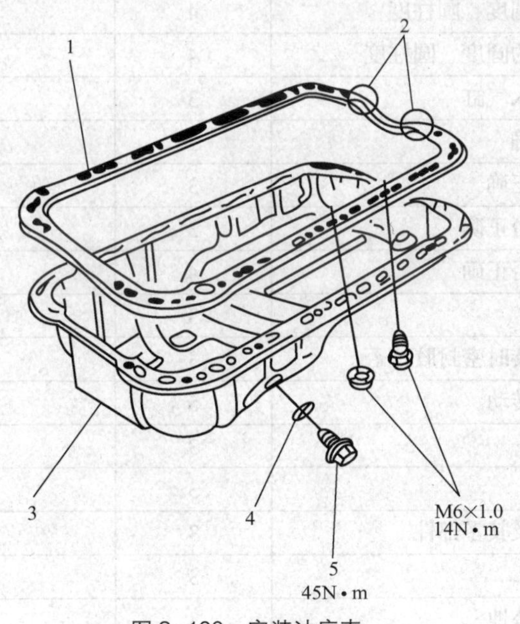

图 3-100　安装油底壳

1—油底壳密封垫；2—曲轴曲面；3—油底壳；4—密封圈；5—放油螺塞

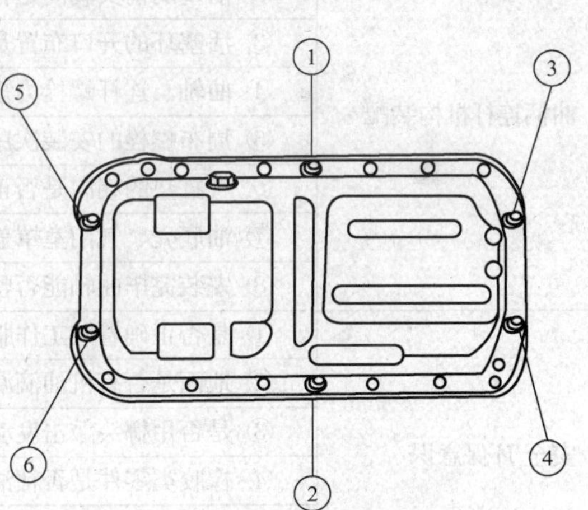

图 3-101　油底壳紧固螺栓拧紧顺序

四、工作质量评价

将曲柄连杆机构检修的工作质量评价填入表 3-12 中。

表 3-12　　　　曲柄连杆机构检修工作质量评价表

质量评价项目/任务	曲柄连杆机构检修		
	质量评价要点及要求	分值	评分
机体组检修	① 能否正确检查气缸盖及缸体的翘曲变形	4	
	② 缸盖高度的测量是否正确	3	
	③ 缸盖螺栓的检查是否正确	3	
	④ 正确量取气缸的直径并计算圆度及锥度	5	
活塞连杆组检修	① 活塞环的端隙、侧隙的测量是否正确	4	
	② 能否正确测量活塞直径	4	
	③ 能否正确测量连杆轴颈油隙	4	
	④ 能否正确进行连杆轴瓦的选配	4	
曲轴飞轮组检修	① 曲轴主轴颈油隙的测量是否正确	4	
	② 能否正确选配曲轴的主轴瓦	4	
	③ 能否正确检查曲轴的径向跳动量	4	
	④ 能否正确测量曲轴端隙	4	
	⑤ 能否正确测量主轴颈的圆度、圆柱度	4	
	⑥ 能否正确测量连杆轴颈的圆度、圆柱度	4	
曲柄连杆机构装配	① 能否正确将活塞连杆装入气缸	3	
	② 活塞的箭头朝向是否正确	3	
	③ 活塞环的开口布置是否正确	3	
	④ 曲轴、连杆螺栓力矩是否正确	3	
	⑤ 周布螺栓的安装次序是否正确	4	
	⑥ 气缸垫的朝向是否正确	3	
	⑦ 油底壳、气门室罩盖安装时密封胶打否	3	
	⑧ 安装完毕曲轴能否整周转动	5	
安全/环保意识	① 是否正确着装工作服	3	
	② 地面是否有机油滴漏	3	
	③ 是否用榔头敲击发动机及其零部件	3	
	④ 橡胶类零件是否粘油	3	
	⑤ 装配过程中是否有零件坠地	3	
	⑥ 操作过程是否有安全事故	3	
合　计		100	

五、考核建议与结果展示

1. 考核建议

关于本任务的考核与评价，应该侧重以下几点。

① 工作方案质量。
② 工作过程（进行过程考核）和技能掌握情况（进行技能考核）。
③ 任务工单完成情况（进行知识考核）。
④ “6S” 规范执行情况（考核职业素养）。

2. 学生应展示的结果

① 班组制定的本任务实施方案。
② 曲柄连杆机构主要零部件检修记录和检测分析结论。
③ 教师布置的任务工单和任务实施总结报告。

3. 思考与练习

① 简述发动机曲柄连杆机构的组成及功用。
② 通过查阅相关资料，制定桑塔纳发动机曲柄连杆机构的拆装和检修方案。
③ 曲柄连杆机构常见故障现象与可能原因有哪些?
④ 如何判断曲柄连杆机构的异响? 气缸压力不足可能是什么原因，如何检查?
⑤ 一辆夏利三厢车，冷车时起动正常，但行驶一段距离停车熄火后，再起动车辆则难以着车。待车完全冷却后，车辆又易起动。谈谈诊断思路。
⑥ 分别说明四缸四冲程、直列六缸、V 形六缸、V 形八缸发动机的曲拐布置与做功顺序。

六、知识与思维拓展

1. 四冲程柴油机的工作原理

四冲程柴油机使用的燃料为柴油，其工作过程与四冲程汽油机一样，每个工作循环也是由进气、压缩、做功和排气四个行程所组成，如图 3-102 所示。但柴油和汽油性质不同，柴油黏度大、不容易蒸发、自燃温度低，因此柴油机在可燃混合气的形成、着火方式、燃烧过程及气缸内气体温度、压力变化等方面与汽油机有较大区别。

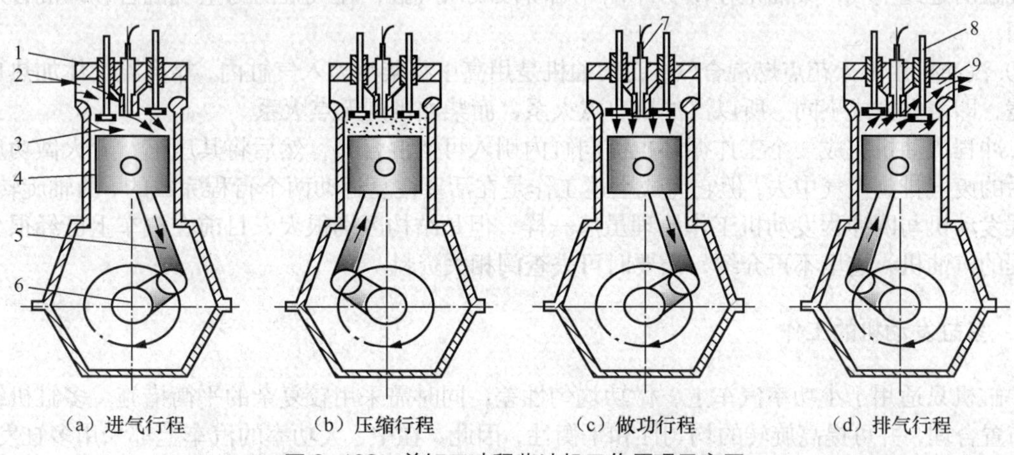

图 3-102 单缸四冲程柴油机工作原理示意图

1—进气门；2—进气道（空气）；3—燃烧室；4—活塞；5—连杆；6—曲轴；7—喷油器；8—排气门；9—排气道（废气）

下面主要介绍柴油机与汽油机工作原理不同之处。

柴油机进气行程中进入气缸的不是混合气，而是纯空气。

压缩行程压缩的是纯空气。由于柴油机压缩比大，压缩终了的温度和压力都比汽油机高，压力可达 3～5MPa，温度可达 800K～1 000K。

注意

点燃温度是指燃料在空气中移近火焰时，其表面上的燃料蒸气能够被点着的最低环境温度。汽油的点燃温度很低，约为 263K，柴油的点燃温度高，为 313K～359K。自燃温度是指燃料不与火焰接近，能够自行燃烧的最低环境温度，柴油的自燃温度低，为 473K～573K，汽油的自燃温度高，约为 653K。

压缩行程末，喷油泵将高压柴油经喷油器呈雾状喷入气缸内的高温空气中，迅速汽化并与空气形成可燃混合气。因为此时气缸内的温度远高于柴油的自燃温度（约 500K），柴油自行着火燃烧，且以后的一段时间内边喷边燃烧，气缸内的温度、压力急剧升高，推动活塞下行做功。

做功行程中，瞬时压力可达 5～10MPa，瞬时温度可达 1 800K～2 200K。做功终了，压力为 200～400kPa，温度为 1 200K～1 500K。

柴油机的排气行程与汽油机排气行程基本相同。

四冲程汽油机和柴油机工作循环的基本内容相似，其共同特点如下。

① 每个工作循环曲轴转两转（720°）每一冲程曲轴转半圈（180°），进气行程进气门开启，排气行程排气门开启，其余两个行程进、排气门均关闭。

② 四个行程中，只有做功行程产生动力，其他 3 个行程是为做功行程做准备工作的辅助行程，虽然做功行程是主要行程，但其他 3 个行程也不可缺少。

③ 发动机运转的第一个循环，必须有外力使曲轴旋转完成进气、压缩行程，着火后，完成做功行程，依靠曲轴和飞轮存储的能量便可自行完成以后的行程，以后的工作循环发动机无需外力就可自行完成。

四冲程汽油机和柴油机工作循环的主要不同之处如下。

① 汽油机的汽油和空气在气缸外混合，进气冲程进入气缸的是可燃混合气。而柴油机进气冲程进入气缸的是纯空气，柴油是在做功冲程开始阶段喷入气缸，在气缸内与空气混合，即混合形成方式不同。

② 汽油机用电火花点燃混合气，而柴油机是用高压将柴油喷入气缸内，靠高温气体加热自行着火燃烧，即着火方式不同。所以汽油机有点火系，而柴油机则无点火系。

二冲程汽油机完成一个工作循环也需向缸内引入可燃混合气，然后将其压缩，着火做功后再将燃烧后的废气排到大气中去，但它完成上述工作是在活塞往复运动两个行程完成的，曲轴旋转一圈。二冲程发动机与四冲程发动机工作原理虽然一样，但是结构区别很大，目前在汽车上已经很少使用二冲程的汽油机，这里不再介绍，需要时可去查阅相关资料。

2. 多缸发动机的工作

单缸机只适用于小功率汽车上，做功均匀性差，同时需采用较复杂的平衡措施。多缸机结构紧凑，布置合理，并可提高旋转的均匀性和平衡性，因此，在中、大功率的汽车上都采用多缸发动机。对于多缸发动机的工作，从上述各单缸发动机工作原理可知，只有做功行程产生动力，其他 3 个冲程都要消耗动力。为了维持运动，单缸发动机必须有一个存储能量较大的飞轮。即使如此，发动机运转仍然是不平稳的，做功行程快，其他行程慢。

汽车上实际应用的是多缸发动机，它是由若干个相同的单缸排列在一个机体上，共用一根曲轴输出动力所组成。现代汽车上用的较多是四缸、六缸、八缸发动机。多缸发动机各缸都要像单缸发动机一样，要在曲轴转角 720° 内（四冲程发动机）或曲轴转角 360° 内（二冲程发动机），完成一个工作循环。为了使发动机运转平稳，各缸做功间隔角大都均等。例如，四冲程六缸发动机各缸做功间隔角为 120°。即曲轴每转 120° 就有一个缸做功，各缸做功行程略有搭接，这样发动机运转较单缸发动机平稳得多。另外，由于各缸的做功行程为其他缸的准备行程提供动力，所以存储能量的飞轮也较单缸发动机小得多。四缸发动机从理论上讲做功行程就已连续，而六、八缸发动机都有做功重叠，且缸数越多、重叠得就越大，发动机运转得就越平稳。

（1）四缸四冲程内燃机的工作

① 做功间隔角为 180°。

② 曲轴布置如图 3-103 所示。

③ 工作顺序：1—3—4—2 或 1—2—4—3 两种。

④ 工作情况如表 3-13 所示。

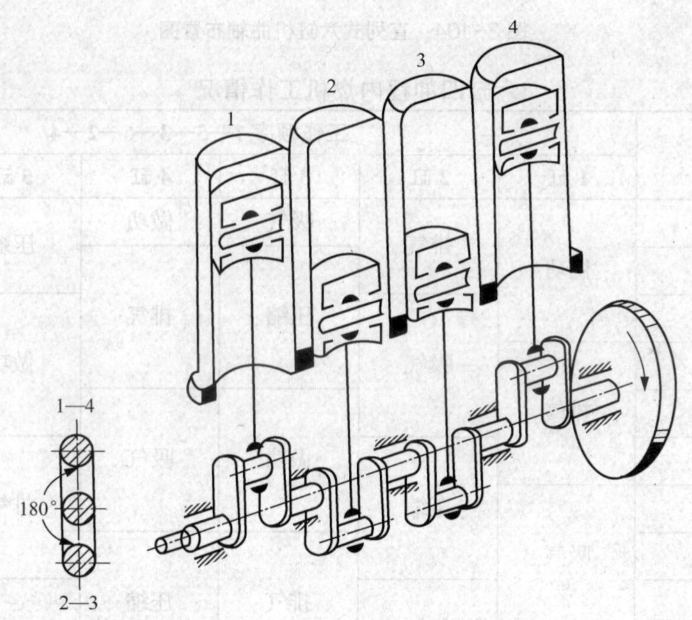

图 3-103 直列式四缸机曲轴布置图

表 3-13 四缸四冲程内燃机工作情况

曲轴转角	工作顺序 1—3—4—2			
	1 缸	2 缸	3 缸	4 缸
0° ～180°	做功	排气	压缩	吸气
180° ～360°	排气	吸气	做功	压缩
360° ～540°	吸气	压缩	排气	做功
540° ～720°	压缩	做功	吸气	排气

（2）六缸四冲程内燃机的工作

① 做功间隔角为 120°。

② 曲轴布置如图 3-104 所示。

③ 工作顺序：1—5—3—6—4—2 或 1—4—2—6—3—5 两种。

④ 工作情况如表 3-14 所示。

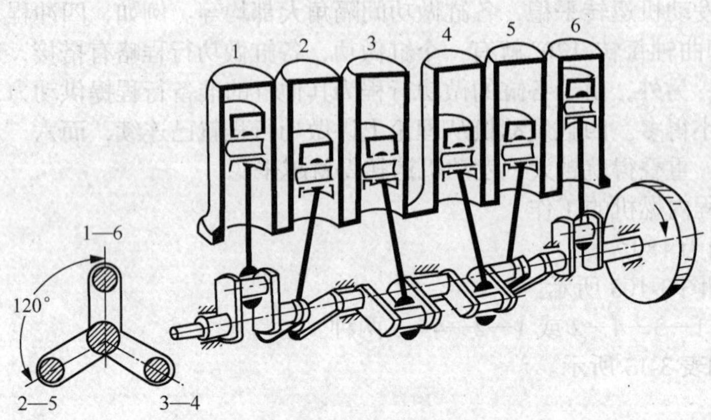

图 3-104 直列式六缸机曲轴布置图

表 3-14 六缸四冲程内燃机工作情况

曲轴转角	工作顺序 1—5—3—6—2—4					
	1 缸	**2 缸**	**3 缸**	**4 缸**	**5 缸**	**6 缸**
0°～60°	做功	排气	吸气	做功	压缩	吸气
60°～120°			压缩	排气		
120°～180°		吸气			做功	
180°～240°	排气					压缩
240°～300°			做功	吸气		
300°～360°		压缩			排气	
360°～420°	吸气					做功
420°～480°			排气	压缩		
480°～540°		做功			吸气	
540°～600°	压缩					排气
600°～660°			吸气	做功		
660°～720°		排气			压缩	

（3）V 形八缸四冲程内燃机的工作

① 做功间隔角为 90°。

② 曲轴布置有两种情况：一种是正交两平面内布置的空间曲拐（见图 3-105）；另一种是与直列四缸布置相同的平面曲拐。因空间曲拐平衡性好，应用较多。

③ 工作顺序：两种曲拐的布置形式的内燃机有数种工作顺序，若将气缸序号的排列如图 3-105 所示，其工作顺序有 1—5—4—8—6—3—7—2 或 1—5—4—2—6—3—7—8 等数种。表 3-15 所示为其中一种工作情况。

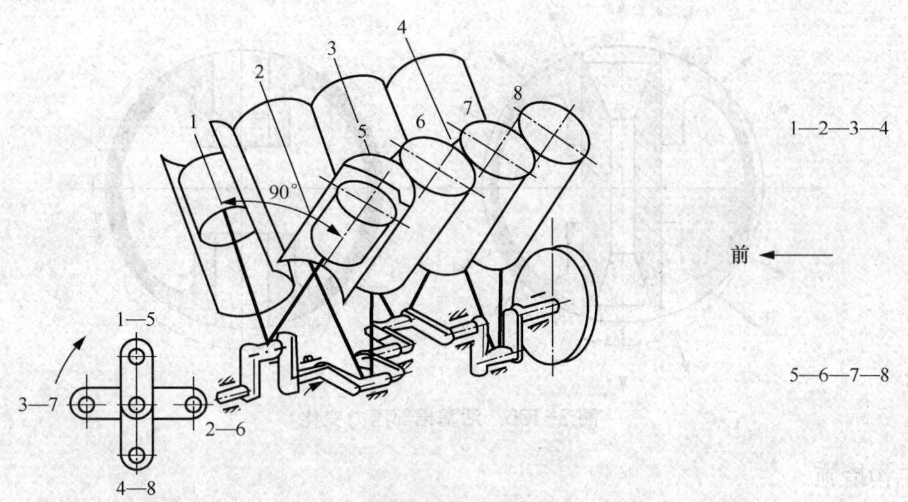

图 3-105　V 形八缸机空间曲拐布置图及气缸序号的排列

表 3-15　　V 形八缸四冲程内燃机工作情况

<table>
<tr><th rowspan="2">曲 轴 转 角</th><th colspan="8">工作顺序 1—5—4—8—6—3—7—2</th></tr>
<tr><th>1 缸</th><th>5 缸</th><th>4 缸</th><th>8 缸</th><th>6 缸</th><th>3 缸</th><th>7 缸</th><th>2 缸</th></tr>
<tr><td rowspan="2">0°→180°
90°</td><td rowspan="2">做功</td><td>压缩</td><td rowspan="2">压缩</td><td>吸气</td><td rowspan="2">吸气</td><td>排气</td><td rowspan="2">排气</td><td>做功</td></tr>
<tr><td rowspan="2">做功</td><td rowspan="2">压缩</td><td rowspan="2">吸气</td><td rowspan="2">排气</td></tr>
<tr><td rowspan="2">180°→360°
270°</td><td rowspan="2">排气</td><td rowspan="2">做功</td><td rowspan="2">压缩</td><td rowspan="2">吸气</td></tr>
<tr><td rowspan="2">排气</td><td rowspan="2">做功</td><td rowspan="2">压缩</td><td rowspan="2">吸气</td></tr>
<tr><td rowspan="2">360°→540°
450°</td><td rowspan="2">吸气</td><td rowspan="2">排气</td><td rowspan="2">做功</td><td rowspan="2">压缩</td></tr>
<tr><td rowspan="2">吸气</td><td rowspan="2">排气</td><td rowspan="2">做功</td><td rowspan="2">压缩</td></tr>
<tr><td rowspan="2">540°→720°
630°</td><td rowspan="2">压缩</td><td rowspan="2">吸气</td><td rowspan="2">排气</td><td rowspan="2">做功</td></tr>
<tr><td>压缩</td><td>吸气</td><td>排气</td><td>做功</td></tr>
</table>

平面曲拐的内燃机工作顺序有 1—8—2—7—4—3—5—6 或 1—8—3—6—4—5—2—7 等，这种气缸中线夹角有的不为 90°，因此间隔角不等。

V 形发动机气缸序号的排列方法，实际上是因机型而异的。有的以左右顺序排列，有的以左右交叉排列。因此要想知道 V 形发动机的工作顺序，必须应先弄清该发动机气缸序号的排列顺序，然后依据做功的均匀性和内燃机工作的平衡性，选择比较合理的工作顺序。

3. 活塞的变形及采取的相应措施

（1）变形原因

活塞变形的原因是热膨胀、侧压力和气体压力。

（2）变形规律

活塞的热膨胀量大于气缸的膨胀量，使配缸间隙变小。因活塞温度高于气缸壁，且铝合金的膨胀系数大于铸铁；活塞膨胀量自上而下由大而小。因温度上高下低，壁厚上厚下薄；裙部周向近似椭圆形变化，长轴沿销座孔轴线方向，如图 3-106 所示。因销座处金属量多而膨胀量大，以及侧压力作用的结果。

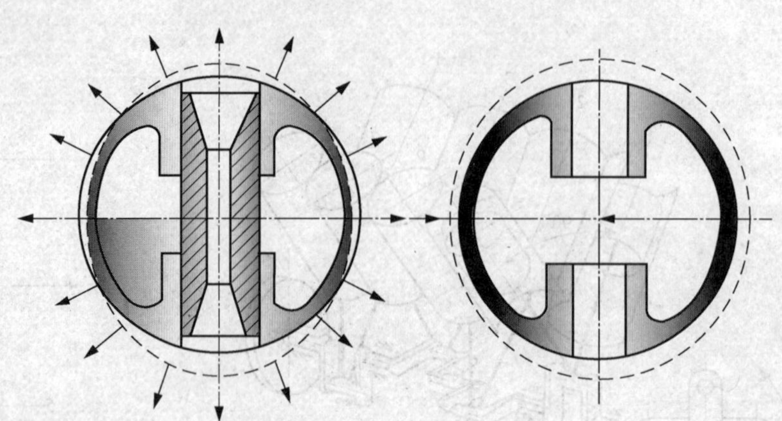

图 3-106 活塞裙部压力变化

（3）结构措施

活塞纵断面制成上小下大的截锥形；活塞横断面制成椭圆形，长轴垂直于销座孔轴线方向，即侧压力方向；销座处凹陷 0.5～1.0mm；裙部开绝热—膨胀槽（也称“T 形槽”），其中横槽叫绝热槽，竖槽叫膨胀槽；采用双金属活塞，即在活塞裙部或销座内嵌铸入钢片，以减少裙部的膨胀量。

活塞裙部减少膨胀量的方式主要有恒范钢片式、自动调节式、筒形钢片式 3 种。

① 恒范钢片式。活塞销座通过恒范钢片与裙部相连，而恒范钢片（含镍 33%～36%）的膨胀系数仅为铝合金的十分之一。这样，使裙部膨胀量大为减少。

② 自动调节式。膨胀系数小的低碳钢片贴在销座铝层的内侧，依靠钢片的牵制作用，及钢片与铝壳之间的双金属效应来减小裙部侧压力方向的膨胀量。

③ 筒形钢片式。浇铸时，将钢筒夹在铝合金中，冷凝时钢筒内外侧的铝合金分别产生收缩缝隙和拉应力。工作时因要先消除收缩缝隙和拉应力而使得膨胀量减小。

（4）活塞销座偏置

活塞销座朝向承受做功侧压力的一面（见图 3-107 左侧）偏移 1～2mm。活塞销座偏置的作用是减轻活塞换向时对气缸壁的敲击噪声。因销座偏置，在接近上止点时，作用在活塞销座轴线以右的气体压力大于左边，使活塞倾斜，裙部下端提前换向。而活塞在越过上止点，侧压力反向时，活塞才以左下端接触处为支点，顶部向左转（不是平移），完成换向。可见偏置销座使活塞换向分成了两步，第一步是在气体压力较小时进行，且裙部弹性好，有缓冲作用；第二步虽气体压力大，但它是个渐变过程。为此，两步过度使换向冲击力大为减弱。

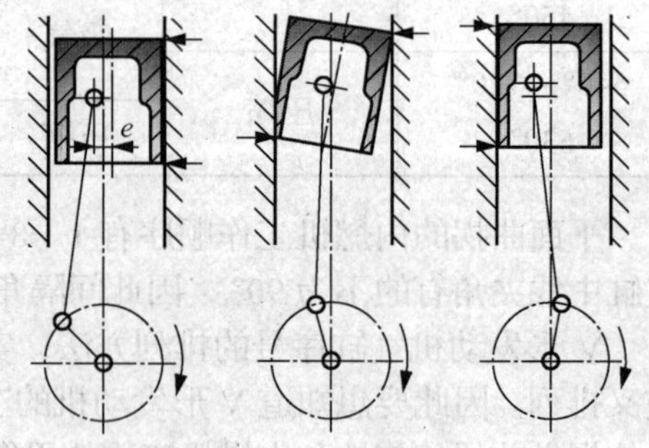

图 3-107 活塞销座偏置与换向

4. 曲柄连杆机构检修实例

（1）桑塔纳轿车 AJR 发动机活塞连杆组拆装

AJR 发动机活塞连杆组的拆卸如图 3-108 所示。

安装活塞时应注意活塞的标记位置和所配对的气缸，活塞裙部的箭头必须朝向发动机前方。使用活塞环钳进行拆卸和安装活塞环。安装活塞环时，其开口应错开 120°。活塞环上“TOP”标记必须朝向活塞顶部。活塞销应使用专用工具 VW222a 进行拆卸和安装，如果安装困难，可将活塞加热到 60℃。

连杆螺栓螺母在拆卸后应更换，安装时先润滑螺纹和接触表面。在测量连杆径向间隙时，螺栓拧紧力矩为30N·m，不要再加90°。安装连杆轴承盖时应注意安装位置，安装时不要使用密封剂。汽油机连杆的轴向间隙为 0.10～0.35mm，磨损极限值为0.40mm；连杆的径向间隙为 0.10～0.05mm，磨损极限值为 0.12mm。在测量连杆径向间隙时不要转动曲轴。

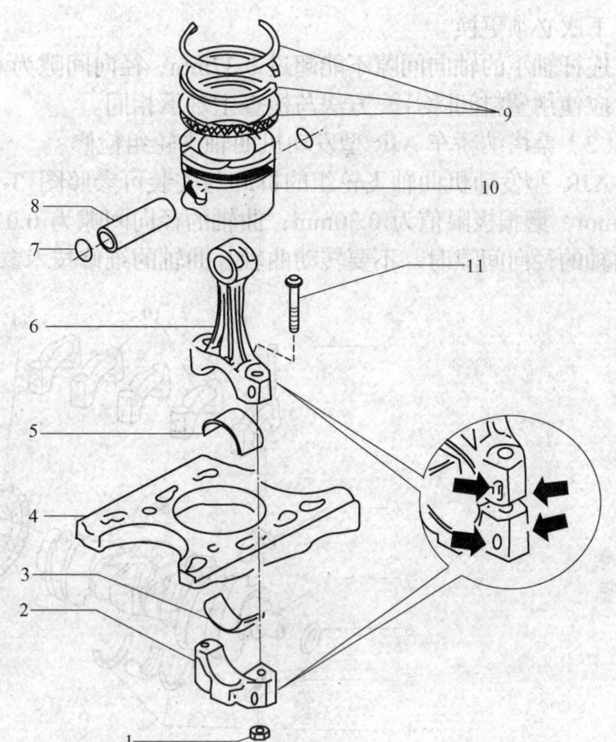

图 3-108 AJR 发动机活塞连杆组分解图

1—连杆螺母（拧紧力矩 30N·m+90°）；2—连杆轴承盖；3—连杆下半轴承；4—气缸体；5—连杆上半轴承；6—连杆；7—夹箍；8—活塞销；9—活塞环；10—活塞；11—连杆螺栓

① 活塞连杆的组装。按标记把同一缸的活塞、连杆用活塞销组装起来。组装时，活塞上的箭头标记和连杆上的浇铸标记必须朝向同一个方向。桑塔纳发动机的活塞销为全浮式，在常温下安装比较紧，因此，必须使用专用工具，同时还要将活塞加热，使活塞销座孔受热膨胀变大，以便安装。通常情况下，将活塞置于 60℃～80℃的热水中放一会儿，取出后迅速将座孔擦净并涂少许机油，把活塞销推入一个座孔，随即把连杆小头衬套内涂一层机油并把连杆小头伸入活塞内，将活塞销推穿过连杆小头直至另一个座孔边缘，再装上卡环。卡环与活塞销端面应留有 0.15mm 的间隙，以适应活塞销和活塞热胀冷缩的需要。若间隙过小或没有间隙，活塞销可能会顶出卡环，造成“拉缸”事故。若间隙较小，可将活塞销磨短少许。

② 检查活塞是否偏缸。把气缸体侧放，将未装活塞环的活塞连杆组装入相应的气缸内，装好连杆轴承及盖，按规定用 30N·m 的扭矩将连杆螺母拧紧。

检查连杆小头与活塞座孔端面的距离，一般每边都不应小于 1mm。连杆小头与活塞座孔端面的距离小于 1mm，多为气缸中心偏移或连杆弯扭造成的，一般是通过校正连杆予以排除。

转动曲轴，查看活塞在气缸中的运动情况，活塞在上、下止点和气缸中部 3 个位置时，活塞与气缸之间的间隙差不得超过 0.1mm。否则，应查明原因，预以排除，通常情况下也是通过校正连杆来排除的。

③ 活塞环的安装。将事先选配好的活塞与活塞环清洗干净，用活塞环钳把活塞环装配到各缸的活塞环槽上。安装时，必须把镀铬的断面矩形环装在第一道环槽内，把断面为梯形的气环装在第二道环槽内。活塞环上有“TOP”记号的一面必须朝上安装。三道活塞环的开口在活塞上相错 120°，以防开口重叠造成漏气，影响发动机的正常工作。

④ 活塞连杆组的安装。先将活塞环、活塞裙部及连杆轴承涂上机油，按活塞及连杆上的标记将活塞连杆组装入相应各缸，活塞上的箭头标记和连杆大头的浇铸标记必须朝皮带盘方向。扣上各对应的连杆轴承盖，穿上螺栓，用 30N·m 的扭矩将螺母扭紧后，再扭转 180°。

如果使用应力螺栓检查连杆轴承径向间隙时，只允许重复使用 1 次，但必须在螺栓头上打上标记，下次必须更换。

连杆轴承的轴向间隙不能超过 0.37mm，径向间隙为 0.03～0.08mm，磨损极限值为 0.12mm。检查时应使用塑料间隙片，方法与检查主轴承相同。

（2）桑塔纳轿车 AJR 型发动机曲轴飞轮组检修

AJR 型发动机曲轴飞轮组的拆卸与安装可参照图 3-109 所示进行。曲轴的轴向间隙为 0.07～0.21mm，磨损极限值为 0.30mm；曲轴的径向间隙为 0.01～0.04mm，磨损极限值为 0.15mm。在测量曲轴的径向间隙时，不要转动曲轴。曲轴的维修技术参数如表 3-16 所示。

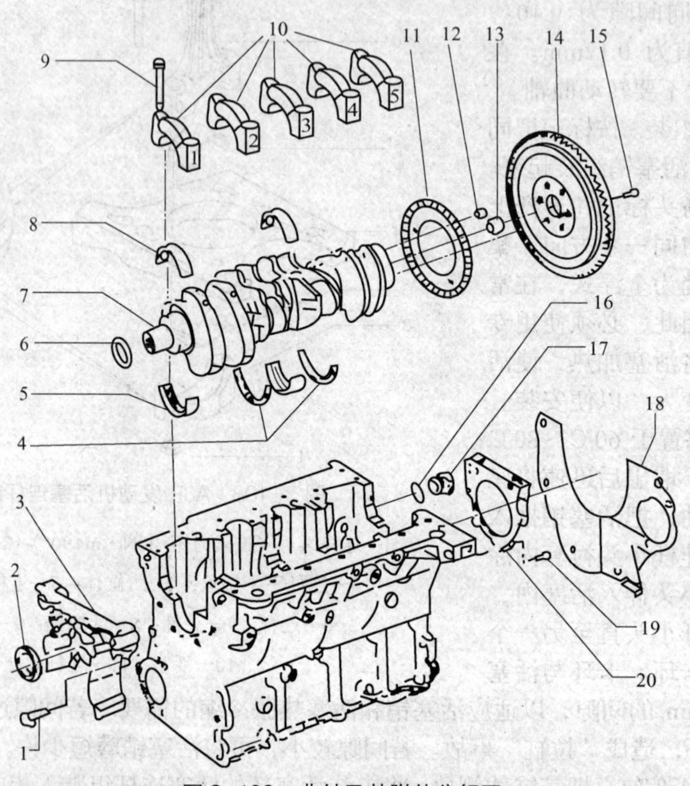

图 3-109　曲轴及其附件分解图

1—前密封凸缘螺栓（拧紧力矩 16N·m）；2—密封圈；3—前密封凸缘；4—止推环（用于缸体内 3 号轴承，润滑槽朝向外侧）；5—主轴承（用于带机油槽的缸体，不能与使用过的轴承混用）；6—链轮（用于驱动机油泵）；7—曲轴；8—主轴承（用于不带机油槽的缸体，不能与使用过的轴承混用）；9—主轴承盖螺栓（拧紧力矩：65N·m+90°）；10—轴承盖；11—脉冲传感器轮（用于发动机转速传感器 G28，只有一个安装位置）；12—脉冲传感器轮螺栓（拧紧力矩：10N·m+90°）；13—滚针轴承；14—飞轮；15—飞轮紧固螺栓（拧紧力矩：60N·m＋90°）；16—密封圈；17—螺塞（拧紧力矩：100N·m）；18—中间支板；19—后密封凸缘螺栓（拧紧力矩：16N·m）；20—曲轴后密封凸缘

表 3-16　　曲轴的修理尺寸

尺　寸	曲轴主轴承轴颈/mm		连杆轴颈/mm	
标准尺寸	54.00	−0.022 −0.042	47.80	−0.022 −0.042
第一次缩小尺寸	53.75	−0.022 −0.042	47.55	−0.022 −0.042

续表

尺　寸	曲轴主轴承轴颈/mm		连杆轴颈/mm	
第二次缩小尺寸	53.50	−0.022	47.30	−0.022
		−0.042		−0.042
第三次缩小尺寸	53.25	−0.022	47.05	−0.022
		−0.042		−0.042

① 更换曲轴 V 形带轮端油封。

（a）曲轴 V 形带轮端油封的拆卸。拆下发电机 V 形带，拆下正时齿带，拆下正时齿带轮。用专用工具 3099 固定正时齿带轮，如图 3-110 所示，旋上专用工具时在正时齿带轮和专用工具之间放入两个垫片。将正时齿带轮的中间螺栓旋入到曲轴以提供支撑。拉出器 3203 的内件旋出外件约 2 圈（约 3mm），然后用滚花螺钉拧紧。

在拉出器 3203 的螺纹头上涂机油，并将其尽可能深地拧入到油封内，如图 3-111 所示。松开滚花螺钉，将内件对着曲轴转动，直到拉出油封为止。

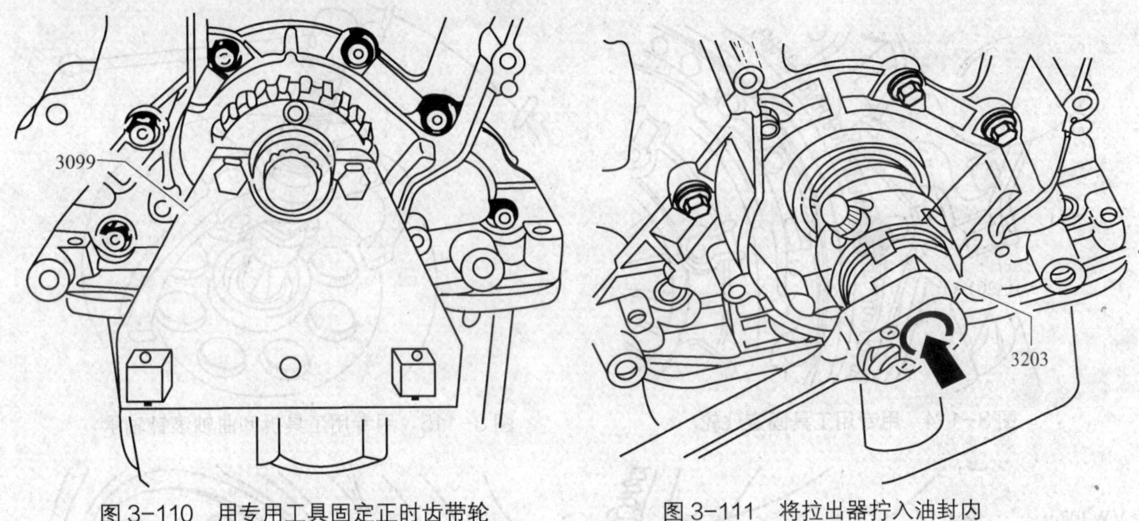

图 3-110　用专用工具固定正时齿带轮　　图 3-111　将拉出器拧入油封内

（b）曲轴 V 形带轮端油封的安装。在油封的密封唇上涂上少量机油。将导向套筒 2080A 定位在曲轴轴颈上，如图 3-112 所示。将油封导入导向衬套内。用正时齿带轮中间螺栓将油封压入，如图 3-113 所示。安装曲轴正时齿带轮，并用 3099 锁定。更换正时齿带轮与曲轴的连接螺栓，拧紧力矩为 90N · m+90°（1/4 圈）。

② 飞轮的拆卸和安装。用专用工具 10-201A 固定飞轮，以旋松和拧紧飞轮固定螺栓，如图 3-114 所示。做好飞轮与发动机的位置的标记。拆卸后更换所有固定螺栓。飞轮安装时，飞轮与曲轴的固定螺栓拧紧力矩为 60N · m+90°。

③ 曲轴滚针轴承的拆卸和安装。在安装发电机之前，应检查曲轴上的滚针轴承是否已安装上。拆卸曲轴滚针轴承时，使用专用拉具 A（如 Kukko21/2 及 Kukko22/1 或 10-202），如图 3-115 所示。

安装时，用芯棒 207C 或 3176 将轴承压入，如图 3-116 所示。滚针轴承的安装深度 a 应为 1.5mm，如图 3-117 所示。

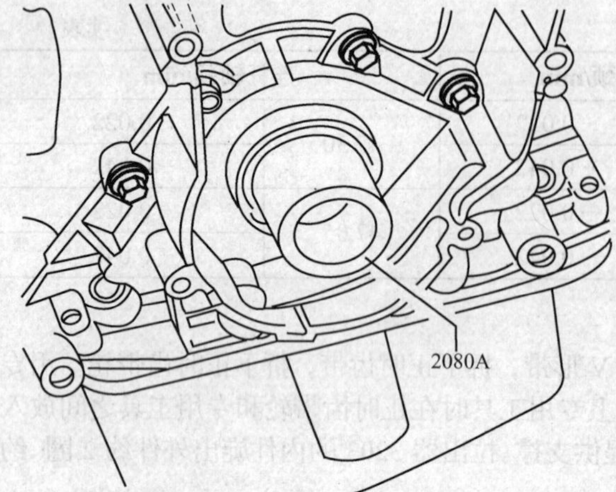

图 3-112 将导向套定位到曲轴轴颈上

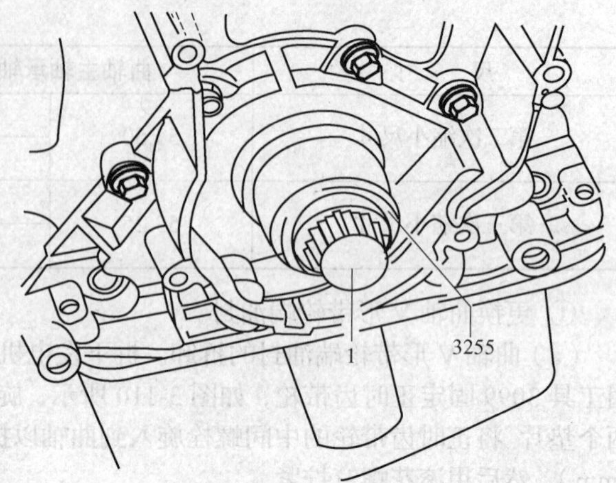

图 3-113 压入油封

1—正时齿带轮中间螺栓

图 3-114 用专用工具固定飞轮

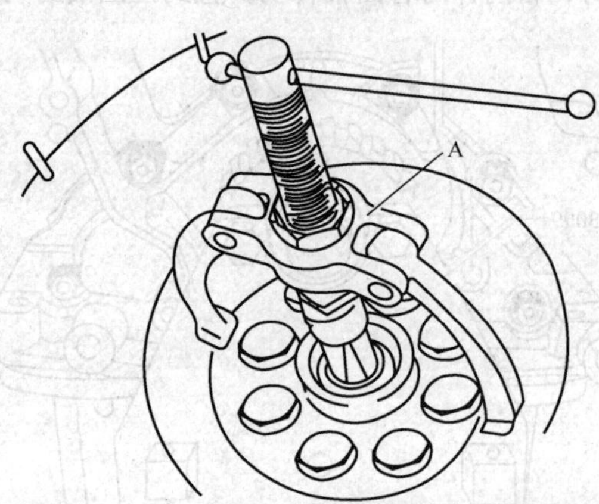

图 3-115 用专用工具拆卸曲轴滚针轴承

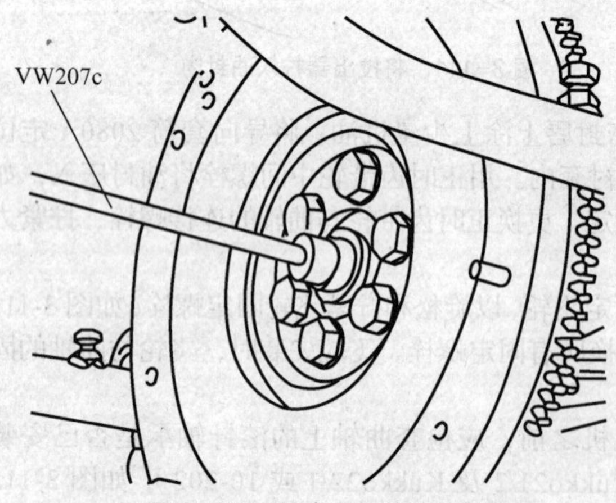

图 3-116 用专用工具压入轴承

图 3-117 滚针轴承的安装深度

④ 曲轴前油封凸缘的拆卸和安装。

（a）曲轴前油封凸缘的拆卸。拆卸 V 形带，拆卸正时齿带。拆卸扭力臂，松开空调压缩机支架。使用专用工具 3099 固定住正时齿带轮，拆卸曲轴正时齿带轮，如图 3-110 所示。在旋入固定工具时，

在正时齿带轮和固定工具之间放置两个垫片。抽出发动机机油，拆卸油底壳。旋下密封凸缘固定螺栓，撬下密封凸缘。仔细地去除气缸体上密封垫的剩余物，去除密封凸缘上的密封胶残余物，清洁密封表面，必须使它完全无油脂。

（b）曲轴前油封凸缘的安装。剪下硅密封胶罐喷管头部，使得喷管直径约为3mm左右。在曲轴前油封凸缘上涂上密封胶，密封胶的厚度为2～3mm，密封胶的厚度不能超过3mm，否则多余的密封胶将进入油底壳，从而阻塞机油管路。立即安装上密封凸缘并稍微拧紧固定螺栓。在密封凸缘上涂硅密封胶，必须在5min之内安装。更换螺栓，对角交替密封凸缘螺栓，拧紧力矩为16N·m。安装机油泵，安装后，先使密封胶于约30min后倒入机油。更换正时齿带轮螺栓，安装曲轴正时齿带轮，安装正时齿带。正时齿带轮与曲轴的固定螺栓拧紧力矩为90N·m+90°。

⑤ 曲轴机油泵链轮的拆卸和安装。

（a）曲轴机油泵链轮的拆卸。拆下发电机，使发动机前端位于维修工作台上。先拆卸油底壳，然后拆卸前油封凸缘，最后拆卸链条张紧器、机油泵链轮和链条。如图3-118所示，用垫圈1保护曲轴末端，使用拉出器2拉出曲轴链轮。

（b）曲轴机油泵链轮的安装。将链轮加热至 220℃。使用钳子将链轮定位在曲轴末端上，然后用专用工具30-100将链轮尽可能深地压入到曲轴上，如图3-119所示。

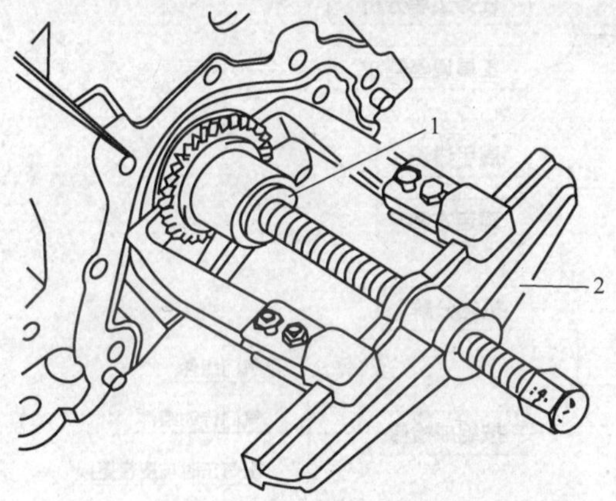

图3-118　用拉出器拉出曲轴链轮

1—垫圈；2—拉出器

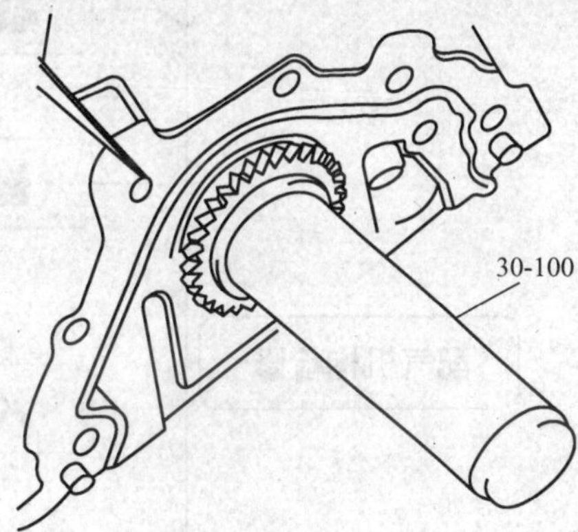

图3-119　安装链轮

任务三　配气机构检修

【任务说明】

配气机构主要由气门组、气门传动组两部分组成，常见故障有气门脚异响、气缸压力不足、气门密封不严、发动机配气不良等，在发动机检修过程中，要对配气机构主要零部件进行检测与维修，并能够正确更换相应部件、检查调整配气机构的主要配合与间隙。组织本任务实施的导向图如图3-120所示。

【知识要求】

① 配气机构组成、功用及类型。

② 配气机构配气原理与检测注意事项。

③ 配气相位与正时。

④ 配气机构拆装注意事项。

⑤ 配气机构常见故障产生机理。

【能力要求】

① 能够合理利用工具进行配气机构的分解。

② 能够对配气机构主要部位进行检查和测量。

③ 通过查阅相关技术资料，能够正确做出配气机构检测报告。

④ 能够检查并调整气门式配气机构的气门间隙，检查和更换正时皮带。

⑤ 能够正确装复配气机构。

⑥ 能够查阅相关标准和技术资料。

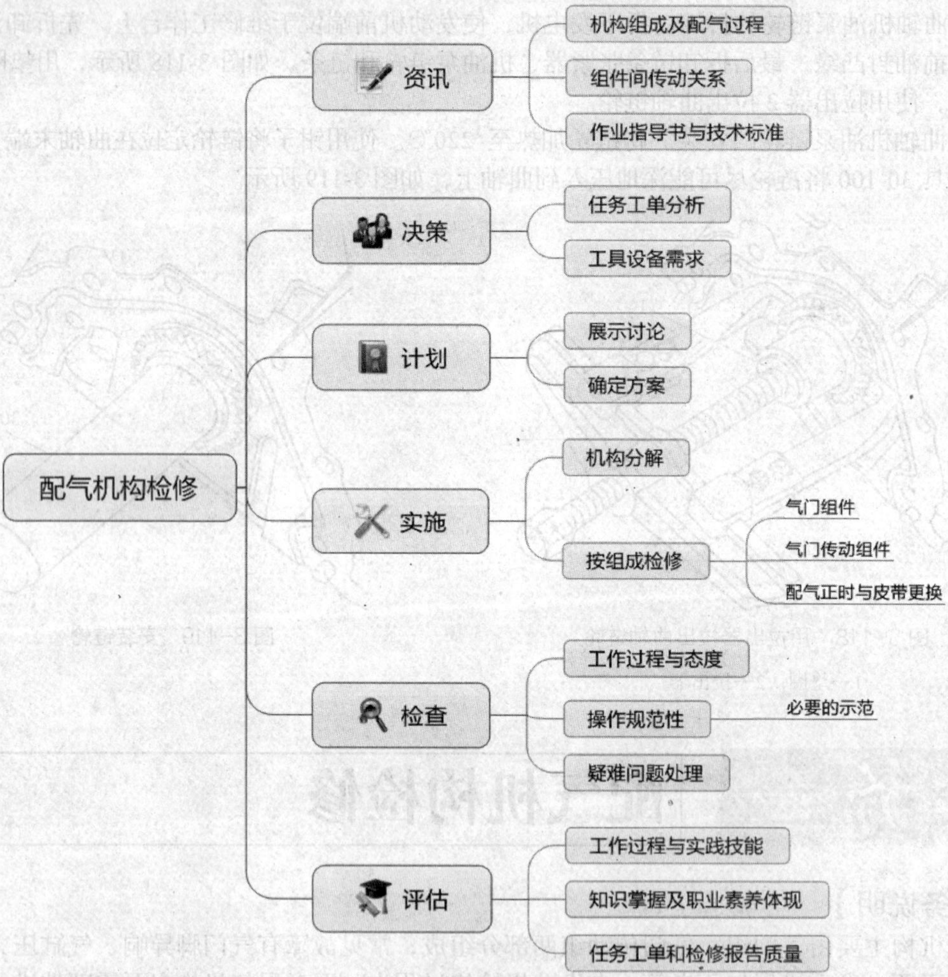

- 配气机构检修
  - 资讯
    - 机构组成及配气过程
    - 组件间传动关系
    - 作业指导书与技术标准
  - 决策
    - 任务工单分析
    - 工具设备需求
  - 计划
    - 展示讨论
    - 确定方案
  - 实施
    - 机构分解
    - 按组成检修
      - 气门组件
      - 气门传动组件
      - 配气正时与皮带更换
  - 检查
    - 工作过程与态度
    - 操作规范性
      - 必要的示范
    - 疑难问题处理
  - 评估
    - 工作过程与实践技能
    - 知识掌握及职业素养体现
    - 任务工单和检修报告质量

图 3-120　组织发动机配气机构检修任务实施的导向图

【职业素养】

① 培养学生团队合作、认真负责精神。

② 培养学生空间想象与逻辑思维能力。

③ 培养学生语言表述能力和主观判断能力。

④ 培养学生安全、节能和环保意识。

一、资讯

1. 配气机构的功用和类型

（1）配气机构的功用

配气机构是进、排气管道的控制机构，它按照气缸的工作顺序和工作过程的要求，准时地开闭进、排气门，向气缸供给可燃混合气（汽油机）或新鲜空气（柴油机），并及时排出废气。另外，在进、排气门关闭时，保证气缸密封。由于气门式配气机构进气充分、排气彻底，四冲程发动机都采用该机构。

（2）配气机构与类型

气门位于气缸盖上称为气门顶置式配气机构，由凸轮、挺柱、推杆、摇臂、气门和气门弹簧等组成。其特点是进气阻力小，燃烧室结构紧凑，气流搅动大，能达到较高的压缩比。目前国产的汽车发动机都采用气门顶置式配气机构，如图 3-121（b）所示。若气门位于气缸体侧面，则称为气门侧置式配气机构，如图 3-121（a）所示。气门侧置式配气机构由凸轮、挺柱、气门和气门弹簧等组成，由于省去了推杆、摇臂等零件，简化了结构。因为它的进、排气门在气缸的一侧，压缩比受到限制，进、排气门阻力较大，发动机的动力性和高速性均较差，逐渐被淘汰。

（a）气门侧置　　（b）气门顶置

图 3-121　配气机构的气门布置形式

根据凸轮轴的位置分为下置式、中置式和上置式，如图 3-122 所示。

（a）凸轮轴下置

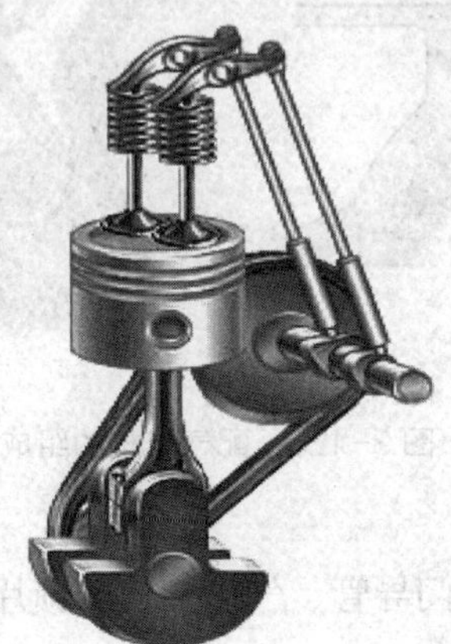

（b）凸轮轴中置

（c）凸轮轴上置

图 3-122　配气机构的凸轮轴布置形式

① 凸轮轴下置式配气机构。凸轮轴下置式配气机构主要有气门驱动组和气门组两大部分。气门驱动组是从正时齿轮开始至推动气门动作的所有零件，主要由正时齿轮、凸轮轴、气门挺柱、推杆、调整螺钉和锁紧螺母、摇臂、摇臂轴、摇臂轴支架等组成。气门驱动组的功用是定时驱动气门使其开闭。气门组主要由气门锁片、气门弹簧座、气门弹簧、气门、气门导管、气门座等组成，其功用

主要是维持气门的关闭。

凸轮轴下置式配气机构应用最广泛，其进、排气门都倒装在气缸盖上。凸轮轴装在曲轴箱内，而摇臂轴装在气缸盖上，两者相距较远，推杆较长。凸轮轴距曲轴较近，两者之间采用正时齿轮传动。

当气缸的工作循环需要将气门打开进行换气时，由曲轴通过正时齿轮驱动凸轮轴旋转，使凸轮轴上的凸轮凸起部分通过挺柱、推杆、调整螺钉，推动摇臂摆转，摇臂的另一端便向下推开气门，同时使弹簧进一步压缩。当凸轮凸起部分的顶点转过挺柱以后，气门在其弹簧张力的作用下，开度逐渐减小，直至最后关闭，进气或排气过程即告结束。压缩和做功冲程中，气门在弹簧张力作用下严密关闭，使气缸密闭。

由于四冲程发动机每完成一个工作循环，曲轴转两圈，而各缸只进、排气一次，也即凸轮轴只需转一圈，所以曲轴与凸轮轴的传动比为 2 : 1。

② 凸轮轴中置式配气机构。凸轮轴中置式配气机构的结构特点是凸轮轴位于气缸体的上部，推杆较短，运动惯性小。该机构可省去推杆，而由挺柱直接驱动摇臂。当发动机转速较高时，气门传动机构的往复运动质量减小。

③ 凸轮轴上置式配气机构。凸轮轴上置式配气机构的结构特点是凸轮轴布置在气缸盖上。凸轮轴直接通过摇臂来驱动气门，没有挺柱和推杆，使往复运动质量大大减小，因此它适用于高速发动机。

2. 配气机构的主要零部件

配气机构主要由气门组件和气门传动组件两部分组成，如图 3-123 所示。

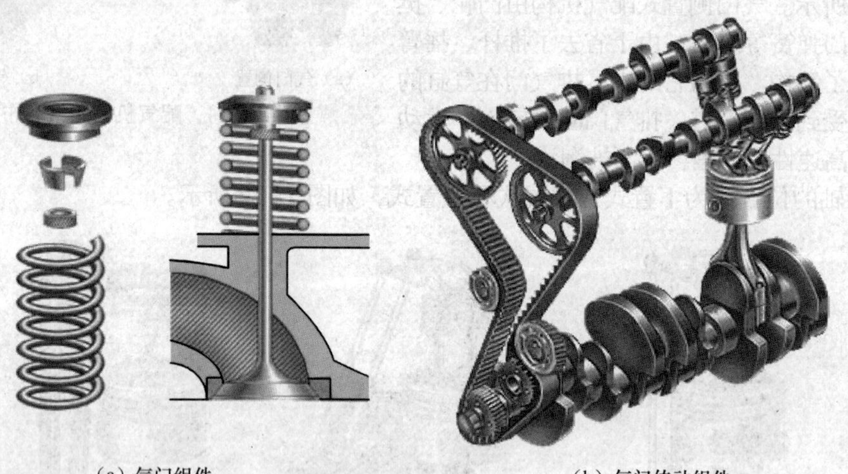

（a）气门组件　　（b）气门传动组件

图 3-123　配气机构的组成

（1）气门组件

气门组件包括气门、气门座、气门导管、气门弹簧、锁片、卡簧如图 3-124 所示。

① 气门。

功用：控制进、排气管的开闭。

工作条件：高温、高压、冲击、润滑困难。

要求：要有足够的强度、刚度、耐磨、耐高温、耐腐蚀、耐冲击。

材料：进气门采用合金钢（铬钢或镍铬等），排气门采用耐热合金钢（硅铬钢等）。

构造：气门由头部、杆身和尾部组成。气门头部是一个具有圆锥斜面的圆盘，气门锥角一般为 45°，也有 30°，如图 3-125 所示。气门头边缘应保持一定厚度，一般为 1～3mm，以防工作中冲击损坏和被高温烧蚀。气门密封锥面与气门座配对研磨。

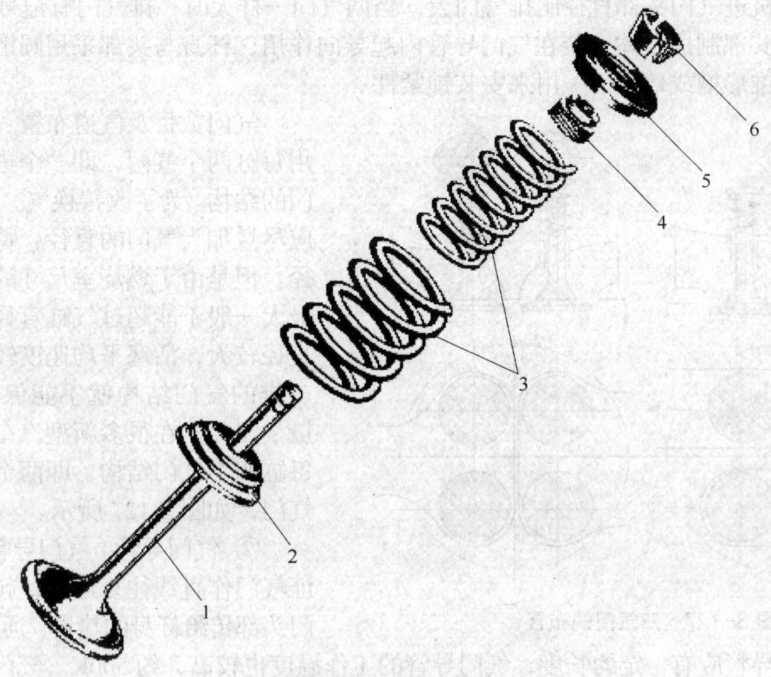

图 3-124　气门组件

1—气门；2—气门座；3—气门弹簧；4—卡簧；5—气门弹簧座；6—气门锁片

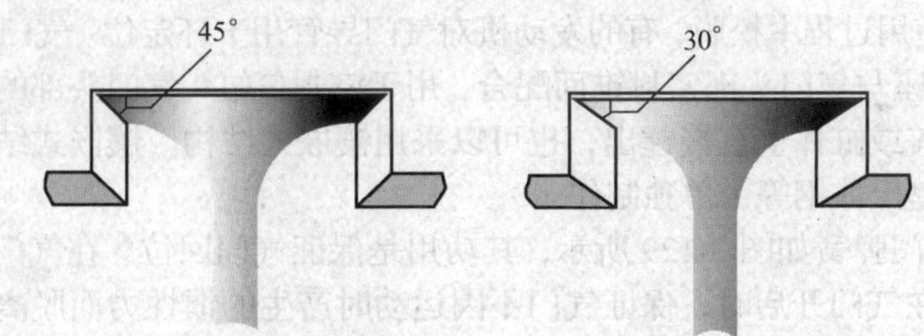

图 3-125　气门锥角

气门头顶部形状有平顶、球面顶和喇叭形顶等，如图 3-126 所示。

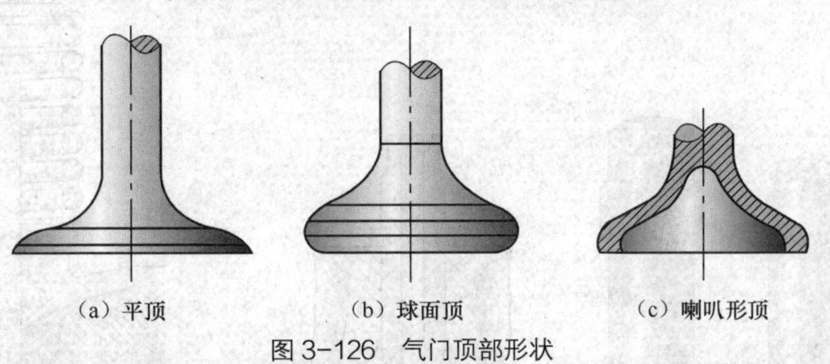

（a）平顶　（b）球面顶　（c）喇叭形顶

图 3-126　气门顶部形状

平顶结构简单、制造方便、吸热面积小、质量小，进、排气门均可采用。

球面顶适用于排气门，强度高，排气阻力小，废气的清除效果好，但受热面积大，质量和惯性力大，加工较复杂。

喇叭形顶适用于进气门，进气阻力小，但受热面积大。

一般的发动机进气门头部直径比排气门大，当两气门一样大时，排气门有记号。

气门杆身与头部制成一体，装在气门导管内起导向作用，杆身与头部采用圆滑过渡连接。气门尾部制有凹槽（锥形槽或环形槽）用来安装锁紧件。

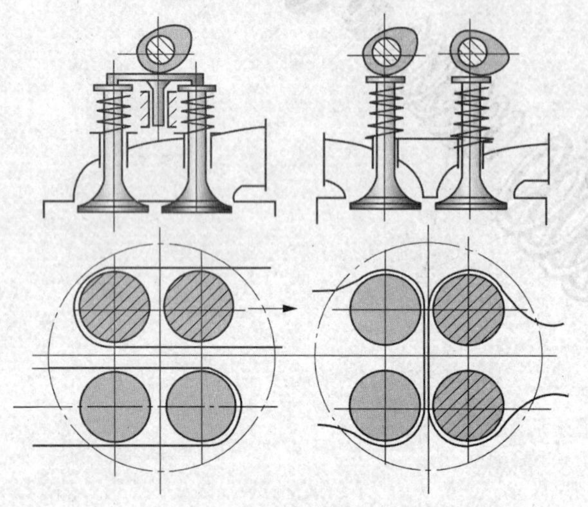

图 3-127 四气门的布置

气门数目及气道布置：一般发动机都采用每缸两个气门，即一个进气门和一个排气门的结构。为了改善换气，在可能的条件下，应尽量加大气门的直径，特别是进气门的直径。但是由于燃烧室尺寸的限制，气门直径最大一般不能超过气缸直径的一半。当气缸直径较大，活塞平均速度较高时，每缸一进一排的气门结构就不能保证良好的换气质量。因此，在很多新型汽车发动机上多采用每缸四个气门结构，即两个进气门和两个排气门，如图 3-127 所示。

② 气门导管。气门导管起导向作用，保证气门作直线往复运动；起导热作用，将气门头部传给杆身的热量，通过气缸盖传出去。为了保证导向，导管应有一定的长度，气门导管的工作温度也较高，约 500K。气门导管和气门的润滑是靠配气机构飞溅出来的机油进行的，因此易磨损。为了改善润滑性能，气门导管常用灰铸铁或球墨铸铁或铁基粉未冶金制造。导管内、外圆面加工后压入气缸盖的气门导管孔内，然后再精铰内孔。为了防止气门导管在使用过程中松脱，有的发动机对气门导管用卡环定位。气门导管如图 3-128 所示。

③ 气门座。气门座与气门头部密封锥面配合，用于密封气缸，气门头部的热量亦经过气门座外传。气门座可以在缸盖或缸体上直接镗出，也可以采用镶嵌式结构。镶嵌式结构气门座都采用较好的材料（合金铸铁、奥氏体钢等）单独制作。

④ 气门弹簧。气门弹簧如图 3-129 所示，其功用是保证气门回位。在气门关闭时，保证气门与气门座之间的密封；在气门开启时，保证气门不因运动时产生的惯性力而脱离凸轮。气门弹簧多为圆柱形螺旋弹簧，它的一端支撑在气缸盖上，另一端压靠在气门杆尾端的弹簧座上，弹簧座用锁片固定在气门杆的尾端。

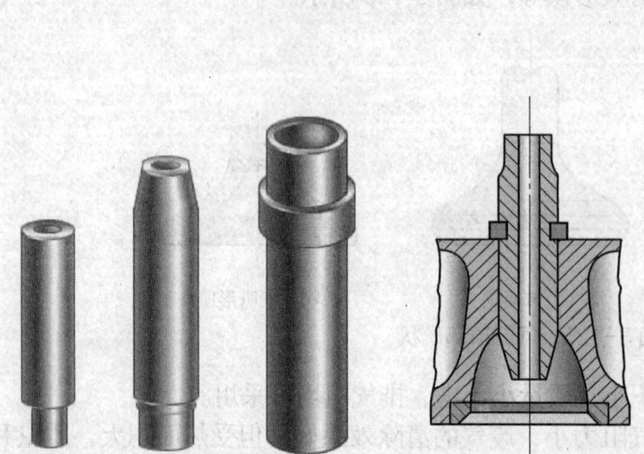

图 3-128 气门导管图

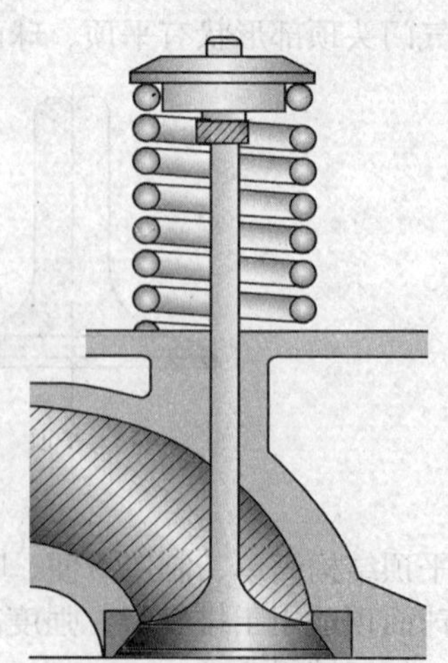

图 3-129 气门弹簧

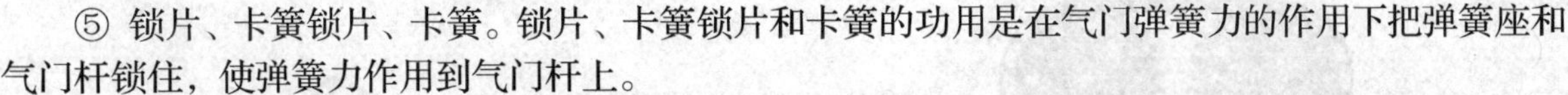

⑤ 锁片、卡簧锁片、卡簧。锁片、卡簧锁片和卡簧的功用是在气门弹簧力的作用下把弹簧座和气门杆锁住，使弹簧力作用到气门杆上。

（2）气门传动组件

气门传动组件主要包括凸轮轴、挺柱、推杆、摇臂、气门间隙调整螺钉等，其功用是传递凸轮轴与气门之间的运动。

① 凸轮轴。凸轮轴的功用是控制气门的开启和关闭，每一个进、排气门分别有相应的进气凸轮和排气凸轮。凸轮轴主要由凸轮、凸轮轴轴颈等组成，对于下置式凸轮轴的汽油机还具有用以驱动机油泵、分电器的螺旋齿轮和驱动汽油泵的偏心轮，如图 3-130 所示。

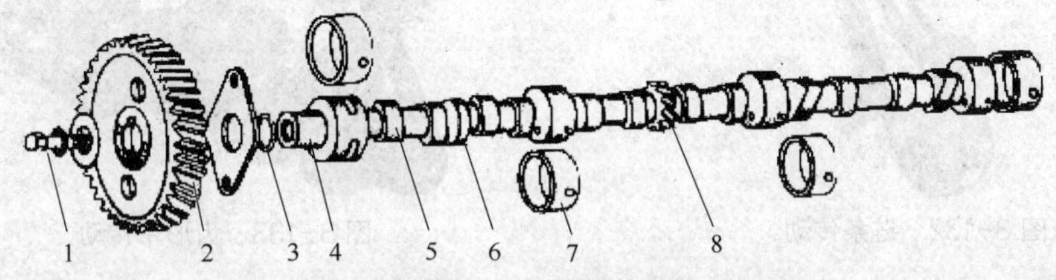

图 3-130　凸轮轴的结构

1—坚固螺栓；2—凸轮轴正时齿轮；3—O 形圈；4—曲轴；5—凸轮；6—偏心轮；7—轴套；8—螺旋齿轮

凸轮的形状影响气门的开闭时刻及高度，凸轮的排列影响气门的开闭时刻和工作顺序（根据凸轮轴可以判断工作顺序）。工作时，凸轮轴受到气门间歇性开启的周期性冲击载荷，因此要求凸轮表面耐磨性好，凸轮轴要有足够的韧性和刚度。

凸轮轴是由曲轴通过传动装置来驱动的，传动装置有齿轮式、链条式和齿形皮带式。

齿轮式用于下置式凸轮轴的驱动。汽油机用一对正时齿轮传动。柴油机上凸轮轴与曲轴中心距较大，且需要同时驱动喷油泵，需加入中间惰轮传动。正时齿轮都用斜齿轮并用不同材料制成，以减小噪声和磨损。通常小齿轮用中碳钢，大齿轮柴油机用钢而汽油机用夹布胶木或塑料。

正时齿轮上有正时记号，装配时必须使记号对齐，以保证配气正时。如图 3-131 所示，图中的 A、B 点是两齿轮上记号示意，1 与 2 为喷油正时记号，2 和 6 为配气正时记号，2 和 3 为二者共用正时记号，装配时三对记号必须都对正。

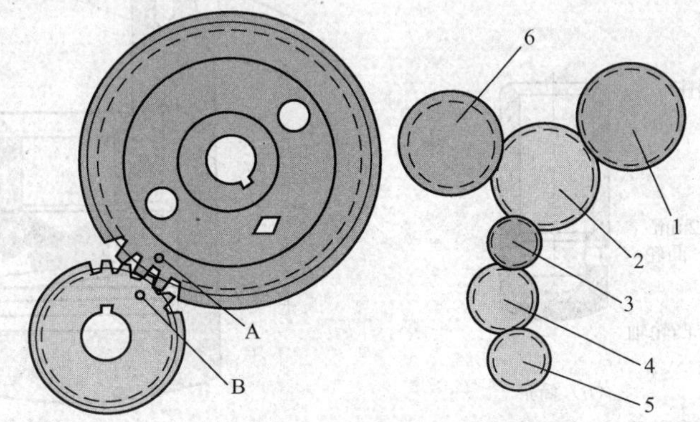

图 3-131　齿轮传动及正时记号

1—喷油泵正时齿轮；2、4—中间惰轮；3—曲轴正时齿轮；5—机油泵传动齿轮；6—凸轮轴正时齿轮

图 3-132 和图 3-133 所示为链条传动和齿形皮带传动示意图，其中链条传动噪声小，一般用于中置或顶置凸轮轴的发动机上。为了防止链条抖振，设有导链板和张紧装置，张紧装置有机械式和液压式两种，液压式是用发动机的机油进入液压腔，推动其内部的活塞向外移动，使张紧链轮压向链条。

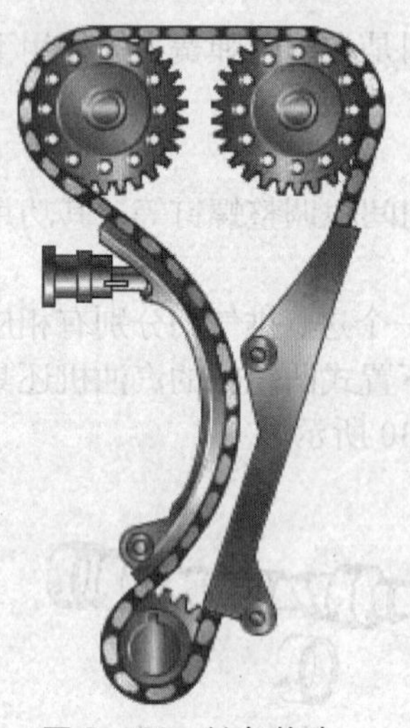

图 3-132 链条传动

图 3-133 齿形带传动

近年来，高速发动机上广泛地采用氯丁橡胶齿形皮带传动来代替链条传动，显著减小了噪声，且质量轻、包角大、啮合量大，齿间压强小，工作可靠。这种皮带用玻璃纤维来增加强度，且在齿形的一面衬有尼龙织物衬面。

② 挺柱。挺柱的功用是将凸轮的推力传给推杆（或气门杆），并承受凸轮轴旋转时所施加的侧向力。挺柱主要有如图 3-134 所示的普通挺柱（有筒形和菌形）和图 3-135 所示的液压挺柱两种样式。

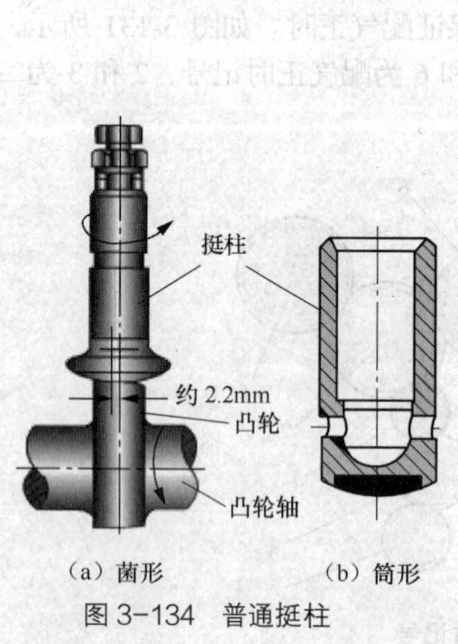

图 3-134 普通挺柱

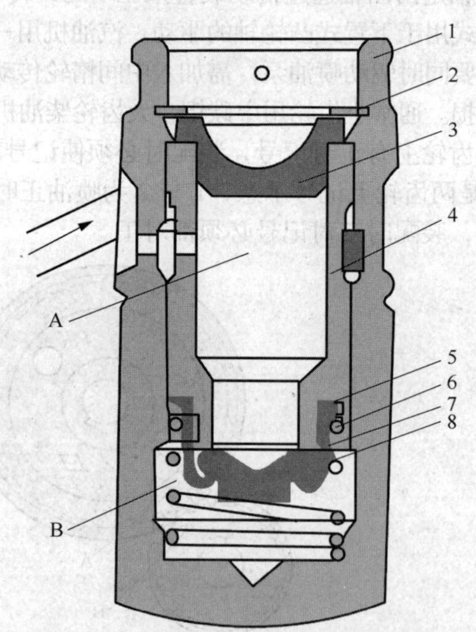

图 3-135 液压挺柱

A—柱塞腔；B—挺柱体腔；1—挺柱体；2—卡簧；3—球座；4—柱塞；5—单向阀架；6—柱塞弹簧；7—单向阀；8—碟形弹簧

液压挺柱体内装有柱塞，柱塞上端压有球座作为推杆的支撑座，同时将柱塞内腔堵住。弹簧用来将柱塞压向上方，卡簧用来对柱塞限位。柱塞下端单向阀架内装有碟形弹簧，用以关闭单向阀。

奥迪轿车和桑塔纳轿车的发动机上采用的液压挺柱如图 3-136 所示。其工作原理与上述液压挺柱基本相同，其结构特点是采用倒置的液压挺柱，直接推动气门的开启；挺柱体是由上盖和圆筒，经加工后再用激光焊接成一体的薄壁零件；单向阀采用钢球，弹簧式结构。

③ 推杆。推杆的作用是将从凸轮轴传来的推力传给摇臂。它是配气机构中最容易弯曲的零件所以要求有很高的刚度，在动载荷大的发动机中，推杆应尽量做得短些。推杆的两端如图 3-137 所示。

④ 摇臂。摇臂的功用是将推杆或凸轮传来的力改变方向，传给气门使其开启。摇臂实际上是一个双臂杠杆（其比值为 1.2～1.8）。短臂一端装有气门间隙调整螺钉及锁紧螺母，长臂一端有用以推动气门的圆弧工作面。由于靠气门一端的臂长，所以在一定的气门升程下，可减小推杆、挺柱的运动距离和加速度，从而减小了工作中的惯性力。摇臂的材料一般为中碳钢，也有的用球墨铸铁或合金铸铁。摇臂的结构如图 3-138 所示。

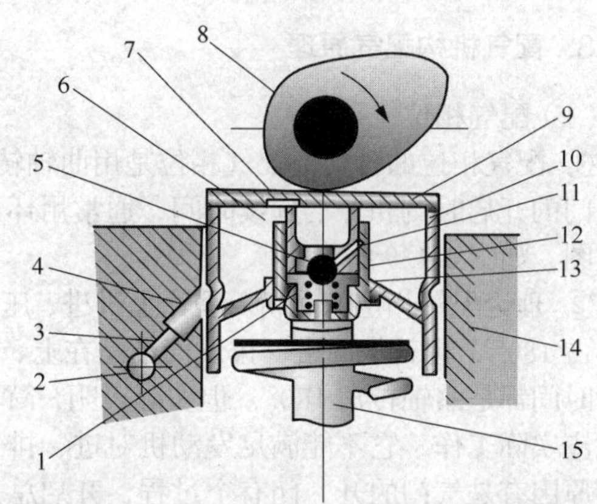

图 3-136　奥迪轿车和桑塔纳轿车发动机的液压挺柱

1—高压油腔；2—缸盖油道；3—油量孔；4—斜油孔；5—球阀；6—低压油腔；7—键形槽；8—凸轮轴；9—挺柱体；10—柱塞焊缝；11—柱塞；12—套筒；13—弹簧；14—缸盖；15—气门杆

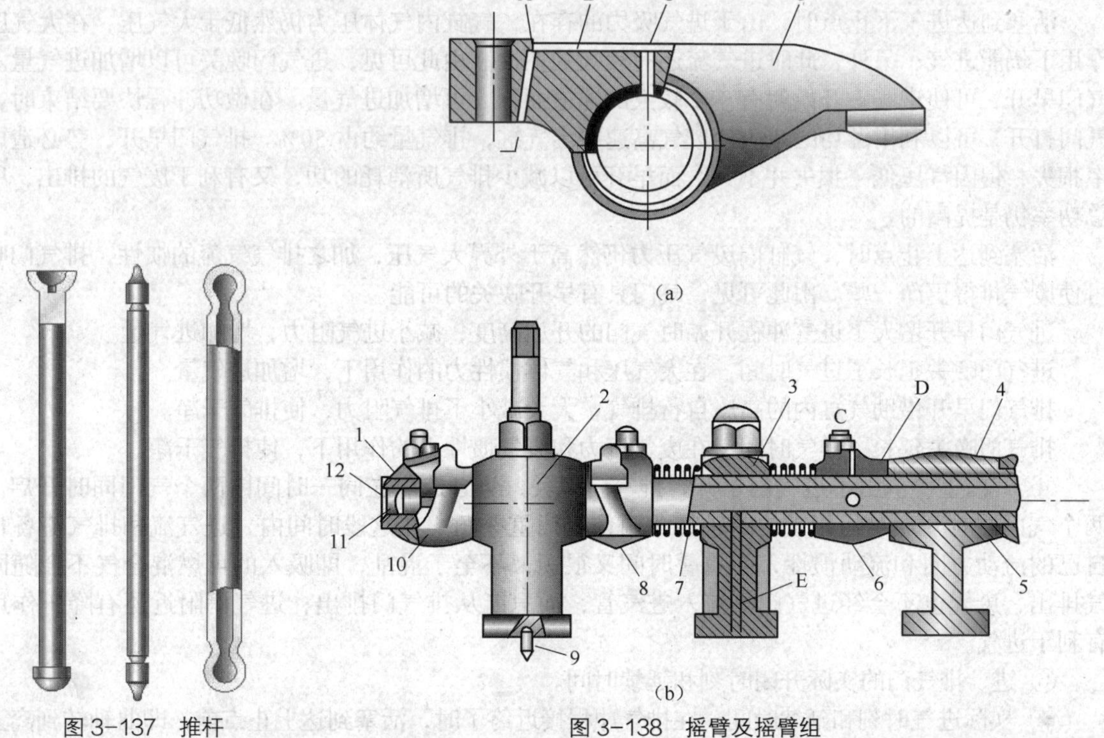

图 3-137　推杆

图 3-138　摇臂及摇臂组

1—垫圈；2、3、4—摇臂轴支座；5—摇臂轴；6、8、10—摇臂；7—弹簧；9—定位销；11—锁簧；12—堵头；A、C、D、E—油孔；B—油槽

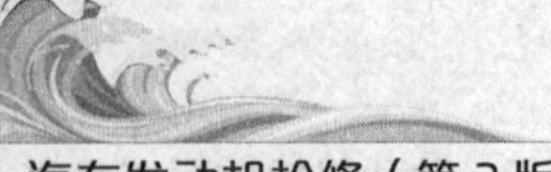

3. 配气机构配气原理

（1）配气相位

① 配气相位的含义。配气相位是用曲轴转角表示的进、排气门的开启时刻和开启延续时间，通常用环形图表示配气相位图，如图 3-139 所示。

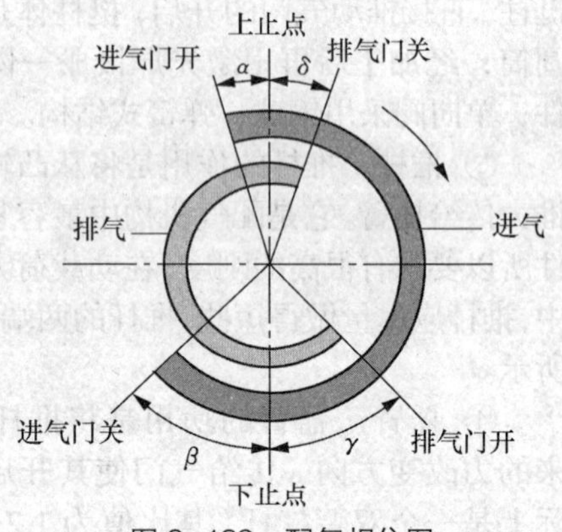

图 3-139 配气相位图

α—进气提前角；β—进气迟闭角；γ—排气提前角；δ—排气迟闭角

② 理论配气相位的分析。理论上讲进、压、功、排四冲程各占 180°，也就是说进、排气门都是在上、下止点开闭，延续时间都是曲轴转角 180°。但实际表明，简单配气相位很难适应实际工作，它不能满足发动机对进、排气门的要求，主要原因有是气门的开、闭有个过程，开启总是由小到大，关闭总是由大到小；另外由于气体惯性的影响，随着活塞的运动，同样造成进气不足、排气不净；还有就是要适应发动机速度的要求，实际发动机曲轴转速很高，活塞每一冲程历时都很短，当转速为 5 600r/min 时一个冲程只有 60s/（5 600×2）= 0.005 4s，转速为 1 500r/min，一个冲程也只有 0.02s，这样短的进气或排气过程，使发动机进气不足，排气不净。可见，理论上的配气相位不能满足发动机进饱排净的要求。

③ 实际配气相位的分析。为了使进气充足，排气干净，除了从结构上进行改进外（如增大进、排气管道），还可以从配气相位上改进。

活塞到达进气下止点时，由于进气吸力的存在，气缸内气体压力仍然低于大气压，在大气压的作用下仍能进气；另外，此时进气流还有较大的惯性。由此可见，进气门晚关可以增加进气量。进气门早开，可使进气一开始就有一个较大的通道面积，可增加进气量。在做功冲程快要结束时，排气门打开，可以利用做功的余压使废气高速冲出气缸，排气量约占 50%。排气门早开，势必造成功率损失，但因气压低，损失并不大，而早开可以减少排气所消耗的功，又有利于废气的排出，所以总功率仍是提高的。

活塞到达上止点时，气缸内废气压力仍然高于外界大气压，加之排气气流的惯性，排气门晚关可使废气排得更净一些。由此可见，气门具有早开晚关的可能。

进气门早开增大了进气冲程开始时气门的开启高度，减小进气阻力，增加进气量。

进气门晚关延长了进气时间，在大气压和气体惯性力的作用下，增加进气量。

排气门早开借助气缸内的高压自行排气，大大减小了排气阻力，使排气干净。

排气门晚关延长了排气时间，在废气压力和废气惯性力的作用下，使排气干净。

④ 气门重叠。由于进气门早开，排气门晚关，势必造成在同一时间内两个气门同时开启。把两个气门同时开启时间相当的曲轴转角叫作气门重叠角。在这段时间内，进气流和排气流各自有自己的流动方向和流动惯性，而重叠时间又很短，不至于混乱，即吸入的可燃混合气不会随同废气排出，废气也不会经进气门倒流入进气管，而只能从排气门排出；进气门附近还有降压作用，有利于进气。

⑤ 进、排气门的实际开闭时刻和延续时间。

- 实际进气时刻和延续时间。在排气冲程接近终了时，活塞到达上止点前，即曲轴转到离上止点还差一个角度 α，进气门便开始开启，进气冲程直到活塞越过下止点 β 时，进气门才关闭，整个进气过程延续时间相当于曲轴转角（$180°+\alpha+\beta$，其中 α 为进气提前角，α=10°～30°；β 为进气延迟角，β=40°～80°，所以进气过程曲轴转角为 230°～290°）。

- 实际排气时刻和延续时间。做功冲程接近终了时，活塞在下止点前排气门便开始开启，提前开启的角度 γ 一般为 40°～80°，活塞越过下止点后 δ 角排气门关闭，δ 一般为 10°～30°，整个排气过程相当曲轴转角（180°+γ+δ，其中 γ 为排气提前角，γ=40°～80°；δ 为进气延迟角，δ=10°～30°，所以排气过程曲轴转角为 230°～290°）。

气门重叠角 $\alpha+\delta$=20°～60°。

从上面的分析，可以看出实际配气相位和理论配气相位相差很大，实际配气相位中气门要早开晚关，主要是为了满足进气充足、排气干净的要求。但实际中，究竟气门什么时候开、什么时候关，主要要根据各种车型，经过实验的方法确定，由凸轮轴的形状、位置及配气机构来保证。

（2）气门间隙

① 定义。气门间隙是指气门完全关闭（凸轮的凸起部分不顶挺柱）时，气门杆尾端与摇臂或挺柱之间的间隙。

② 作用。气门间隙的作用是给热膨胀留有余地、保证气门密封。不同机型，气门间隙的大小不同。根据实验确定，一般冷态时，排气门间隙大于进气门间隙，进气门间隙为 0.25～0.3mm，排气门间隙为 0.3～0.35mm。间隙过大或过小都会影响。

（a）间隙过大。进、排气门开启迟后，缩短了进排气时间，降低了气门的开启高度，改变了正常的配气相位，使发动机因进气不足，排气不净而功率下降，还使配气机构零件的撞击增加，磨损加快。

（b）间隙过小。发动机工作后，零件受热膨胀，将气门推开，使气门关闭不严，造成漏气，功率下降，并使气门的密封表面严重积炭或烧坏，甚至气门撞击活塞。

采用液压挺柱的配气机构不需要留气门间隙。

③ 气门间隙的调整。在生产实践中，普遍地采用两遍法调整气门间隙，即第一缸压缩终了上止点时，调整其中一半气门，再摇转曲轴一周（指四冲程发动机）便可调整其余一半气门。

气门在完全关闭的情况下，才能调整气门间隙，即挺柱（或摇臂）必须落在凸轮的基圆上才可调整。由于气门开始开启和开始关闭时，挺柱（或摇臂）是在凸轮的缓冲段内某点上，而且配气相位往往产生一定的偏差，所以不仅气门开启过程不能调，而且将要开启和刚关闭不久的一段时间内也不能调。根据该原则，则气门在 6 种状态下不能调：正在进气，进气门不能调；正在排气，排气门不能调；将要进气，进气门不能调；将要排气，排气门不能调；刚进气完，进气门不能调；刚排气完，排气门不能调。

二、工作方案制订

学生需根据任务工单进行相关资讯并进行课前的自主学习，针对任务实施前的维修工具及材料准备、实施中的小组人员分工安排以及任务实施操作步骤等制订方案计划，如表 3-17 所示。

表 3-17　　工作方案计划表

工作项目/任务	配气机构检修
人员分工	
时间安排	
设备、材料及维修工具准备	
任务实施操作步骤	

三、工作组织实施

1. 气门间隙检调和气缸压力检测

（1）气门间隙的检查与调整

气门间隙的调整仅在缸盖温度低于 38℃时才可进行。调节完毕后，重新将曲轴皮带轮螺栓以245N · m 的扭矩拧紧。

① 拆下缸盖罩。将 1 号活塞设置在上止点。凸轮轴皮带轮上的标志“UP”应该在顶部，皮带轮上的上止点凹槽应与缸盖平面对齐如图 3-140 所示。

② 气缸编号如图 3-141 所示，首先调节 1 号气缸气门，进气门间隙为（0.26±0.02）mm，排气门间隙为（0.30±0.02）mm。

③ 如图 3-142 所示，拧松锁紧螺母，转动调节螺钉，直到间隙规前后滑动时仅有极小的阻力。拧紧琐紧螺母，并再次检查间隙，如有必要重复调节操作。

④ 按逆时针的方向（凸轮轴皮带转动 90°）将曲轴转动 180°，“UP”标记应在排气侧。调节 3 号气缸气门如图 3-143（a）所示。再沿逆时针方向将曲轴旋转 180°，使 4 号活塞位于上止点，上止点凹槽再次可见，调节 4 号气缸气门如图 3-143（b）所示。继续沿逆时针方向将曲轴旋转 180°，使 2 号活塞为上止点，标记“UP”应在进气侧，调节 2 号气缸气门如图 3-143（c）所示。所有的气门间隙全部调整完毕后，拧紧所有的锁紧螺母。

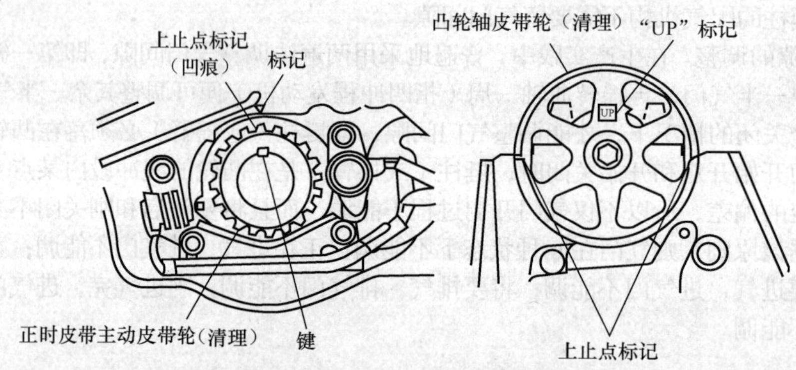

图 3-140 正时皮带轮上的标记

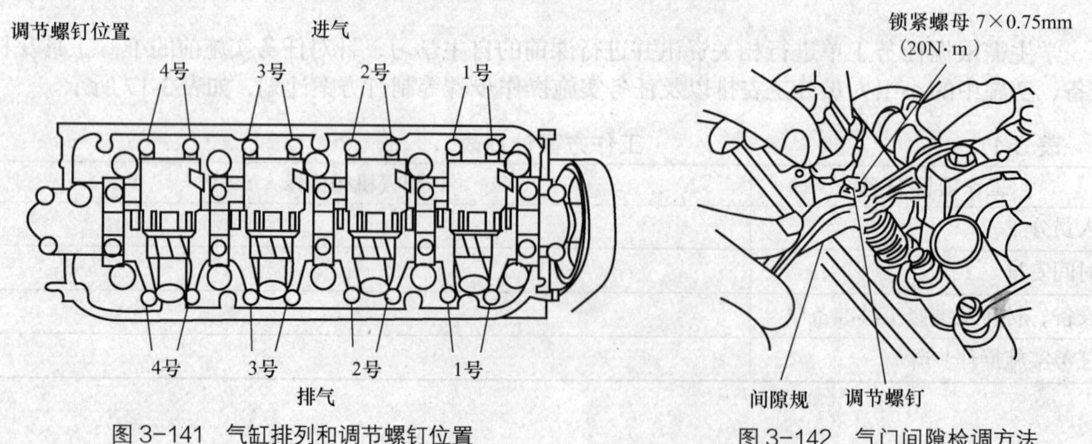

图 3-141 气缸排列和调节螺钉位置

图 3-142 气门间隙检调方法

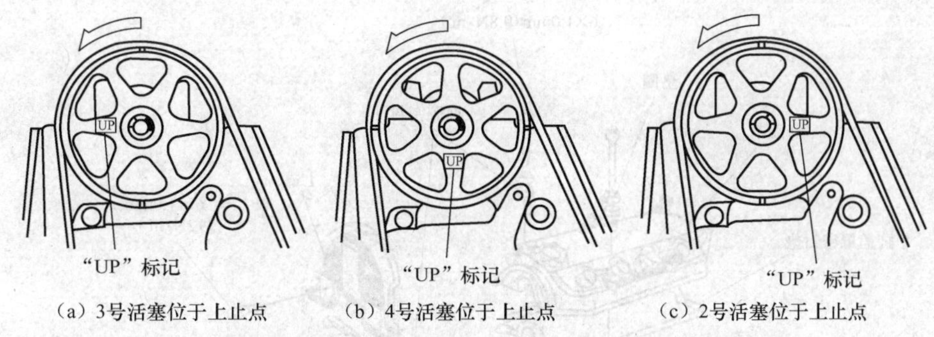

（a）3号活塞位于上止点（b）4号活塞位于上止点（c）2号活塞位于上止点

图 3-143 各缸活塞位于上止点的凸轮轴正时皮带轮及标记位置

（2）气缸压力的检测

① 干式压缩测试。将节气门连杆固定在全开位置，将压缩测试表小心地拧入火花塞孔内，不要用扳手去拧。如果发动处于工作温度，注意不要碰到排气管。起动发动机，直到压缩计达到最高读数。应在发动机 3 或 4 转之内到最大值，记下最高读数。以同样数目的转数在所有的气缸上重复该步骤，确保在每次测试后松开压缩计。比较所有气缸的读数，通常读数（标准值为 9kN）的误差在 20% ～ 25%是允许的。

② 湿式压缩测试。采用湿式压缩测试可以判断气缸压力读数低是由气门、活塞环、缸垫的压缩泄露导致的还是由其他诸如活塞上的裂纹或孔的泄漏导致。湿式压缩测试步骤如下。

通过火花塞孔向各缸喷入少量的润滑油，按照干式测试方法测量每缸的气缸压力并记录。比较湿式和干式之间读数差，如果读数差很大，说明是压力通过活塞环泄露出去的；如果读数没有什么差别，则说明压力是通过气门或缸垫泄露的。

③ 运转压缩测试。运转压缩测试用来检查发动机的进排气程度。方法是拆下一个火花塞，将火花塞导线接地，以防止动力模块的损坏，还要断开将检查的气缸的喷油器。将测试表旋入火花塞孔内，起动发动机后读取读数并纪录下来。怠速时的气缸压力为 3～7kN。突然加速，压缩压力应该为运转时的 80%左右。如果读数低于标准值，可能是过量的积炭或者是凸轮凸角或摇臂磨损而阻塞了进气，或者进气管道内有异物。

2. 正时皮带与平衡轴皮带的检查与更换

图 3-144 所示为本田 F22B1 型发动机正时皮带与平衡轴皮带的整体结构图，在检修操作之前可参考图示识别各个零部件。

（1）正时皮带的检查

① 确认已知道收音机防盗密码，并记录无线电台预置的频率。

② 断开蓄电池负极导线，然后断开正极导线。

③ 断开交流发电机端子及插头，然后从缸盖罩上拆下发动机线束。

④ 拆下缸盖罩。

⑤ 卸下上罩。

⑥ 检查正时皮带是否有磨损，被润滑油或冷却液浸渍，如图 3-145 所示。如果浸有润滑油或冷却液，则应更换皮带。彻底清除沾在皮带上的润滑油或冷却液。

⑦ 检查完毕后，重新将曲轴皮带轮螺栓扭矩至 245N · m。

⑧ 输入收音机防盗密码，然后输入用户无线电台预置钮的频率。

（2）平衡轴皮带的检查

① 确认已知道收音机防盗密码，并记录无线电台预置钮的频率。

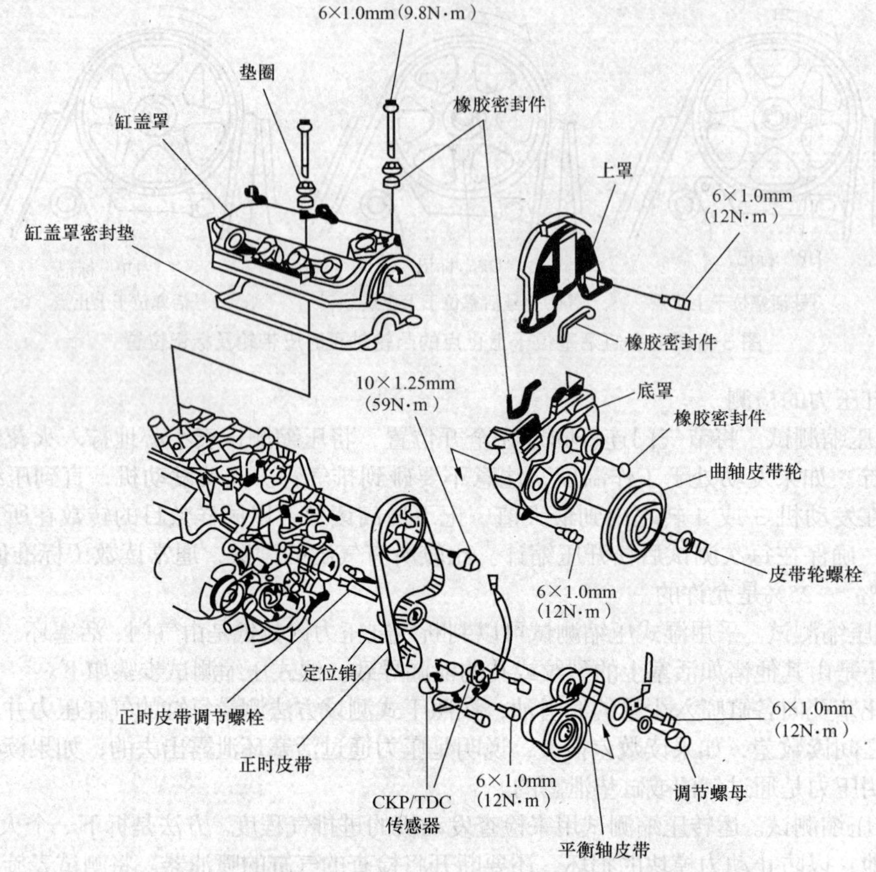

图 3-144 F22B1 型发动机正时皮带与平衡轴皮带的整体结构图

② 断开蓄电池负极导线，然后断开正极导线。

③ 断开交流发电机端子及插头，然后从缸盖罩下断开发动机线束 33；拆下缸盖罩、卸下上罩；卸下曲轴皮带轮、卸下底罩，如图 3-146 所示。

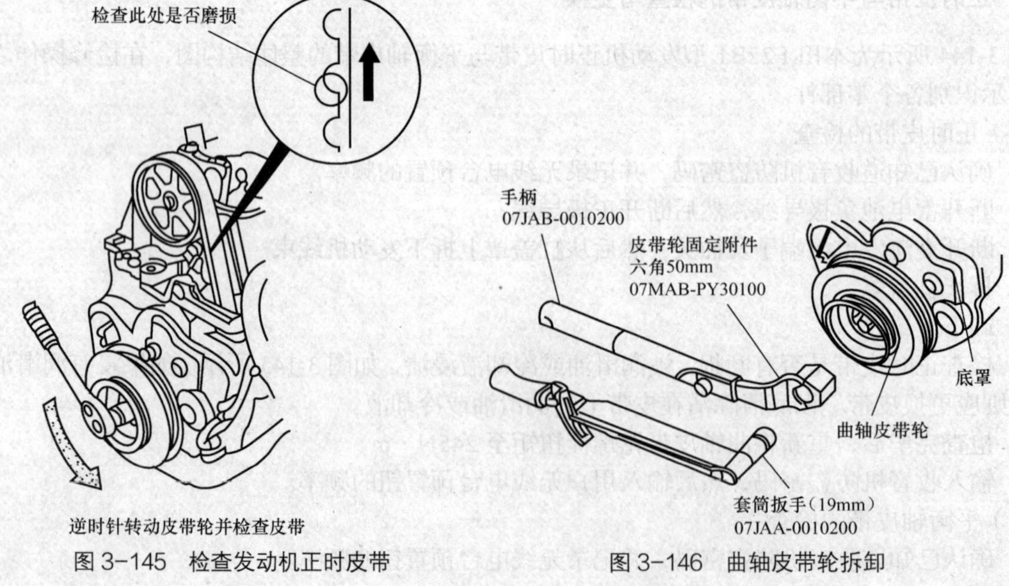

图 3-145 检查发动机正时皮带　　图 3-146 曲轴皮带轮拆卸

④ 用如图 3-147 所示的方式，检查平衡轴皮带是否有裂纹，是否被润滑油或冷却液浸渍。如果浸有润滑油或冷却液，则需更换皮带。彻底清除沾在皮带上的的润滑油或冷却液。

⑤ 检查完毕，重新将曲轴皮带轮螺栓拧紧，扭矩为 245N·m。

⑥ 输入收音机防盗密码，然后输入用户无线电台预置钮的频率。

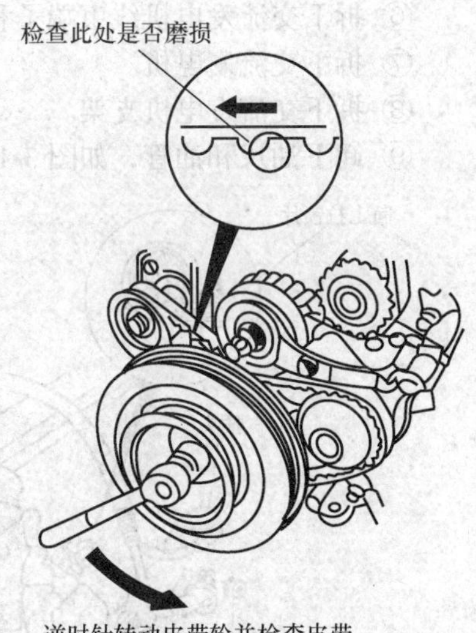

图 3-147　检查平衡轴皮带

（3）正时皮带与平衡轴皮带张紧力调节

皮带张紧力只能在发动机处于冷机时才可以调整。张紧装置是由弹簧加载的，在调节之后，张紧装置自动地使皮带的张紧力达到适当的水平。只能沿逆时针的方向转动曲轴，这个方向是以皮带轮一侧为准的。沿顺时针方向旋转曲轴可能会导致皮带张紧力调节不正确。在调节皮带张紧力之前要检查平衡轴皮带。不要拧松调节螺母超过一圈以上。

① 确认已知道收音机防盗密码，并记录无线电台预置钮的频率。

② 断开蓄电池负极端子，然后断开正极端子。

③ 断开交流发电机的端子以及插头，然后从缸盖罩上拆下发动机线束。

④ 拆下缸盖罩。

⑤ 旋转曲轴 5～6 圈，以便调节皮带，如图 3-148 所示，使 1 号活塞位于上止点。

⑥ 旋松调节螺母 2/3～1 圈。将曲轴沿逆时针方向，转过凸轮轴皮带轮上 3 个齿。旋紧调节螺母。

⑦ 在调节完成之后，重新将曲轴皮带轮螺栓以 245N·m 的扭矩拧紧。

⑧ 输入收音机防盗密码，然后输入用户无线电台预置钮的频率。

（4）正时皮带与平衡轴皮带的更换

① 确认已知道收音机防盗密码，并记录无线电台预置钮的频率。

② 断开蓄电池负极端子。

③ 卸下防溅板。

④ 拆下止动器和地线，随后拆下上支架。在拆下上支架之前，应用举升器支撑发动机，确认在油底壳和举升器之间已安放了软垫。

⑤ 拧松紧固螺母，然后卸下动力转向（P/S）泵皮带，如图 3-149 所示。

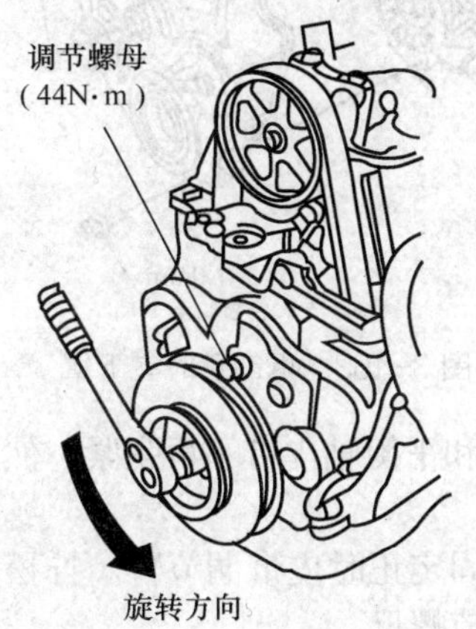

图 3-148　旋转曲轴方向

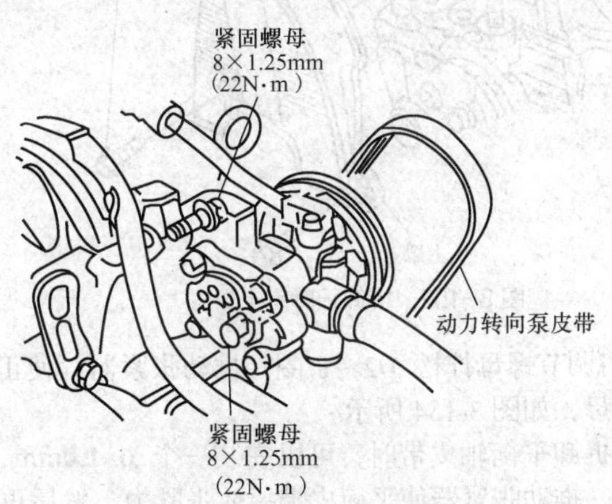

图 3-149　拆卸动力转向泵皮带

⑥ 拆下交流发电机线束端子和插头，如图 3-150 所示。

⑦ 拆下交流发电机。

⑧ 拆下交流发电机支架。

⑨ 卸下油尺和油管，如图 3-151 所示。

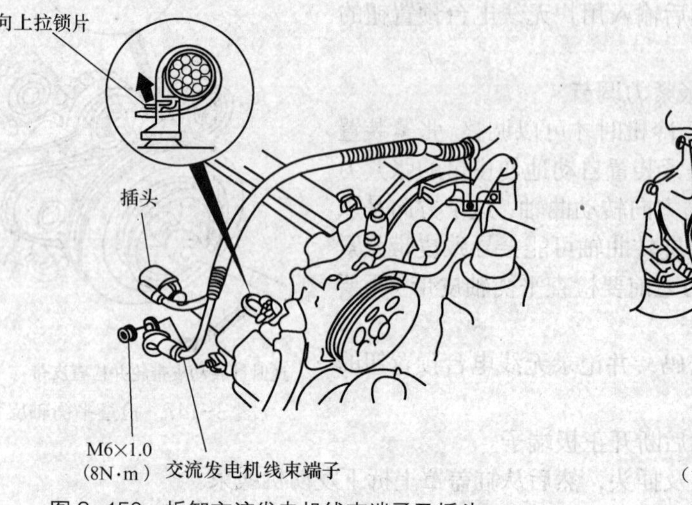

图 3-150 拆卸交流发电机线束端子及插头

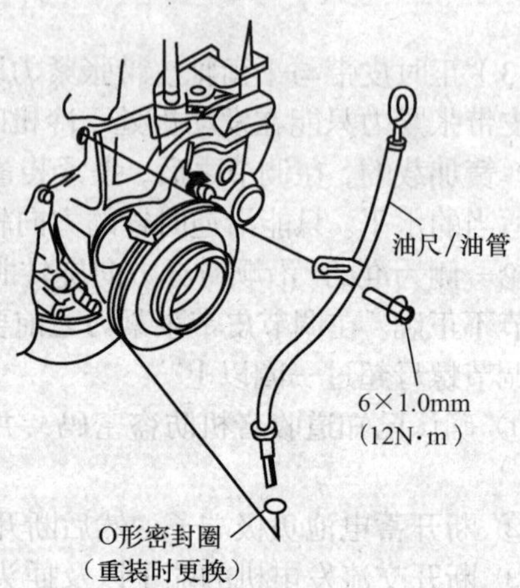

图 3-151 拆卸机油尺

⑩ 拆下缸盖罩。

⑪ 卸下皮带轮螺栓以及曲轴皮带轮。

⑫ 拆下正时室上罩，如图 3-152 所示。不要利用正时室上罩盛放卸下的各种部件。

⑬ 从调节螺母处取下橡胶密封件，然后拆卸正时室下罩，如图 3-153 所示。不要利用正时室下罩盛放卸下的零部件。

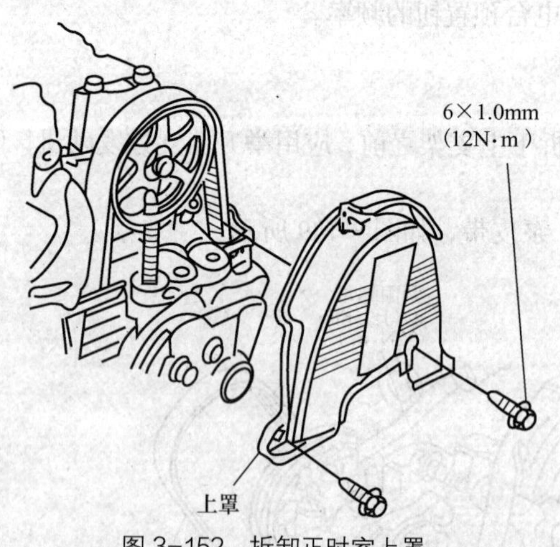

图 3-152 拆卸正时室上罩

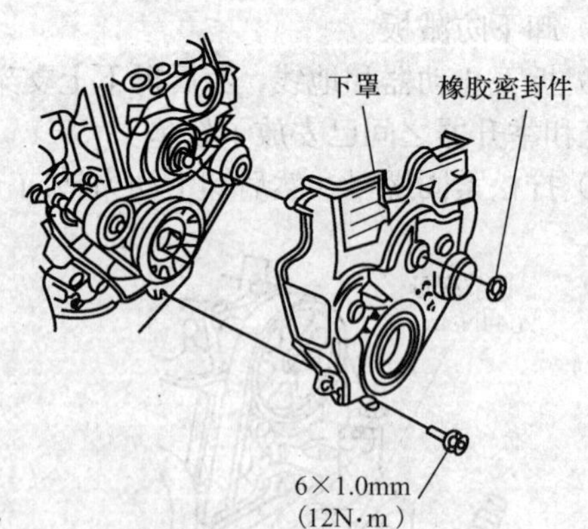

图 3-153 拆卸正时室下罩

⑭ 将调节螺母拧松 1/2～1 圈。推动张紧器，使正时皮带和平衡轴皮带不再张紧，然后重新拧紧调节螺母，如图 3-154 所示。

当只拆卸平衡轴皮带时，可以安装一个 6×1.0mm 螺栓，固定正时皮带调节臂。拧松调节螺母 2/3～1 圈，推动张紧器使平衡皮带释放张紧力，然后再拧紧调节螺母。

⑮ 卸下平衡轴皮带和正时皮带。

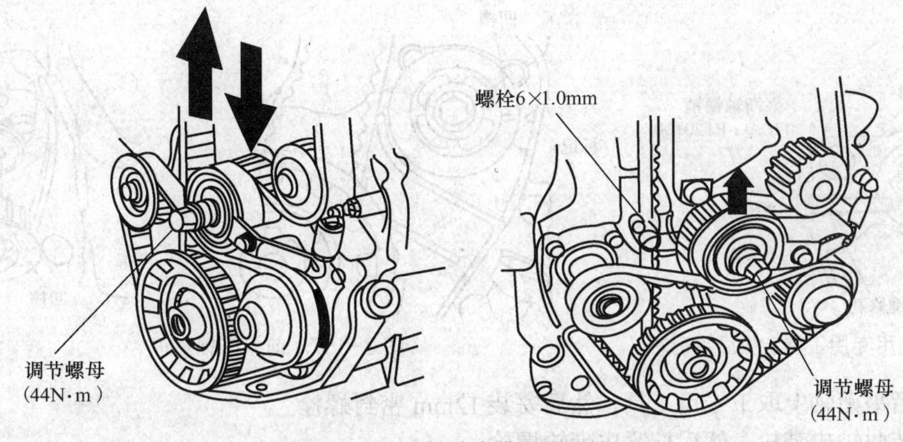

图 3-154　松动皮带张紧装置

⑯ 按照与拆卸相反的顺序安装正时皮带和平衡轴皮带。

⑰ 扳下平衡皮带的主动皮带轮。

⑱ 调整正时皮带的主动皮带轮，使 1 号活塞位于上止点（TDC），并将正时皮带主动皮带轮齿牙上的凹痕与油泵上的“⌂”标记对准，如图 3-140 所示。

⑲ 调整凸轮轴皮带轮，使 1 号活塞位于上止点。将凸轮轴皮带轮上的上止点标记与气缸盖的上表面对准。

⑳ 按照如图 3-155 所示的顺序安装正时皮带。正时皮带主动轮 1→调节皮带轮 2→水泵皮带轮 3→凸轮轴皮带轮 4。

㉑ 先拧松调整螺母，再拧紧，以张紧正时皮带。

㉒ 安装平衡轴皮带、主动皮带轮和下罩。

㉓ 安装曲轴皮带轮，然后拧紧皮带轮螺栓。

㉔ 沿逆时针方向转动曲轴皮带轮 5～6 圈，以使正时皮带位于皮带轮上。

㉕ 调节正时皮带张紧力。

㉖ 确认曲轴皮带轮和凸轮轴皮带轮位于上止点。

㉗ 如果凸轮轴或曲轴皮带轮不在上止点位，则卸下正时皮带，并按照步骤㉘调节其位置，然后重新安装正时皮带。

㉘ 卸下曲轴皮带轮和下罩。

㉙ 调整曲轴皮带轮，使 1 号活塞位于上止点。

㉚ 通过安装一支 M6 × 1.0 螺栓，将正时皮带调节臂锁定到位。

㉛ 将调节螺母拧松 2/3～1 圈，然后验证平衡轴皮带调节是否已运动自如。

㉜ 推动张紧轮，使平衡轴皮带不再张紧，然后重新拧紧调节螺母。

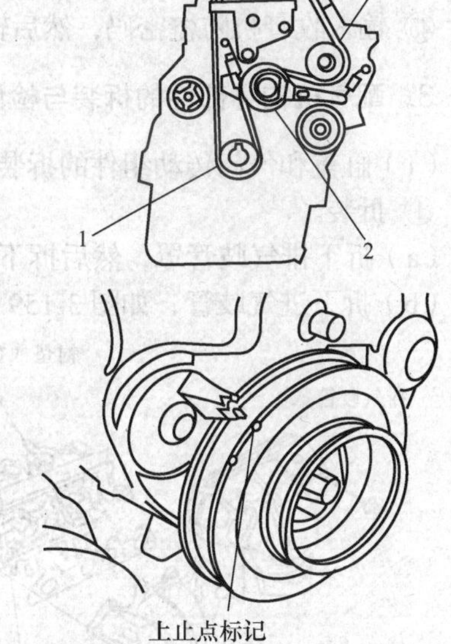

图 3-155　正时皮带安装顺序

1—正时皮带主动轮；2—调节皮带轮；3—水泵皮带轮；4—凸轮轴皮带轮

㉝ 使用专用工具找正后平衡轴皮带轮，将专用工具插入维修孔以固定后平衡轴，如图 3-156 所示。

㉞ 如图 3-157 所示，将前平衡轴皮带轮上的凹槽与油泵体上的标记对齐。

㉟ 安装平衡轴皮带，拧松调节螺母 2/3～1 圈以张紧平衡轴皮带。

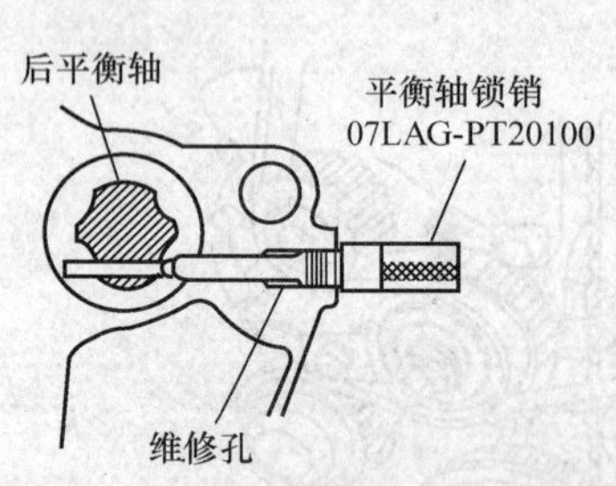

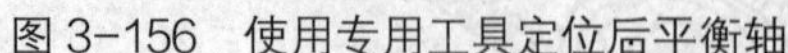

图 3-156 使用专用工具定位后平衡轴

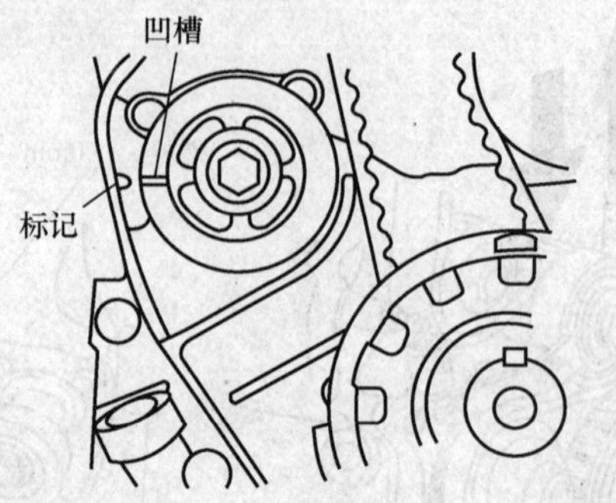

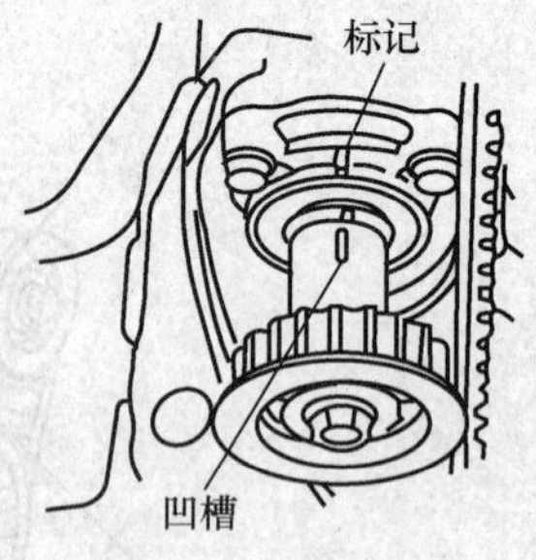

图 3-157 前平衡轴对正

㊱ 从后平衡轴上取下专用工具，然后安装 12mm 密封螺栓。

㊲ 安装曲轴皮带轮，然后拧紧皮带轮螺栓。

㊳ 沿逆时针方向转动曲轴皮带轮约 1 圈，然后拧紧调节螺母。

㊴ 从正时皮带调节臂拧下 6×1mm 螺栓。

㊵ 检查下罩的橡胶密封带是否有裂纹和其他损坏。

㊶ 卸下曲轴皮带轮，然后安装下罩。

㊷ 在调整螺母上安装橡胶密封件。注意：不要拧松调整螺母。

㊸ 安装曲轴皮带轮，然后拧紧皮带轮螺栓。

㊹ 安装完毕后，调节每条皮带的张紧力，即调整交流发电机皮带、空调（A/C）压缩机皮带和动力转向泵皮带的张紧力。

㊺ 输入收音机防盗密码，然后输入用户无线电台预置钮的频率。

3. 配气机构零部件的拆装与检修

（1）缸盖和气门传动组件的拆装与检测

① 拆装。

（a）拆下排气歧管罩，然后拆下排气歧管，如图 3-158 所示。

（b）拆下进气歧管，如图 3-159 所示。

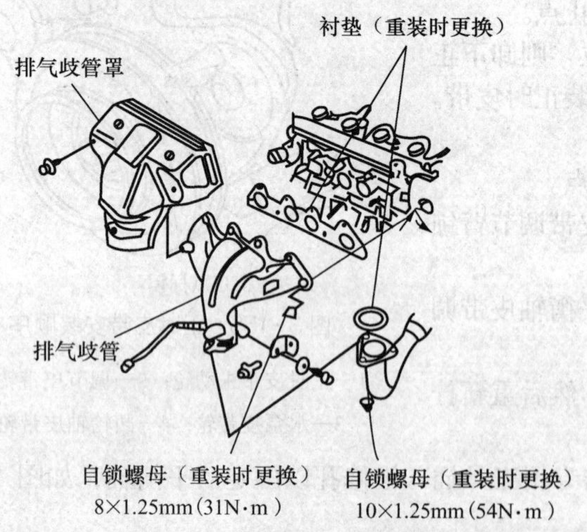

图 3-158 拆下排气歧管

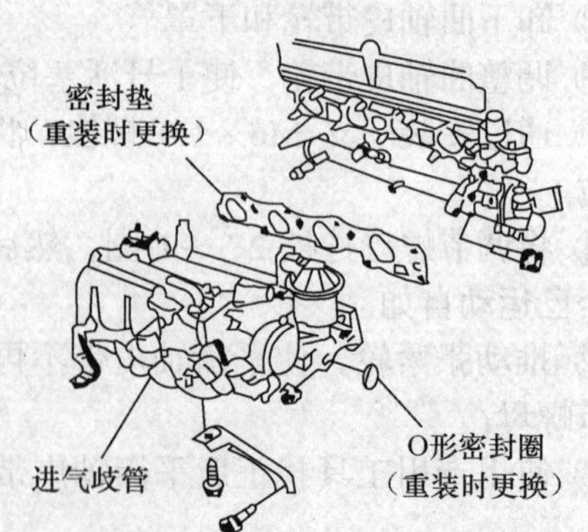

图 3-159 拆下进气歧管

（c）旋松调节螺钉，然后卸下螺栓以及摇臂总成。以十字交叉形式，每次拧松凸轮轴托架螺栓

2 圈（见图 3-160），以防损坏气门或摇臂总成。在拆卸摇臂总成时，切勿卸下凸轮轴托螺栓。这些螺栓的作用是将弹簧和摇臂以及轮轴托架固定在凸轮轴上，一旦卸下将全部散开。

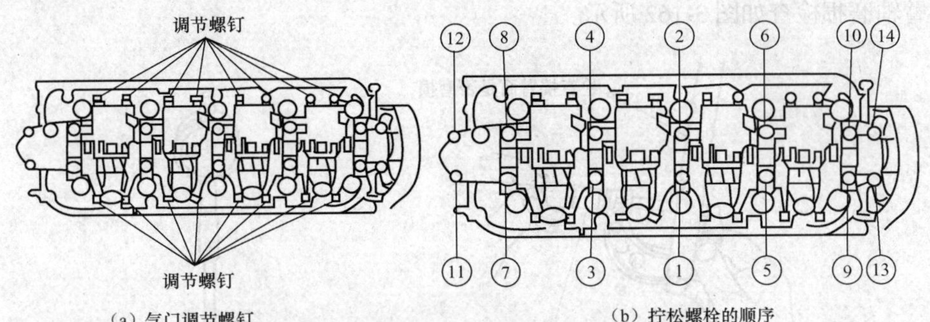

（a）气门调节螺钉　（b）拧松螺栓的顺序

图 3-160 调整螺钉位置与摇臂坚固螺栓拧松顺序

（d）分解摇臂总成。将每个拆下的零件都做上记号，以确保重新安装时能将其安装到原来的位置。若使用旧摇臂轴应该对应放回原位。组装之前，应将各零件在溶剂中清洗干净、晾干，并在接触表面涂上洁净的润滑油。图 3-161 所示为 F22B1 型发动机进排气摇臂分解图。

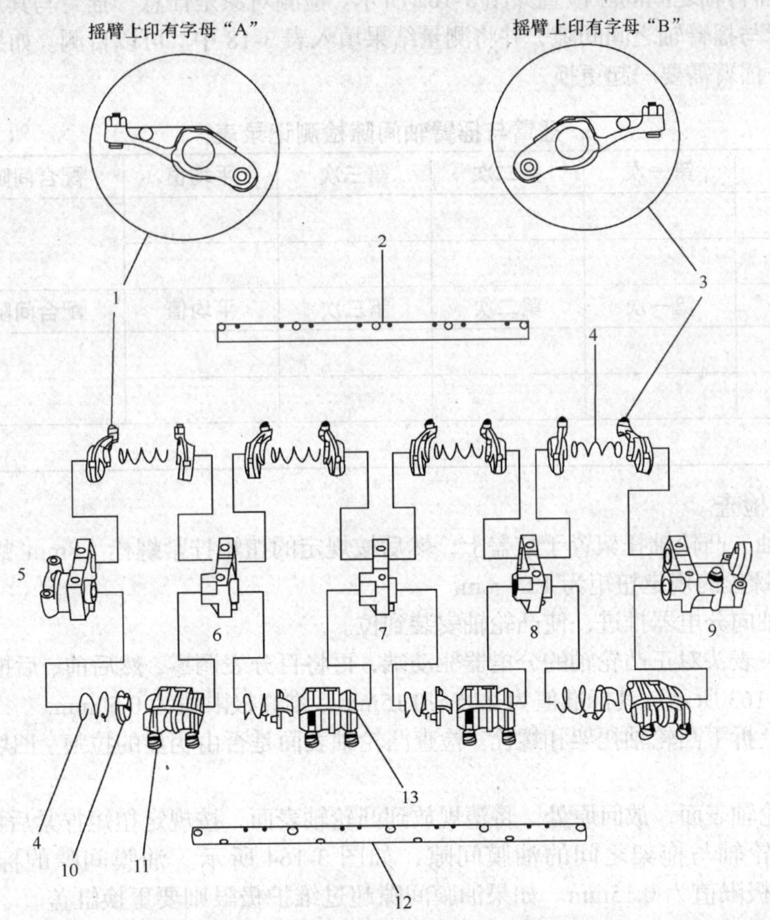

图 3-161 F22B1 型发动机进排气摇臂分解图

1、3—排气摇臂；2—排气摇臂轴；4—弹簧；5—1 号凸轮轴托架；6—2 号凸轮轴托架；7—3 号凸轮轴托架；8—4 号凸轮轴托架；9—5 号凸轮轴托架；10—正时板；11—进气摇臂总成；12—进气摇臂轴；13—橡胶箍带

② 检测。

（a）进排气摇臂与摇臂轴的检查。

- 摇臂轴磨损检查如图 3-162 所示。

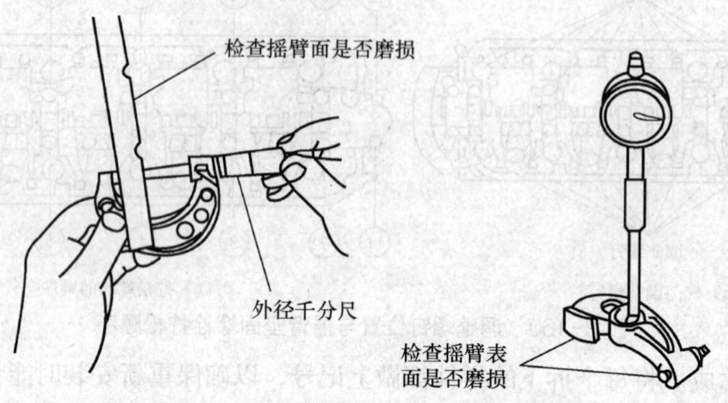

图 3-162 检查摇臂及摇臂与摇臂轴间隙

- 摇臂与摇臂轴之间间隙检查如图 3-162 所示。检测对象是任意一摇臂与其对应的摇臂轴。重复测量所有摇臂与摇臂轴之间间隙，并将测量结果填入表 3-18 中。可以目测。如果任何一进气摇臂有磨损，则 3 个摇臂需要一起更换。

表 3-18 摇臂与摇臂轴间隙检测记录表 （单位：mm）

进气门	第一次	第二次	第三次	平均值	配合间隙	维修范围
摇臂轴直径						0.026/0.080
摇臂内径						
排气门	第一次	第二次	第三次	平均值	配合间隙	维修范围
摇臂轴直径						0.018/0.080
摇臂内径						
结论：						

（b）凸轮轴检查。

- 将凸轮轴、凸轮轴托架置于缸盖上，然后按规定的扭矩拧紧螺栓。8mm 螺栓的规定扭矩为 22N · m，6mm 螺栓的规定扭矩为 12N · m。
- 将凸轮轴向分电器推进，使凸轮轴安装到位。
- 将百分表表头对正凸轮轴的分电器驱动端，再将百分表调零，然后前、后推动凸轮轴测量轴向间隙，如图 3-163 所示。其标准值为 0.05～0.15mm，维修极限值为 0.50mm。
- 从缸盖上拆下凸轮轴托架和螺栓。检查凸轮轴表面是否由明显的拉痕、凹坑、凸坑或严重磨损，有则更换。
- 清理凸轮轴表面，放回原处。将塑规放到凸轮轴表面，按规定扭矩拧紧后再拆卸。
- 测量凸轮轴与拖架之间的油膜间隙，如图 3-164 所示。油膜间隙的标准值为 0.050～0.089mm，维修极限值为 0.15mm。如果油膜间隙超过维护极限则要更换缸盖。

如果油膜间隙合格，再检查凸轮轴总振摆，如图 3-165 所示。凸轮轴总振摆的标准值应小于 0.03mm，维修极限值为 0.04mm。

- 测量凸轮轴凸起部位高度，如图 3-166 所示。

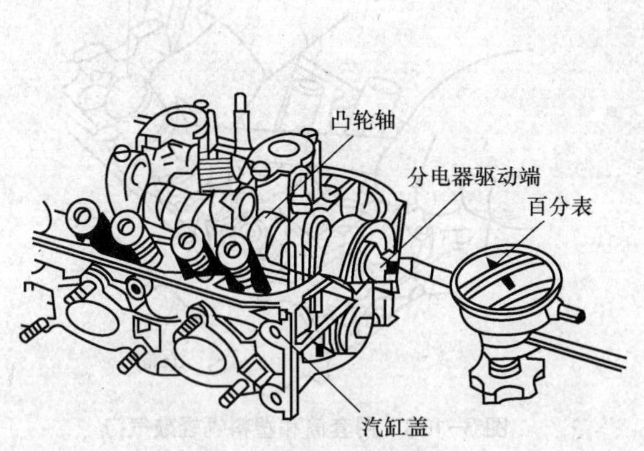

图 3-163 测量凸轮轴轴向间隙时百分表安装位置

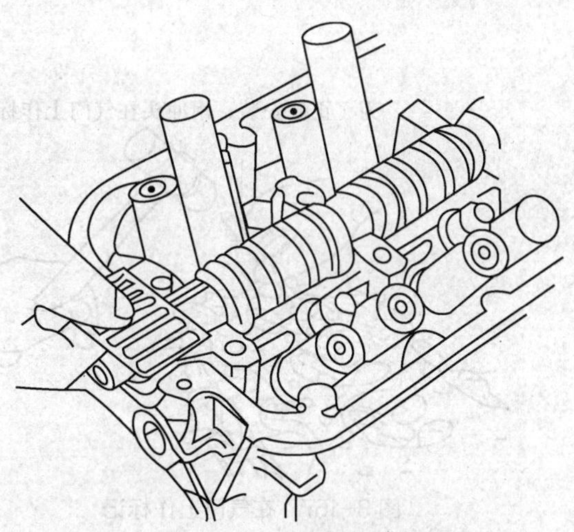
图 3-164 用塑胶量规测量凸轮轴与托架之间的油膜间隙

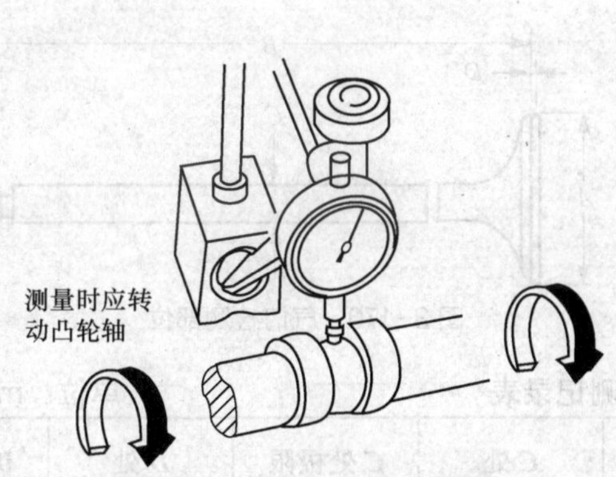

图 3-165 凸轮轴总振摆测量

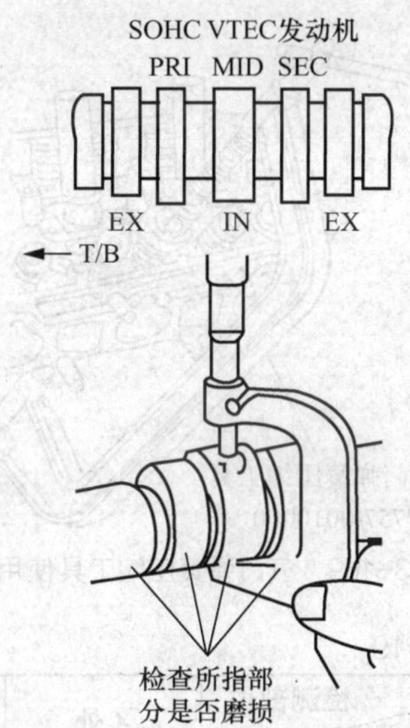

图 3-166 凸轮轴升程测量与检查

凸轮轴凸起部分高度（升程）标准值如下：

进气 PRI——37.775mm；进气 MID——39.725mm；

进气 SEC——34.481mm；排气——38.366mm。

磨损不得超过 0.050mm，否则应更换。

（2）气门组件拆装和零部件检测

① 气门和气门弹簧的标记。对气门和气门弹簧做标记，以方便将每个部件重新装回原来位置。常用合金冲头依次在每个气门上冲点，进气门冲在气门中间，排气门冲在边缘，如图 3-167 所示。注意用力要适当，以防损坏气门。

② 气门锁片的拆卸。使用合适的套筒和塑料锤轻敲气门座圈，以便松开气门锁片，如图 3-168 所示。

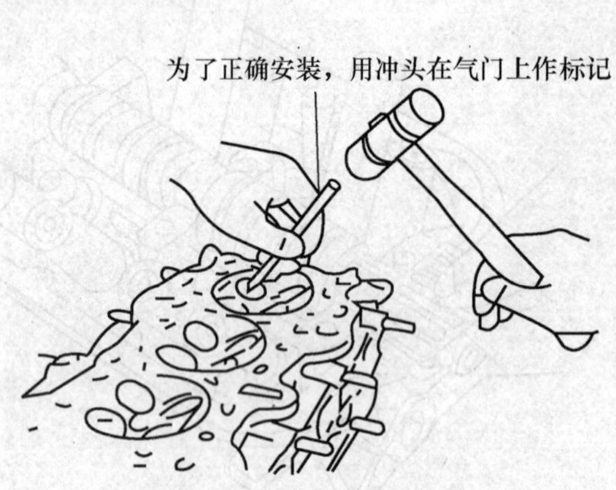

图 3-167　在气门上作标记

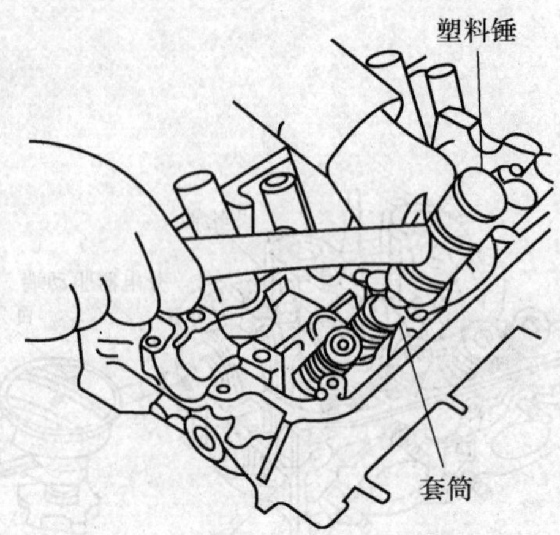

图 3-168　用套筒和塑料锤轻敲气门

用气门弹簧压缩工具压紧弹簧，并卸下气门锁片，如图 3-169 所示。

③ 气门尺寸的检测。气门尺寸的检测如图 3-170 所示，取任意一气门检测后将结果填入表 3-19 中。

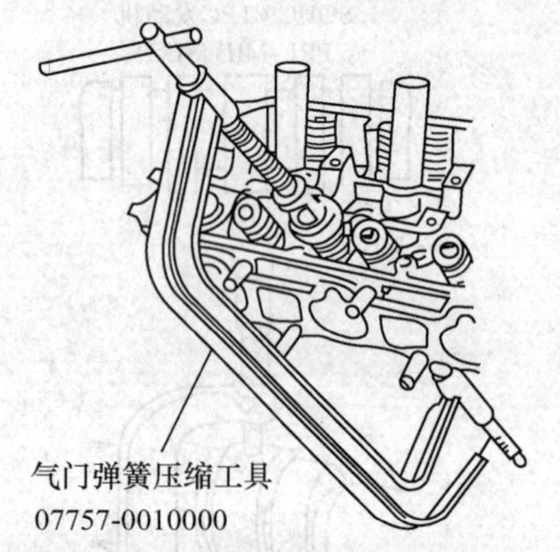

图 3-169　气门弹簧压缩工具使用

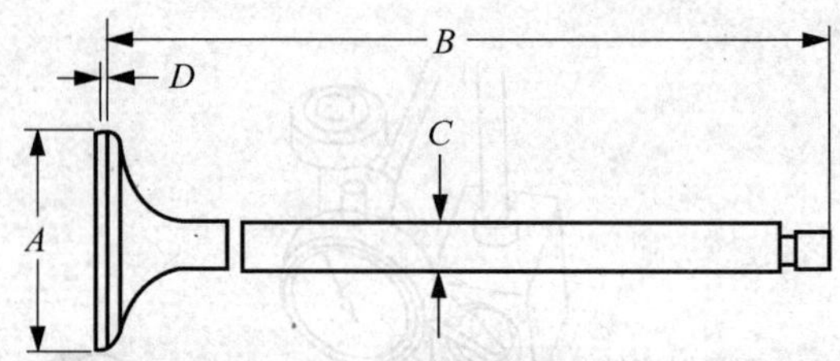

图 3-170　气门检测部位

表 3-19　　气门检测记录表　　（单位：mm）

检测部位 标准与实测	*A* 处	*B* 处	*C* 处	*C* 处极限	*D* 处	*D* 处极限
进气门标准	33.85/ 34.15	114.85/ 115.15	5.485/ 5.495	5.455	0.850/ 1.150	0.650
排气门标准	28.95/ 29.015	112.85/ 113.15	5.450/ 5.460	5.420	1.050/ 1.350	0.95
进气门检测						
排气门检测						
结论：						

④ 气门导管与气门之间间隙的检查。将气门从气门座向外伸出 10mm，对气门导管与气门之间的间隙进行检查，如图 3-171 所示。

用百分表测量导管与气门挺杆之间的间隙，同时沿正常推力方向摇动气门挺杆；也可以用内径百分表和千分尺的组合来测量气门导管与气门之间间隙。沿着气门挺杆选 3 个地方测量，另外在气门导管内选 3 个地方测量。导管的最大测量值与气门挺杆的最小测量值之间的偏差不应超过维修极限值。

进气门标准值为 0.04～0.09 mm，极限值为 0.16 mm；

排气门标准值为 0.11～0.16 mm，极限值为 0.24 mm。

取任意一气门与其对应的气门导管进行检测，测量 3 次以上，取其平均值为测量结果，如果测量结果超过维修极限值，则换用新的气门，并重新进行检查。如果测量结果在维修极限值之内，则换用新气门重新组装。如果测量结果仍然超过维修极限值，则有必要更换气门和气门导管。

图 3-171　检查气门与气门导管之间间隙

⑤ 气门导管的更换。在更换气门导管之前应该将缸盖加热到 150℃。必要时可使用气锤敲打某些导管，以将其拆下，如图 3-172 所示。从缸盖底部拉出气门导管，将新气门导管冲至规定的深度。

如图 3-173 所示，气门导管安装后，进气门导管的高度为 21.20～22.20mm，排气门导管的高度为 20.63～21.63mm。

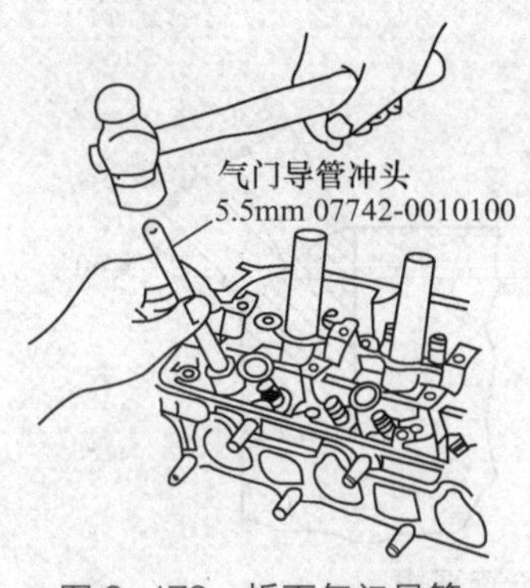

图 3-172　拆下气门导管

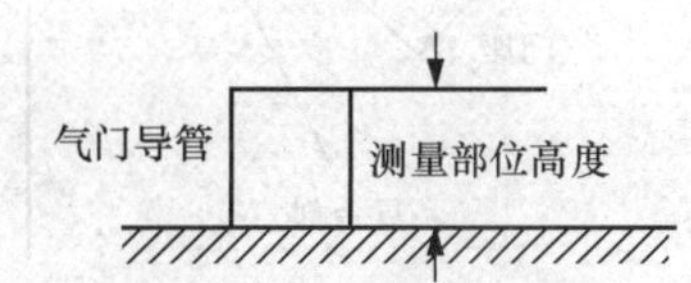

图 3-173　气门导管安装高度

对新的气门导管要进行铰孔，来调整它与气门之间的间隙。将铰刀和气门导管涂上清洁的切削润滑油，沿顺时针方向旋转铰刀，绕气门导管孔一周。如图 3-174 所示，继续沿顺时针方向旋转铰刀几周，然后将铰刀从孔内取出。用去污剂和水彻底清洗导管，以去除切削残留物。检查导管与气门间的间隙，确认气门在进气和排气气门导管内不用加压就可以滑动。

⑥ 气门座的检修。首先擦干净气门座，如果气门座上有积炭应先磨掉。在新的气门上涂上一层红色复合剂，如图 3-175 所示。放入气门导管中旋转移动，观察在气门座上的红痕迹是否连成均匀的线带，如果出现断续则应多气门座进行修复。小心地铣出 45° 座面，只削去多余的材料，以确保气门座光滑、同心。

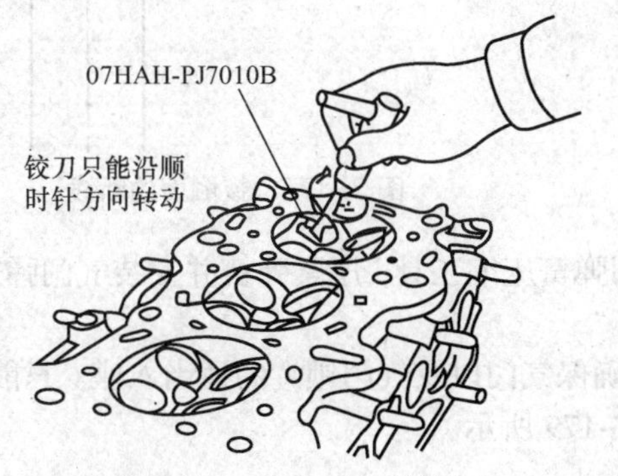

图 3-174　气门铰刀的使用

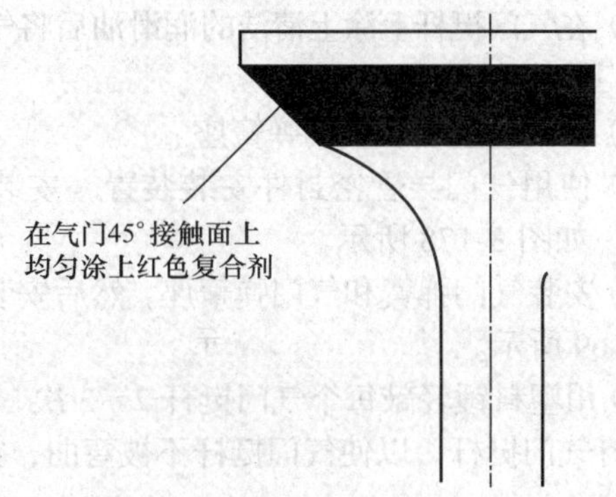

图 3-175　在新气门上涂复合剂

使用 30° 的铰刀斜削出气门座上角，使用 60° 的铰刀斜削出气门座下角。检查气门座宽度并随时作调整。再使用 45° 铰刀再轻轻铰一次，去除带刺的毛刺。

气门座宽度的标准值为 1.25～1.55mm，维修极限为 2.00mm。

重修气门座表面之后，检查气门贴合面是否平滑；在气门面擦抹上红复合剂，将气门插入缸盖原来的位置，然后吊起再放下数次，使其紧贴气门。检查使用的红复合剂的实际贴合面是否在气门座的中央。如果太高（贴近气门杆），则必须用 60° 铰刀进行第二次修整，将其削低，然后用 45° 铰刀修整，以恢复气门座宽度。如果太低（靠近气门边缘），则必须用 30° 铰刀进行第二次修整，将其削高，然后用 45° 铰刀修整，以恢复气门座宽度，直到红复合剂的实际贴合面在气门座的中央，如图 3-176 所示。

用气门研磨气动枪研磨新的铰削面，直到气门上出现均匀的印痕。在磨削的过程中要及时地清掉落入气门导管内的研磨沙。洗干净气门和气门座，旋入火花塞，在缸盖燃烧室内注入少量汽油，在 3min 内观察是否从进排气门处渗漏出。接触面不得出现断线现象，否则还要修复，如图 3-177 所示。

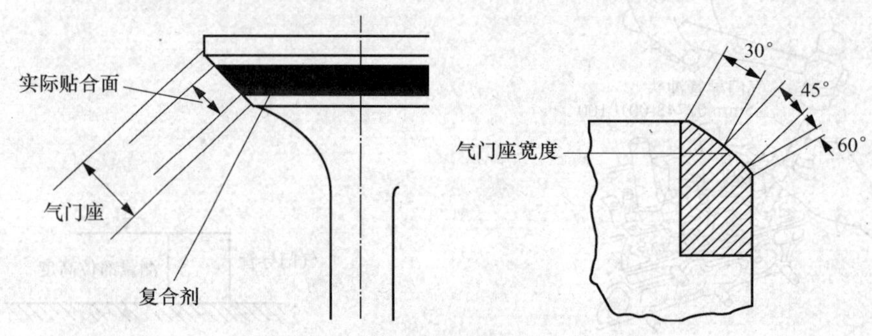

图 3-176 气门与气门座实际贴合面要求

⑦ 气门弹簧的检查。

（a）检查气门弹簧是否有断裂。

（b）检查气门弹簧的定位和垂直度。将气门弹簧底部放在水平面上，将弹簧的底部放在水平表面上。用塞尺或游标卡尺测量弹簧顶不偏离直角尺的距离。进气门弹簧自由长度为 51.03mm，排气门弹簧自由长度为 53.48mm，使用极限值 1mm。

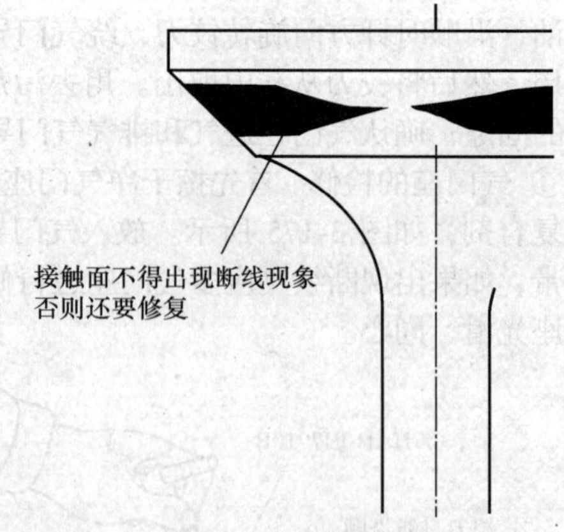

图 3-177 接触面的断线

⑧ 气门、气门弹簧和气门密封件的安装。

（a）在气门挺杆上涂上清洁的润滑油后将气门安装在气门导管中。

（b）在缸盖上安装气门弹簧座。

（c）使用气门导管密封件安装装置，安装气门密封件，如图 3-178 所示。

（d）安装气门弹簧和气门弹簧座，然后安装气门弹簧压缩工具，压紧弹簧并安装气门弹簧锁片，如图 3-169 所示。

（e）用塑料锤轻敲每个气门挺杆 2～3 次，以此确保气门以及气门锁片的适当入座。只能沿轴线方向敲打气门挺杆，以使气门挺杆不被弯曲，如图 3-179 所示。

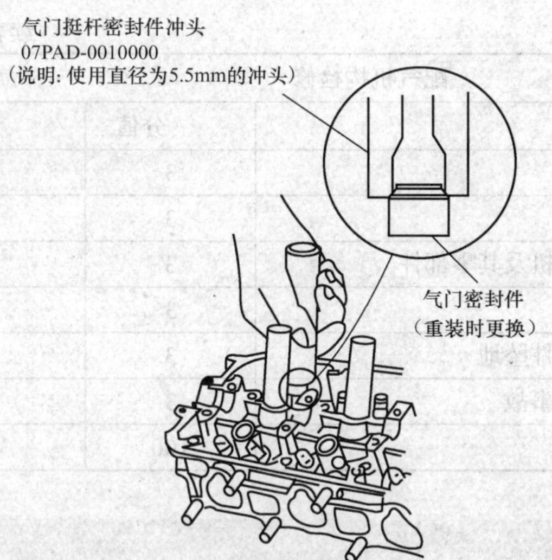
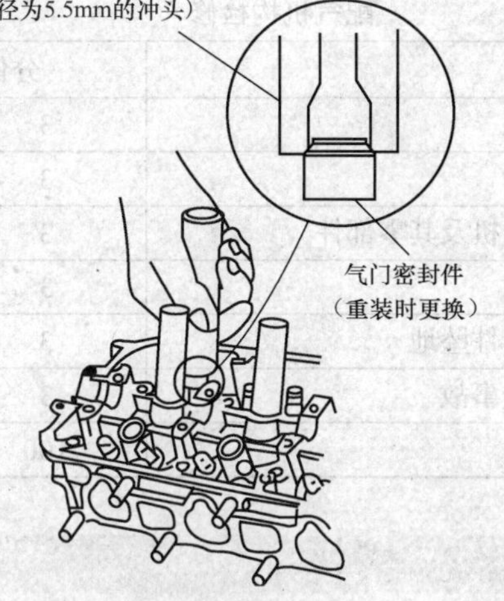

图 3-178　安装气门密封件

图 3-179　塑料锤轻敲每个气门挺杆

四、工作质量评价

将配气机构检修的工作质量评价填入表 3-20 中。

表 3-20　　　　　　配气机构检修工作质量评价表

质量评价项目/任务	配气机构检修		
	质量评价要点及要求	分值	评分
气门间隙的检查与调整	① 是否正确理解气门间隙检查、调整的条件	4	
	② 能否正确将一缸活塞摇到上止点	4	
	③ 能否正确测量气门间隙	5	
	④ 能否正确调整气门间隙	5	
	⑤ 能否运用二次调整法进行气门间隙调整	6	
正时、平衡轴皮带检查更换	① 正时、平衡轴皮带的外观检查	4	
	② 正时、平衡轴皮带的张紧力调整	6	
	③ 正时皮带的正确拆装	5	
	④ 平衡轴皮带的正确拆装	5	
配气机构零部件拆装及检修	① 进、排气歧管的正确拆装	4	
	② 摇臂总成的正确拆卸并分解及装配	6	
	③ 进、排气摇臂与摇臂轴的检查	5	
	④ 凸轮轴轴向、油膜间隙及振摆量的检查	6	
	⑤ 使用专用工具进行气门的拆装	5	
	⑥ 气门的正确检测	6	
	⑦ 气门与气门座密封带的检查及正确绞磨	6	

续表

质量评价项目/任务	配气机构检修		
质量评价要点及要求		分值	评分
安全/环保意识	① 是否正确着装工作服	3	
	② 地面是否有机油滴漏	3	
	③ 是否用榔头敲击发动机及其零部件	3	
	④ 橡胶类零件是否粘油	3	
	⑤ 装配过程中是否有零件坠地	3	
	⑥ 操作过程是否有安全事故	3	
合　计		100	

五、考核建议与结果展示

1. 考核建议

关于本任务的考核与评价，应该侧重于以下几点。

① 工作方案质量。

② 工作过程（进行过程考核）和技能掌握情况（进行技能考核）。

③ 任务工单完成情况（进行知识考核）。

④ “5S”规范执行情况（考核职业素养）。

2. 学生应展示的结果

① 班组制定的本任务实施方案。

② 配气机构主要零部件检修记录和检测分析结论报告。

③ 发动机各缸气门间隙检查记录与结论报告。

④ 教师布置的任务工单和任务实施总结报告。

3. 思考与练习

① 简述发动机配气机构的组成、功用。

② 通过查阅相关资料，制定桑塔纳 AJR 发动机配气机构的拆装和检修方案。

③ 简述配气机构常见故障现象与可能原因。

④ 简述逐缸调整法与两遍法检调气门间隙的要点。

⑤ CA488 型发动机凸轮轴的传动方式为齿带传动，在其使用过程中必须作定期的维护与调整，否则会出现正时齿带（简称齿带）跳齿现象，以致产生发动机难以起动、加速不良、功率不足、燃油消耗增加等故障。试分析跳齿可能原因，并讨论预防方法。

六、知识与思维拓展

1. 桑塔纳轿车发动机配气机构的拆卸与装配

桑塔纳 JV 发动机、桑塔纳 2000 型 AFE 发动机以及一汽奥迪 100JW 发动机配气机构结构基本相同，均采用同步齿形带驱动的单根顶置凸轮轴、单列顶置气门、液压筒形挺柱、直顶式配气机构。

（1）拆卸

桑塔纳 JV 发动机配气机构的拆卸应在专用的拆装架（VW540）上进行。拆卸时，应使用专用工具，先拆除发动机各附件，然后按照由外到内的顺序进行分解，其具体步骤如下。

拆下曲轴皮带轮；拆除齿形带上、下防护罩；松开齿形带张紧轮，取下齿形带，拆下张紧轮；拧下曲轴齿带轮紧固螺栓，拆下曲轴齿带轮；拧下中间轴齿轮紧固螺栓，拆下中间轴齿轮；拧下气门罩盖的紧固螺母，取下加强条、气门罩盖、挡油罩及密封衬垫；按顺序拧下缸盖紧固螺栓，取下气缸盖；从气缸盖上拆下凸轮轴各道轴承盖的紧固螺母（注意顺序），取下轴承盖及凸轮轴，轴承盖按顺序排列或打上装配标记，不得错乱；取出液压挺柱，按顺序排列或在内壁上做出标记；用专用工具压下气门弹簧，取出气门锁片、气门弹簧座、气门弹簧、气门油封及气门，各组件按顺序摆放好，不得错乱。图 3-180 所示为其配气机构正时侧的具体分解图。

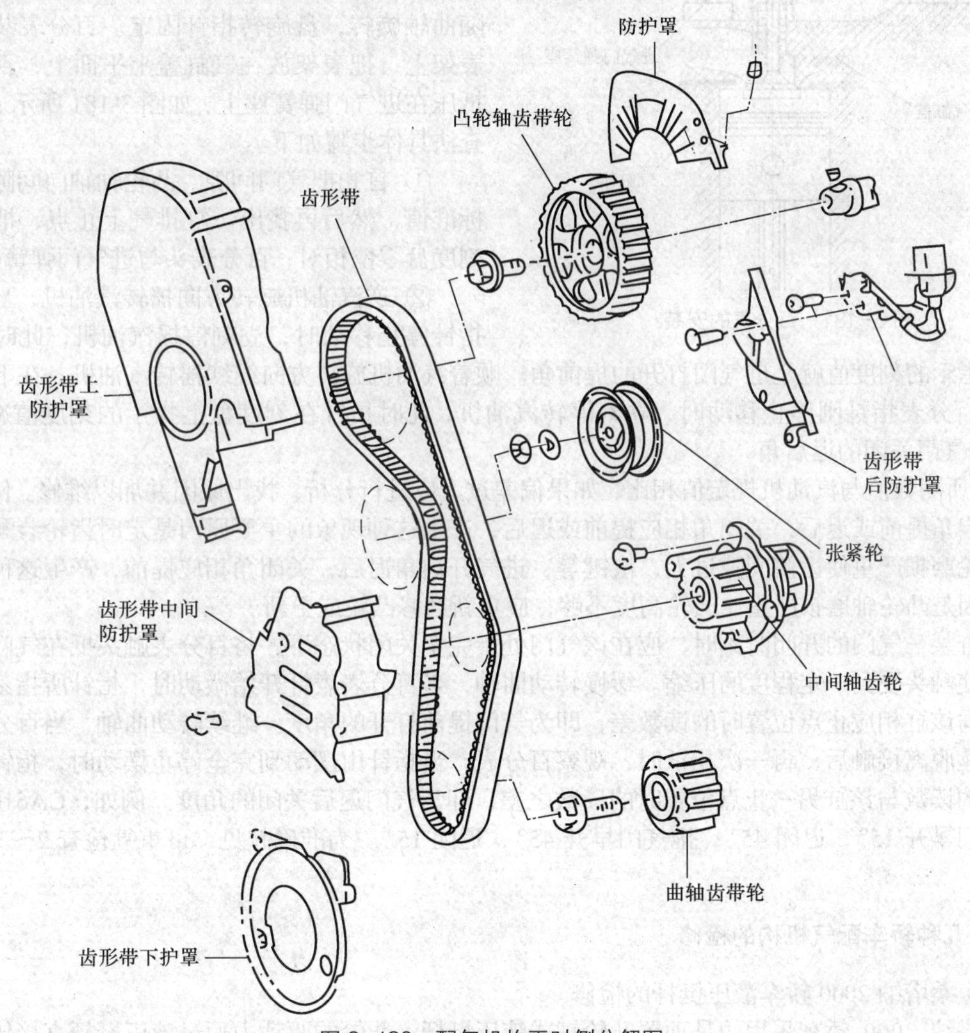

图 3-180 配气机构正时侧分解图

（2）装配

配气机构的装配按拆卸时的相反顺序操作，并应注意以下几点：装配前必须对零部件进行清洗、检验；气门组件、液压挺柱、凸轮轴轴承盖等部件必须按原位装入，不得装错；各紧固件必须按规定顺序和扭紧力矩拧紧；安装齿形带时，必须使凸轮轴齿形带轮上的标记与气门罩盖平面平齐。

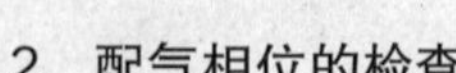

2. 配气相位的检查

配气相位失准会使着火声音异常、冒烟和功率下降等。在使用过程中除装配失误外，因配气机构一些零件的磨损也会改变配气相位。因此，必须定期检查配气相位。

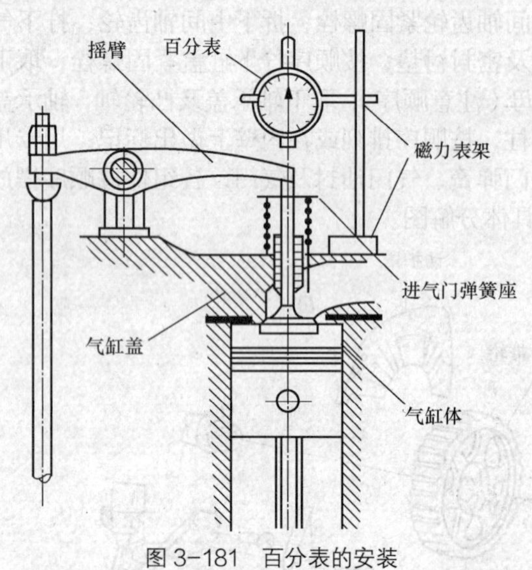

图 3-181 百分表的安装

配气相位的检查方法有两种：一种是动态检查法，就是汽油机着火运转时测定配气相位，这种检查需要一定设备；另一种是静态检查法，就是汽油机熄火后，用百分表和角度盘来检查配气相位。角度盘可以固定，也可随曲轴旋转；可固定在汽油机前端，也可固定在后端。盘固定指针随曲轴旋转，盘旋转指针固定。百分表装在磁力表架上，把表架放在气缸盖上平面上，百分表头抵压在进气门弹簧座上，如图 3-181 所示。静态检查法具体步骤如下。

① 首先把气门间隙、凸轮轴轴向间隙调整到标准值，然后再找出一缸排气上止点，把指针与刻度盘零位相对；百分表头与进气门弹簧座相抵。

② 逆汽油机旋转方向摇转汽油机，当百分表指针停止移动时，立刻停摇汽油机，此时指针在刻度盘指示的刻度值就是进气门打开的提前角。顺着汽油机旋转方向继续摇转汽油机，在下止点后也是在百分表指针刚停止移动时，立刻停转汽油机，此时指针在刻度盘上指示的刻度值减去 180°就是进气门关闭的迟后角。

③ 所测数值与汽油机规定值相比，如果偏差过大应进行分析，找出原因并加以维修。例如，进气门开启角提前或迟后，关闭角相应提前或迟后，产生这种现象的主要原因是定时齿轮装配记号失准，齿轮磨损严重使齿侧间隙过大，滚键等；进气开启角迟后，关闭角相应提前，产生这种现象的主要原因是凸轮轴磨损严重，凸轮高度不够，应重新磨修凸轮或更新。

检查某一气门的开闭时刻时，应在该气门处于完全关闭状态下，将百分表触头抵在气门弹簧座上，并使触头受到一定程度的压缩。缓慢转动曲轴，当百分表表针开始微动时，指针所指刻度盘上的读数与该缸相应止点位置时的读数差，即为气门提前打开的角度。继续转动曲轴，当百分表触头与弹簧座脱离接触后，再一次相抵时，观察百分表，当指针由摆动到完全停止摆动时，指针所指刻度盘上的读数与该缸另一止点位置时的读数之差，即为气门迟后关闭的角度。例如，CA6102 发动机进气门早开 15°，迟闭 45°；排气门早开 45°，迟闭 15°。为准确起见，可重复检查 2～3 次，取平均值。

3. 几种轿车配气机构的检修

（1）桑塔纳 2000 轿车液压挺杆的检修

桑塔纳 2000 轿车采用的是顶置凸轮轴式液压挺杆，凸轮的驱动力通过液压挺杆直接传递给气门，使气门的开闭更及时。这种结构具有工作噪声小、不需检查与调整气门脚间隙等优点，工作可靠。但随着汽车行驶里程的增加，气门挺杆会因机械磨损或挺杆内腔进入空气等原因而出现异响等故障。

① 液压挺杆工作情况的检测。起动发动机并升温至正常工作温度，将发动机转速提高到 2500r/min 并运转约 2min。若液压挺杆处一直有异响，则应熄火停机进行以下检查。一查机油的数

量和质量，若机油量不足应补充，若机油过脏、黏度不合要求应更换。二查自由行程，拆下气门室罩，检查所有凸轮尖向上（即气门处在关闭状态）时液压挺杆的自由行程。用木棒压下挺杆，用厚薄规测量气门打开之前挺杆的自由行程，此值应小于等于 0.1mm，否则，应更换液压挺杆。当凸轮尖顶压挺杆时，可转动曲轴使凸轮尖向上后，再按照以上的方法逐个检查。

② 液压挺杆与凸轮接触面的检查。该接触面即液压挺杆的端面，如果有轻微的凹坑、磨痕、麻点等，可将它在磨床上磨平。若上述现象较严重，则应更换新的液压挺杆。

③ 挺杆体圆柱工作面的检查。当圆柱工作面磨损严重或出现沟槽时，应更换新挺杆。检查时，还应注意挺杆体在其导孔内能否上下滑动自如，有无卡滞现象。如果有上述情况也应更换新的液压挺杆。

④ 挺杆体与导孔配合间隙的检测。用外径千分尺测量挺杆体外径，用内径千分尺测量导孔内径，两者数值之差即为其配合间隙，其极限值应不超过 0.1mm。如果间隙过大，则应更换液压挺杆。

⑤ 液压挺杆柱塞与柱塞套密封性的检测。先将清洗后的液压挺杆浸泡在汽油或柴油中，用力压缩（可就地取材，例如，用气门杆等）柱塞若干次，以排出腔体内的空气。将排净空气后的挺杆放置在泄漏回降试验台上，在手柄上施加 196N 的力，先使柱塞套下降 2mm，然后再测它下降 1mm 所需的时间，此值应在 7～10s。若小于 7s，说明柱塞与柱塞套配合间隙过大；若大于 10s，说明柱塞有卡滞现象。若泄漏回降试验不符合标准，则应更换新的液压挺杆。

液压挺杆检修时应注意以下几点。挺杆不可互换，应按原位装回；挺杆装复前应排尽空气（方法与泄漏回降试验之前的操作相同），否则会引起液压挺杆异响。此外，发动机在使用中，应加注规定牌号的优质润滑油，并及时清洁或更换机油滤清器滤芯，保持润滑系正常的油压，以使液压挺杆正常工作，减少磨损，延长其使用寿命。

（2）桑塔纳 2000 轿车气门导管的检查与更换

将气门杆插入到导管中，使气门杆末端与导管平齐。用百分表检查气门杆有无晃动现象，如图 3-182 所示。进气门杆在导管中晃动量最大为 1.0mm，排气门杆在导管中晃动量最大为 1.3mm。

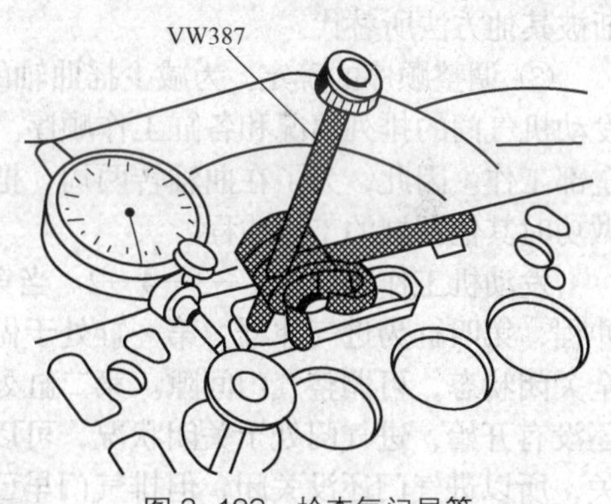

图 3-182　检查气门导管

如果在修理工作中更换了气门，则应对新气门杆与气门导管配合间隙进行测量。

更换气门导管的步骤如下。

① 清洁气缸盖，并检查哪些气门座已不能再修复，当气缸盖已经被修复到最小尺寸时，不适于更换气缸盖上的气门座。

② 用专用工具 3121 压出磨损的气门座，将不带轴肩的气门导管从气缸盖端压出，将带轴肩的气门导管从燃烧室端压出。

③ 将新的气门导管涂上油后，从凸轮轴端压入冷的气缸盖。安装带轴肩的气门导管，不要使压力大于 9.8kN，否则轴肩容易断裂。

（3）富康轿车发动机气门间隙检查与调整

① 气门间隙的调整原则。气门间隙的调整应在气门完全关闭的状况下进行，也就是摇臂和凸轮接触的一端要落在凸轮的基圆部位上。为了确保调整准确，考虑到各方面可能引起的误差，要求正在进、排气，将要进、排气，刚刚进完气、刚刚排完气时都不能进行气门间隙调整，这要特别注意。

气门间隙的调整应在发动机零件温度和当时的室温一致时进行。

② 气门间隙的调整方法。在发动机总装时，汽车运行 25 000km 左右时，发动机气门响声较大

时等都要对气门间隙进行检查和调整。

气门间隙调整，可用逐缸法，或两次调整法，具体调整部位如图 3-183 所示。无论是进气门还是排气门，气门间隙的正常值均应该介于 0.2～0.4mm。

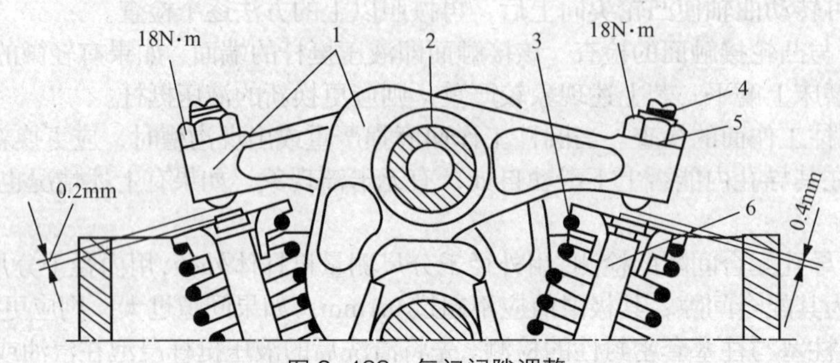

图 3-183 气门间隙调整

1—气门摇臂；2—摇臂轴；3—气门弹簧；4—气门间隙调整螺钉；5—锁紧螺母；6—气门杆

调整之前，首先把该缸活塞摇到做功冲程的上止点处，才能确保此缸气门完全处于关闭状况。

调整时，拧松锁紧螺母 5，旋动调整螺钉 4，使螺钉球面端和气门杆 6 的顶端达到所要求的间隙，然后拧动锁紧螺母锁住已调整好的调整螺钉位置，再检查气门间隙是否准确，直到合格为止。

最简单的气门间隙调整法为逐缸调整法，即把每缸活塞摇到做功冲程上止点后，就可调整这个缸进、排气门的气门间隙。有多少个缸就要摇动曲轴多少次。这种方法简单、准确，但因繁杂而逐渐被其他方法所替代。

③ 调整顺序的确定。为减少摇曲轴的次数和时间，确定好所调缸气门活塞位置后，还必须了解发动机气门的排列情况和各缸工作顺序。这样不管发动机有多少个缸，都可在曲轴转两周完成调整全部工作。因此，为了在曲轴转两周，把所有气门间隙调整完毕而且准确无误，必须了解当一个缸做功时其他各缸的工作冲程。

发动机工作顺序为 1—3—4—2。当第一缸处于做功冲程时，第二缸为排气冲程，第三缸为压缩冲程，第四缸为进气冲程。第一缸处于做功冲程上止点时，第一缸是做功开始，进、排气门处于完全关闭状态，可调整气门间隙。第二缸处于排气开始，排气门开启，不能调整排气门间隙；但进气还没有开始，进气门处于关闭状况，可以调整进气门间隙。第三缸压缩冲程刚开始，由于进气门晚关，所以进气门还没关闭，但排气门早已关闭，所以排气门间隙可以调而进气门间隙不能调。第四缸进气刚开始，但因排气门晚关，而且是进、排气门同时开启的气门重叠期，因此进、排气门均不可调。综上所述：在第一缸处于做功冲程活塞上止点时可以调整第一缸进、排气门；第二缸进气门；第三缸排气门的气门间隙，占 8 个气门的一半。

当曲轴转动 360° 后，第四缸处于做功冲程开始，第一缸是气门重叠期。同理可以分析出：第一缸因进气、排气都在重叠进行，则进、排气门间隙都不能调整；第二缸排气门间隙可以调整；第三缸进气门间隙可以调整；第四缸两个气门都可调整。所以在此时另外 4 个气门间隙都调整了。

用上述方法同样可以进行准确调整，且对于多缸发动机也只在转动一次曲轴的两个位置上进行，这就是应用非常普及的气门间隙二次调整法。

4. 配气机构故障诊断检修实例

（1）北京切诺基气门脚异响的故障诊断

故障现象：一辆 2005 年的北京切诺基，配备 V 形 6 缸、SOHC、12 气门、顺序式多点喷射汽油机。发动机在怠速及低速时发出“嗒、嗒”的响声；转速高于 1800r/min 后不再发出响声；减速时响声明显，且转速为 1200r/min 时特别明显。

故障检查及分析：从异响部位及节奏上判断，应为气门液压挺杆响。将发电机熄火，在发动机旁可听到“嘀嗒”声。拆下气门室盖，将手指放在气门弹簧座上感觉有无震动。发现在熄火后出现“嘀嗒”声时，有一个缸的进气门弹簧正在一点点逐渐回位，这说明该缸的液压挺杆的柱塞偶件磨损过度，造成机油泄漏量过大。

故障排除：更换该液压挺杆，故障排除。

（2）一汽大众宝来发动机怠速抖动的故障诊断

故障现象：一辆一汽—大众公司制造的宝来 1.8T AT 轿车，行驶里程 8000km，怠速轻微抖动，挂倒挡抖动增大。

故障检查与分析：首先用 VAS5051 检测 01-08-16 数据块，看到 4 缸失火 40 余次，1、2、3 缸空无失火记录。分析是 4 缸点火线圈或喷油器故障，但将 1 缸的点火线圈和喷油器与 4 缸对调后故障依旧存在。再者，测量 1、2、3 缸的气缸压力均为 11～12bar(1bar=100kPa)，测量 4 缸压力 7bar，此值低于下限值。根据诊断过程怀疑第 4 缸气门关闭不严，混合气不能充分燃烧，做功差。使用 VAS5051 查询到 4 缸失火，这是控制单元根据 4 缸活塞在做功冲程比其它 3 个缸速度慢而作出的判定，其原因不仅是 4 缸没点火，也可能是没喷油或压缩压力低。根据对气缸压力的测量结果分析，本质是 4 缸压缩压力低。

故障排除：拆卸气缸盖，发现 4 缸有 1 个排气门烧蚀，进气门上也有大量积炭。此车行驶 8 万 km 未做过喷油器和进气道清洗，分析排气门烧蚀原因是由于积炭影响散热，导致排气门烧蚀。更换烧蚀的排气门，一切正常。

（3）上海大众波罗冷车起动困难的故障诊断

故障现象：POLO 1.4L（手动挡），行驶里程：12000 公里，车主反映早上着车时车子得打火好几次才能着车，着车之后抖动特别厉害。

故障检查与分析：进入车间，打火两次方可着车，再次起动，一次就可着车。由于车主反映是早上不好着车，所以判断该故障应是在冷车时比较明显。将车停放几小时，待冷车后，再次打火检测，三四次方可着车，车身抖动特别厉害，再细听发动机声音，根据经验判断，该声音是发动机缺缸的声音。

造成缺缸的原因有四种可能：①火花塞需更换；②点火线圈故障；③喷油嘴阻塞；④缸压过低。接上 V.A.G1552 电脑检测仪对发动机各数据进行检测，各数据均在正常的限值范围内。判断该车电脑方面的各传感器等数据是正常的，机械方面的故障可能性较大。经了解，该车在近一年半中只行驶了 12000km，基本用于上下班，很少跑高速。分析可能是由于气门积碳和胶质造成的。但具体原因尚需进一步检测确定。

首先对可能造成发动机缺缸的因素一一进行检测。1552 电脑检测仪显示点火线圈和喷油嘴工作状态正常。对各缸火花塞进行试火测试，火花塞工作正常。最后，打缸压测试，有两个缸的缸压低于标准数值。新车造成缸压低主要是由于进排气门密封不严。这就更进一步确定不好着车与气门积炭有关。用内窥镜观察气门，发现进排气门尤其是进气门上胶质和积炭特别多。

由此确定，正是由于积炭使气门密封不严、燃烧不充分造成的。该车积炭和胶质已经非常严重，用免拆清洗已经不能彻底清除了，所以需拆缸盖清洗积炭。

故障排除：打开发动机缸盖发现积炭已经相当严重，将积炭清除后，重新装配，再次起动（此时为冷车状态），一次即可着车，发动机也不抖了，故障现象消失。

任务四 冷却系统和润滑系统检修

【任务说明】

发动机的冷却系统主要是由风扇、水泵、水套、散热器、百叶窗、节温器、水管、水温表和传感器等组成的，常见故障有发动机过热、发动机温度过低、冷却系统泄漏、工作时有噪声等。发动机在检修过程中需要对冷却系统主要零部件进行检测与维修。

发动机的润滑系统主要是由机油泵、机油滤清器、机油散热器、润滑油道等组成的，常见故障有润滑油压力低、漏油、润滑油压力高、润滑油消耗过多、加油口冒气等。发动机在检修过程中需要对润滑系统主要零部件进行检测与维修，组织本任务实施的导向图如图3-184所示。

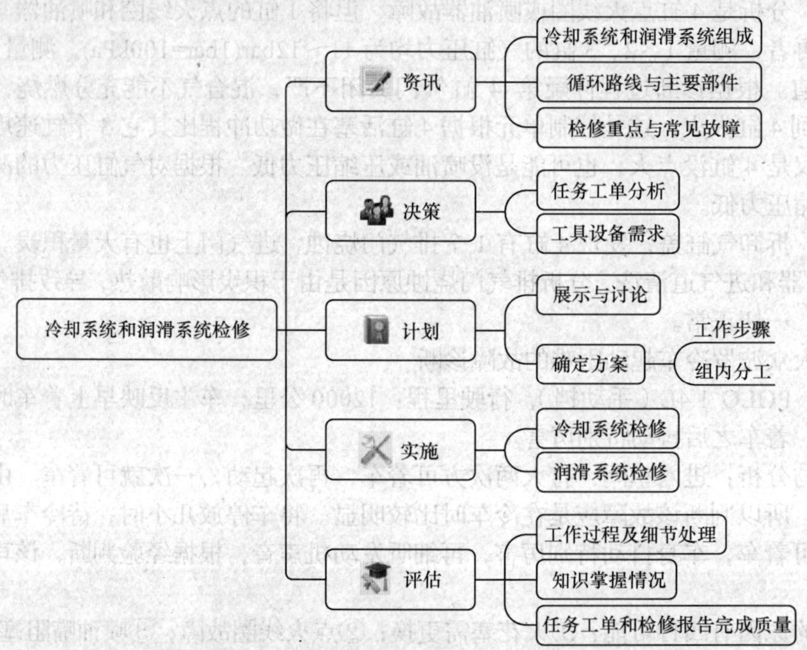

图3-184 组织发动机冷却系统和润滑系统检修任务实施的导向图

【知识要求】

① 了解发动机常用的冷却方式和润滑方式。
② 理解发动机冷却系统和润滑系统的工作过程。
③ 熟悉发动机冷却系统和润滑系统的组成与功用。
④ 掌握发动机冷却系统和润滑系统检查的注意事项。
⑤ 掌握发动机冷却系统和润滑系统常见故障的产生机理。

【能力要求】

① 能够正确拆解发动机润滑系统的机油泵、机油集滤器、机油滤清器等主要部件。
② 能够正确拆解发动机冷却系统的水泵、节温器、散热器、冷却风扇等主要部件。
③ 能够正确安装发动机冷却系统和润滑系统各主要部件。
④ 能够查阅相关标准和技术资料。
⑤ 能够正确检查发动机冷却系统和润滑系统循环线路。

⑥ 能够正确诊断并排除发动机冷却系统和润滑系统的常见故障。

【职业素养】

① 维修或维护作业中操作规范，注重服务质量。

② 善于与客户沟通与交流，关心客户的相关需求。

③ 吃苦耐劳、踏实工作，细致耐心、服务热情。

④ 工作中讲究效率，积极探索新工艺和新方法。

一、资讯

1. 发动机的冷却系统

（1）发动机的冷却方式

根据所用冷却介质不同，可分为风冷式和水冷式。

① 水冷式。水冷式以水为冷却介质，热量先由机件传给水，靠水的流动把热量带走而后散入大气中，散热后的水再重新流回到受热机件处。适当调节水路和冷却强度，就能保持发动机的正常工作温度。同时，还可采用热水预热发动机，以便于冬季起动。水冷式发动机保持正常工作，其冷却水的温度应在 353K～363K（80℃～90℃），气缸壁温度不超过 473K～573K（200℃～300℃）；气缸盖、活塞顶部的温度不超过 573K～673K（300℃～400℃）；润滑油的温度为 343K～363K（70℃～90℃），此条件下发动机具有较好的动力性、经济性和净化性，零部件的运动和磨损正常。

② 风冷式。高温零件的热量直接散入大气。风冷式发动机铝气缸壁的允许温度为 423K～453K（150℃～180℃），铝气缸盖的允许温度为 433K～473K（160℃～200℃）。

（2）发动机冷却系统的作用

发动机冷却系统的作用是保持发动机在最适宜的温度范围内工作。

发动机工作时，由于燃料的燃烧，气缸内气体温度高达 2 200K～2 800K（1 927℃～2 527℃），使发动机零部件温度升高，特别是直接与高温气体接触的零部件。若不及时冷却，则难以保证发动机正常工作。

（3）冷却系统的组成

冷却系统由风扇（有的装风扇离合器）、水泵、水套（在气缸盖或气缸体上制出的夹层空间）、散热器、百叶窗、节温器、水管、水温表和传感器等组成，如图 3-185 所示。

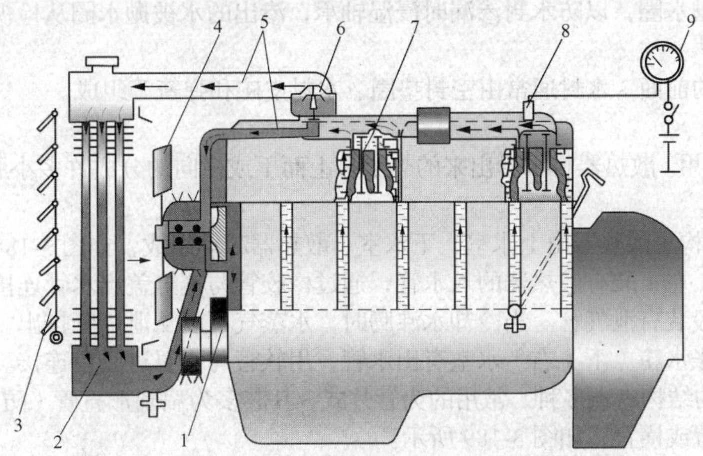

图 3-185　强制循环式水冷却系统示意图

1—水泵；2—散热器；3—百叶窗；4—风扇及风扇离合器；5—水管；6—节温器；7—水套；8—水温传感器；9—水温表

目前，轿车发动机的冷却系统多采用强制循环式水冷却系统，这种冷却系统用水泵把该系统的冷却液体加压，使之在水套中流动，冷却水从气缸壁吸收热量，温度升高，热水向上流入气缸盖，继而从气缸盖流出并进入散热器。由于风扇的强力抽吸，空气从前向后高速流过散热器，不断地将流经散热器的水的热量带走。冷却了的水由水泵从散热器底部重新泵入水套。水在冷却系中不断循环。为了控制冷却水温度，冷却系统中设有冷却强度调节装置，如百叶窗、节温器和风扇离合器等。

2. 水冷式发动机冷却系统主要组成零部件

（1）水泵

水泵的作用是对冷却水加压，使之在冷却系统中循环流动。

强制循环式水冷却系统普遍采用离心式水泵，离心式水泵具有尺寸小，出水量大，结构简单，损坏后不妨碍水在冷却系统中自然循环的特点。其压水、吸水过程如下所述。

① 离心式水泵压水如图3-186所示。当叶轮旋转时，水泵中的水被叶轮带动一起旋转，由于离心力的作用，水被甩向叶轮边缘，在蜗形壳体内将动能转变为压能，经外壳上与叶轮成切线方向的出水管被压送到发动机水套内。

② 离心式水泵吸水与压水同时，叶轮中心处压力降低，散热器中的水便经进水管被吸进叶轮中心部分。

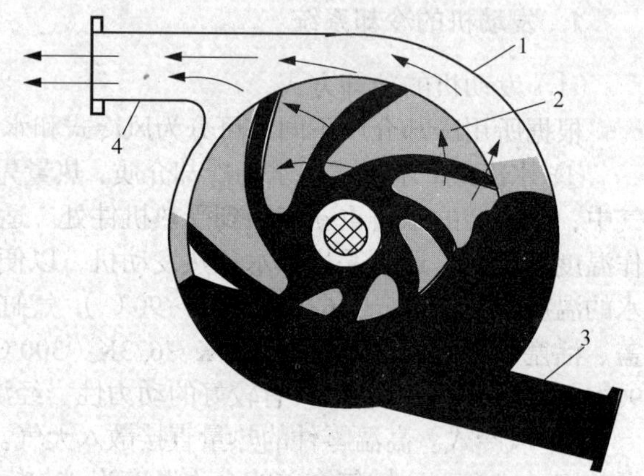

图3-186 离心式水泵示意图

1—水泵壳体；2—叶轮；3—进水管；4—出水管

离心式水泵由壳体、叶轮、泵盖板、水泵轴、支撑轴承、水封等组成，如图3-187所示。

水泵与风扇同轴，通过三角皮带传动。泵盖上有出水孔。泵壳上有进水孔A，通过橡胶管与散热器出水管相连。泵壳上面有旁通孔A，与气缸盖上的出水管相连，当冷却液温度低于349K（76℃）时，部分冷却水由此直接进入水泵。叶轮工作室的进水室B与进水孔、旁通孔相通；出水室由出水孔与水套相连。水泵轴通过两个轴承支撑在壳体上，轴承间有隔套定位。

水泵轴上装有抛水圈，以防水封渗漏时浸湿轴承，渗出的水被抛水圈从检视孔甩出，可避免破坏轴承润滑。

水封装在叶轮的前面，水封通常由密封垫圈、水封皮碗和弹簧等组成。

（2）散热器

① 散热器的作用。散热器将水套出来的热水自上而下或横向的分成许多小股，并将热水的热量散到周围的空气中。

② 散热器的结构。散热器由上水室、下水室、散热器芯等组成，如图3-188所示。

散热器上水室（左）装有散热器的入水管，通过橡胶管与气缸盖出水管连接。上水室上部有加水管，加水管口一般装有泄气管。当冷却水沸腾时，水蒸气可以从泄气管排出。加装防冻液的冷却系统，泄汽管接膨胀水箱。下（右）水室有出水管，用软管与水泵进水口连接。两水室之间焊接散热器芯。散热器芯的结构有很多种，常用的为管片式，其芯多为扁圆形直管（防冻裂性好），周围制有散热片，芯可竖置或横置，如图3-189所示。

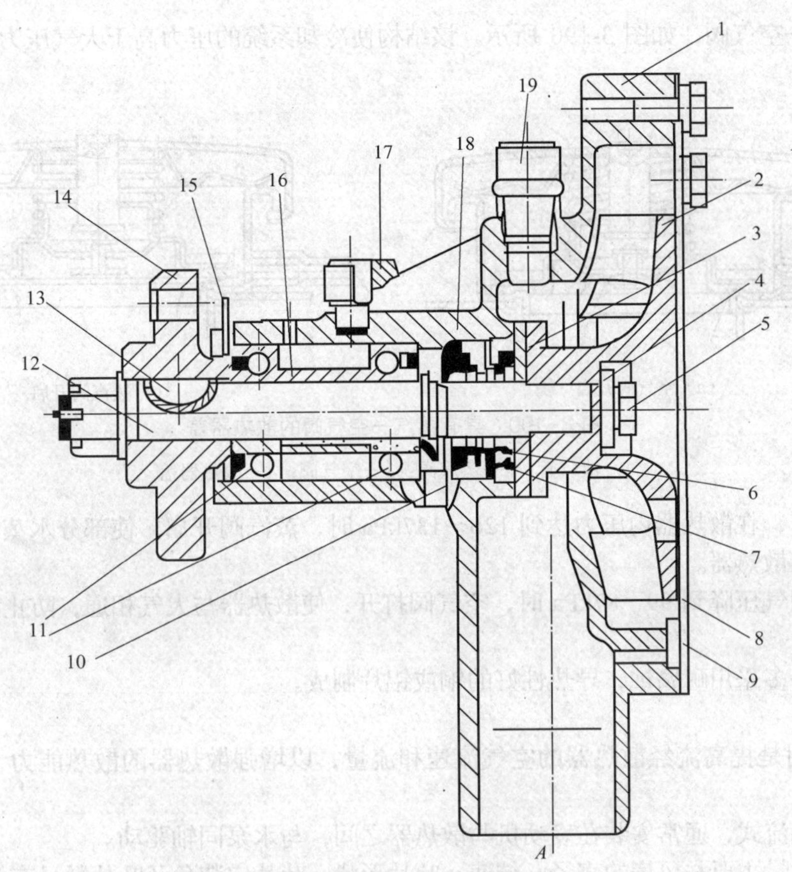

图 3-187 离心式水泵结构

1—水泵外壳；2—叶轮；3—夹布胶木密封垫圈；4—密封垫圈；5—螺钉；6—水封皮碗；7—弹簧；8—垫圈；9—泵盖板；10—水封座圈；11—球轴承；12—水泵轴；13—半圆键；14—凸缘盘；15—轴承卡环；16—隔离套筒；17—滑脂嘴；18—水封环；19—管接头

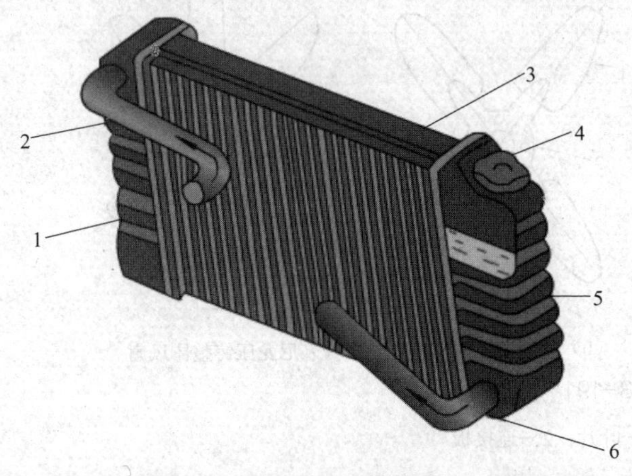

图 3-188 横流式散热器

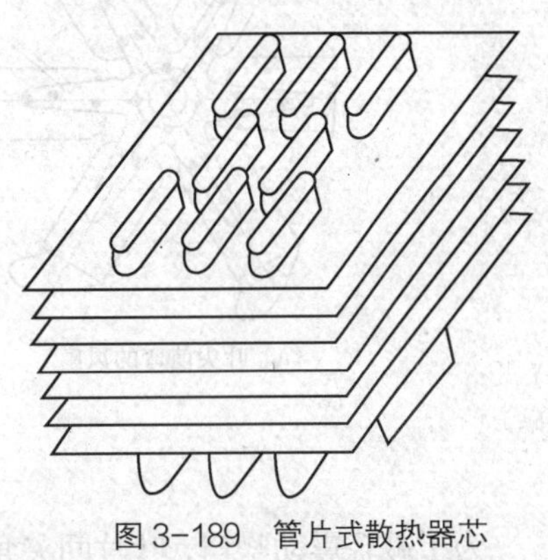

图 3-189 管片式散热器芯

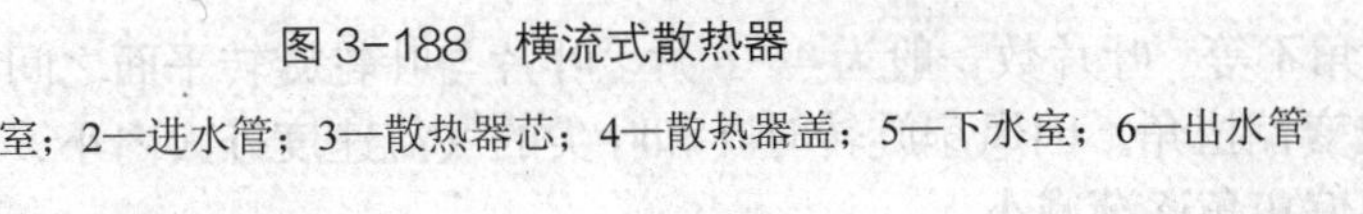

1—上水室；2—进水管；3—散热器芯；4—散热器盖；5—下水室；6—出水管

散热器盖安装在加水口上。对于闭式冷却系统来说，系统与外界大气不直接相通，所以散热器

盖上带有蒸汽—空气阀，如图 3-190 所示。该结构使冷却系统的压力高于大气压力，冷却水的沸点有所提高。

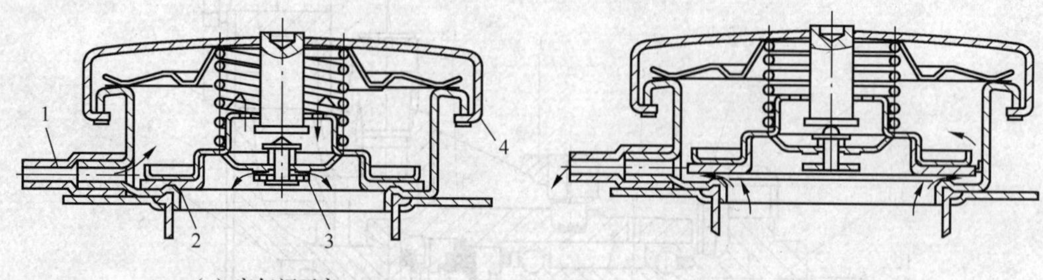

（a）空气阀开启 （b）蒸汽阀开启

图 3-190 具有蒸汽—空气阀的散热器盖

1—泄气管；2—蒸汽阀；3—空气阀；4—散热器盖

通常情况下，在散热器内压力达到 126～137kPa 时，蒸汽阀开启，使部分水蒸气经泄气管排入大气，避免损坏散热器。

在散热器内气压降到 99～87kPa 时，空气阀打开，使散热器与大气相通，防止散热器芯被大气压坏。

散热器材料多采用耐腐蚀，导热性好的铜或铝片制成。

（3）风扇

风扇的作用是提高流经散热器的空气流速和流量，以增强散热器的散热能力，并冷却发动机附件。

风扇多为轴流式，通常安装在发动机与散热器之间，与水泵同轴驱动。

风扇的扇风量主要与风扇的直径、转速、叶片形状、叶片安装角及叶片数目有关。

风扇的结构如图 3-191 所示。目前汽车水冷发动机上常用螺旋桨式风扇。风扇叶片材料有钢板、塑料和铝合金。

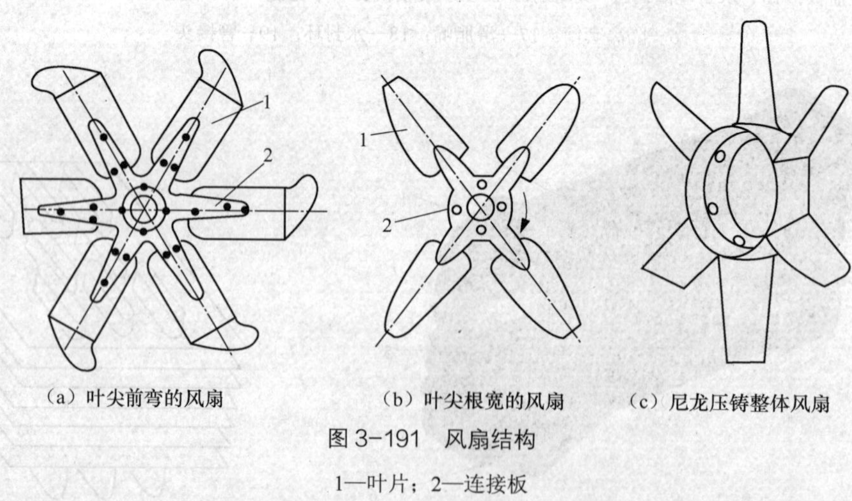

（a）叶尖前弯的风扇 （b）叶尖根宽的风扇 （c）尼龙压铸整体风扇

图 3-191 风扇结构

1—叶片；2—连接板

为了减轻震动噪声，叶片间夹角不等。叶片数一般为 4～6 片。叶片与叶轮旋转平面之间有一偏扭角，偏扭角可为定值，也可制成变偏扭角。因风扇旋转时叶和叶尖的气流速度外大内小，为了提高风扇的效率，叶片从叶根到叶尖偏扭角逐渐减小。

风扇用螺钉安装在水泵轴前端的皮带轮或凸缘盘上。风扇常和发电机一起由曲轴通过三角皮带带动，如图 3-192 所示。若风扇皮带过松，皮带将在皮带轮上打滑，风扇和水泵等的转速下降，扇风量和泵水量减小，使发动机过热；皮带过紧，将增加轴承和皮带的磨损，因此要调整风扇皮带的松紧度。目前常用调整风扇皮带松紧度的措施是将发电机支架做成可移动式的，以便调节皮带的紧度。

一些轿车由于发动机横置或后置，常采用电动风扇。电动风扇的开关由散热器的水温开关控制，并且有高低速两个挡位，低速挡在沸点内使用；高速挡在沸点外使用，需要冷却时自动起作用。这样，在一般行驶条件下，电动风扇几乎不转，功率消耗减少，油耗率降低，而在低速大负荷时又能得到充分的冷却，如图 3-193 所示。

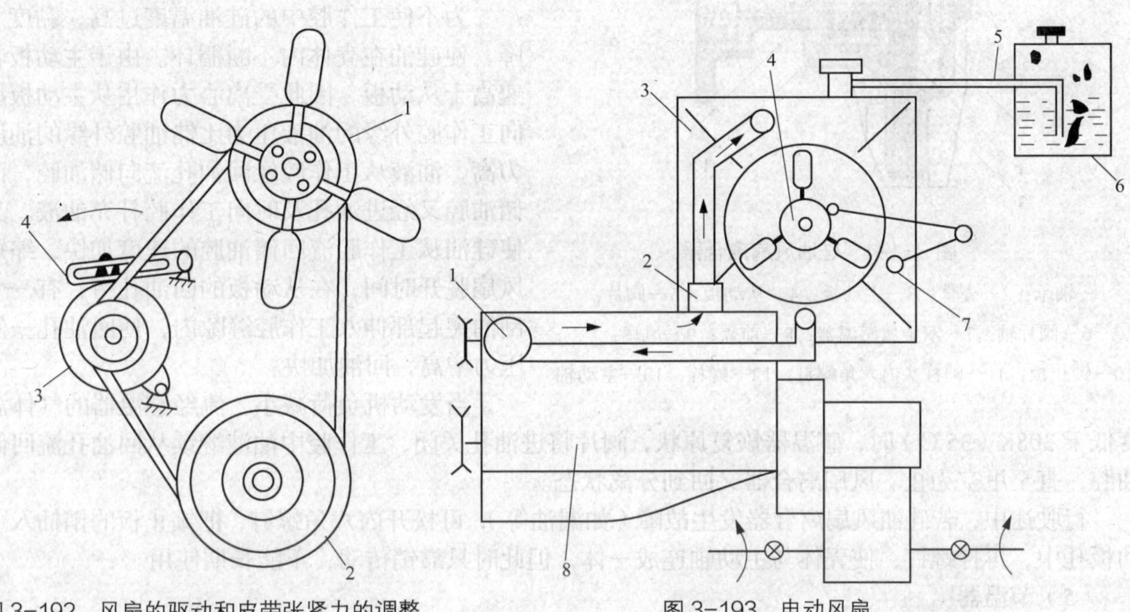

图 3-192　风扇的驱动和皮带张紧力的调整

1—风扇及皮带轮；2—曲轴皮带轮；3—发电机；4—移动支架

图 3-193　电动风扇

1—水泵；2—节温器；3—散热器；4—电动机和风扇；5—蒸汽排出和回吸管；6—膨胀水箱；7—温控开关；8—发动机

（4）风扇离合器

风扇是发动机功率的消耗者，最大时约为发动机功率的 10%。为了降低风扇功率消耗，减少噪声和磨损，防止发动机过冷，降低污染，节约燃料，大部分汽车发动机加装了硅油式风扇离合器来控制风扇工作。

硅油风扇离合器由前盖、壳体、主动板、从动板、阀片、主动轴、双金属感温器、阀片轴、轴承、风扇等组成，如图 3-194 所示。

前盖、壳体和从动板用螺钉组成一体，通过轴承装在主动轴上。风扇装在壳体上。从动板与前盖之间的空腔为储油腔，其内装有硅油（油面低于轴中心线），从动板与壳体之间的空腔为工作腔。主动板与主动轴固定连接，主动轴与水泵轴连接。从动板上有进油孔，平时由阀片关闭，若偏转阀片，则进油孔即可打开。阀片的偏转螺旋双金属感温器控制，从动板上有凸台限制阀片最大偏转角。双金属感温器的外端固定在前盖上，内端卡在阀片轴的槽内。从动板外缘有回油孔，中心有漏油孔，以防静态时从阀片轴周围泄漏硅油。

当发动机冷起动或小负荷下工作时，冷却水及通过散热器的气流温度不高，进油孔被阀片关闭，工作腔内无硅油，离合器处于分离状态。主动轴在转动时，仅仅由于密封毛毡圈和轴承的摩擦，使

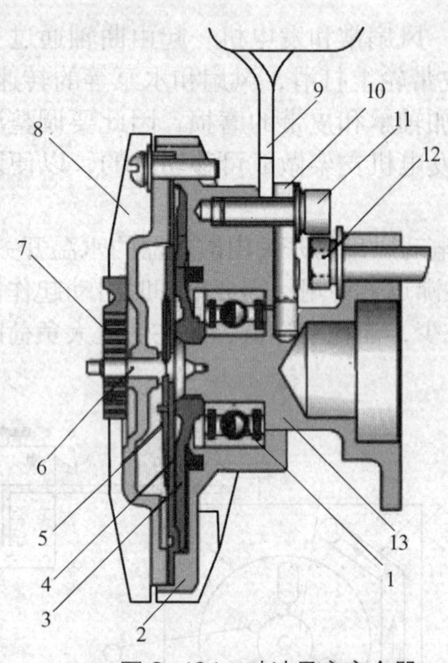

图 3-194 硅油风扇离合器

1—轴承；2—壳体；3—主动板；4—从动板；5—阀片；6—阀片轴；7—双金属感温器；8—前盖；9—风扇；10—锁止板；11—圆柱头内六角螺钉；12—螺栓；13—主动轴

风扇随同壳体在主动轴上空转打滑，转速极低。

当发动机负荷增加时，冷却液和通过散热器的气流温度随之升高，感温器受热变形，带动阀片轴及阀片转动。当流经感温器的气流温度超过 338K（65℃）时，进油孔被完全打开，硅油从储油腔进入工作腔。由于硅油十分黏稠，主动板即可利用硅油的黏性带动壳体和风扇转动。此时风扇离合器处于接合状态，风扇转速迅速提高。

为不使工作腔中的硅油温度过高，黏度下降，使硅油在壳体内不断循环。由于主动板转速高于从动板，因此受离心力作用从主动板甩向工作腔外缘的油液压力比储油腔外缘的油压力高，油液从工作腔经回油孔流向储油腔，而储油腔又经进油孔及时向工作腔补充油液。为使硅油从工作腔流回储油腔的速度加快，缩短风扇脱开时间，在从动板的回油孔旁，有一个刮油突起部伸入工作腔缝隙内，使回油孔一侧压力增高，回油加快。

当发动机负荷减小，流经感温器的气体温度低于 308K（35℃）时，感温器恢复原状，阀片将进油孔关闭，工作腔中油液继续从回油孔流回储油腔，直至甩空为止。风扇离合器又回到分离状态。

行驶途中，若硅油风扇离合器发生故障（如漏油等），可松开内六角螺钉，把锁止板的销插入主动板孔中，再拧螺钉，使壳体与主动轴连成一体，但此时只靠销传动，不能长期使用。

（5）节温器

节温器的作用是随发动机负荷和水温的大小而自动改变冷却液的流量和循环路线，保证发动机在适宜的温度下工作，减少燃料消耗和机件的磨损。大部分汽车发动机采用蜡式节温器。

蜡式节温器由上支架、下支架、主阀门、旁通阀、感应体、中心杆、橡胶管和弹簧等组成，如图 3-195 所示。

蜡式节温器的上支架和下支架与阀座铆成一体。中心杆上端固定在上支架的中心，其下部插入橡胶管的中心孔内，中心杆下端呈锥形。橡胶管与感应体外壳之间的空腔里装有石蜡。为了提高导热性，石蜡中常掺有铜粉和铝粉。感应体外壳上下部有联动的主阀门和旁通阀门。主阀门上有通气孔，它的作用是在加水时使水套内的空气经小孔排出，保证能加满水。为了防止通气孔阻塞，有的节温器还加装一个摆锤。

当水温低于 349K（76℃）时，主阀门完全关闭，旁通阀完全开启，由气缸盖出来的水经旁通管直接进入水泵，该过程称为小循环。由于水只是在水泵和水套之间流动，不经过散热器，且流量小，所以冷却强度弱。

当冷却水温度在 349K～359K（76℃～86℃）时，大小循环同时进行。当发动机水温达 349K（76℃）左右时，石蜡逐渐变成液态，体积随之增大，迫使橡胶管收缩，从而对中心杆下部锥面产生向上的推力。由于杆的上端固定，故中心杆对橡胶管及感应体产生向下的反推力，克服弹簧张力使主阀门逐渐打开，旁通阀开度逐渐减小。

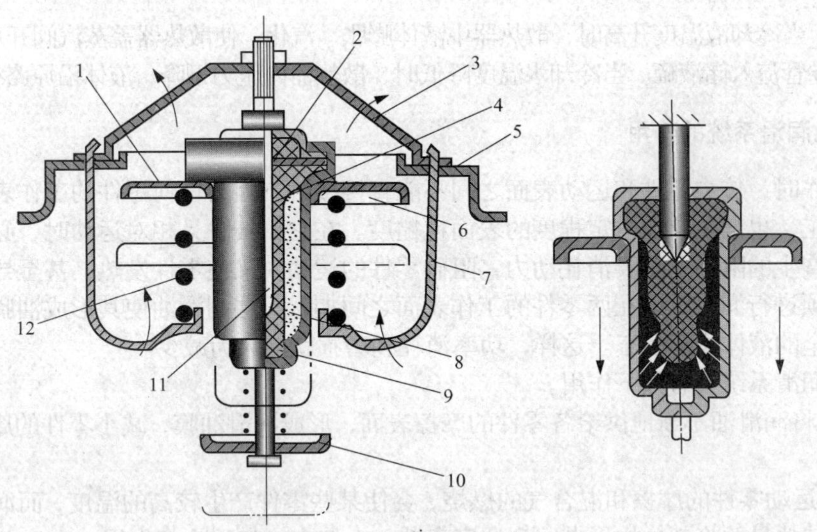

图 3-195 蜡式节温器

1—主阀门；2—盖和密封垫；3—上支架；4—橡胶管；5—阀座；6—通气孔；7—下支架；
8—石蜡；9—感应体；10—旁通阀；11—中心杆；12—弹簧

当发动机内水温升高到 359K（86℃）时，主阀门完全开启，旁通阀完全关闭，冷却水全部流经散热器，称为大循环。由于此时冷却水流动路线长，流量大，冷却强度强。

（6）膨胀水箱

① 膨胀水箱的结构。膨胀水箱多用半透明材料（如塑料）制成。透过箱体可直接方便地观察到液面高度，无需打开散热器盖。如图 3-196 所示，膨胀水箱的上部用一个较细的软管与水箱的加水管相连，底部通过水管与水泵的进水侧相连接，通常位置略高于散热器。

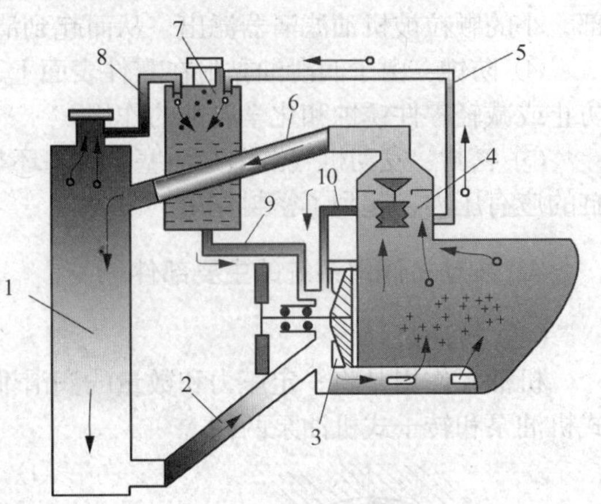

图 3-196 膨胀水箱示意图

1—散热器；2—水泵进水管；3—水泵；4—节温器；
5—水套出气管；6—水套出水管；7—进水口处保持较高的水压，减少膨胀水箱；8—散热器出气管；
9—补充水管；10—旁通管

② 膨胀水箱的作用。膨胀水箱把冷却系统变成了永久性封闭系统，减少了冷却液的损失；避免了空气不断进入引起的机件氧化腐蚀；减少了穴蚀；使冷却系统中水气分离，保持系统内压力稳定，提高了水泵的泵水量。

③ 膨胀水箱的作用原理。一般冷却系冷却液的流动是靠水泵的压力来实现的。水泵吸水的一侧压力低，易产生蒸汽泡，使水泵的出水量显著下降，并引起水泵叶轮和水套的穴蚀，在其表面产生麻点或凹坑，缩短了叶轮和水套的使用寿命。加装膨胀水箱后，由于膨胀水箱和水泵进水口之间存在补充水管，避免了水泵中气泡的产生。散热器中的蒸汽泡和水套中的蒸汽泡通过导管和进入膨胀水箱，从而使水气彻底分离。由于膨胀水箱温度较低，进入的气体得到冷凝，一部分变成液体，重新进入水泵。而积存在膨胀水箱液面上的气体起缓冲作用，使冷却系统内压力保持稳定状态。

④ 一管式膨胀水箱。有的冷却系统不用膨胀水箱而使用储液罐，即用一根管子把散热器和储液罐的底部或上部（管口插入液面以下）连通。这种装置只能解决气水分离及冷却液消耗问题，而对穴蚀没

有明显的改善。当冷却液温度升高时，散热器中液体膨胀、汽化，使散热器盖蒸汽阀开启，散热器中的蒸汽或液体沿导管流入储液罐。当冷却水温度降低时，散热器内压力下降，液体沿原路径流向散热器。

3. 发动机润滑系统的作用

发动机工作时，传力零件和运动表面之间不能直接接触。因为任何零件的工作表面，即使经过极为精密的加工，也难免存在一定程度的表面粗糙度。在它们接触且相对运动时，必然产生摩擦和磨损。而摩擦产生的阻力，既要消耗动力，阻碍零件的运动，又使零件发热，甚至导致工作表面烧损。因此，必须进行润滑，即在两零件的工作表面之间加入一层润滑油使其形成油膜，将零件完全隔开，处于完全的液体摩擦状态。这样，功率消耗和磨损就会大为减少。

发动机的润滑系统具有如下作用。

① 润滑：将润滑油不断地供给各零件的摩擦表面，形成润滑油膜，减小零件的摩擦、磨损和功率消耗。

② 冷却：运动零件的摩擦和混合气的燃烧，会使某些零件产生较高的温度，而润滑油流经零件表面时可吸收其热量并将部分热量带回到油底壳散入大气中，起到冷却作用。

③ 清洁：发动机工作时，不可避免地要产生金属磨屑，空气所带入的尘埃及燃烧所产生的固体杂质等。这些颗粒若进入零件的工作表面，就会形成磨料，大大加剧零件的磨损。而润滑系统通过润滑油的流动将这些磨料从零件表面冲洗下来，带回到曲轴箱。在曲轴箱里大的颗粒沉到油底壳底部，小的颗粒被机油滤清器滤出，从而起到清洁的作用。

④ 防蚀：由于润滑油黏附在零件表面上，避免了零件与水、空气、燃气等的直接接触，起到了防止或减轻零件锈蚀和化学腐蚀的作用。

⑤ 密封：发动机气缸壁与活塞、活塞环与环槽之间间隙中的油膜，减少了气体的泄漏，保证气缸的应有压力，起到了密封作用。

4. 发动机润滑系统的主要部件

（1）机油泵

机油泵作用是将一定压力和数量的润滑油供到润滑表面。目前用在汽车上的机油泵主要有齿轮式机油泵和转子式机油泵两种。

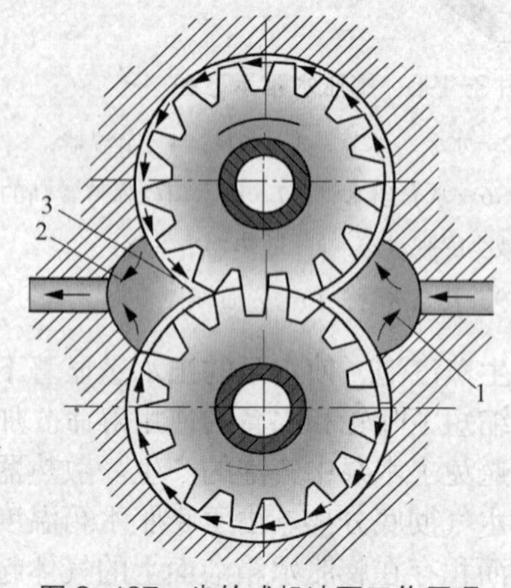

图3-197　齿轮式机油泵工作原理

1—进油腔；2—出油腔；3—卸压槽

① 齿轮式机油泵。齿轮式机油泵的工作原理如图3-197所示。因油泵壳体内壁的间隙很小，泵壳上有进出油孔。当发动机工作时，齿轮按图示箭头方向旋转。

当机油泵进油腔齿轮的轮齿脱开啮合时，其容积增大，产生真空吸力，机油便经进油口被吸入进油腔。

当机油泵齿轮的轮齿将机油带入到出油腔时，出油腔齿轮的轮齿啮合，其容积减小，油压增大，机油便经出油口被压送到发动机油道中。

齿轮式机油泵由泵壳、主动轴、从动轴、主动齿轮、从动齿轮、油泵盖等组成，如图3-198所示。

主动轴下端用半圆键固装主动齿轮；上端制有长槽，与分电器传动轴连接。分电器轴通过齿轮由凸轮轴驱动。从动轴固装在壳体上，从动齿轮松套在从动轴上。泵盖与壳体之间的密封衬垫做得很薄，既可防止漏油，又可调整齿轮端隙。齿轮与壳体内壁及泵盖间的间隙很小，能够保证产生必要的油压。

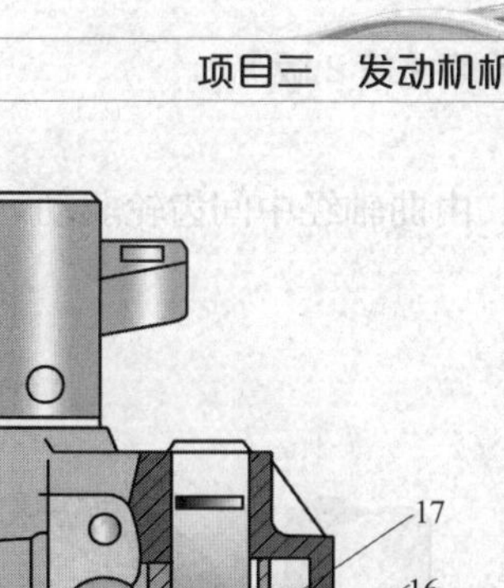
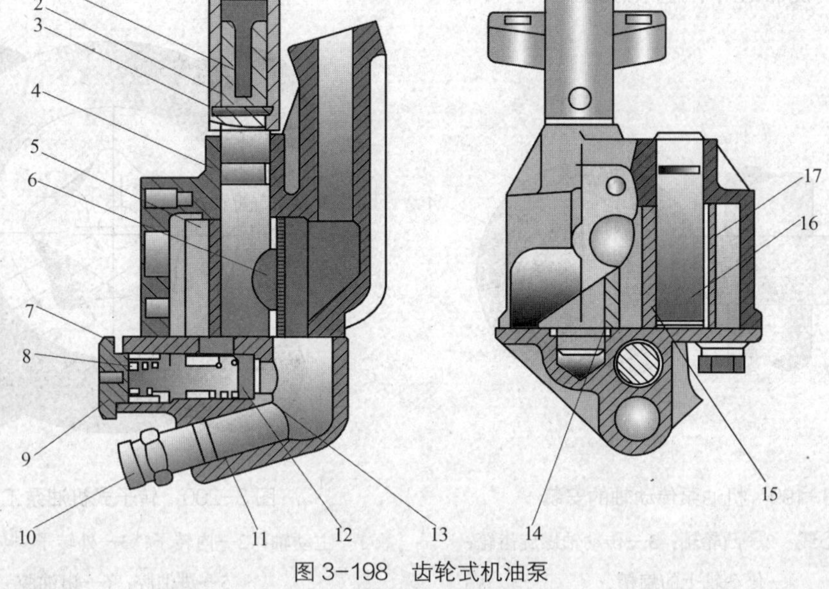

图 3-198　齿轮式机油泵

1—主动轴；2—联轴套；3—铆钉；4—油泵壳体；5—主动齿轮；6—半圆键；7—簧座；8—密封垫圈；9—螺塞；10—限压阀弹簧；11—调整垫片；12—管接头；13—油泵盖；14—球阀；15—从动齿轮；16—卡圈；17—从动轴

泵盖上有限压阀组件，以维持主油道内的正常压力（150～600 kPa）。限压阀组件是在试验台上。通过调整垫片改变弹簧预紧力而实现的。泵盖上有泄压槽，当齿轮啮合时，啮合齿间的润滑油产生很高的压力，给齿轮的运动带来阻力，并通过齿轮作用在主、从动轴上，加剧了轴与齿轮孔间的磨损。因此，通常在泵盖上铣泄压槽，使啮合齿隙与出油腔连通，以降低其油压。

由于机油泵和分电器共用一根传动轴，且由凸轮轴驱动，因此机油泵的转速与凸轮轴的转速相同。再者，传动轴的螺旋齿轮在凸轮轴的外侧，分电器分火头顺时针转动。在安装传动轴时，需使第一缸活塞处于压缩终了位置，用长螺丝刀将机油泵主动轴上的扁槽转至垂直于曲轴中心线位置（传动轴的上扁槽与下扁舌相互垂直），再将传动轴装入曲轴箱内。此时传动轴上的扁槽应平行于曲轴中心线，且扁槽大面朝外，如图 3-199 所示，以保证点火正时的准确性。

② 转子式机油泵。转子式机油泵的工作原理如图 3-200 所示，主动的内转子有 4 个凸齿，从动的外转子有 5 个内齿，外转子在泵壳内可自由转动，内外转子间有一定的偏心距。当内转子旋转时、带动外转子一起旋转，无论转子转到任何角度，内、外转子每个齿的齿形轮廓线上总有接触点，于是内、外转子间便形成了 4 个工作腔。由于内、外转子的速度比大于 1(i=1.25)，所以外转子总是慢于内转子，且偏心距的存在，使工作腔的容积产生较大变化。当某一工作腔从进油腔转过时，容积增大，产生真空，机油便经进油孔被吸入。当该工作腔与出油腔相通时，腔内容积减小，油压升高，机油经出油孔压出去。

转子式机油泵结构紧凑，吸油真空度高，泵油量大，对安装位置无特殊要求，可布置在曲轴箱外或吸油位置较高的地方。

转子式机油泵的构造如图 3-201 所示。主动轴通过轴套和卡环安装在机油泵壳体和盖板上。内转子用半圆键固装在主动轴上，外转子装在泵壳内自由转动。内、外转子均由粉末冶金压制。

为了保证内、外转子之间以及外转子与泵壳之间安装的正确性，油泵壳体与泵盖之间用两个定位销定位，并用螺栓紧固。

泵盖与壳体之间有纸质衬垫，用以密封和调整转子与泵壳端面间隙。主动轴前端通过半圆键固装传动齿轮，由曲轴经中间齿轮驱动。

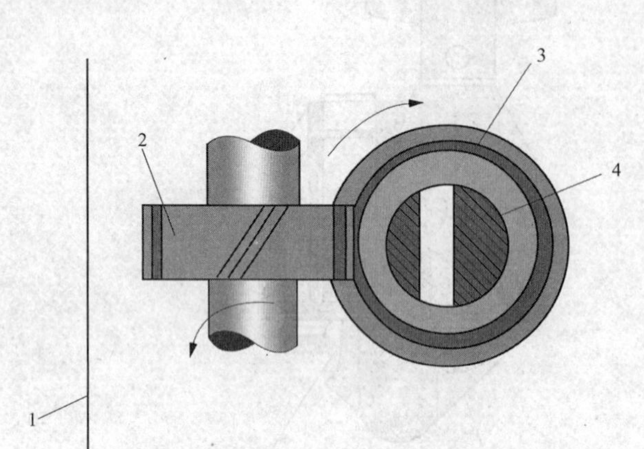

图 3-199 机油泵传动轴的安装

1—曲轴中心线；2—凸轮轴；3—传动轴螺旋齿轮；4—传动轴上的扁槽

图 3-200 转子式机油泵工作原理

1—主动轴；2—内转子；3—外转子；4—心油泵壳体；5—进油腔；6—出油腔

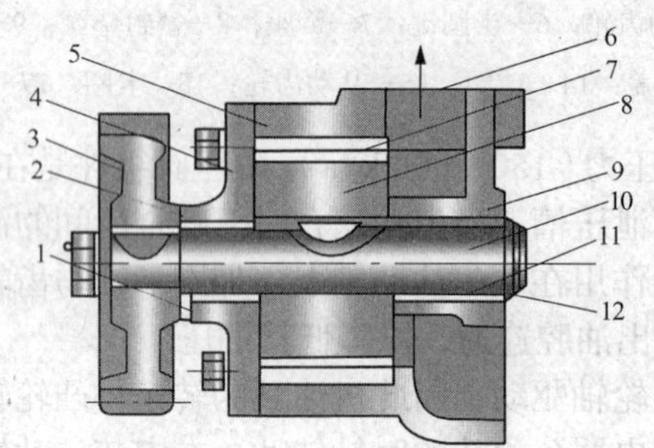

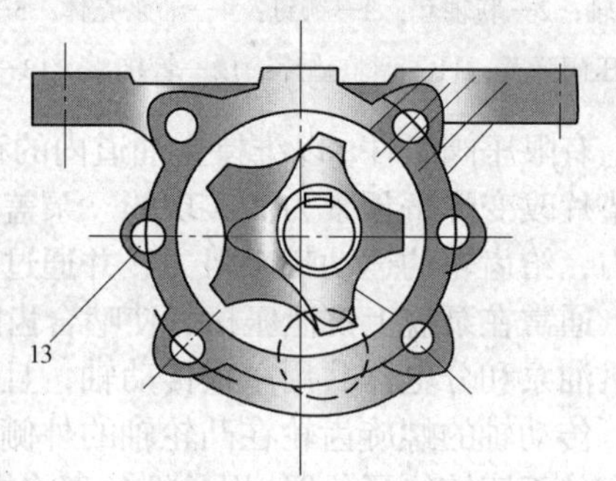

图 3-201 转子式机油泵构造

1—止推轴承；2、11—轴套；3—驱动齿轮；4—盖板；5、6—调整垫片；7—外转子；8—内转子；9—外壳；10—主动轴；12—卡环；13—定位销

机油泵的出油量与它的尺寸、转速及润滑系统的阻力有关，出油量是用油量的几倍以上，所以限压阀一直溢油。随着发动机磨损增大，回油量减少，当回油停止时，发动机就接近大修了。出油压力的大小随发动机转速、机油黏度、润滑油路中的阻力及配合间隙的变化而改变，出油压力和出油量成反比。

（2）机油滤清器

发动机工作过程中，金属磨屑、尘土、高温下被氧化的积炭和胶状沉淀物、水等不断混入润滑油。机油滤清器的作用就是滤掉这些机械杂质和胶质，保持润滑油的清洁，延长其使用期限。机油滤清器应具有滤清能力强，流通阻力小，使用寿命长等性能。润滑系统中一般装用几个不同滤清能力的滤清器—集滤器、粗滤器和细滤器，这些滤清器分别并联或串联在主油道中。

机油滤清器按滤清方式分过滤式滤清器和离心式滤清器；按滤清器的工作情况分集滤器、粗滤器和细滤器；按滤清器与主油道的连接方式分全流式滤清器和分流式滤清器。全流式滤清器是与主油道串联的滤清器，主油道的机油全部流经它。分流式滤清器是与主油道并联的滤清器，主油道的机油不流经它。

下面对几种机油滤清器进行详细的介绍。

① 集滤器。集滤器的作用是防止较大的机械杂质进入机油泵。它装在机油泵之前。集滤器有固定式和浮动式两种，目前多用固定式。

固定式集滤器吸油管总成的上端有与机油泵进油孔连接的凸缘，下端与滤网支座中心固定连接，如图 3-202 所示。滤网夹装在支座与罩之间。滤网靠自身的弹力紧压在罩上。罩的边缘有四个缺口，形成进油通道。当机油泵工作时，润滑油从罩的缺口处经滤网被吸入，粗大的杂质被滤网滤去，然后经吸油管进入机油泵。

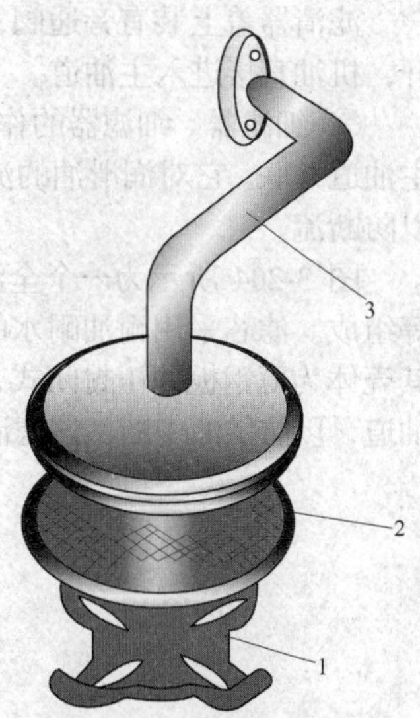

图 3-202 固定式机油集滤器

1—罩；2—滤网；3—吸油管总成

② 粗滤器。粗滤器属于全流式滤清器，其作用是用来过滤润滑油中颗粒较大（直径为 0.04mm 以上）的杂质。它串联于机油泵与主油道之间，对润滑油的流动阻力较小。

粗滤器的结构如图 3-203 所示，由壳体、纸质滤芯、旁通阀、进油口、出油口等组成。滤芯由经过树脂处理的多孔滤纸折叠而成。滤芯的两端由环形密封圈和密封，滤芯内有金属网或带有网眼的薄铁皮作为滤芯的骨架。

当粗滤器工作时，润滑油经进油口进入滤芯的外表面，经滤芯后由出油口流出。当滤芯堵塞，进出油口压差达 150～180 kPa 时，旁通阀被顶开，机油不经滤芯直接进入主油道。

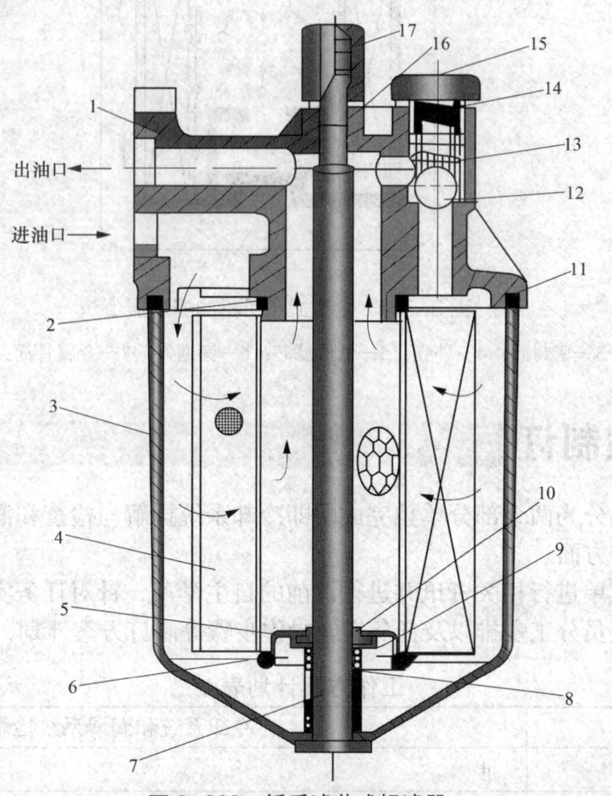

图 3-203 纸质滤芯式粗滤器

1—上盖；2、6—密封圈；3—外壳；4—滤芯；5—托板；7—拉杆；8—托簧；9—垫圈；10、11—密封圈；12—球阀；13—弹簧；14—垫圈；15—阀座；16—垫圈；17—螺母滤清器盖上装有旁通阀，当滤芯堵塞，进出油口的压差达 150～180kPa 时，旁通阀的球阀被顶开，机油直接进入主油道。

③ 细滤器。细滤器的作用是用来清除微小杂质（直径在 0.001mm 以上）、胶质和水分。它多与主油道并联。它对润滑油的流动阻力较大因此多制成分流式；也有制成全流式的，但需加装旁通阀，以防断流。

图 3-204 所示为一个全流式不可拆的细滤器，它由壳体、纸质滤芯、旁通阀、进油口和出油口等组成。滤芯采用耐油耐水的微孔滤纸，它有较大的滤清面积和通过性，为一次性使用的细滤器，其壳体为薄钢板冲压封闭式，滤芯的下部装有旁通阀。一旦滤芯堵塞，机油便经旁通阀直接进入主油道，以防供油中断。该滤清器多用于轿车发动机。通常汽车行驶 15 000 km 左右，需更换滤清器。

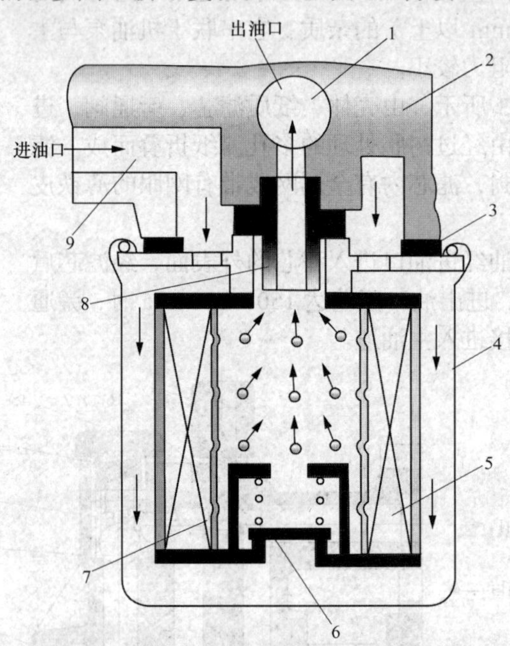

图 3-204 全流式不可拆的滤清器

1—主油道；2—机体；3—密封圈；4—外壳；5—纸质滤芯；6—旁通阀；7—金属骨筒；8—连接座；9—进油口

二、工作方案制订

本任务的实施可以分为两个部分单独完成，即冷却系统拆解与检查和润滑系统拆解与检查，故方案的制定也分为两个方面。

学生需根据任务工单进行相关资讯并进行课前的自主学习，针对任务实施前的维修工具及材料准备、实施中的小组人员分工安排以及任务实施操作步骤等制订方案计划，如表 3-21 所示。

表 3-21 工作方案计划表

工作项目/任务	冷却系统和润滑系统检修
人员分工	
时间安排	
设备、材料及维修工具准备	
任务实施操作步骤	

三、工作组织实施

1. 冷却系统拆解与检查

根据发动机冷却系统的组成及工作，冷却系统的拆解与检查可参考以下步骤实施。

（1）冷却液的排放和加注

① 冷却液的排放。

（a）将仪表板上的暖风开关拨至右端，打开暖风控制阀。

在热态时不可立即取下冷却液储液罐的盖子，因为会有蒸气喷出。

（b）在盖子上盖一块抹布，小心地旋开盖子。

（c）在发动机下放置一个干净的收集盘。

（d）松开夹箍，拔下散热器的下水管，放出冷却液。

② 冷却液的加注。

（a）加注冷却液至冷却液储液罐最高点标志处。

（b）旋紧储液罐盖子。

（c）使发动机运转 5～7min。

（d）检查冷却液液面高度，必要时加注冷却液到最高标记。

- 冷却系统中必须常年加注一种冷却液添加剂，以防治结冻、腐蚀损坏，提高沸点。
- 冷却添加剂为 N052 744 C0。
- 切勿混用不同牌号的冷却液。
- 禁止使用磷酸盐和亚硝酸盐作为防腐剂的冷却液。

（2）散热器拆装

① 拆卸。

（a）排放冷却液。

（b）松开冷却液管上的夹箍，拔下散热器的冷却液软管。

（c）拔下位于冷却风扇罩壳上的热敏开关插头，为防止损坏冷凝器及制冷剂管路，不要压迫、扭曲及弯曲制冷剂管路，如图 3-205 所示。

（d）将双冷却风扇连同罩壳一起拆下。

（e）拆下散热器。

② 安装。

按与拆卸的相反顺序安装散热器。

（3）水泵拆装

① 拆卸。

（a）使发动机位于维修工作台上。

（b）排放冷却液。

（c）拆卸驱动水泵的 V 带。

（d）拆卸散热器风扇电机。

（e）拆下同步带的上、中防护罩。

（f）将曲轴调整到第一缸上止点位置。

（g）拆下凸轮轴上的同步带，但不必拆下曲轴 V 带轮。保持同步带在曲轴同步带轮上的位置。

（h）旋下螺栓，拆下同步带后防护罩。

（i）拆下水泵，小心地将其拉出，如图 3-206 所示。

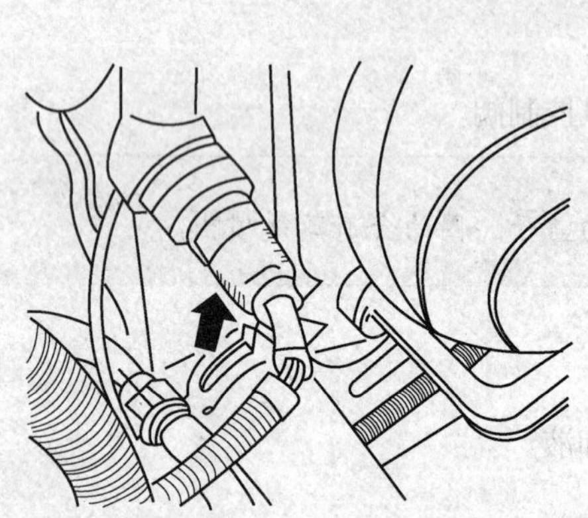

图 3-205　拔下热敏开关插头

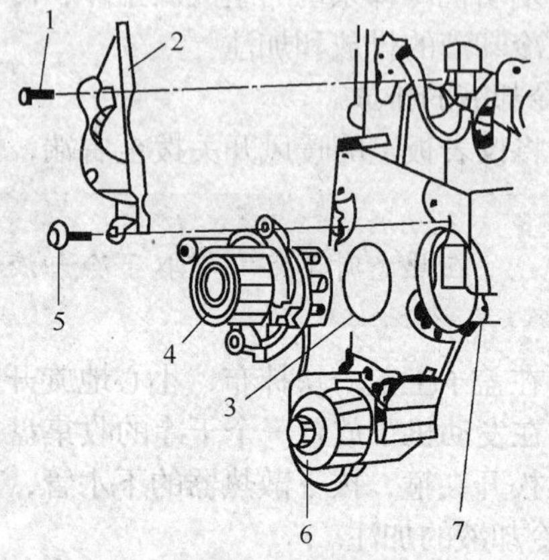

图 3-206　拆下水泵

1、5—紧固螺母；2—上防护罩；3—平衡轴座孔；4—水泵总成；6—曲轴同步带轮；7—水泵座孔

② 安装。

（a）清洁安装 O 形密封圈的表面。

（b）用冷却液浸湿新的 O 形密封圈。

（c）安装水泵，罩壳上的凸耳朝下。

（d）安装同步带后防护罩。

（e）拧紧水泵螺栓至 15N · m。

（f）安装同步带（调整配气相位）。

（g）安装驱动水泵的 V 形带。

（h）加注冷却液。

（4）节温器拆装及检查

① 拆卸。

（a）使发动机前端位于维修工作台上。

（b）在点火开关切断的情况下，拔下蓄电池搭铁线。

（c）排放冷却液。

（d）拆卸 V 带及发动机。

（e）从连接体上拆下冷却液管。

（f）松开螺栓，取出节温器盖、O 形密封圈和节温器，如图 3-207 所示。

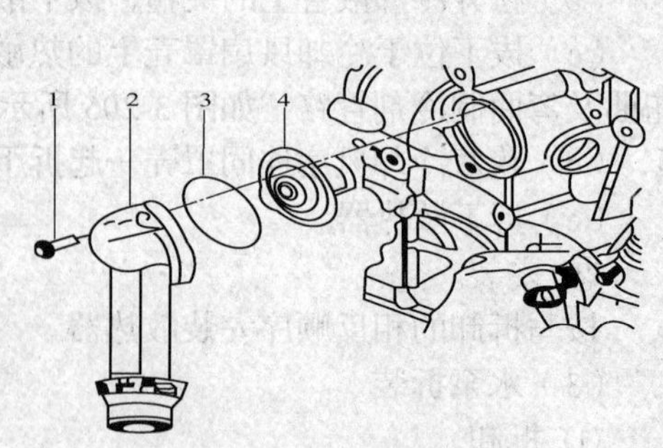

图 3-207　拆卸节温器

1—紧固螺母；2—节温器壳体；3—密封圈；4—节温器

② 检查。

在水浴中加热节温器，观察节温器阀门开启温度和升程。节温器开始时打开温度为（87±2）℃，结束时打开温度约为 120℃，节温器最大升程约为 8mm。

③ 安装。

（a）清洁安装O形密封圈的密封表面。

（b）安装节温器，注意必须将节温器的感温部分安装在气缸体内。

（c）用冷却液浸湿新的O形密封圈。

（d）拧紧节温器盖螺栓。

（e）安装发电机。

（f）加注冷却液。

（5）查看百叶窗

百叶窗的作用是在冷却液温度较低时改变吹过散热器的空气流量，从而控制冷却强度。在严寒的冬季，水温过低时，由于节温器的作用使水只进行小循环，散热器中的水有冻结的危险，此时关闭百叶窗可使冷却液温度回升。

百叶窗安装在散热器前面，它是由许多片活动挡板组成的。挡板垂直或水平安装，由驾驶员通过装在驾驶室内的手柄操纵调节挡板的开度。

（6）查看风扇离合器

主要检查风扇离合器外部是否有泄漏现象。硅油泄漏处一般会沾满灰尘。

（7）查看风扇

主要检查风扇转运是否灵活、风扇叶是否有严重变形或脱落、风扇皮带的张紧度，另外听听风扇转运时是否有异常响声、摸摸风扇电机是否过热。

（8）查看膨胀水箱

首先检查膨胀水箱各连接管是否连接牢固并且无渗漏现象，再查看膨胀水箱里冷却液液面是否介于最大刻度线（标定MAX）与最小刻度线（标定MIN）之间，如不足应添加冷却液，一般情况下不会超过最大刻度线。

（9）检查冷却系统和散热器的密封性

① 检查整个冷却系统。将发动机预热，打开膨胀水箱盖。在打开膨胀水箱时，可能会有蒸汽喷出，所以必须在膨胀水箱盖上包上抹布后方可小心地拧开。

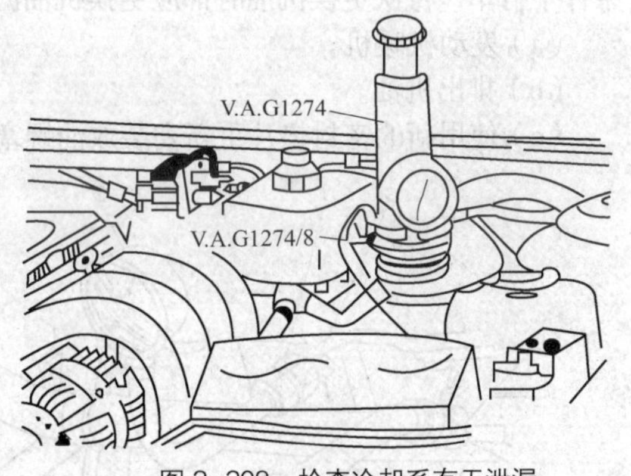

图3-208　检查冷却系有无泄漏

将压力测试仪V.A.G1274和V.A.G1274/8安装到膨胀水箱上，如图3-208所示。

使用手动真空泵产生约0.2MPa的压力（表压），如果压力迅速下降，则找出泄漏的位置并排出故障。

② 检查散热器盖。将散热器盖套在V.A.G1274/9上，使用手动真空泵使压力上升到约0.15MPa。在0.12～0.15MPa时，限压阀必须打开；在大于0.01MPa（绝对压力0.09MPa）时，真空阀应打开。

2. 润滑系统拆解与检查

根据发动机润滑系统的组成及工作，润滑系统的检修可参考以下步骤实施。

（1）注意参数及要点

① 容量参数。各种不同厂家不同型号的发动机机油容量是不一样的，例如，本田F22B1发动机检修为5.6L，更换机油为4.3L（含机油滤清器）和4.0L（不含机油滤清器）；本田F22B2发动机检修为4.9L，更换机油为3.8L（含机油滤清器）和3.5L（不含机油滤清器）。具体容量可查阅维修手册。

② 润滑系统维修时的注意要点。

（a）不要把排放塞拧得过紧。

（b）重新装配时要使用新的O形圈，并要涂上机油。

（c）使用部件号为No.08718-0001的液态密封胶。

（d）安装时要清洁机油控制量孔。

（2）测试机油压力

如果发动机运转时，机油压力警告灯保持发亮，则应检查发动机机油位。如果油位正常，则按下列步骤进行检查。

① 连接转速表。

② 拆下机油压力开关，装上机油压力表，如图3-209所示。

③ 起动发动机，如果仪表指示无机油压力，则立即停机检查，排除故障之后，仪表应该有机油压力显示。

④ 运行发动机，使其达到正常工作温度，当发动机机油温度为 80℃时，机油压力在怠速时最小为70kPa；转速为3 000r/min时最小为340kPa。如果机油不压力正常，需更换机油压力开关，重新检查，如果机油压力还不正常，则应检查机油泵。

（3）检查机油和机油滤清器

发动机处于热态的情况下，拧动放油螺塞时要小心，以免被热机油烫伤。

① 机油的更换。在正常条件下行车，每更换两次机油就应更换一次机油滤清器。如果在恶劣的条件下行车，每次更换机油时都应更换机油滤清器。更换机油的步骤如下。

（a）发动机暖机。

（b）排出机油。

（c）使用新的密封垫片重新安装放油螺塞，如图3-210所示。

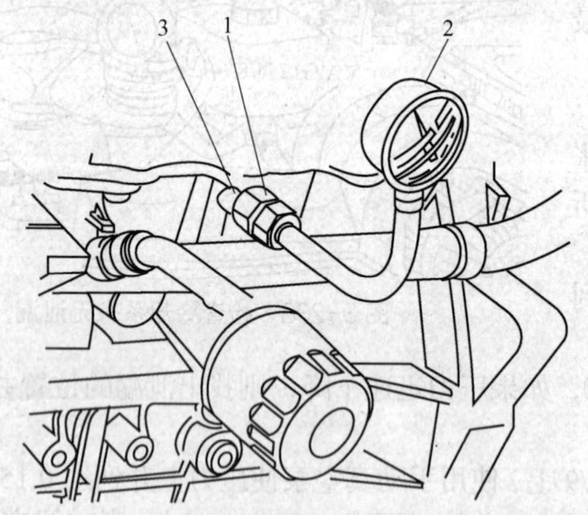

图3-209 安装机油压力表

1—管接头；2—机油压力；3—发动机机油压力开关安装孔

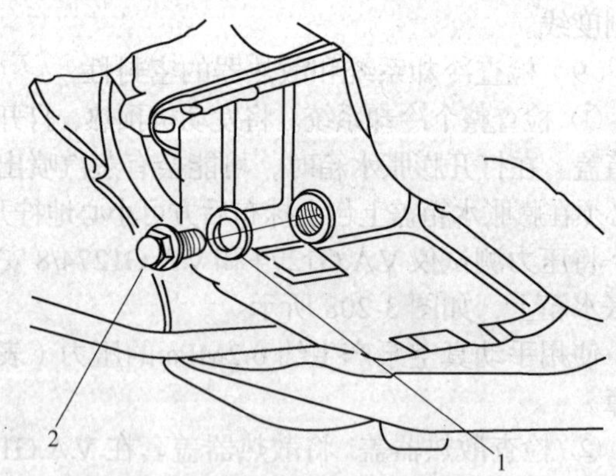

图3-210 发动机油底壳的放油螺塞

1—放油螺塞；2—垫片

（d）在不同的温度范围内，给发动机加注不同黏度的机油，如图3-211所示。

② 机油滤清器的更换。机油滤清器的更换步骤如下。

（a）用专用的机油滤清器扳手拆下机油滤清器。

（b）检查新机油滤清器上的螺纹和橡皮密封垫片，清洁发动机缸体上的安装座，然后在机油滤清器橡皮密封垫片上涂一层清洁的机油，如图3-212所示。

（c）用手安装机油滤清器。

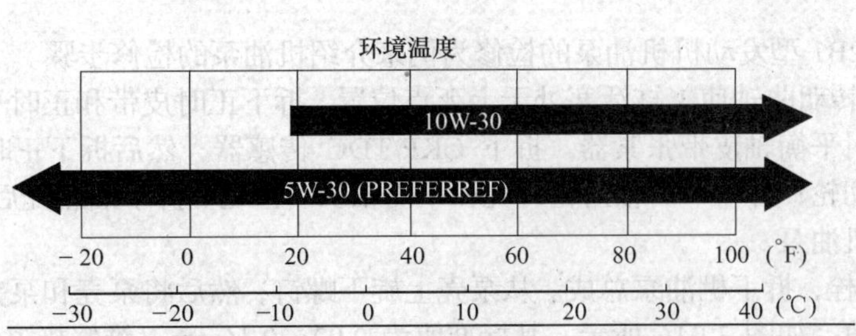

图 3-211 不同温度范围的机油黏度

（d）橡皮密封垫片安装到位后，用专用扳手沿顺时针方向将机油滤清器拧紧 7/8 圈，拧紧扭矩为 22N · m，如图 3-213 所示。

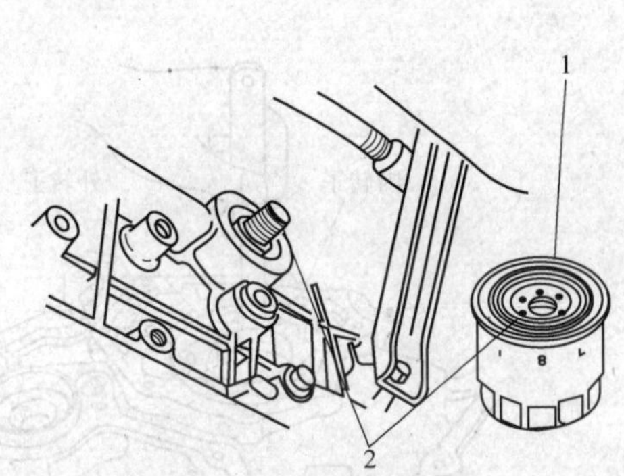

图 3-212 机油滤清器

1—安装前橡皮密封垫片涂一层机油；2—检查螺纹和密封垫片

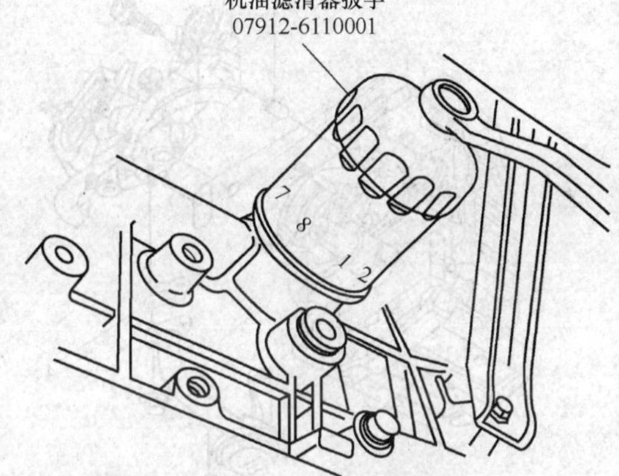

图 3-213 机油滤清器的安装

警告

如不按上述步骤进行安装，可能会因漏油而严重损坏发动机。

机油滤清器表面印有从 1～8 共 8 个号码。使用这些号码来拧紧机油滤清器的步骤是当将橡胶密封垫安装到位后，在滤清器底部所显示的数字下的气缸体上作一标记。顺时针方向使滤清器转动 7 个数字，例如，如果当橡胶密封垫安装到位时，在数字 2 下作了一标记，则应顺时针方向转动滤清器，直到数字 1 与标记点对齐为止，如图 3-214 所示。

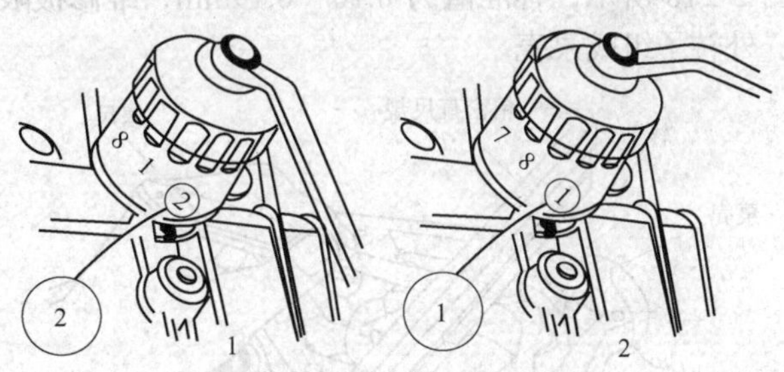

图 3-214 带号码的机油滤清器的安装

（4）检修机油泵

注意

重新组装时，使用新的 O 形圈。安装前在 O 形圈上涂抹机油。使用零件号为 No.08718-0001 的液态密封胶。转子必须以同一方向安装。重新组装后，转子应能转动自如。

下面以本田 F22B1 型发动机机油泵的检修为例来介绍机油泵的检修步骤。

① 放掉机油；转动曲轴使 1 缸活塞处于上死点位置。拆下正时皮带和正时平衡轴皮带；拆下正时皮带张紧器和正时平衡轴皮带张紧器。拆下 CKP/TDC 传感器，然后拆下正时皮带驱动轮。拆下正时平衡轴皮带从动轮；拆下平衡轴齿轮外壳和平衡轴从动齿轮。拆下油底壳后，如图 3-215 所示，依次拆下集滤器和机油泵。

② 旋下安装螺栓，拆下机油泵总成。从泵壳上旋下螺钉，然后将泵壳和泵盖分开。检查内、外转子之间的径向间隙，如图 3-216 所示。其标准值为 0.02～0.16mm，维修极限为 0.20mm。如果间隙超过维修极限，应更换内、外转子。

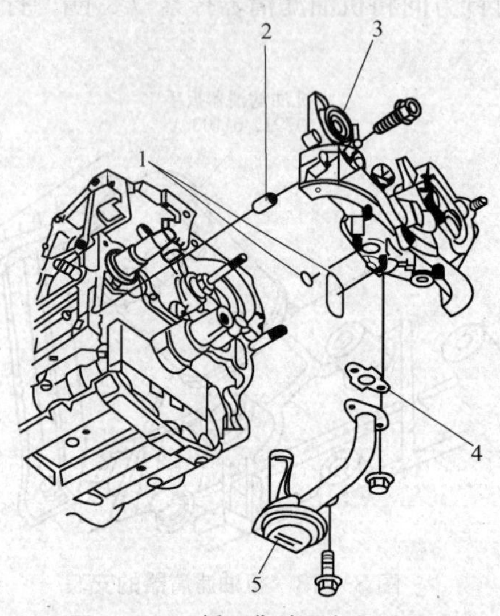

图 3-215 拆下集滤器与机油泵

1—O 形圈；2—定位销；3—水泵座孔；4—集滤器垫片；5—集滤器

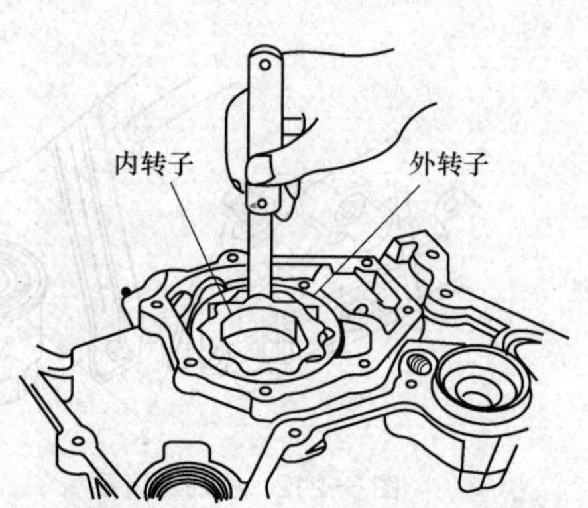

图 3-216 检查内、外转子径向间隙

③ 检查泵壳与转子之间的轴向间隙，如图 3-217 所示，标准值为 0.02～0.07mm，维修极限为 0.12mm。如果间隙超过维修极限，应更换内、外转子组或泵壳。检查泵壳与外转子间的径向间隙，如图 3-218 所示，标准值为 0.10～0.19mm，维修极限为 0.21mm。如果间隙超过维修极限，应更换内、外转子组或泵壳。

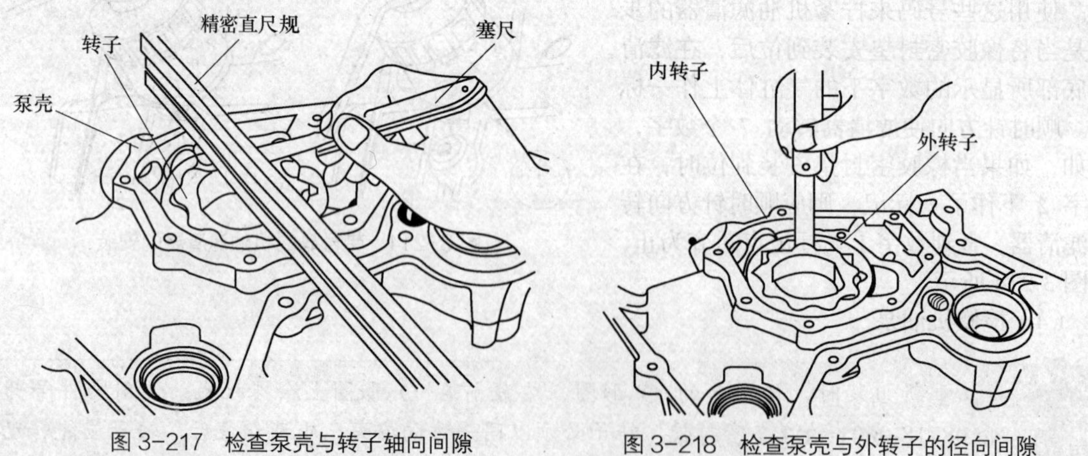

图 3-217 检查泵壳与转子轴向间隙

图 3-218 检查泵壳与外转子的径向间隙

④ 检查转子和泵壳有无烧灼或损坏，视情况进行更换。从机油泵上拆下旧的油封，然后装上新

油封，轻轻敲打新油封，直到专用工具到达机油泵的底部，如图 3-219 所示。使用专用工具，无需拆下机油泵，就可更换油封，如图 3-220 所示。重新装配机油泵，在泵壳螺钉的螺纹上涂抹液态防松剂。检查机油泵，它应转动自如。然后在机油泵上安装定位销和新 O 形圈。

⑤ 在机油泵上涂抹液态密封胶，安装机油泵，如图 3-221 所示。

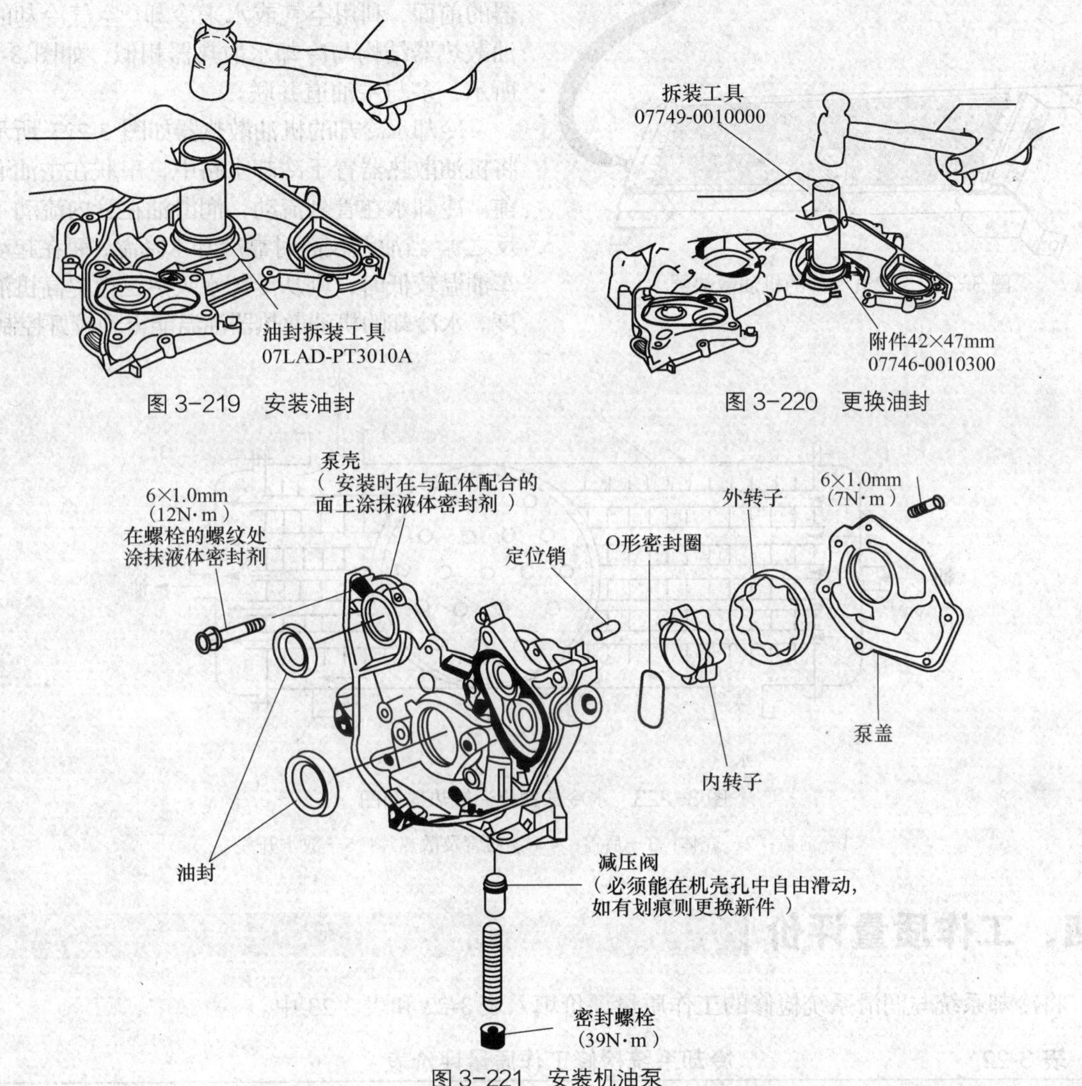

图 3-219 安装油封

图 3-220 更换油封

图 3-221 安装机油泵

使用零件号为 No.08718-0001 的液态密封胶。在涂抹液态密封胶前，应确保配合表面洁净、干燥。液态密封胶的涂抹要均匀。为防止机油泄漏，在螺栓孔的内螺纹上应涂抹液态密封胶。涂抹液态密封胶后，应在 5min 内安装零件；如果超过 5min，则应去掉原来的液态密封胶，重新涂抹。

装配完毕后，等待至少 20min，再给发动机加注机油。

在曲轴和平衡轴的油封唇上涂抹润滑脂，然后将机油泵的内转子安装到曲轴上。安放好机油泵后，清除掉曲轴和平衡轴上多余的油脂，然后检查油封唇边有无变形。

重新组装时要使用新 O 形密封圈，并在安装之前在 O 形密封圈上施加润滑油，使用液体密封胶进行密封。转子必须同 O 形密封圈沿同一方向安装。重新组装后，检查转子转动时应无卡滞。

（5）查看机油散热器

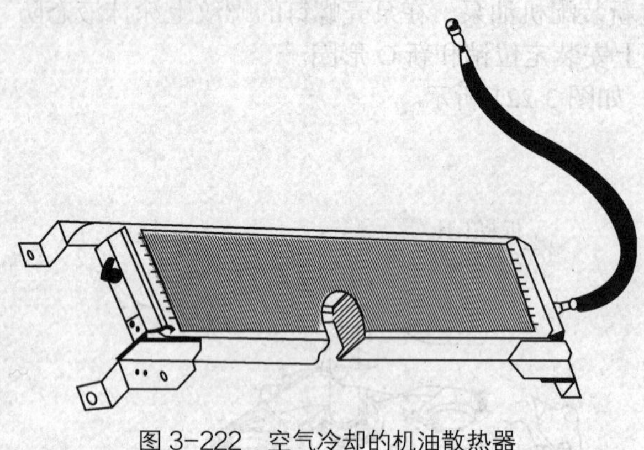

图3-222 空气冷却的机油散热器

为了使机油保持最有利的工作温度，除了靠油底壳和其他零件的自然散热外，有的发动机还装有机油散热器。机油散热器多装在冷却水散热器的前面，利用空气或水来冷却。空气冷却的机油散热器结构与冷却水散热器相似，如图3-222所示，多与主油道并联。

冷却水冷却的机油散热器如图3-223所示。将机油散热器置于冷却水路中，串联在主油道之前。冷却水在管外流动，润滑油在管内流动（或反之）。当油温较高时靠冷却水降温，而在起动暖车油温较低时，则从冷却水吸热迅速提高机油温度。水冷却的机油散热器油温能得到较好控制。

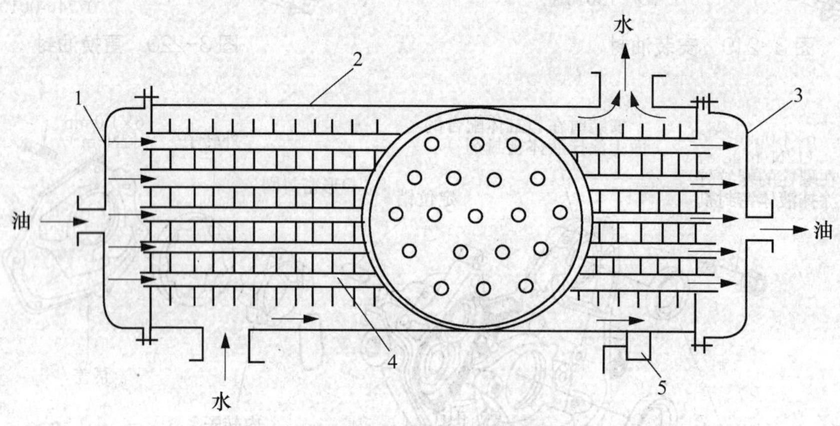

图3-223 水冷却的机油散热器简图

1—前盖；2—壳体；3—后盖；4—铜芯管及散热片；5—放水开关

四、工作质量评价

将冷却系统与润滑系统检修的工作质量评价填入表3-22和表3-23中。

表3-22 冷却系统检修工作质量评价表

质量评价项目/任务	冷却系统检修		
	质量评价要点及要求	分值	评分
零件的拆解	① 拆装工具准备是否齐全	5	
	② 分解步骤是否正确	10	
	③ 冷却液是否正确收集	5	
	④ 散热器拆解是否正确	5	
	⑤ 水泵拆解是否正确	5	
	⑥ 节温器拆解是否正确	5	
	⑦ 零件是否正确归类	5	

续表

质量评价项目/任务	冷却系统检修		
	质量评价要点及要求	分值	评分
各部件的检查	① 散热器的检查	5	
	② 节温器的检查	5	
	③ 水泵的检查	5	
	④ 膨胀水箱的检查	5	
	⑤ 冷却液的检查	5	
安全/环保意识	① 是否正确着装工作服	5	
	② 地面是否有冷却液滴漏	5	
	③ 是否用榔头敲击相关零部件	5	
	④ 橡胶类零件是否粘油	5	
	⑤ 分解过程中是否有零件坠地	5	
	⑥ 操作过程是否有安全事故	10	
合 计		100	

表 3-23 润滑系统检修工作质量评价表

质量评价项目/任务	润滑系统检修		
	质量评价要点及要求	分值	评分
零件的拆解	① 拆装工具准备是否齐全	5	
	② 分解步骤是否正确	10	
	③ 机油是否正确收集	5	
	④ 油底壳拆解是否正确	5	
	⑤ 集滤器、机油滤清器拆解是否正确	5	
	⑥ 机油泵拆解是否正确	5	
	⑦ 零件是否正确归类	5	
各部件的检查	① 油底壳的检查	5	
	② 集滤器的检查	5	
	③ 机油滤清器的检查（更换）	5	
	④ 机油泵的检查	5	
	⑤ 机油的检查（更换）	5	
安全/环保意识	① 是否正确着装工作服	5	
	② 地面是否有机油滴漏	5	
	③ 是否用榔头敲击相关零部件	5	
	④ 橡胶类零件是否粘油	5	
	⑤ 分解过程中是否有零件坠地	5	
	⑥ 操作过程是否有安全事故	10	
合 计		100	

五、考核建议与结果展示

1. 考核建议

关于本任务的考核与评价，应该侧重以下几点。

① 工作方案质量。

② 任务实施过程的态度与执行能力。

③ 任务工单完成情况。

④ “6S”规范执行情况。

2. 学生应展示的结果

① 班组制定的本任务实施方案。

② 零部件整理归类清单。

③ 任务实施记录与总结报告。

3. 思考与练习

① 发动机冷却水大、小循环路线是什么?

② 发动机温度过高和过低的危害。

③ 为什么机油泵输出的机油不全部流经细滤器?

④ 如何检查发动机内的机油量? 油量过多或过少有何害处?

⑤ 试述蜡式节温器的工作原理。

⑥ 一辆丰田花冠轿车，发动机经常过热，有时水温表指示值正常，但后来发现，那不过是假象，不是真正的正常，实际上发动机还是过热。试提出检修方案并分析原因。

⑦ 一辆天津夏利 7100U 型轿车，在停驶两个月后重新行驶时，发动机起动 10min 后便发生过热现象，根本无法正常行驶。请制定出检修方案。

六、知识与思维拓展

1. 发动机过热或过冷的危害

发动机冷却必须适度，过热或过冷都会给发动机带来危害。

（1）发动机过热的危害

发动机过热的危害有如下几点。

① 降低充气效率，使发动机功率下降。

② 早燃和爆燃的倾向加大，使零件因承受额外冲击性负荷而造成早期损坏。

③ 运动件的正常间隙被破坏，运动阻滞，磨损加剧，甚至损坏。

④ 润滑情况恶化，加剧零件的摩擦磨损。

⑤ 零件的机械性能降低，导致变形或损坏。

（2）发动机过冷的危害

发动机过冷的危害有如下几点。

① 进入气缸的混合气（或空气）温度太低，可燃混合气品质差，使点火困难或燃烧迟缓，导致

发动机功率下降，燃料消耗量增加。

② 燃烧生成物中的水蒸气易凝结成水，而与酸性气体形成酸类，加重了对机体和零件的侵蚀作用。

③ 未汽化的燃料冲刷和稀释零件表面（气壁、活塞、活塞环等）上的油膜，使零件磨损加剧。可见，发动机具有正常的工作温度是保证发动机良好的工作性能及其使用寿命的一个重要条件。

2. 水冷却系统常见故障及原因

发动机水冷却系统常见故障如表 3-24 所示。

表 3-24 发动机冷却系统故障及原因

故障现象	原因	排除方法
发动机过热	冷却系统堵塞，缸体有水垢；水泵损坏；节温器失灵；温控开关失效；风扇电机损坏；点火正时不准	清洗散热器和水套；修理或更换水泵；更换节温器；更换温控开关；修理或更换风扇电动机；调整点火正时
发动机温度过低	节温器失灵；气温太低	更换节温器；遮盖散热器
冷却系统泄漏	散热器泄漏；水管接头松脱或软管损坏；气缸垫渗漏；气缸盖或气缸体有裂纹	修理散热器；紧固接头或更换软管；拧紧气缸盖螺栓或更换缸垫；修理或更换气缸盖、气缸体
工作时有噪声	水泵轴承损坏；风扇叶片松脱或弯曲；风扇皮带损坏	更换轴承总成；紧固、修理或更换叶片总成；更换风扇皮带

3. 发动机润滑系统的常见故障及原因

检查润滑油液面高度时，车辆必须处于水平位置，发动机必须预热，润滑油温度必须高于 60℃。达到上述要求后熄火，等待几分钟再检查，目的是让润滑油流回到油底壳中。拔出机油尺，用干净的抹布擦干，然后再将其插入到底。再拔出机油尺，读取机油液面高度数值，如图 3-224 所示。润滑油液面高度不要超过润滑油尺上的 a 标记位置。

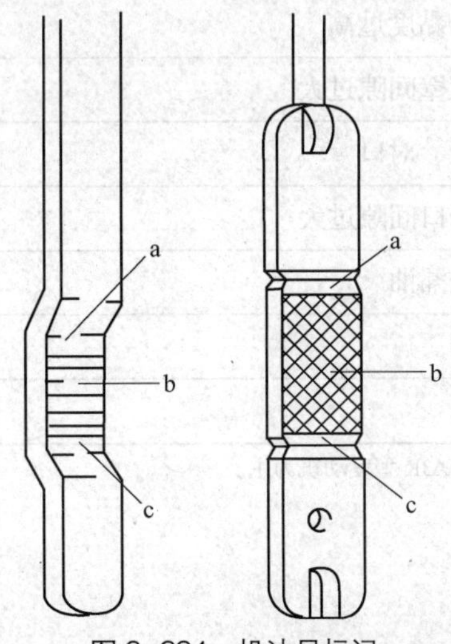

图 3-224 机油尺标记

a—不必加机油；b—可以加机油；c—必须加机油

润滑系统的常见故障及原因如表3-25所示。

表3-25 润滑系统常见故障及原因

故障现象	原因	排除方法
润滑油压力低	润滑油黏度标号低	更换润滑油
	润滑油劣化（混有燃油，水分）	更换润滑油
	润滑油温度过高	检查
	润滑油储量（油底壳）不足	添加润滑油
	集滤器堵塞	清洗集滤器
	润滑油泵齿轮与泵壳间隙过大	检修或更换
	润滑油泵外壳松动，O形密封圈损坏	紧固，更换O形圈
	润滑油泵止回阀关闭不严或止回阀弹簧损坏	检修或更换
	润滑油泵限压阀卡住在开启位置	检修或更换
	发动机轴承间隙过大	检修曲柄连杆机构
漏油	发动机前后油封磨损	更换前后油封
	个别密封垫损坏	更换密封垫
	气缸盖、气缸体不平或有损伤	检修或更换
	气门室罩不平或有损伤	更换气门室罩
润滑油压力高	润滑油滤清器堵塞且旁通阀开启困难	更换润滑油滤清器
	气缸体主油道堵塞	清洗、疏通
	新装配的发动机曲轴轴承间隙过小	检修曲轴及轴承
	选用润滑油标号黏度过高	更换润滑油
润滑油消耗过多	发动机活塞与缸壁间隙过大	检修活塞和气缸
	活塞环弹力减低、对口	更换活塞环
	活塞环侧隙、开口间隙过大	更换活塞环
	各油封密封垫处漏油	更换密封垫
	气门杆油封漏油	更换气门油封
加油口冒气	曲轴箱通风不良	疏通通风软管

注：表中所列故障以桑塔纳2000GSi轿车AJR型发动机为主。

4. 机油压力开关检查

（1）检查条件

滑油液面高度正常；当点火开关接通时，润滑油报警灯应该闪亮；润滑油温度约为80℃。

（2）检查过程

拔下低压开关（0.025MPa，棕色绝缘层），将其拧到 V.A.G1342 润滑油开关测试仪上，如图 3-225 所示。

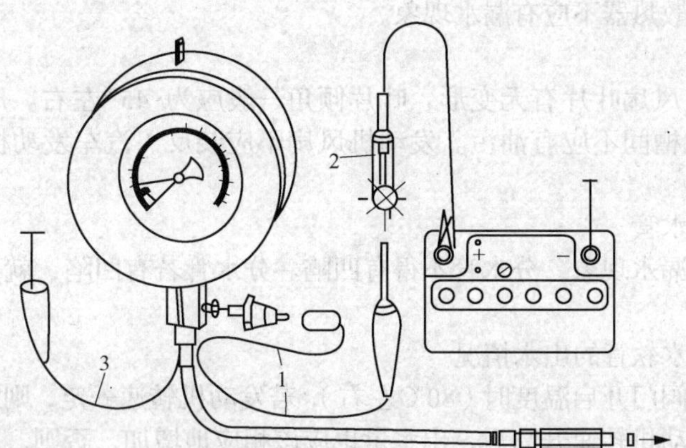

图 3-225　测试机油压力开关

1—棕色导线；2—润滑油压力开关；3—搭铁线

将测试仪拧到润滑油滤清器支架机油压力开关的位置上。将测试仪的棕色导线搭铁。将发光二极管 V.A.G1527 连接到润滑油压力开关和蓄电池正极上，发光二极管应该发亮。起动发动机，并缓慢提高发动机转速。

当机油压力为 0.015～0.045MPa 时，发光二极管必须熄灭，否则应更换润滑油压力开关。将发光二极管拧在高压油压开关（0.18MPa，白色绝缘层）上。当润滑油压力为 0.16～0.2MPa 时，发光二极管必须发亮，否则应更换润滑油压力开关。继续提高发动机转速，在 2 000r/min 的转速和 80℃的机油温度下，润滑油压力应至少维持在 0.2MPa。

5. 发动机过热的检修

导致发现机过热的因素很多，如果发动机调整不当、发动机点火正时过早或过晚、混合气过浓过稀、配气相位不准、曲轴轴瓦间隙过小等。而大多数的时候都是由于冷却系统故障所造成的，例如，水的蒸发和泄漏、散热器返水或加水少引起的冷却水不足；百叶窗开启不足，散热器内、外堵塞，风扇叶片角度不对、叶片装反或者传动不良，水管凹陷，节温器破损失效，冷却系统内有大量的水垢堵塞管道等。此外，汽车底盘的轮胎、制动、离合器不良，或者发动机润滑油不足以及发动机长时间处于大负荷状态等，也会导致发动机过热。一旦发现发动机有过热开锅现象，就应该认真检查，查明原因，排除故障。

对发动机过热故障可按下述方法进行处置。

（1）查看机油

发动机机油油平面的实际高度和润滑油质量要确实符合要求。若机油变为乳白色泡沫状，而且机油平面自行缓慢升高，则怀疑发动机冷却系统有水渗漏。如果油平面升高较快，肯定是发动机冷却系统有泄漏，这时应对发动机缸体和气缸套进行全面检查。

（2）查看散热器加水口处有无“返水”现象

在发动机温度较低时，让发动机中速运转，此时观察散热器加水口处有没有“返水”现象。如果有这种现象，则应该检查发动机冷却系统管道是否阻塞、凹瘪，尤其应检查出水口橡胶软管；同时也要注意发动机气缸与水套是否有串通现象。

（3）观察散热器部位，看有否异常

散热器中的冷却水应加满，加水口处不应有过多的水垢，散热器外部不应有泥灰、油污、叶草等杂物覆盖或者阻塞，散热器不应有漏水现象。

（4）查看风扇部位

关闭发动机，查看风扇叶片有无变形，叶片倾角一般应为 45°左右。风扇皮带应有足够的张力，风扇皮带及皮带轮槽间不应有油污。发动机风扇不应装反（汽车发动机的风扇一般应将风吹向发动机）。

（5）检查水泵和分水管

发动机水泵不得有漏水现象，分水管不得有凹陷。分水管若有凹陷，就会出现发动前、后温度不均匀的现象。

（6）检查散热器进水软管的出水情况

在水温为节温器主阀门开启温度时（80℃左右），若发动机转速一定，则发动机散热器进水管应有相应的出水量。当发动机转速升高后，出水量也应该相应地增加，否则，应对水泵及节温器进行检查。

（7）检查硅油风扇离合器及风扇的转速

硅油风扇离合器上风扇的转速，应该随风扇前方空气的温度和发动机水温的升高而增加，否则应对硅油水扇离合器进行彻底的检查。硅油风扇离合器的检查一般分为冷、热车检查两种情况。在冷车状态下（当汽车过夜或者经过相当长时间的冷却后）进行检查时，风扇的主动盘和从动盘之间仍然留有一定的硅油，如果这个时候用手拨动风扇叶片应该是很费力的。若起动发动机使其运转 1～2min，让主动盘和从动盘之间的剩余硅油流回储油室，待发动机停机后，用手转动风扇应该是很轻松的。上述情况属于正常，否则说明有故障。

在发动机处于热车状态下检查，当发动机工作温度在 90℃～95℃时，风扇的转动应该趋于正常，不应有松脱打滑现象。发动机停止运转后，如果用手去拨风扇叶片应该是特别费力的。汽车行驶中若发现硅油风扇离合器失效，可将紧急关闭锁销拧入，使主、从动盘连成一体，成为刚性连接。锁销不能长时间传力，只能作临时应急处理，事后应及时修理。

当然，在检查发动机过热故障时，如果故障发生的部位比较明显，就没有必要按上述步骤逐步检查，而因直接对故障部位进行处置，以尽快排除故障。

注意

- 当发动机因过热而开锅时，除非发动机正在运转，否则不得加水，更不应该直接将冷却水浇向气缸盖和气缸体，否则极可能导致有关机件的破裂。
- 开锅后的发动机不应立即停止转动，最好让其怠速运转几分钟，停机后再用起动机带动发切机转动几圈。

6. 发动机润滑系统几种故障诊断

（1）机油变质故障诊断

① 故障现象。机油取样，颜色变黑（多级机油比较容易变黑，检查时应注意区别）；含水分的机油呈乳浊状且有泡沫。

② 故障原因。如图 3-226 所示，机油使用时间过长，高温和氧化作用会加快机油氧化和机油炭化，使机油逐渐变质；活塞和气缸间隙变大，活塞环漏气，燃油下泄量大，会稀释机油；缸垫密封不严或缸体有裂纹、砂眼等会使冷却液漏入曲轴箱，使润滑油和冷却液搅拌后乳化；曲轴箱通风不良，机油中混杂有废气中的燃油，也会使机油变质；机油滤清器堵塞，机油未经过滤而直接通过旁

通阀，会造成机油内杂质过多；机油泵磨损，会降低供油能力。

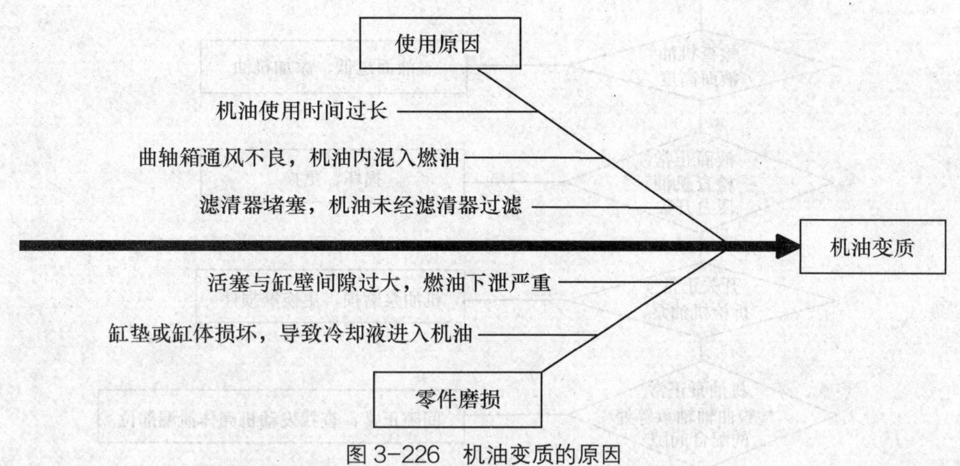

图 3-226　机油变质的原因

③ 故障诊断。检查机油中是否含有水分，然后检查冷却系统（如缸体等）是否有裂缝。取机油样品数滴，滴在滤纸上，若其扩散的油迹为中心黑色杂质多，则说明机油内杂质多，变质；用手捻取样机油，若失去黏性感，说明机油内混有燃油。若检验出机油变质，应检查曲轴箱通风是否良好，活塞的漏气量是否很大，滤清器是否失效否及油道是否堵塞。

（2）机油压力低故障

① 故障现象。机油压力过低时，仪表盘上的机油压力警报灯会闪烁；机油警报蜂鸣器会响。

② 故障原因。机油压力过低的原因有机油油面过低；机油压力传感装置故障；机油泵损坏或内部零件磨损；机油黏度低或被稀释；机油泵限压阀失效或弹簧过软；发动机曲轴等轴承间隙过大；机油集滤网被胶状物糊住；机油泵内形成空气间隙，失去泵油功能等，如图 3-227 所示。

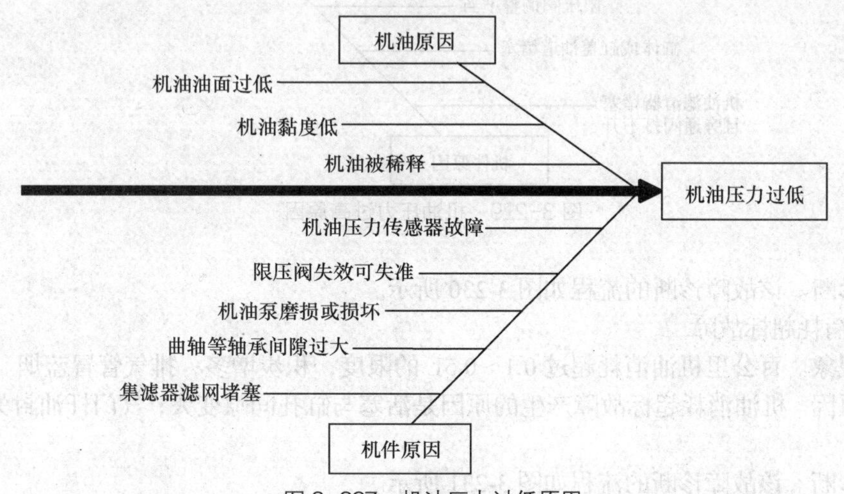

图 3-227　机油压力过低原因

③ 故障诊断。该故障诊断的流程如图 3-228 所示。

（3）机油压力高故障

① 故障现象。机油压力超过 0.4MPa；机油警报灯闪亮且蜂鸣器响。

② 故障原因。机油压力过高的原因如图 3-229 所示。

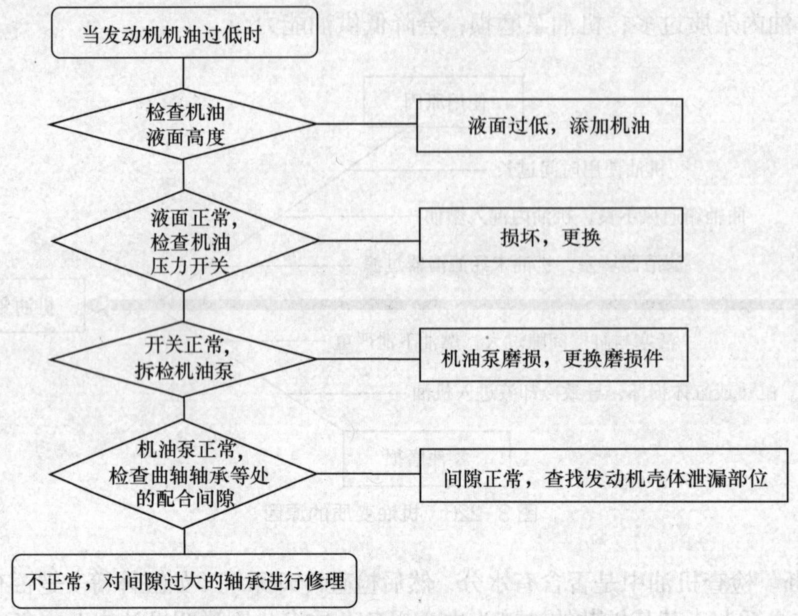

图 3-228　机油压力过低故障诊断流程图

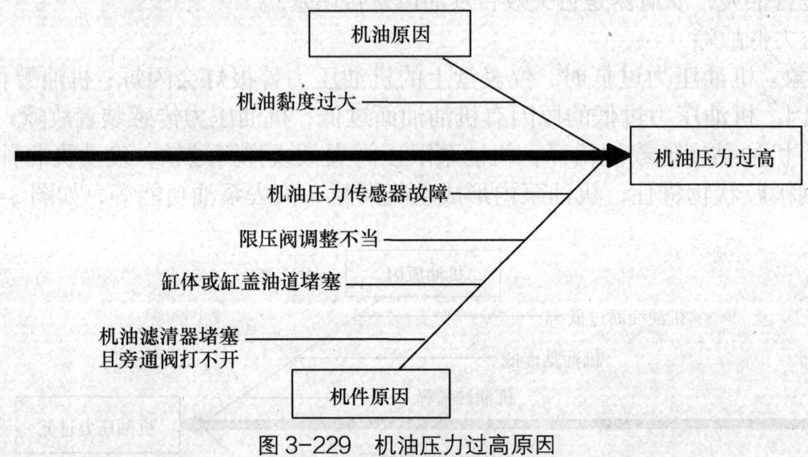

图 3-229　机油压力过高原因

③ 故障诊断。该故障诊断的流程如图 3-230 所示。

（4）机油消耗超标故障

① 故障现象。百公里机油消耗超过 0.1～0.5L 的限度；积炭增多；排气管冒蓝烟。

② 故障原因。机油消耗超标故障产生的原因是活塞与缸孔间隙变大；气门杆油封失效；气门导管磨损等。

③ 故障诊断。该故障诊断的流程如图 3-231 所示。

7. 冷却系统和润滑系统维修案例分析

（1）捷达点火过迟造成开锅故障检修

① 故障现象。一辆正在行驶的捷达轿车，突然出现行驶无力，随之出现加速发闷、化油器回火，最后水箱也出现开锅现象。停车后，踏加速板排气管有排火现象。

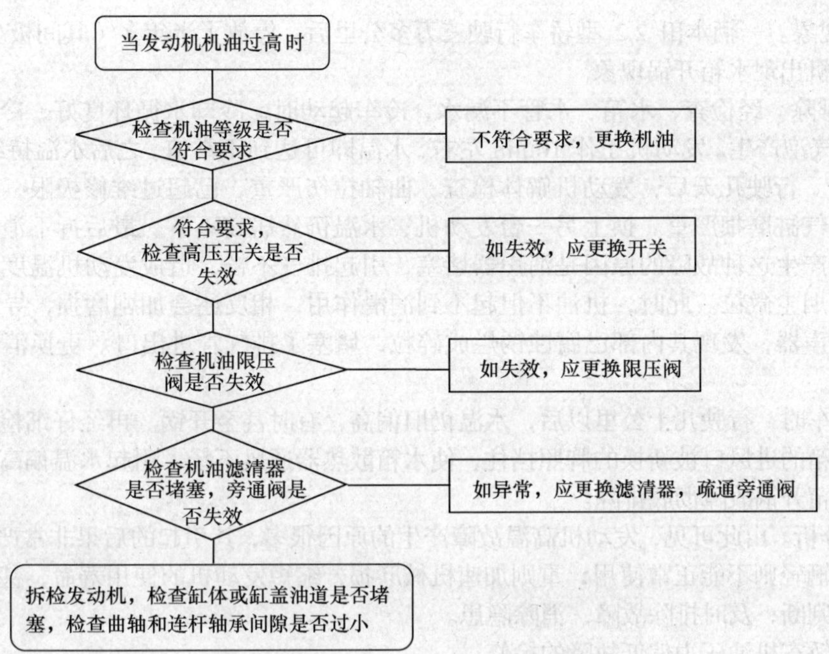

图 3-230　机油压力过高故障诊断流程图

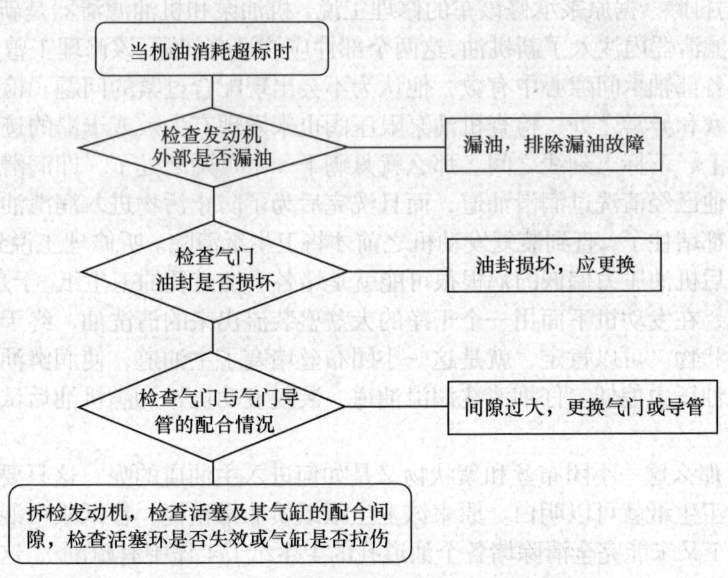

图 3-231　机油消耗超标故障诊断流程图

② 故障判断。综合上述现象，初步判断为点火过迟。仔细检查发动机，发现正时齿带连续三个齿出现脱落。原来，齿带由于使用时间过长，造成老化，最后出现掉齿。结果点火正时出现错乱，造成点火过迟。

③ 故障排除。更换一个同规格齿带，重新校对点火正时，着车后，运转正常。

（2）本田轿车水箱开锅的检修

① 故障现象。一辆本田 2.2 型轿车行驶三万多公里后，停放了半年多（其间极少使用），重新启用时，发动机出现水箱开锅现象。

② 故障排除。经检查，水箱、水管不漏水，冷车起动时，冷却水循环良好，冷却风扇工作正常，水箱内无气泡产生。发动机工作 10min 左右，水温即可达到正常值。之后水温持续上升，20min 后，水箱开锅。行驶几天后，发动机解体检查，曲轴拉伤严重，已超过维修极限，曲轴瓦和连杆瓦压延变形，气缸磨损严重。换上另一台发动机，水温仍然居高不下。最后拆下消声器，水温才恢复了正常。产生这种故障的原因是消声器堵塞，引起排气不畅，造成发动机温度不断升高，机油变稀，形成烟尘微粒。此时，机油不但起不到润滑作用，相反还会加剧磨损，导致机械部件的损坏。拆开消声器，发现其内部已腐蚀锈烂成碎粒，堵塞了排气管进出口。更换消声器后发动机工作正常。

但上路试车时，行驶几十公里以后，水温仍旧偏高，有时甚至开锅。再经仔细检查发现，车的前中网处，水箱的进风口被新换的牌照挡住，使水箱散热器通风不畅，引起水温偏高。调整车前牌照位置后，水箱开锅故障彻底排除。

③ 故障分析。由此可见，发动机高温故障产生的原因很多，其引起的后果非常严重。尤其是在高温地区，车辆轻则不能正常使用，重则加速机械磨损，缩短发动机的使用寿命，甚至造成毁机。因此，应正确判断，及时排除故障，消除隐患。

（3）红旗轿车机油压力偏低故障的检修

① 故障现象。一辆小红旗轿车（配装 CA488 发动机）在某修理厂检修后，试车时发现发动机机油压力偏低。

② 故障检查与排除。据原来承修该车的修理工说，机油泵和机油滤清器是新换的，安装时也分别向机油泵和机油滤清器内注入了新机油，这两个部件应该没有问题。该修理工曾多次检修过 CA488 发动机，对发动机各部轴承间隙心中有数，他认为不会出现配合过紧的问题。检查各处密封件和管路接头没有发现堵塞和异常之处；检查机油泵限压阀也未发现有失效或卡滞的迹象；机油加注量适当，正好在机油尺上、下标志刻线之间。那么就只剩下一个可疑之处了，即润滑油道堵塞。但承修该车的修理工说，他已经清洗过润滑油道，而且洗完后为了防止污物进入润滑油道，还用干净的卫生纸将各个油道孔都堵住了，直到装复发动机之前才将卫生纸清除。听修理工说到此处，眼前一亮，造成发动机检修之后机油压力偏低的祸根很可能就是堵各个油道孔的卫生纸。于是再次解体发动机，仔细清洗润滑油道，在发动机下面用一个干净的大盆盛装流出来的清洗油，终于发现冲出来一小团布丝，另有一些絮状物。可以肯定，就是这一小团布丝堵塞了主油道，使润滑油道的有效流通面积减小，从而导致机油压力偏低。仔细清洗润滑油道，装复发动机，加满机油后试车，机油压力恢复正常，故障排除。

③ 故障分析。那么这一小团布丝和絮状物又是如何进入主油道的呢？这只要仔细观察修理工用于堵各个油道孔的卫生纸就可以明白。原来该卫生纸纸质非常粗糙，在纸浆中混有较多的布丝和草梗等杂物，而修理工又未能完全清除堵各个油道孔的卫生纸（工作中有疏漏），这样卫生纸便进入主油道，并在机油的浸泡下，溶化成絮状物，而混在纸浆中的布丝和草梗等杂物便游离出来并形成一团，堵塞了主油道，造成上述故障。

④ 经验总结。许多修理工在清洗润滑油道后，都喜欢用一些干净的布或纸将油道孔堵住，以防止污物进入润滑油道，造成返工，这本来是一个好习惯。但若是装车之前忘了取出或者使用的材料不妥（如本例中的劣质卫生纸），反倒会引发故障，这一点应该引起广大修理工注意。

（4）丰田皇冠轿车冷却液翻喷故障检修

① 故障现象。一台丰田皇冠轿车，装用 2JZ-GE 型发动机。在更换冷却液后不久，行驶中冷却液突然大量涌入储液桶，并从储液桶的水口溢出。

② 故障检查与排除。出现冷却液翻喷的可能原因有气缸垫冲坏，使水套与燃烧室串通；气缸体或气缸盖裂纹；水箱内沉积污垢过多，使冷却液循环受阻；冷却液品质差，受热后产生大量泡沫或膨胀量过大。

首先打开散热器盖检查，在急踏加速踏板的瞬间，冷却液窜出很高。根据经验，这种较强烈的翻喷，基本可确诊为散热器主要管路不畅所致。因故障出现在冷却液更换之后，应先对冷却液原包装及品质进行检查，发现是伪劣产品，应将冷却液放出，清洗冷却系。但在放出冷却液时十分困难，只好将放水开关卸掉，放出了大量的污垢。接着又加上自来水，按规定放入水箱清洗剂，起动发动机运行一段时间后放出并用自来水反复冲洗。更换优质冷却被进行正常运行，冷却被翻喷现象再未出现。

③ 故障分析。造成翻喷的现象并不多见，分析认为：劣质冷却液腐蚀冷却系内的沉积物，使其出现堆积现象，形成部分堵塞而影响冷却液的循环，导致温度和蒸气压力过高而出现翻喷现象。为避免这种现象，驾驶员应注意两点：一是更换使用过久的冷却液时，最好使用清洁剂清洁冷却系统；二是一定要辨明真伪，选用优质冷却液。

（5）富康车维修后发动机过热检修

① 故障现象。一辆神龙富康轿车（1998 年生产），因水泵损坏，更换了新水泵后，在行车中便经常出现发动机过热的现象，根本无法正常行驶。

② 检修过程。经检查，该车的冷却系统密封良好；冷却液液面高度正常；冷却系统大循环良好（说明节温器能够开启，水泵工作正常），电控风扇低、高速均能自动运转。拧松冷却系统内的放气螺钉（富康轿车冷却系因结构特殊，在系统内设置了 4 个放气螺钉，以防冷却液气阻而出现发动机过热或局部过热），发现冷却系统内有些空气，将空气排净后运行，过热现象仍无明显好转。

打开散热器盖用手捻搓冷却液时，发现了问题。原来在更换新水泵后，认为冬天已过，便向冷却系统中加进了自来水。将自来水放出，加入防冻液（冰点低，沸点高）后，发动机过热现象消失。

③ 故障分析。现代轿车为了提高发动机的性能，将发动机的工作温度作了一定的提高，其正常工作的温度上限都超过了 100℃，甚至达到了 110℃。如此高的温度，如用水作冷却介质，当然就会开锅了。因此，现代轿车，如奥迪、桑塔纳、捷达等国产车及一些进口汽车，一年四季都必须使用长效防冻液。

（6）丰田佳美轿车水温过高故障检修

① 故障现象。一辆丰田佳美轿车，发动机水温高，打开水箱加水时，水不但加不进去，而且还往外翻。

② 故障检查与分析。发动机温度高，不是发热过多，就是散热不足。该车温度高、缺水，说明散热不足；加水就翻出来，说明散热水箱进出水量不平衡，不是水箱堵塞就是出水管变质、老化被水泵吸瘪。检查水箱及出水管均正常，询问车主，车主说冷车时好像加满水了，热车后又缺水，加又加不进去。通过以上现象分析，产生该故障的原因可能是加水时未曾将暖风打开，导致冷却系统出现气室现象。

③ 故障排除。起动发动机，将暖风开关打开，使发动机边工作边加足冷却液，这样可以避免水箱翻水。该车经如此添加冷却液，温度高故障得到排除。

（7）普通型桑塔纳轿车机油压力报警器报警的检修

① 故障现象。一辆普通型桑塔纳，当发动机转速超过 5 000r/min 时，机油压力报警器便开始报警，而当发动机低于这个转速时又恢复正常。

② 故障检修。根据故障现象，首先检查了机油压力感应塞，发现感应塞完好，对相应的线路进行检查，也未发现问题。因此怀疑可能是机油太脏，便将机油全部换掉，但故障仍未排除。于是，

试着将油底壳拆掉，检查机油泵，发现油泵本身完好无损，但在清洗油底壳时发现正对吸油口处有一圆形痕迹，经查油底壳已经向里凹陷了许多。将油底壳整形装车后，故障排除。

③ 故障分析。吸油口与油底壳太近，使之空间变小，存油量减少，当低速运转时，机油泵输油量大，由于该凹陷部位的影响，感应塞不能准确感知机油压力，报警器便报警。

（8）桑塔纳机油压力警告灯常亮不熄的检修

① 故障现象。一辆桑塔纳轿车，在冷起动后的暖机过程中，机油压力警告灯常亮不熄，司机平稳加速到 2 500r/min 时，警告灯熄灭。

② 故障检查与排除。拆下机油滤清器处的高压开关，接压力表检测，怠速时油压正常（200kPa）。拆下气缸盖后端的低压开关检测，怠速时油压只有 10kPa。更换新的机油滤清器后，警告灯怠速常亮故障排除。

③ 故障分析。高压开关安装在油道首端，低压开关装在油道尾端。根据该发动机结构特点判断，首端压力正常，而尾端压力过低，很可能是机油滤清器过脏或堵塞的缘故。当发动机加速至 2 500r/min 时，警告灯熄灭，即表明在此转速时旁通阀打开，使系统内油压恢复正常所致。

任务五 发动机总成装配与测试

【任务说明】

发动机总成的装配与测试是发动机检修的最后一个任务，也是最为关键的任务之一。安装的合理与规范，将直接影响发动机检修质量，关系发动机检修后的各项工作性能。组织本任务实施的导向图如图 3-232 所示。

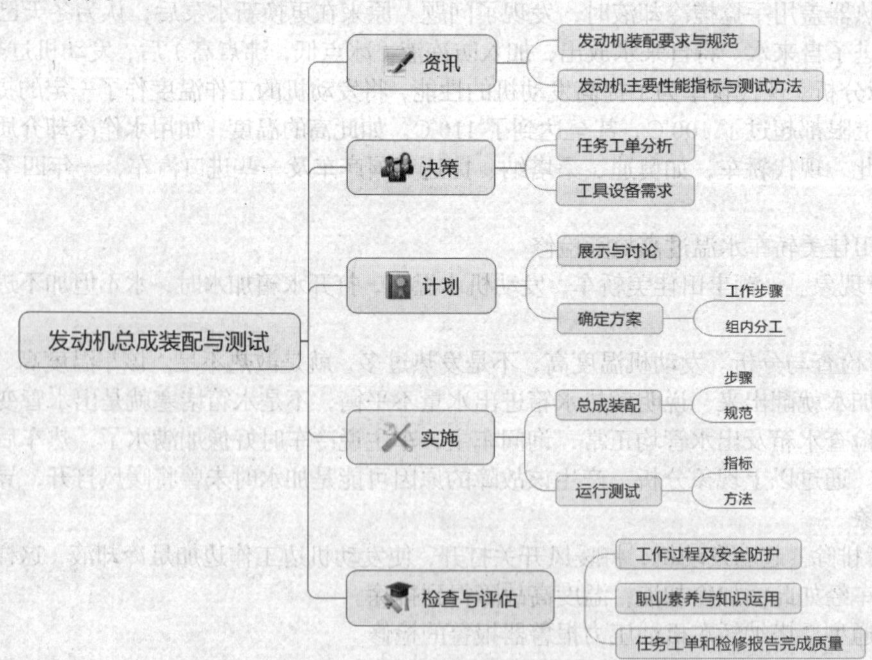

图 3-232 组织发动总成装配与测试任务实施的导向图

【知识要求】

① 理解发动机装配的要求和规范。

② 掌握发动机各部件之间的装配或传动关系。
③ 理解发动机测试的相关要求。
④ 掌握发动机装配工作顺序。
⑤ 掌握发动机各性能特性对发动机工作的影响。

【能力要求】

① 能够合理选择与正确使用发动机总成安装工具。
② 能够正确安装发动机总成。
③ 能够规范测试发动机各性能。
④ 能够通过发动机性能测试，判断、分析发动机的工作状态，并进行调整。

【职业素养】

① 通过对任务的实施，培养严谨的工作作风和科学的工作态度。
② 提高安全意识，加强安全教育，树立安全观念。
③ 培养良好的职业道德和职业精神。
④ 提高同学再学习能力，培养刻苦钻研精神。

一、资讯

1. 发动机的万有特性

能在一张图上表示发动机各性能参数与转速、负荷之间相互关系的特性称为万有特性，也称为多参数特性，相应的曲线称为万有特性曲线。

从图 3-233 中可以清楚看到发动机在各种不同转速和负荷下的动力性和经济性，发动机要想获得最低燃料消耗，可以通过改变发动机的转速来调节。

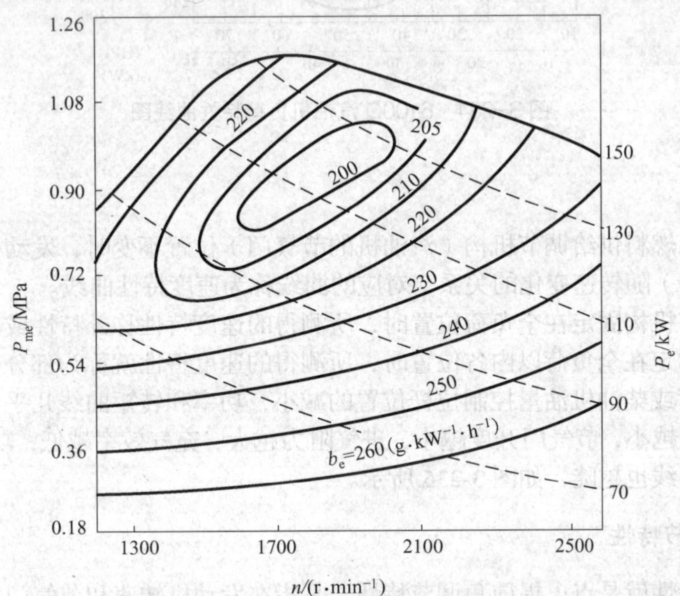

图 3-233　发动机万有特性曲线

P_e—发动机功率；b_e—燃料消耗率；n—转速；P_{me}—平均有效压力

2. 发动机负荷特性

发动机转速一定，逐渐改变节气门开度（或改变喷油泵供油拉杆位置），发动机每小时耗油量（G_T）、有效耗油率（g_e）随有效功率（P_e）（或有效转矩 M_e）变化的关系，称发动机负荷特性。负荷特性可用来评定不同转速及不同负荷下发动机的经济性。

图 3-234 所示为 6100Q 型汽油机负荷特性曲线图。由图分析可知，随着节气门开度的增大，有效功率（P_e）由小增大，发动机每小时耗油量（G_T）随之上升，当节气门开度达到全开的 80%时，化油器加浓装置开始工作，G_T上升速度加快，曲线变陡。从负荷特性曲线上还可以看出，在接近全负荷时，有效耗油率最低，因此，为了提高汽车的燃料经济性，发动机应在有效耗油率低、负荷又较大的经济负荷区运行。

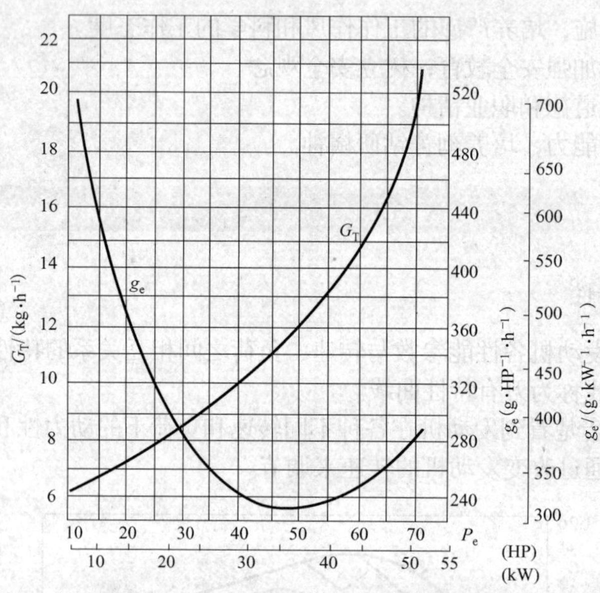

图 3-234 6100Q 汽油机负荷特性曲线图

3. 速度特性

速度特性是指当燃料供给调节机构（汽油机的节气门）位置不变时，发动机性能指标（转矩、功率、燃油消耗率等）随转速变化的关系，对应的曲线称为速度特性曲线。

当燃料供给调节机构固定在全负荷位置时，所测得的速度特性称外特性或全负荷速度特性。当燃料供给调节机构固定在全负荷以内各位置时，所测得的速度特性就称为部分负荷速度特性。随着汽油机的节气门开度或柴油机油量控制拉杆位置的减小，功率和转矩曲线几乎从外特性平行下移。对汽油机而言，负荷越小，节气门开度越小，进气阻力越大，充气效率越低，功率、转矩下降越快，部分负荷速度特性曲线也越陡，如图 3-235 所示。

4. 发动机的调节特性

发动机的调节特性就是点火提前角调节特性，是指在发动机转速和节气门开度一定的条件下，其功率、燃料消耗率等性能指标随点火提前角变化的关系。

汽油机的点火提前角调节特性曲线型式与柴油机类似，可将 p 视为点火提前角。可见，随着点火提前角的改变，发动机的功率与燃料消耗率也随着变化。对应于最大功率和最小燃料消耗率的点火提前角即为最佳点火提前角。

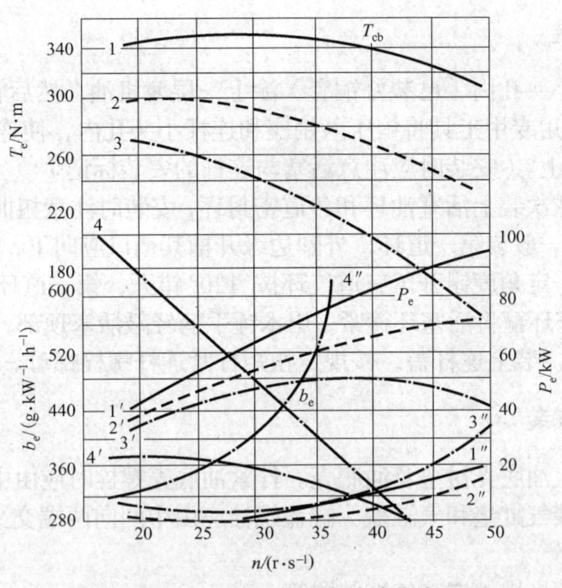

图 3-235 负荷速度特性曲线

1—外特性；2、3、4—部分负荷速度特性；P_e—发动机功率；T_e—发动机转矩；b_e—燃料消耗率；n—转速

二、工作方案制订

学生需根据任务工单进行相关资讯并进行课前的自主学习，针对任务实施前的维修工具及材料准备、实施中的小组人员分工安排以及任务实施操作步骤等制订方案计划，如表 3-26 所示。

表 3-26 工作方案计划表

工作项目/任务	发动机总成装配与测试
人员分工	
时间安排	
设备、材料及维修工具准备	
任务实施操作步骤	

三、工作组织实施

1. 曲轴飞轮组的安装

① 将飞轮安装于曲轴后端轴凸缘盘上，安装时注意原定位标记，然后紧固螺母。螺母紧固时应对角交叉进行，并按扭紧力矩拧紧。

② 在曲轴主轴承座上安装并定位好轴承（轴承上油孔应与座上油道孔对准），然后在轴瓦表面涂上一层薄机油。

③ 将曲轴安装在主轴承座内，将不带油槽的主轴承装入主轴承盖，把各道主轴承盖按原位装在各道主轴颈上，并按规定拧紧力矩，依次拧紧主轴承螺栓。螺栓不得一次拧紧，须经 2～3 次完成。拧紧顺序应按从中到外交叉进行。拧紧后转动曲轴，以便安装活塞连杆组。

④ 将曲轴前端正时齿轮、挡油片等装上。

2. 活塞连杆组的安装

① 将活塞销和连杆小头孔内（已装好铜套）涂上一层薄机油，然后将活塞放入 90℃以上热水内加热，取出活塞，迅速用专用工具将销压入销座和连杆小头孔内，使连杆活塞连接。如果有活塞销卡环，用尖嘴钳将其装上。（安装时应注意活塞与连杆的安装标记）

② 用活塞环装卸钳依次装上活塞油环和各道密封环，安装时注意扭曲环方向不可装反（环的内圆边缘开槽槽口应向上，一般装第一道环，外圆边缘开槽其槽口应向下，一般装二、三道环槽）。

③ 将各道环端隙按一定角度钳开（三道气环按 120° 错开，第一道环的端隙应避开活塞销座及侧压力较大一侧）。用活塞环箍将活塞环箍紧，用木锤手柄轻敲活塞顶部，使其进入气缸，推至连杆大端与曲轴连杆轴颈连接。装上连杆盖，按规定扭矩拧紧连杆螺栓螺母。

3. 气缸体曲轴箱组安装

① 放倒发动机，装上油底壳衬垫及油底壳。拧紧油底壳螺栓时应由中间向两端交叉进行。

② 竖直发动机，安装气缸垫和气缸盖。缸盖螺栓应由中间向两端交叉均匀拧，分 2～3 次拧至规定力矩。

③ 安装凸轮轴及摇臂机构，安装气缸盖罩等。

④ 将所拆其他非曲柄连杆机构部件安装到发动机上。

⑤ 检查有无遗漏未装部件，检查整理好工具。

4. 顶置气门式配气机构的安装

① 安装凸轮轴，注意不要损坏了凸轮轴轴承。

② 用螺栓固定凸轮轴止推片周缘，并用力矩扳手拧紧。

③ 安装正时链及链轮：先将一缸活塞转到上止点位置，将凸轮轴的键转到与凸轮轴止推凸缘记号对准，再使正时链和正时链轮上的记号对准，缓慢地装上正时链及链轮。

④ 将曲轴皮带轮装到曲轴上，并用专用工具和扭力扳手安装凸轮轴固定螺栓。

⑤ 将正时链张紧器注油并安装上。

⑥ 装上正时链盖，曲轴皮带轮和水泵皮带轮。

⑦ 安装驱动皮带。

⑧ 安装气门挺杆。

对于凸轮轴上置的发动机，只有缸盖装复后再装凸轮轴和正时链，安装时同样要注意其正时标记。

⑨ 装配气门组。在气门导管表面涂以润滑油，选择尺寸合适的冲头，按缸号顺序用手锤轻轻将导管击入导管孔中。导管装入深度应符合规定，以利散热和排气。

润滑气门杆，按记号将气门分别装入各气门导管内。然后翻转缸盖，装上气门弹簧、挡油罩和弹簧座。用气门弹簧钳分别压紧气门弹簧，装上锁块（锁块装入后应落入弹簧座中，并使两瓣高度一致，固定可靠）。

⑩ 安装气缸盖（其步骤同曲柄连杆机构。拧紧方法如图 3-236 所示）。

⑪ 装配摇臂机构。将摇臂、摇臂轴、摇臂轴支座等清洗干净，并检查这些机件的油孔是否畅通。将摇臂轴涂上润滑油，按次序将摇臂轴支座、摇臂、定位弹簧等装在摇臂轴上。将推杆放入挺杆凹

槽内，摇臂上的气门间隙调整螺钉拧松，以免固定支座螺栓时把推杆压弯。然后固定摇臂机构，自中间向两边均匀固定，达到规定的拧紧力矩。支座固定后，摇臂应能转动灵活。安装气缸盖罩，装复汽油泵、分电器等发动机外部有关机件。

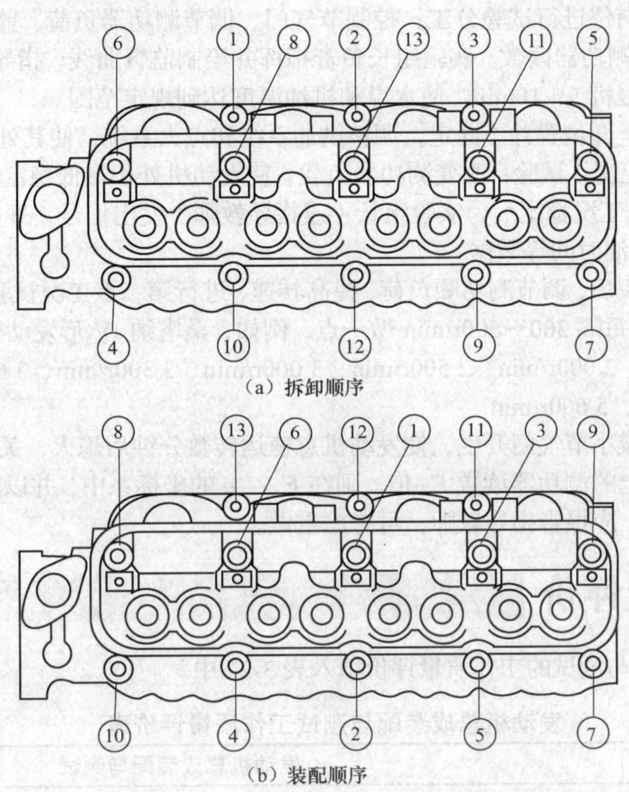

图 3-236 丰田 3Y 发动机缸盖拧紧顺序

5. 发动机负荷特性测试

① 与外特性试验时相同，按照岗位进行试验的分工。

② 起动发动机并暖机 5～10min，使水温及机油温度达到规定范围。

③ 将节气门稍开，调节测功器负荷，使转速稳定在该发动机的最常用转速（经济车速所对应的转速），桑塔纳 JV 形发动机选定转速为 3 300r/min。开始进行第一点（工况）试验。待发动机转速稳定后，实验组长（或指导教师）发出信号，开始量油，记录转速、测功器读数、耗油时间、水温、油温等数据。实验组长在以测功器读数 $F_{读}$为横坐标，耗完定量燃油所需时间 t 为纵坐标的坐标系中，画出监督点。

④ 第一点试验结束后，增加测功器负荷，同时加大节气门开度，使发动机转速不变，进行第二点试验。以后各点测法同上。逐渐增大节气门开度和逐渐增加发动机负荷，保持转速不变，直到节气门全开。测试点不得少于八点。

节气门开度大小，可直接由测功器读数衡量。当节气门接近全开时（70%～80%节气门开度），要多做几个点，以保证测出加浓装置的作用情况。

⑤ 测试结束后，减小节气门开度，使发动机怠速运转数分钟后熄火。关闭各开关，清理仪器、设备等。

⑥ 将 t—$F_{读}$坐标系中各监督点以曲线连接起来，若发现有不符合规律的“野点”，应报告指导

教师，考虑重做。

6. 发动机外特性测试

① 测试小组按照岗位进行试验分工：控制节气门、调节测功器负荷、监视仪表台、控制水温、测转速、测油耗、读取测功器读数。实验组长负责指挥并绘制监督曲线。指导教师在现场监督指导。

② 起动发动机并暖机 5～10min，使水温和机油温度达到规定范围。

③ 将节气门处于全开位置并予固定，调整供油系统和点火系统，使其处于最佳工作状态。

④ 进行第一点（工况）试验：改变测功器负载，使发动机处于最低稳定转速下（轿车发动机选 1 500 r/min）；待发动机工况稳定后，实验组长（或指导教师）发出信号，开始量油，同时开始记录转速、测功器读数、耗油时间等数据。

⑤ 第一点测试结束后，调节测功顺负荷，提高转速，进行第二点工况试验，操作方法与④相同。轿车的汽油发动机建议每隔 300～500r/min 做一点，例如，桑塔纳 JV 形发动机建议选择以下各转速进行试验：1 500r/min、2 000r/min、2 500r/min、3 000r/min、3 300r/min、3 600r/min、4 000r/min、5 000r/min、5 300r/min、5 600r/min。

⑥ 试验完毕后，减小节气门开度，使发动机怠速运转数分钟后熄火，关闭各开关。

⑦ 把各试验点测出的测功器读数 $F_{读}$值。画在 $F_{读}$—n 的坐标系中，并以曲线连接起来。如发现不符合规律的“野点”，应报告指导教师，可考虑重做。

四、工作质量评价

将发动机总成装配与测试的工作质量评价填入表 3-27 中。

表 3-27 发动机总成装配与测试工作质量评价表

质量评价项目/任务	发动机总成装配与测试		
	质量评价要点及要求	分值	评分
发动机总成装配	① 装配工具准备是否齐全	5	
	② 装配步骤是否正确	10	
	③ 曲轴飞轮安装是否正确	5	
	④ 活塞连杆组安装是否正确	5	
	⑤ 气缸体、曲轴箱安装是否正确	5	
	⑥ 配气机构安装是否正确	5	
	⑦ 发动机总体检查	10	
	⑧ 发动机负荷特性测试	10	
	⑨ 发动机外特性测试	10	
安全/环保意识	① 是否正确着装工作服	5	
	② 地面是否有冷却液滴漏	5	
	③ 是否用榔头敲击相关零部件	5	
	④ 橡胶类零件是否粘油	5	
	⑤ 安装过程中是否有零件坠地	5	
	⑥ 操作过程是否有安全事故	10	
合计		100	

五、考核建议与结果展示

1. 考核建议

关于本任务的考核与评价，应该侧重以下几点：

① 工作方案质量。

② 工作过程（进行过程考核）和技能掌握情况（进行技能考核）。

③ 任务工单完成情况。

④ “6S”规范执行情况（考核职业素养）。

2. 学生应展示的结果

① 班组制定的本任务实施方案。

② 发动机总成装配与测试记录和分析报告。

③ 教师布置的任务工单和任务实施总结报告。

3. 思考与练习

① 发动机检修后为什么要进行磨合？

② 在负荷特性中，为什么柴油机的有效燃料消耗率曲线比汽油机的平坦些？这对实际使用有何影响？

③ 负荷特性能够评价发动机的经济性，为什么车用发动机还要进行万有特性分析？

④ 为什么在高原、热带和潮湿地区，发动机的功率会有所降低？

⑤ 在外特性中，为什么柴油机的扭矩曲线比汽油机的平坦些？这对使用有何影响？

六、知识与思维拓展

1. 发动机总成修理竣工技术条件

（1）一般技术要求

发动机总成修理竣工的一般技术要求如下。

① 装备齐全，按规定完成了发动机磨合，无漏油、漏水、漏气、漏电现象。

② 加注的润滑油量、牌号以及润滑脂符合原厂规定。

③ 无异响，急加速时无爆燃声，化油器不回火，消声器无放炮声，工作中无异响。

④ 润滑油压力和冷却液温度正常。

⑤ 气缸压力符合原厂规定，各缸压力差：汽油机应不超过各缸平均压力的 8%，柴油机不超过 10%。

⑥ 四冲程汽油机转速在 500～600r/min 时，以海平面为准，进气歧管真空度应在 57.2～70.5kPa。其波动范围六缸机不超过 3.5kPa，四缸机不超过 5kPa。

（2）主要使用性能

发动机总成修理竣工后所要达到的使用性能如下。

① 发动机在正常工作温度下，5s 内能起动。柴油机在 5℃，汽油机在−5℃环境下，起动顺利。

② 配气相位差不大于 2.5°。

③ 加速灵敏，过渡圆滑，怠速稳定，各工况工作平稳。

④ 最大功率和最大转矩不低于原厂规定的 90%。

⑤ 最低燃料消耗率不得高于原厂规定。

⑥ 发动机排放限值符合《机动车运行安全技术条件》（GB 7258—2012）的规定。

二级维护竣工的发动机除装备齐全有效之外，还必须进行性能检测，要求能正常起动，低、中、高速运转均匀、稳定，水温正常，加速性能好，无断火、回火、放炮等现象；发动机运转稳定后应无异响；无负荷功率不小于额定值的 80%。

⑦ 电子控制系统的设置应正确无误。自检警告灯应显示系统正常，或通过系统自诊断功能读取的故障码应为正常码。

2. 发动机的装配调整与磨合

（1）发动机装配与调整的基本要求

发动机装配与调整的基本要求如下。

① 复检零部件、辅助总成，性能试验合格。

② 易损零件、紧固锁止件（如自锁螺母、弹簧垫片等）全部换新。

③ 严格保持零件、润滑油道清洁。

④ 做好预润滑，预润滑剂必须清洁、品质符合发动机工作要求。

⑤ 不许互换配合位置的零件，严格按装配标记装配。零件的平衡配重位置正确，固定可靠。

⑥ 尽量使用专用器具装配，按规定紧固力矩、紧固方法和顺序紧固螺栓。

⑦ 装配间隙必须符合技术条件，但应根据具体情况适当调整。例如，活塞的配缸间隙，若选择购买数个厂家的活塞，应根据其产品质量规律，总结调整出适合各厂家活塞的配缸间隙值。变形的零件配合间隙要调到公差下限，无变形的要调整到公差上限。

⑧ 电控系统各接头、线柱要清洁，接触可靠。燃油系统中的 O 形密封圈必须更换，而且不得使用含硅密封胶。

（2）发动机的磨合

发动机磨合的意义是扩大配合表面的实际接触面积；形成适应工作条件的表面粗糙度；改善配合性质；改善配合副的润滑效能。

发动机磨合使配合间隙增大到了适应正常工作条件的配合间隙，改善了润滑油的泵送性能，增大了配合副间润滑油流量，不但改善了配合副的润滑效能，也有利于保持正常的工作温度和配合表面的清洁。

发动机磨合分冷磨合与热磨合两个阶段。冷磨合是指由外部动力驱动总成或机构的磨合。发动机自行运转的磨合则称为热磨合。其中，发动机自行空运转的磨合则称为无载热磨合；加载自运转磨合称为负载磨合。发动机的磨合质量在材料、结构、装配质量等条件已定的情况下，主要取决于磨合时期的转速、载荷、磨合时间、润滑油品质。因此，由磨合转速、载荷和磨合时间组成了发动机的磨合规范。

① 冷磨合规范。

（a）冷磨合转速：起始转速 400～500r/min（$0.2n_e$～$0.25n_e$），终止转速 1 200～1 400r/min（$0.4n_e$～$0.55n_e$）。

（b）冷磨合载荷：装好气缸盖，堵死火花塞螺孔，借助气缸的压缩压力来增加冷磨载荷是极为有益的。

（c）磨合时间：级转速的冷磨合时间约为 15min，磨合时间总共为 60min。

② 热磨合规范

（a）无载热磨合：无载热磨合是为有载热磨合作准备的，其磨合原理与冷磨合类似，因此无载热磨合转速取 1 200～1 400r/min（$0.4n_e$～$0.55n_e$）。

（b）有载热磨合：起始转速为 1 200r/min～1 400r/min（$0.4n_e$～$0.5n_e$），磨合终止转速一般取 $0.8n_e$，四级调速。

项目四 | 发动机电控系统检修 |

目前，轿车发动机的燃油供给系统已经全部采用了电子控制的燃油喷射系统，除此之外，在发动机上配备的其他电子控制系统主要有电子控制点火系统、怠速控制系统以及进排气控制系统等辅助控制系统。对发动机电子控制系统进行检修和故障诊断，不仅要熟悉发动机的工作过程，清楚了解发动机机械系统，而且还要具备相应的电工电子技术基本技能，同时还要具有一定的逻辑推理与判断能力。本项目实施可参考图 4-1 所示的思维导图。

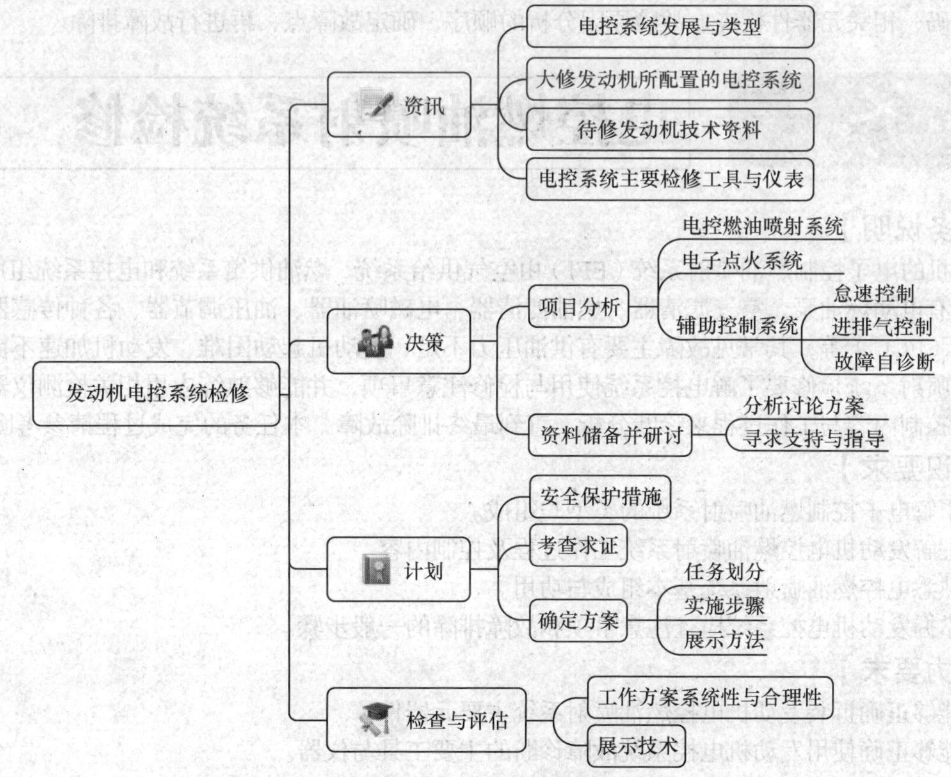

图 4-1　实施发动机电子控制系统检修项目的思维导图

【知识目标】

① 了解电子控制燃油喷射系统的类型与组成。

② 理解发动机电控燃油喷射系统、电控点火系统的工作过程及控制内容。

③ 熟悉电控燃油喷射系统、电控点火系统和怠速控制系统基本组成与功用。

④ 掌握发动机电控系统检查注意事项和故障排除的一般步骤。

⑤ 清楚发动机电控系统常见故障产生机理。

【能力目标】

① 能够正确拆装发动机电控系统主要元器件。

② 能够正确使用发动机电控系统故障诊断的主要工具与仪器。

③ 能够正确检查发动机电控系统外部线路。

④ 能够查阅相关标准和技术资料。

⑤ 能够正确诊断并排除发动机电控系统典型常见故障。

【素质目标】

① 工作认真细致、诚实守信，善于总结与思考。

② 提高逻辑推理能力，训练提高主观判断能力。

③ 牢固树立安全责任意识，确保安全规范操作。

【项目实施要求】

典型的发动机电子控制系统包含传感器、电控单元（ECU）和执行器三个基本部分，每个部分又由若干部件及电子元器件组成，工作过程复杂，故障现象多种多样，因此，对电控系统的检修，首先要从分析其工作过程和控制内容出发，按照一定的检修步骤与诊断程序，通过故障现象分析、读取故障码、相关元器件检查、故障原因分析的顺序，确定故障点，再进行故障排除。

任务一 电控燃油喷射系统检修

【任务说明】

发动机的电子控制燃油喷射系统（EFI）由空气供给系统、燃油供给系统和电控系统组成，其主要零部件有电动燃油泵、空气滤清器、燃油滤清器、电磁喷油器、油压调节器、各种传感器和电子控制单元（ECU）等，其常见故障主要有供油压力不足、发动机起动困难、发动机加速不良等，对电控燃油喷射系统检修要了解电控系统使用与检修注意事项，并能够熟练应用相关检测仪器设备，根据系统控制内容与工作过程来诊断分析，直到最终排除故障。本任务的完成过程请参考图 4-2。

【知识要求】

① 了解电子控制燃油喷射系统的类型与组成。

② 理解发动机电控燃油喷射系统工作过程及控制内容。

③ 熟悉电控燃油喷射系统基本组成与功用。

④ 掌握发动机电控系统检查注意事项和故障排除的一般步骤。

【能力要求】

① 能够正确拆装发动机电控燃油喷射系统主要元器件。

② 能够正确使用发动机电控系统故障诊断的主要工具与仪器。

③ 能够正确检查发动机电控燃油喷射系统外部管路与线路。

④ 能够查阅相关标准和技术资料。

⑤ 能够正确诊断并排除发动机电控燃油喷射系统典型常见故障。

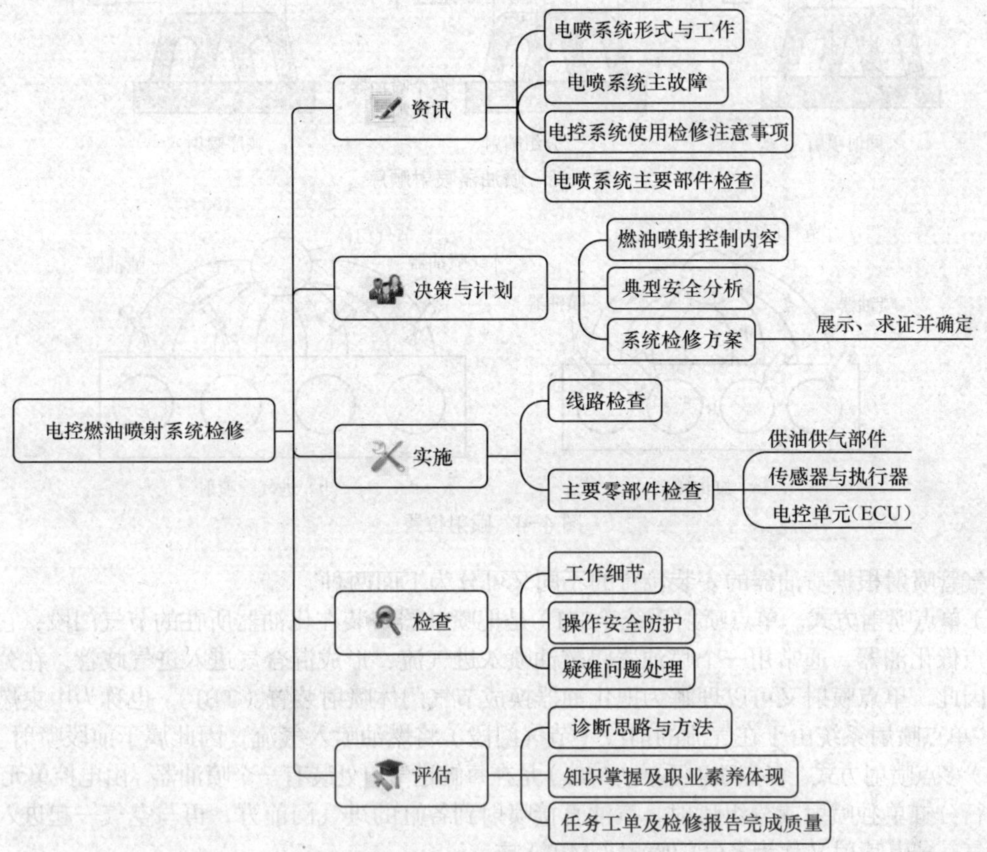

图 4-2 完成发动机电控燃油喷射系统检修任务的思维导图

【职业素养】

① 细心、安心、耐心、专心、用心。

② 重视企业文化建设，坚持“6S”工作。

③ 遵守操作规程，讲究效率，不拖泥带水。

④ 善于思考和推理，能够定期对工作进行总结与分析，并不断学习与提高业务能力。

一、资讯

1. 电控燃油喷射系统的类型

（1）按喷射方式分类

① 连续喷射。多用于 K 和 KE 系统（目前在轿车发动机上已经不用）。

② 间歇喷射。主要有同时喷射（各缸同时喷射）、分组喷射（同组各缸同时喷射）、顺序喷射（不同组各缸顺序喷射）三种形式，如图 4-3 所示。

（2）按喷射位置分类

① 缸内喷射。该喷射方式是将喷油器安装在缸盖上直接向缸内喷油。

② 进气管喷射。该喷射方式是目前普遍采用的喷射方式，如图 4-4 所示。

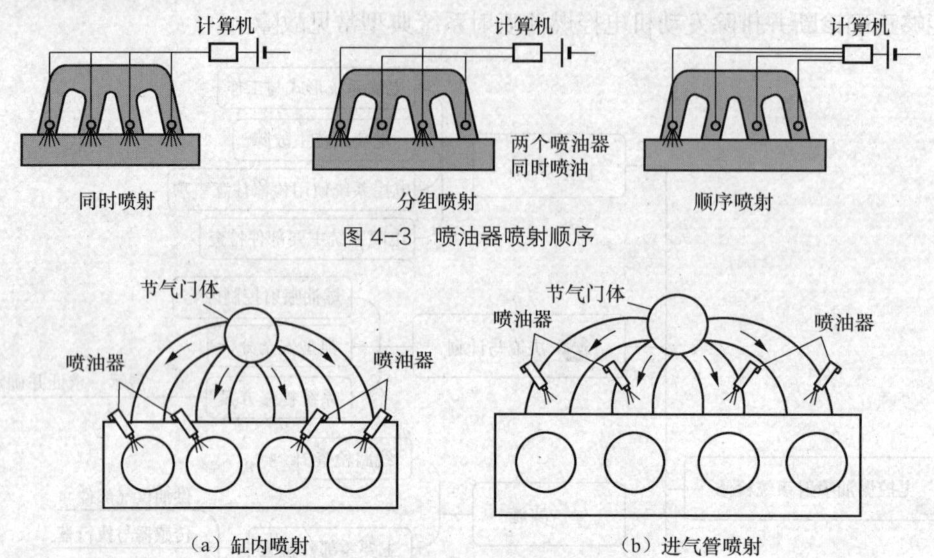

图 4-3 喷油器喷射顺序

图 4-4 喷射位置

进气管喷射根据喷油器的安装位置的不同又可分为下面两种。

（a）单点喷射方式。单点喷射系统（SPI）是把喷油器安装在化油器所在的节气门段，它的外形也有一点像化油器，通常用一个喷油器将燃油喷入进气流，形成混合气进入进气歧管，在分配到各缸中。因此，单点喷射又可以理解为把化油器换成节气门体喷射装置（TBI），也称为中央燃油喷射（CFI）。单点喷射系统由于在气流的前段（节气门段）将燃油喷入气流，因此属于前段喷射。

（b）多点喷射方式。多点喷射系统（MPI）是在每缸进气口处装有一个喷油器，由电控单元（ECU）控制进行分缸单独喷射或分组喷射，汽油直接喷射到各缸的进气门前方，再与空气一起进入气缸形成混合气。多点喷射又称为多气门喷射（MPI）或顺序燃油喷射（SFI），或单独燃油喷射（IFI）。由于多点喷射系统是直接向进气门前方喷射，因此，多点喷射属于在气流的后段将燃油喷入气流，属于后段喷射。多点喷射是目前最普遍的喷射系统，如图 4-5 所示。

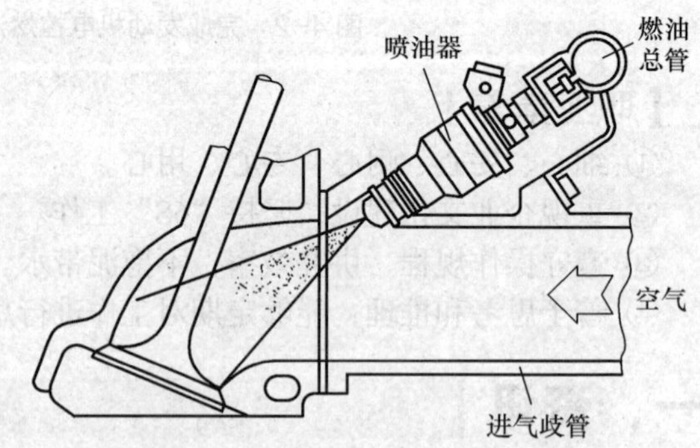

图 4-5 多点喷射系统喷油器安装位置

（3）按对空气量的计量方式分类

按空气量的检测方式来分，电控汽油喷射系统可以分为间接式检测方式、直接式检测方式两大类。

① 间接式检测方式（D 型电控燃油喷射系统）。“D”是德语 Druck（压力）的第一个字母。D 型电控燃油喷射系统利用进气歧管绝对压力传感器检测进气管内的绝对压力，电脑根据进气管内的绝对压力和发动机转速推算出发动机的进气量，再根据进气量和发动机转速确定基本喷油量。

② 直接式检测方式（L 型电控燃油喷射系统）。“L”是德语主 Luft（空气）的第一个字母。L 型电控燃油喷射系统利用空气流量计直接测量发动机的进气量，汽车电脑不必进行推算，即可根据空气流量计信号计算与该空气量相应的喷油量。由于消除了推算进气量的误差影响，其测量的准确程度高于 D 型，故对混合气浓度的控制更精确，如图 4-6 所示。

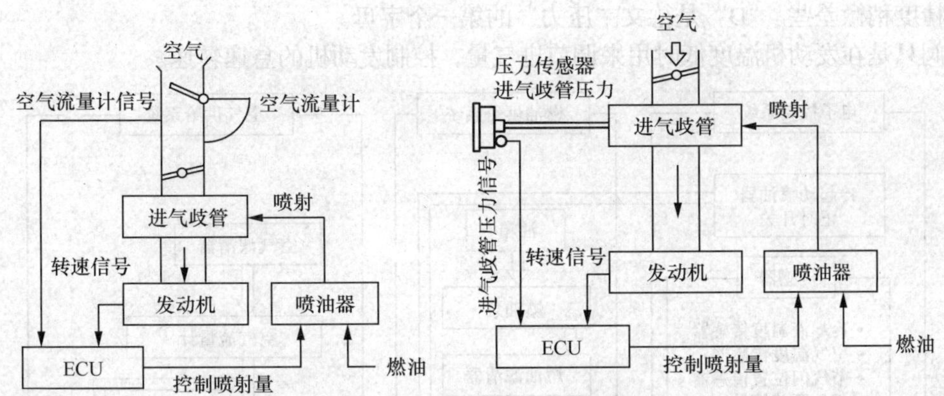

图 4-6　L 型和 D 型 EFI 系统框图

（4）按有无反馈信号分类

电控燃油喷射系统按有无反馈信号可分为开环控制系统和闭环控制系统。

① 开环控制系统（无氧传感器）。它是将通过实验确定的发动机各工况的最佳供油参数预先存入汽车电脑，在发动机工作时。电脑根据系统中各传感器的输入信号，判断自身所处的运行工况，并计算出最佳喷油量。通过对喷油器喷射时间的控制，来控制混合气的浓度，使发动机优化运行。

开环控制系统按预先设定在汽车电脑中的控制规律工作，只受发动机运行工况参数变化的控制，简单易行。但其精度直接依赖于所设定的基准数据和喷油器调整标定的精度。喷油器及发动机的产品性能存在差异，或由于磨损等引起性能参数变化时，就不能使混合气准确地保持在预定的浓度（空燃比）上。因此，开环控制系统对发动机及控制系统各组成部分的精度要求高，抗干扰能力差，当使用工况超出预定范围时，不能实现最佳控制。

② 闭环控制系统（有氧传感器）。在该系统中，发动机排气管上加装了氧传感器，根据排气中含氧量的变化，判断实际进入气缸的混合气空燃比，再通过汽车电脑与设定的目标空燃比值进行比较，并根据误差修正喷油器喷油量，使空燃比保持在设定的目标值附近。闭环控制系统可达到较高的空燃比控制精度，并可消除因产品差异和磨损等引起的性能变化，工作稳定性好，抗干扰能力强：但是，为了使排气净化达到最佳效果，只能运行在理论空燃比 14.7 附近。对起动、暖机、加速、怠速、满负荷等特殊工况，仍需采用开环控制，使喷油器按预先设定的加浓混合气配比工作，以满足发动机特殊工况的工作要求。所以，目前普遍采用开环和闭环相结合的控制方案。

2. 电控燃油喷射系统的组成

电控燃油喷射系统的总体组成如图 4-7 所示。

按其部件功用来看，主要有进气系统（气路）、燃油控制系统（油路）和电子控制系统（电路）三部分。

（1）进气系统

① 进气系统的作用。进气系统为发动机提供必要的空气。

② 进气系统的组成。进气系统一般由空气滤清器、节气门体、节气门、空气阀、进气总管、进气歧管等部分组成。另外，为了随时调节进气量，进气系统中还设置了进气量的检测装置。

如图 4-8 所示，在 L 型 EFI 系统中，采用装在空气滤清器后的空气流量计（空气流量传感器）直接测量发动机吸入的进气量。其测量的准确度高于 D 型 EFI 系统，可以精确的控制空燃比。“L”是德文“空气”的第一个字母。

D 型 EFI 系统是根据进气歧管压力传感器进行检测。由于进气管内的空气压力在波动，所以控制的测量精度稍微差些。“D”是德文“压力”的第一个字母。

空气阀只是在发动机温度低时用来调节进气量，控制发动机的怠速转速。

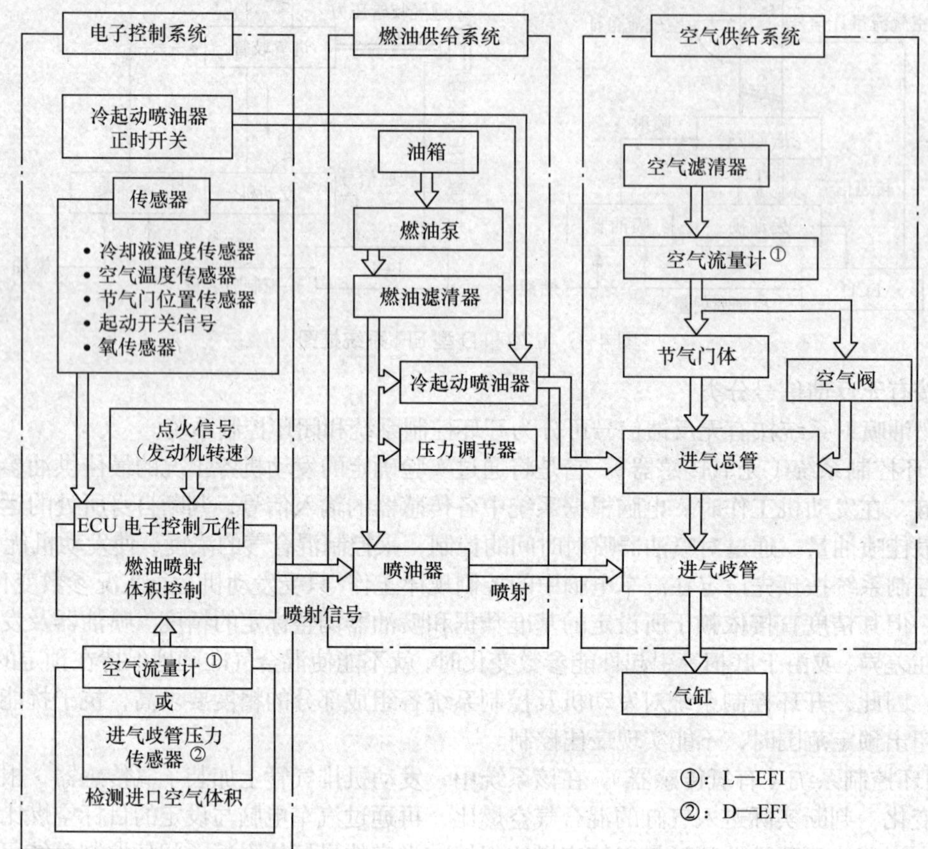

图 4-7 电子控制燃油喷射系统组成示意图

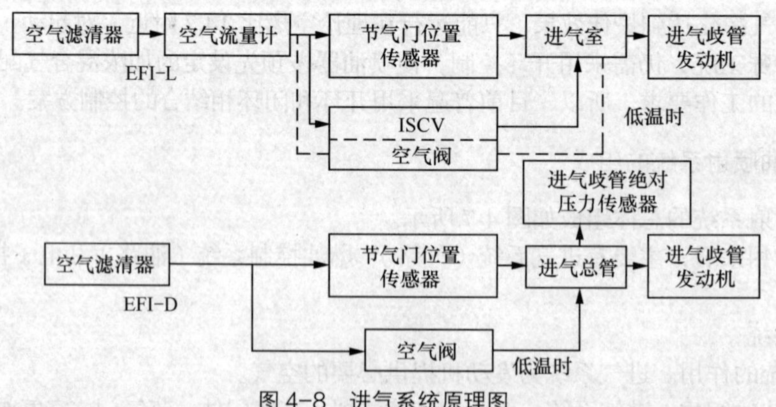

图 4-8 进气系统原理图

节气门总成包括控制进气量的节气门通道和怠速运行的空气旁通道。节气门位置传感器与节气门轴相连接，用来检测节气门的开度。

（2）燃油供给系统

① 燃油供给系统的作用。燃油供给系统向气缸提供燃烧所需要的燃油。

② 燃油供给系统的组成。如图 4-9 所示，燃油供给系统通常由电动汽油泵、汽油滤清器、压力

调节器、脉动阻尼器、喷油器和冷起动喷油器组成。

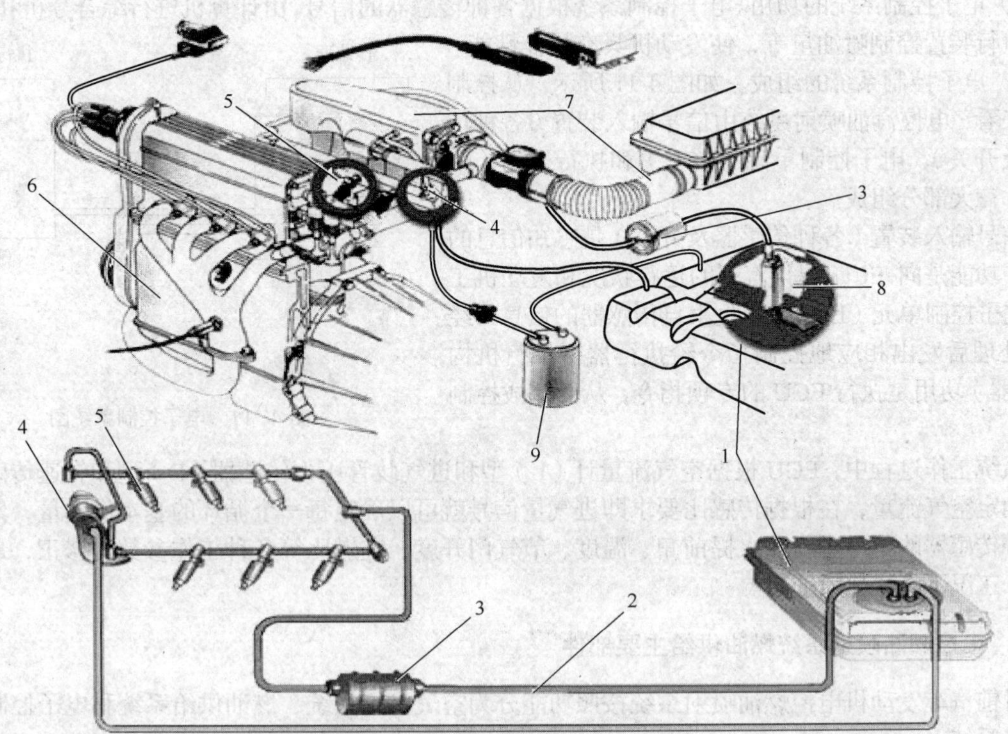

图 4-9　供油系统工作组成示意图

1—油箱；2—油管；3—汽油滤清器；4—压力调节器；5—喷油器；6—发动机机体；7—进气管路；8—汽油泵；9—活性炭罐

③ 燃油供给系统的工作流程。如图 4-10 所示，在电控汽油喷射系统中，汽油由电动汽油泵从油箱中泵出，经汽油滤清器等输送到电磁喷油器和冷起动喷油器调节器与喷油器并联，保证供给电磁喷油器内的汽油压力与喷射环境的压力之差（喷油压差）保持不变。燃油泵按其安装位置可以分为外装泵和内装泵两种。外装泵将泵装在油箱之外的输油管路中，内装泵则是将泵安装在燃油箱内。与外装泵相比，内装泵不易产生气阻和燃油泄漏，而且噪声小。目前多数 EFI 采用内装泵。

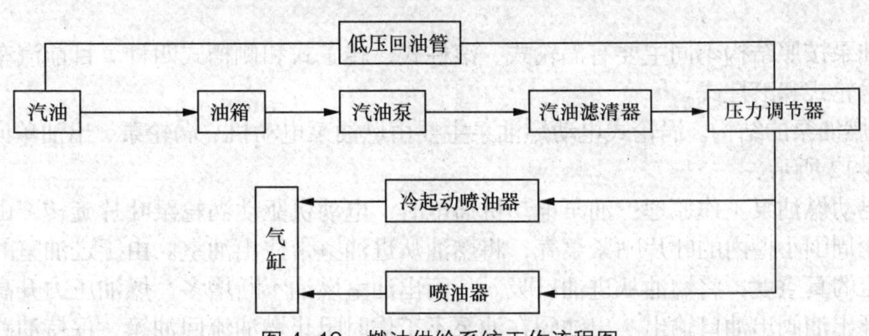

图 4-10　燃油供给系统工作流程图

脉动阻尼器可以消除喷油时油压产生的微小波动，进一步稳定油压。电磁喷油器按照发动机控制的喷油脉冲信号把汽油喷入进气道。当冷却水温度低时，冷起动喷油器将汽油喷入进气总管，以改善发动机低温时的起动性能。

（3）电子控制系统

① 电子控制系统的功用。电子控制系统根据各种传感器的信号，由计算机进行综合分析和处理，通过执行装置控制喷油量等，使发动机具有最佳性能。

② 电子控制系统的组成。如图4-11所示，从控制原理来看，电控汽油喷射系统由信号输入装置（各种传感器及开关）、电子控制单元（ECU）和执行机构（喷油器）三大部分组成。

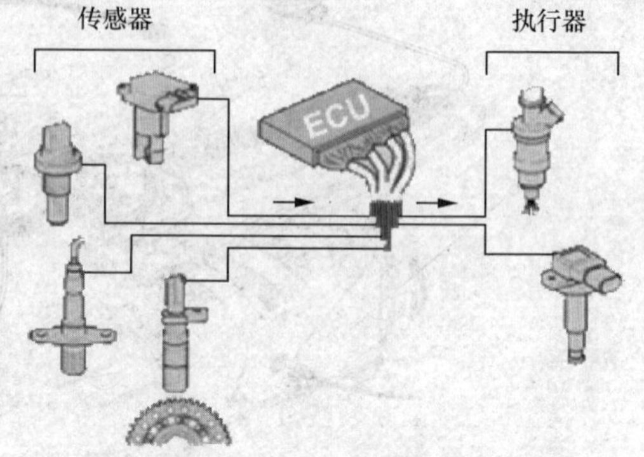

图4-11　电子控制系统图

信号输入装置（各种传感器及开关）是感知信息的部件，功能是向ECU提供汽车的运行状况和发动机工况。电子控制单元（ECU）接收来自传感器的信息，经信息处理后发出相应地控制指令给执行器。执行机构（喷油器）功用是执行ECU的专项指令，从而完成控制目的。

系统工作过程中，ECU根据空气流量计（L）型和进气歧管压力传感器（D）型和转速传感器的信号确定空气流量，在根据传感比要求即进气量信号就可以确定每一个循环的基本供油量，然后根据各种传感器的信号进行点火提前角、温度、节气门开度、空燃比等各种工作参数的修正，最后确定某一工况下的最佳喷油量。

3. 电控燃油喷射系统燃油供给主要部件

目前汽车发动机电控燃油喷射系统按照功能分为空气供给系统、燃油供给系统和电子控制系统三个子系统。

空气供给系统包括进气管、空气滤清器、节气门体、进气总管和进气歧管等部件。

燃油供给系统包括油箱、电动燃油泵、燃油滤清器、燃油压力调节器、脉动阻尼器及油管等部件。

电子控制系统由各种传感器、电子控制单元和执行器组成。

（1）电动燃油泵

电动燃油泵主要用来给电控燃油喷射系统提供具有一定压力的燃油。

电动燃油泵按安装位置不同分为内置式与外置式两种。

内置式电动燃油泵安装在油箱中，具有噪声小、不易产生气阻、不易泄漏、管路安装简单。

外置式电动燃油泵串接在油箱外部的输油管路中，易布置、安装自由大、单噪声大、易产生气阻。

电动燃油泵按照结构不同主要有涡轮式、滚柱式、转子式和侧槽式四种。目前汽车发动机上应用较多的是涡轮式和滚柱式。

① 电动燃油泵的结构。涡轮式电动燃油泵主要由燃油泵电动机、涡轮泵、出油单向阀、卸压阀组成，如图4-12所示。

涡轮式电动燃油泵工作原理：油泵电动机通电时，电动机驱动涡轮泵叶片旋转，由于离心力的作用，使叶轮周围小槽内的叶片贴紧泵壳，将燃油从进油室带往出油室。由于进油室的燃油不断增多，形成一定的真空度，将燃油从进油口吸入；而出油室燃油不断增多，燃油压力升高，当达到一定值时，顶开出油阀出油口输出。出油阀在油泵不工作时阻止燃油流回油箱，保持油路中有一定的压力，便于下次起动。

涡轮式电动燃油泵优点是泵油量大、泵油压力较高、供油压力稳定、运转噪声小、使用寿命长等。此外，由于不需要消声器所以可以小型化，因此广泛的应用在轿车上。

滚柱式电动燃油泵主要由燃油泵电动机、滚柱式燃油泵、出油阀、卸压阀等组成，如图4-13所示。

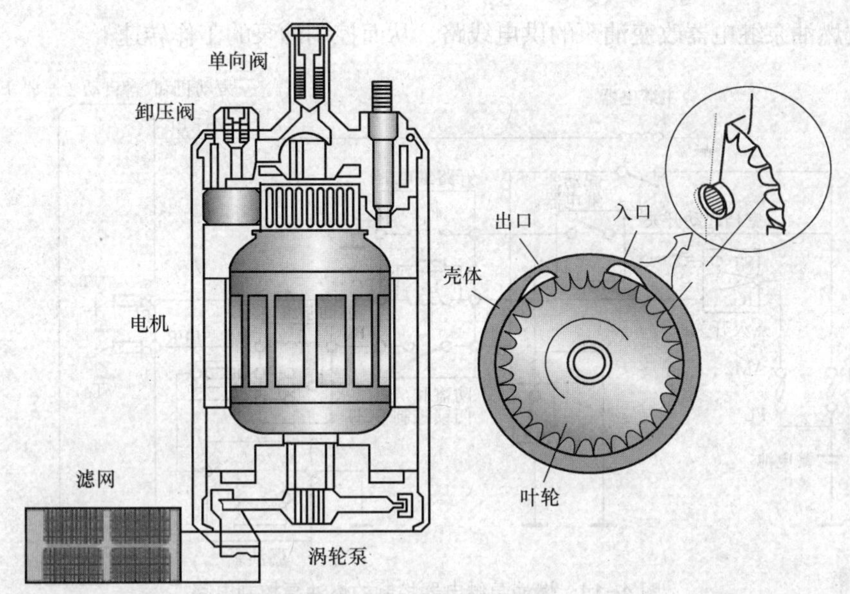

图 4-12　涡轮式电动燃油泵

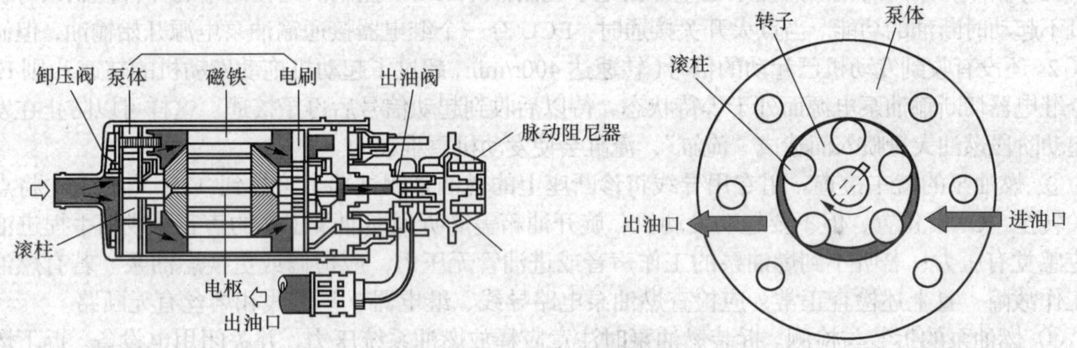

图 4-13　涡轮式电动燃油泵

滚柱式电动燃油泵工作原理：当转子旋转时，位于转子槽内的滚柱在离心力的作用下，紧压在泵体内表面上，对周围起密封作用，在相邻两个滚柱之间形成工作腔。在燃油泵运转过程中，工作腔转过出油口后，其容积不断增大，形成一定的真空度，当转到与进油口连通时，将燃油吸入；而吸满燃油的工作腔转过进油口后，容积不断减小，使燃油压力提高，受压燃油流过电动机，从出油口输出。

② 燃油泵的控制。

（a）ECU 控制的燃油泵控制电路，主要应用在装用 D 型 EFI 和装用热式和卡门旋涡式空气流量计的 L 型 EFI 系统中。其控制原理是燃油泵控制 ECU 根据发动机 ECU 端子 FPC 和 DI 的信号，控制 +B 端子与 FP 端子的连通回路，以改变输送给燃油泵电压，从而实现对燃油泵转速的控制。

（b）燃油泵开关控制的燃油泵控制电路，主要用于装用叶片式空气流量计的 L 型 EFI 系统中。其控制原理是当点火开关 ST 端子接通时，起动机继电器线圈通电使触点闭合，此时开路继电器中 L_1 线圈通电使其触点闭合，从而通过主继电器、开路继电器向燃油泵供电，油泵工作；发动机正常运转时，点火开关 IG 端子与电源接通，同时空气流量计测量板转动使油泵开关闭合，开路继电器 L_2 通电，使开路继电器触点保持闭合，油泵继续工作。发动机停转时，L_1 和 L_2 线圈不通电，燃油泵停止工作。

（c）燃油泵继电器控制的燃油泵控制电路，如图 4-14 所示，此控制电路根据发动机转速和负荷的变化，通过燃油泵继电器改变油泵的供电线路，从而控制油泵的工作转速。

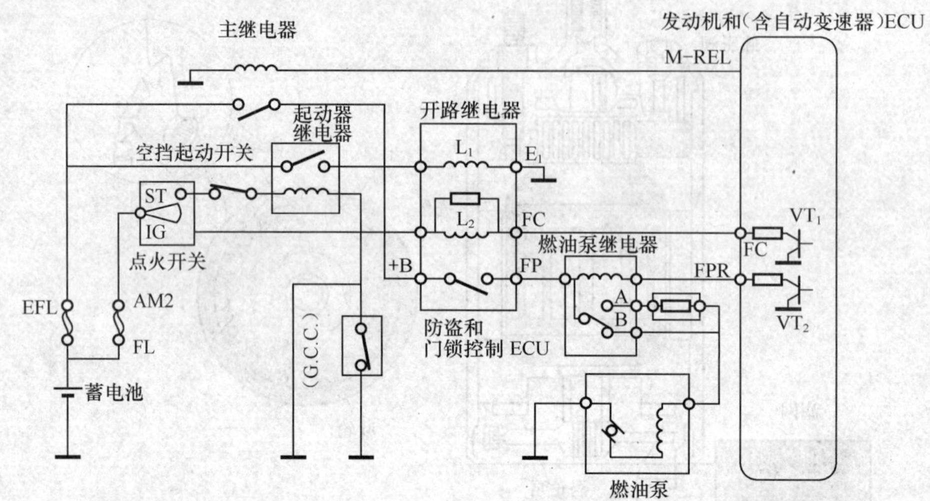

图 4-14　燃油泵继电器控制的燃油泵控制电路

现今轿车所采用的电动燃油泵已全部由电子控制器（ECU）控制。比较简单的一种控制只有在发动机不起动时断油的功能。当点火开关接通时，ECU 令一个继电器接通输油泵电源开始输油，但倘若过了 2s 还没有收到发动机已起动的信号（转速达 400r/min，超过了起动机拖动发动机的转速），则 ECU 即令继电器切断输油泵电源而处于等待状态，待以后收到起动信号后再予接通。这样可以防止在发动机起动阶段燃油大量喷入而造成“淹缸”，淹缸会使发动机更难起动。

③ 燃油泵的就车检查。用专用导线将诊断座上的燃油泵测试端子跨接到 12V 电源上；将点火开关转至“ON”位置，但不要起动发动机；旋开油箱盖能听到燃油泵工作的声音，或用手捏进油软管应感觉有压力；若听不到燃油泵的工作声音或进油管无压力，应检修或更换燃油泵。若有燃油泵不工作故障，且上述检查正常，应检查燃油泵电路导线、继电器、易熔线和熔丝有无断路。

④ 燃油泵的拆装与检测。拆装燃油泵时注意应释放燃油系统压力，并关闭用电设备。拆下燃油泵后，测量燃油泵两端子之间电阻，应为 2～3Ω。用蓄电池直接给燃油泵通电，应能听到油泵电机高速旋转的声音。通电时间不能太长。

（2）燃油滤清器

燃油滤清器的功用是滤清燃油中的杂质和水分，防止燃油系统堵塞，减小机件磨损，保证发动机正常工作。

一般采用纸质滤心，每行驶 20 000～40 000 km 或 1～2 年应更换，安装时应注意燃油流动方向的箭头，不能装反。

（3）脉动阻尼器

脉动阻尼器的功用是减小在喷油器喷油时，油路中的油压可能会产生微小的波动，使系统压力保持稳定。

脉动阻尼器由膜片、回位弹簧、阀片和外壳组成，如图 4-15 所示。

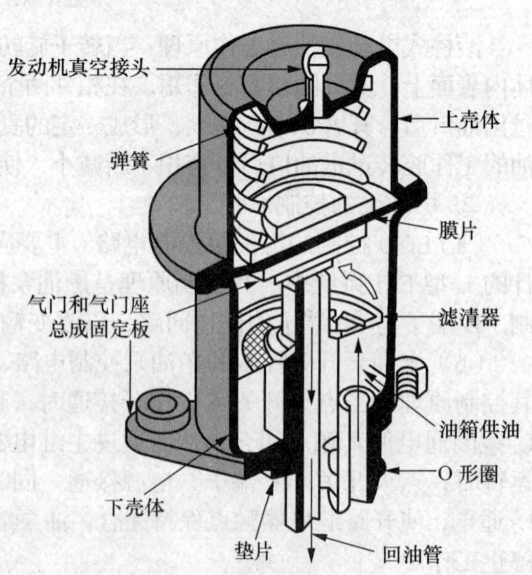

图 4-15　燃油脉动阻尼器

脉动阻尼器的工作原理：发动机工作时，燃油经过脉动阻尼器膜片下方进入输油管，当燃油压力产生脉动时，膜片弹簧被压缩或伸张，膜片下方的容积稍有增大或减小，从而起到稳定燃油系统压力的作用。

（4）燃油压力调节器

燃油压力调节器的作用是稳定燃油管的压力，使它与进气歧管之间的压力差保持恒定为 250～300 kPa。

燃油压力调节器主要由阀片、膜片、膜片弹簧和外壳组成，如图 4-16 所示。

燃油压力调节器的工作原理：发动机工作时，燃油压力调节器膜片上方承受的压力为弹簧压力和进气管内气体的压力之和，膜片下方承受的压力为燃油压力，当压力相等时，膜片处于平衡位置不动。当进气管内气体压力下降时，膜片向上移动，回油阀开度增大，回油量增多，使输油管内燃油压力也下降；反之，进气管内气体压力升高时，燃油的压力也升高，如图 4-17 所示。

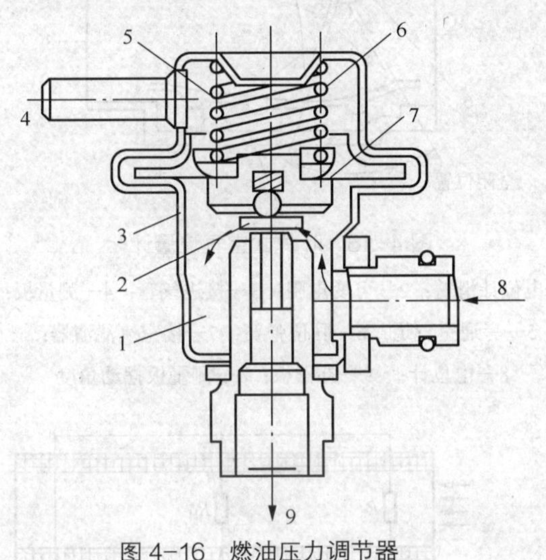

图 4-16　燃油压力调节器

1—燃油室；2—回油阀；3—壳体；4—真空接口；5—弹簧室；6—弹簧；7—膜片；8—进油口；9—出油口

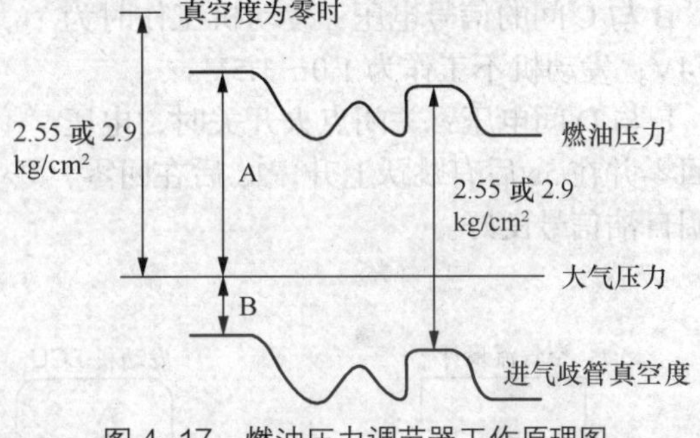

图 4-17　燃油压力调节器工作原理图

4. 电控燃油喷射系统的传感器、电控单元和执行器

电控燃油喷射系统的电子控制系统的功用是根据发动机运转状况和车辆运行状况确定汽油最佳喷射量。该系统的传感器主要有空气流量计（或进气歧管绝对压力传感器）、节气门位置传感器、温度传感器、曲轴/凸轮轴位置传感器、车速传感器和各种信号开关等；该系统的执行器是电磁喷油器。

（1）空气流量计

空气流量计主要有叶片式、热式和卡门涡旋式三种类型。

① 叶片式空气流量计。如图 4-18 所示，空气流量计主要由测量板、补偿板、回位弹簧、电位计、旁通气道组成，此外还包括怠速调整螺钉、油泵开关及进气温度传感器等。

在流量计内还设有缓冲室和缓冲叶片，利用缓冲室内的空气对缓冲叶片的阻尼作用，可减小发动机进气量急剧的变化引起测量叶片脉动，提高测量精度。

工作原理：来自空气滤清器的空气通过空气流量计时，空气推力使测量板打开一个角度，当吸入空气推开测量板的力与弹簧变形后的回位力相平衡时，叶片停止转动。与测量板同轴转动的电位计检测出叶片转动的角度，将进气量转换成电压信号 V_S 送给 ECU。

检测　测量 V_C 与 E_2、V_S 与 E_2、THA 与 E_2 之间的电阻，如图 4-19 所示。

② 热式空气流量计。

工作原理：如图 4-20 所示，热线电阻 R_H 以铂丝制成，R_H 和温度补偿电阻 R_K 均置于空气通道中的取气管内，与 R_A、R_B 共同构成桥式电路。R_H、R_K 阻值均随温度变化。当空气流经 R_H 时，使热线温度发生变化，电阻减小或增大，使电桥失去平衡，若要保持电桥平衡，就必须使流经热线电阻的电流改变，以恢复其温度与阻值，精密电阻 R_A 两端的电压也相应变化，并且该电压信号作为热式空气流量计输出的电压信号送往 ECU。

自洁功能：在 1000℃以上将粉尘烧掉。

检测：接通点火开关，不起动发动机，测 E 与 D、E 与 C 之间的电压为蓄电池电压。

B 与 C 间的信号电压：发动机工作时为 2～4V；发动机不工作为 1.0～1.5V。

F 与 D 间电压：关闭点火开关时，电压应回零并在 5s 后有跳跃上升，1s 后在回零，说明自洁信号良好。

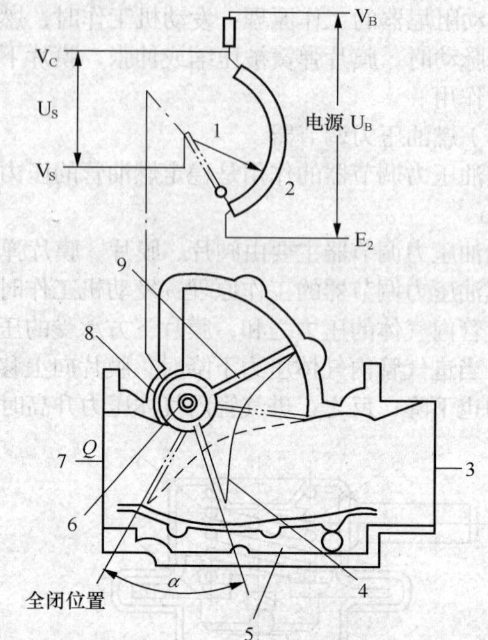

图 4-18　叶片式空气流量计

1—电位计滑臂；2—可变电阻；3—接进气管；4—测量板；5—旁通空气道；6—回位弹簧；7—接空气滤清器；8—电位计；9—补偿板；α—测量板摆动角度

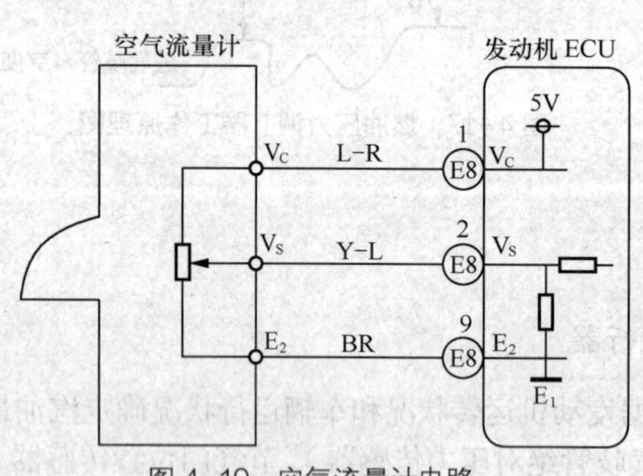

图 4-19　空气流量计电路

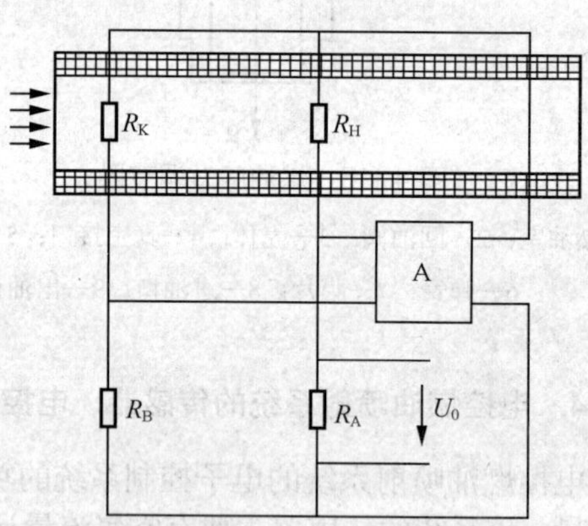

图 4-20　热线式空气流量计工作原理

③ 卡门旋涡式空气流量计。在气流通道中放置一柱体，当气体通过时，在柱状后方产生许多涡旋，这些涡旋称为卡门涡旋，这个柱体便称为涡旋发生器。在其下游流体中就会形成两列平行状涡旋。并且左右交替出现，因此，根据涡旋出现的频率，就可测量出流体的流量：因为这种现象首先被卡门发现，所以称卡门涡旋。与叶片式空气流量计相比，卡门涡旋式空气流量计具有体积小、重量轻、进气道结构简单、进气阻力小等特点。

其缺点是制造成本较高，因此目前只有少数中高档轿车采用，因为是检测空气体积的流量，所以需要对空气温度和大气压进行修正。根据涡旋频率的检测方式不同，汽车用涡旋式流量传感器分为超声波检测式和反光镜检测式两种。

（2）进气管绝对压力传感器

压力传感器在汽车上有广泛的应用，主要检测进气歧管绝对压力、真空度、大气压力、发动机油压、制动器油压、轮胎压力等。压力传感器所得收入占居销售传感器总收入的 9%，是销量第二的传感器。压力传感器在汽车上的测量范围从 10kPa 真空（用于 OBD 检测燃油泄漏形成的蒸气）到 180MPa（用于柴油机共轨燃油压力系统），这样压力传感器就需要有不同的类型，来满足检测压力之比可在 18000 : 1 内变化。目前已有若干种，依据不同原理，分为压阻式、电容式、压电式、共振式、光学式等。

检测：将点火开关转至“ON”，检测 V_{CC} 和 E_2 间应为 5V，PIM 与 E_2 之间的输出电压应随着真空度增加而降低，如图 4-21 所示。

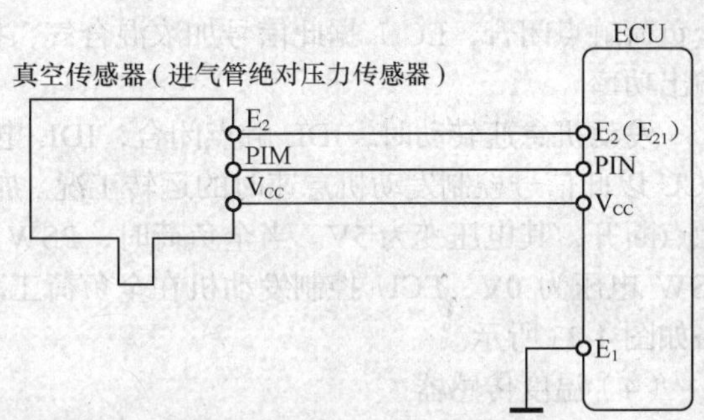

图 4-21　进气管绝对压力传感器电路

（3）节气门位置传感器

在汽油机性能的试验研究中，常用节气门开度来表示负荷率，这种表示不能用于控制，因为节气门转角与循环充气量没有线性关系，也没有确定的对应关系（在节气门由小开大和由大减小时不重复）。控制系统之所以要有节气门开度信号，是为了下列用途。

- 用来判断发动机的工况处于怠速控制区、部分负荷区还是节气门接近全开的加浓区（或催化转化器的高温保护区），即用来界定开环、闭环控制区。对于有自动变速器控制功能的电子管理系统来说，节气门开度和车速是决定换挡时刻的条件参数。
- 用节气门转角变化率的大小作为加速、减速过程中修正喷油量的条件。它直接反映驾驶员的意图，响应快。
- 可与空气流量计的信号对照互检，提供后者发生损坏的信息，并代替后者与转速配合，作为 ECU 控制喷油量的条件参数。在节气门全开时关闭空调自动控制、废气排放控制，实行开环控制。
- 进行空燃比校正和功率增加校正判断。

节气门位置传感器的主要类型有三种。

① 电位计式节气门位置传感器。利用触点在电阻体上的滑动来改变电阻值，测得节气门开度的线形输出电压，可知节气门开度。全关时电压信号应约为 0.5V，随节气门增大，信号电压增强，全开时约为 5V。

② 触点式节气门位置传感器。由滑动触点和两个固定触点（功率触点和怠速触点）组成，如图 4-22 所示。

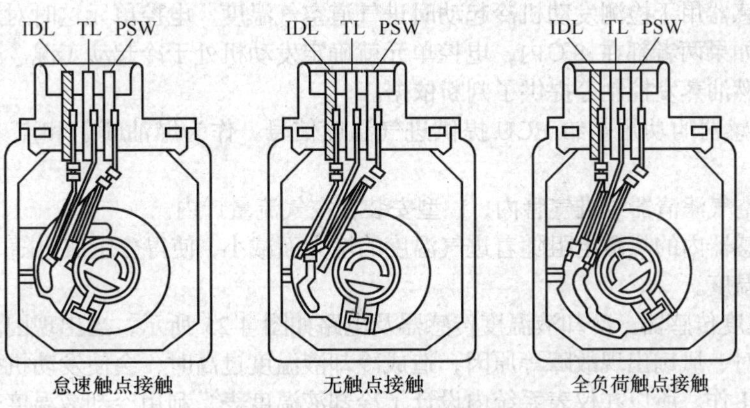

图 4-22　触点式节气门位置传感器

节气门全关闭时，可动触点与怠速触点接触，当节气门开度达 50° 以上时，可动触点与全负荷触点接触，检测结果为节气门大开度状态。

③ 综合式节气门位置传感器。它由一个电位计和一个怠速触点组成，工作原理和前两种相同。

触点式节气门位置传感器内部有两对触点，它们是怠速开关触点 IDL 和全负荷开关触点 PSW。发动机在怠速或突然减速时，怠速触点闭合，ECU 根据此信号对怠速时的混合气进行控制，并修正点火提前角，切断废气再循环系统。减速断油时，暂时切断供油。当节气门开度超过一定角度时，全负荷触点闭合，ECU 据此信号加浓混合气，提高发动机输出功率。

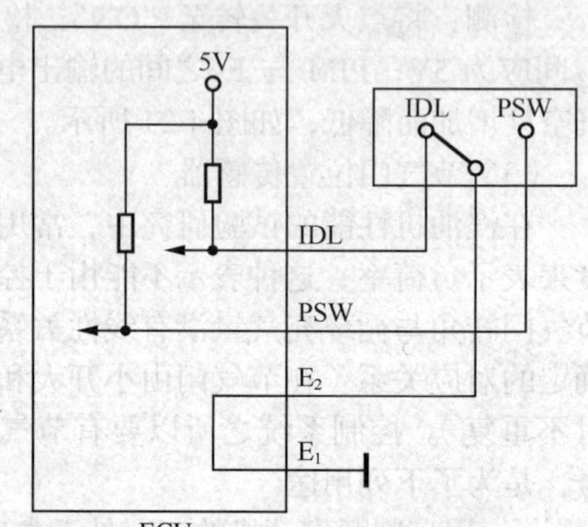

图 4-23 节气门位置传感器电路

发动机怠速转动时，IDL 触点闭合，IDL 电压为 0V，ECU 以此信号控制发动机怠速时的运转工况。加速时，IDL 触点断开，其电压变为 5V。当全负荷时，PSW 触点闭合，PSW 电压为 0V，ECU 控制发动机在全负荷工况工作，电路如图 4-23 所示。

（4）温度传感器

① 进气温度传感器。进气温度传感器及电路如图 4-24 所示，在装有进气歧管绝对压力传感器的 D 型电控燃油喷射的发动机上，进气温度传感器安装在进气管上，而在装有空气流量计的 L 型电控燃油喷射的发动机上，进气温度传感器就是空气流量计的一部分。

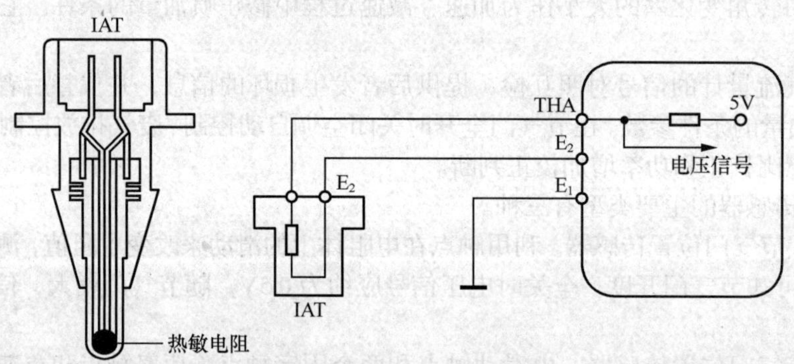

图 4-24 进气温度传感器及电路

进气温度传感器用于检测发动机冷起动时进气道空气温度，电控单元这时对进气温度和冷却水温度进行对比，如果两者都在 8℃内，电控单元就确定发动机处于冷起动工况。这对于发动机是否进行闭环控制、燃油蒸发控制等提供了判断依据。

进气温度传感器的功用是给 ECU 提供进气温度信号，作为燃油喷射和点火正时控制的修正信号。

D 型安装在空气滤清器或进气管内，L 型安装在空气流量计内。

进气温度传感器内的热敏电阻随着进气温度的增大而减小，使得分压值也随之减小，ECU 根据分压来判断进气温度。

② 冷却液温度传感器。冷却液温度传感器及电路如图 4-25 所示，当出现因汽车负载过大、缺水、点火时间不对、风扇出现故障等原因，造成冷却液温度过高时，会使发动机机体温度上升，从而使发动机不能工作。所以在仪表系统内设计了冷却液温度表，利用冷却液温度表传感器检测发动机冷却液温度，让驾驶员能够直观地看出发动机冷却液在任何工况时的温度，并且及时做出相应的

处理。

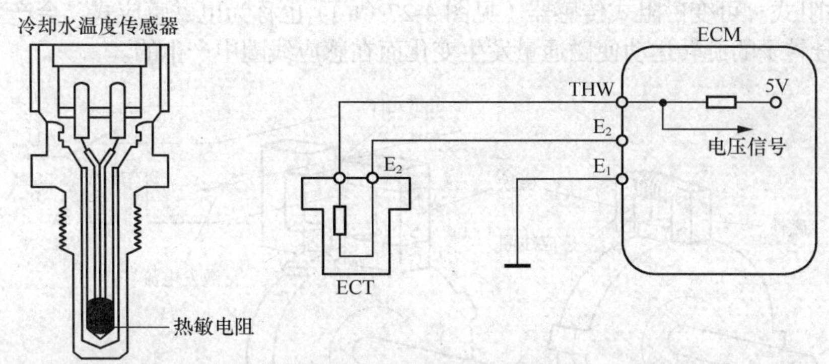

图 4-25　冷却水温度传感器及电路

在发动机的电控系统中也安有一个冷却液温度传感器，用于喷油量修正信号。冷却液温度传感器安装在发动机缸体或缸盖的水套上，与冷却液直接接触，用于测量发动机的冷却液温度，其内部装有负温度特性的热敏电阻。温度越低，电阻越大；温度越高，电阻越小。ECU 根据这一变化便可测得发动机冷却液的温度，进行喷油量修正。

除了修正喷油量，冷却温度传感器信号还用于修正点火正时、可变气门正时、确定换挡时刻等。

冷却液温度传感器的功用就是给 ECU 提供发动机冷却液温度信号，作为燃油喷射和点火正时控制修正信号。

冷却水温度传感器安装在气缸体水道或冷却水出口处。

③ 废气再循环温度传感器。废气再循环温度传感器及电路如图 4-26 所示，其安装在废气再循环管道上，用于测量废气再循环气体温度。当废气再循环阀开启，所测温度上升，传感器告知电控单元废气再循环系统工作。

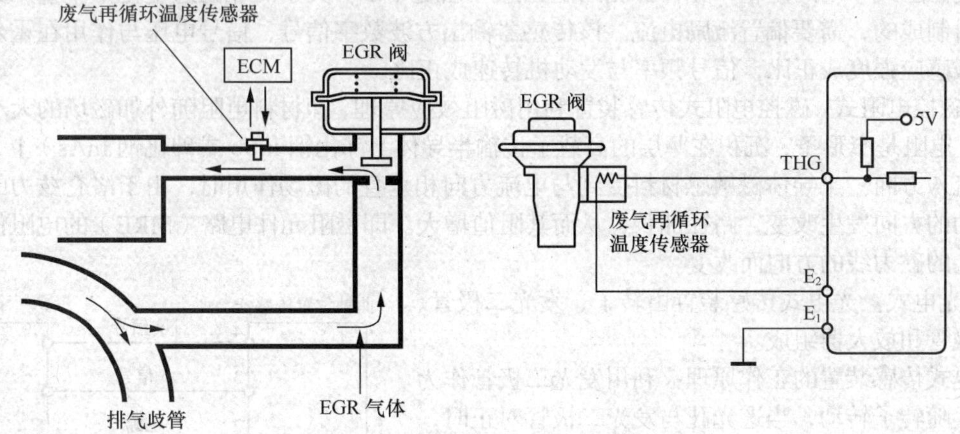

图 4-26　废气再循环温度传感器及电路

（5）凸轮轴/曲轴位置传感器

为了检测轴的旋转运动情况，通常在信号轮盘上开缺口作为检测的参考点，运用专门的传感器技术，这类传感器主要有转速、角度和车速传感器。凸轮轴/曲轴位置传感器中的 G 信号将标准曲轴转角通知发动机 ECU，标准曲轴转角用于根据每个气缸的 TDC（上止点）确定喷射正时和点火正时。发动机 ECU 利用 Ne 信号检测发动机转速。

凸轮轴/曲轴位置传感器主要有可变磁阻式（也称磁感应式）、霍尔效应式、磁控电阻式、光电

式等类型。

① 可变磁阻式。可变磁阻式传感器（见图 4-27（a））也称为电磁感应式，会产生磁脉冲信号，该信号是由信号转子的旋转运动使磁通量发生变化而在感应线圈中产生的。

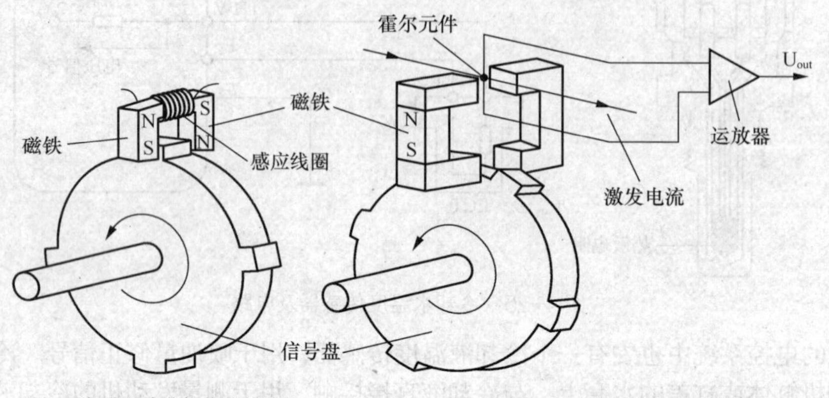

图 4-27 可变磁阻式和霍尔式曲轴位置传感器

可变磁阻式传感器的优点是价格低、尺寸小、自发交流信号无需外电源、具有良好的温度稳定性。

可变磁阻式传感器缺点是信号转子在零转速时无信号输出，信号变化的幅度取决于信号转子的转速，需要另外的信号处理电路。

可变磁阻式传感器内空气间隙要求小于 2mm。

② 霍尔效应式。霍尔效应式传感器（见图 4-27（b））产生的电压信号，是由信号转子的旋转运动使磁通量发生改变。信号转子通过霍尔元件和永久磁铁，磁通的变化与可变磁阻式传感器相似，但与可变磁阻式不同的是霍尔元件探测的是磁感应强度（ϕ）大小而非磁通变化率。霍尔元件是半导体材料制成的，需要偏置激励电流。该传感器输出方波数字信号，信号电压与作用在霍尔元件上磁场的磁感应强度成正比，信号频率与发动机转速成正比。

③ 磁控电阻式。磁控电阻式传感装置利用磁阻效应原理，即材料电阻随外加磁场的大小而成比例变化。电阻是窄形条，沉积在薄层的高载子传输半导体（锑化铟 InSb 或砷化铟 InAs）上，且垂直于电流流入方向。半导体磁敏感材料受到与电流方向相垂直的磁场作用时，由于洛仑兹力的作用，电子流动的方向发生改变，路径加长，从而其阻值增大。即磁阻元件电路（MRE）的电阻值，随施加在其上的磁力线的方向而改变。

④ 光电式。光电式传感装置由转子、发光二极管、光敏二极管和放大器组成。

光电式传感装置的工作原理：利用发光二极管作为信号源。随转子转动，当透光孔与发光二极管对正时，光线照射到光敏二极管上产生电压信号，经放大电路放大后输送给 ECU。

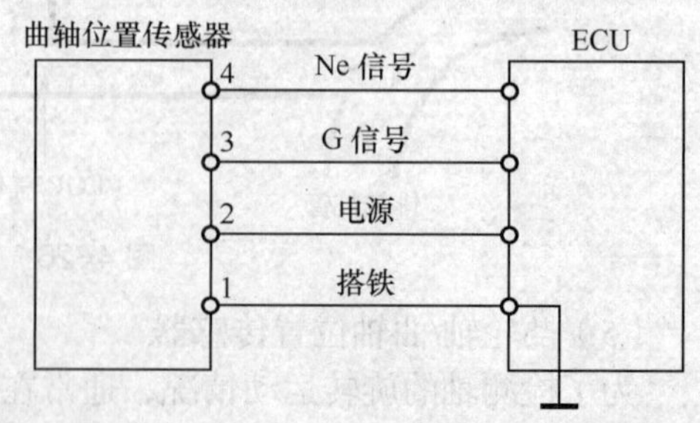

图 4-28 光电式曲轴和凸轮轴位置传感器电路

光电式传感装置的检测：点火开关转至“ON”位置，如图 4-28 所示，检测电脑侧 1 和 2 端子间电压为 12V，给传感器施加 12V 电压，正在信号输出端子 3 和 4 与 1 之间接上电流表，转动转子一圈，两个电流表应分别摆动 1 次和 4 次，电流应约为 1mA，如图 4-28 所示。

（6）车速传感器

车速传感器用于检测汽车行驶速度，给 ECU 提供车速信号，用于巡航控制和限速断油控制。

车速传感器分为舌簧开关式和光电式。

（7）信号开关

常用的信号开关有起动开关、空调开关、挡位开关、制动开关、动力转向开关、巡航控制开关等。

（8）电子控制单元

电子控制单元（ECU）的功用是采集和处理各种传感器的输入信号，根据发动机工作的要求（喷油脉宽、点火提前角等），进行控制决策的运算，并输出相应的控制信号。当前电控发动机中除了控制喷油外，还控制点火、EGR、怠速和增压发动机的废气阀等，由于共用一个 ECU 对发动机进行综合控制，所以也被称为发动机管理系统。

如图 4-29 所示，中间的金属方盒为电子控制单元，箭头指向电子控制单元的部件为传感器，箭头从电子控制单元出去的部件为执行器。

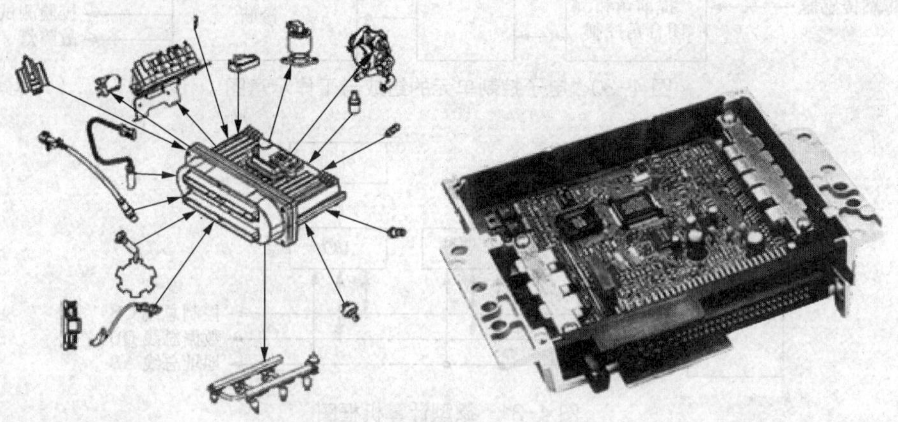

图 4-29　电子控制单元（ECU）

发动机集中系统中使用的 ECU 主要由输入回路、模/数转换器（A/D 转换器）、微型计算机（简称微机）和输出回路组成，如图 4-30 所示。在电控发动机中最主要的输入接口是传感器接口（例如转速、负荷、温度、压力等）。最主要的输出接口是控制接口，它控制外部执行机构的动作（例如喷油器、点火模块、喷油泵、怠速执行器等）。

① 输入回路。发动机工作时，各种传感器的信号输入 ECU 后，首先进入输入回路进行处理。传感器输入的信号不同，处理的方法也不同，一般是先将输入信号滤除杂波和将正弦波转变为矩形波后，再转换成输入电平。

② A/D 转换器。传感器输送给 ECU 的信号有数字信号（如卡门旋涡式空气流量计信号、转速信号等）和模拟信号（如叶片式空气流量计信号、进气温度传感器信号、节气门位置传感器信号等）两种。数字信号可直接输入微机，但微机不能直接接受模拟信号，必须由 A/D 转换器转换成数字信号后再输入微机。

③ 微机。微机是控制系统的神经中枢，其功用是根据工作需要，利用其内存程序和数据对各传感器输送来的信号进行运算处理，并将处理结果送往输出回路。

微机主要由中央处理器（CPU）、存储器（RAM/ROM）和输入/输出（I/O）装置组成，如图 4-31 所示。

中央处理器主要由进行算术运算和逻辑运算的运算器、暂时存储数据的寄存器、按照程序在各装置之间完成信号传送及控制任务的控制器等组成。其功用是读出命令并执行数据处理任务。

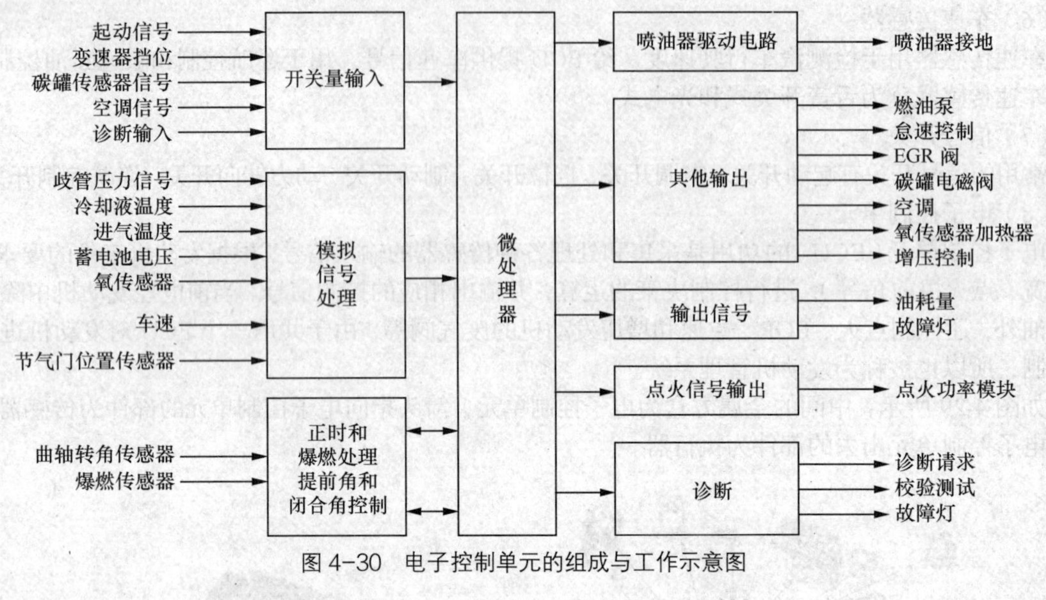

图 4-30 电子控制单元的组成与工作示意图

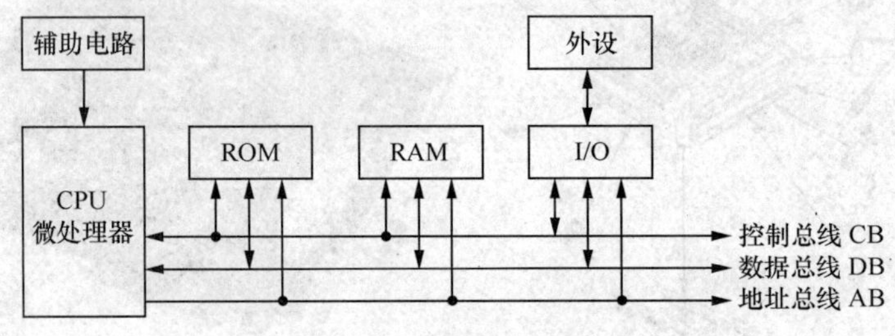

图 4-31 微型计算机框图

存储器其功用是存储信息资料，包括随机存储器（RAM）和只读存储器（ROM）。

随机存储器（数据存储器）是用来暂时存储信息的，例如，存储微机输入、输出和计算过程中产生的中间数据等。存储的信息可随时调出或被新的数据取代，当切断电源时，存储在 RAM 中的信息将丢失。为使故障码等信息在 RAM 中能保存较长时间，一般用不受点火开关控制的专用电路给 RAM 提供电源；当然，专用电路断开时（如拆开蓄电池电缆），存储在 RAM 中的信息仍会丢失。

只读存储器（程序存储器）是用来存储固定信息（如控制程序、发动机特征参数等）的，存储的内容一般由制造商一次性存入，使用中不能更改，但可以随时调出使用。即使切断电源，ROM 中存储的信息也不会丢失。

输入/输出装置是微机与外界进行信息交流的纽带，在控制系统工作时，输入/输出装置根据 CPU 的命令，在 CPU 与输入回路和输出回路之间负责数据传送。

输入/输出装置一般称为 I/O 接口，具有数据缓冲、电平匹配、时序匹配等多种功能。

微机输出的数字信号电压很弱，不能直接驱动执行元件工作。作为微机与执行元件之间连接桥梁的输出回路，其主要功用就是将微机的处理结果放大，生成能控制执行元件工作的执令信号。输出回路一般采用的是功率三极管，根据微机的指令通过导通或截止来控制执行元件的搭铁回路。

（9）执行器

电控燃油喷射系统的执行元件是喷油器。喷油器的功用是根据 ECU 的指令，控制燃油喷射量。电控燃油喷射系统全部采用电磁式喷油器，单点喷射系统的喷油器安装在节气门体空气入口处，多点喷射系统的喷油器安装在各缸进气歧管或气缸盖上的各缸进气道处。

① 喷油器的构造与工作原理。按喷油口的结构不同，喷油器可分为轴针式和孔式两种，如图 4-32 所示。孔式喷油器在现代车中比较多，减少了喷油器内的沉积物。

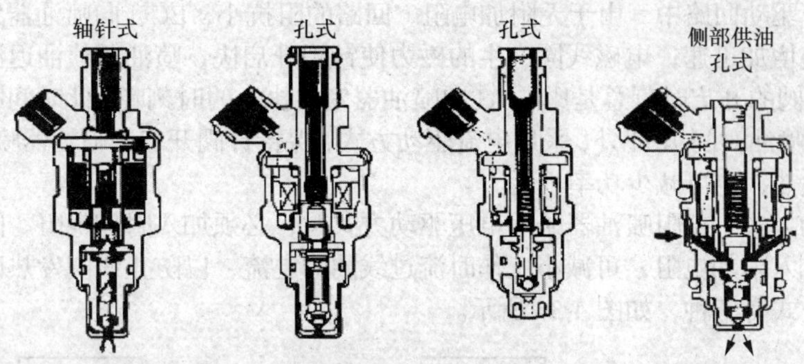

图 4-32　喷油器的类型

喷油器主要由滤网、线束连接器、电磁线圈、回位弹簧、衔铁和针阀等组成，针阀与衔铁制成一体。轴针式喷油器的针阀下部有轴针伸入喷口。

喷油器不喷油时，回位弹簧通过衔铁使针阀紧压在阀座上，防止滴油。当电磁线圈通电时，产生电磁吸力，将衔铁吸起并带动针阀离开阀座，同时回位弹簧被压缩，燃油经过针阀并由轴针与喷口的环隙或喷孔中喷出。当电磁线圈断电时，电磁吸力消失，回位弹簧迅速使针阀关闭，喷油器停止喷油。

在喷油器的结构和喷油压力一定时，喷油器的喷油量取决于针阀的开启时间，即电磁线圈的通电时间。回位弹簧弹力对针阀密封性和喷油器断油的干脆程度会产生影响。各车型装用的喷油器，按其线圈的电阻值可分为高阻（电阻为 13～16Ω）和低阻（电阻为 2～3Ω）两种。

② 喷油器的驱动方式。喷油器的驱动方式可分为电流驱动和电压驱动两种方式，如图 4-33 所示。电流驱动方式只适用于低阻值喷油器，电压驱动方式对高阻值和低阻值喷油器均可使用。

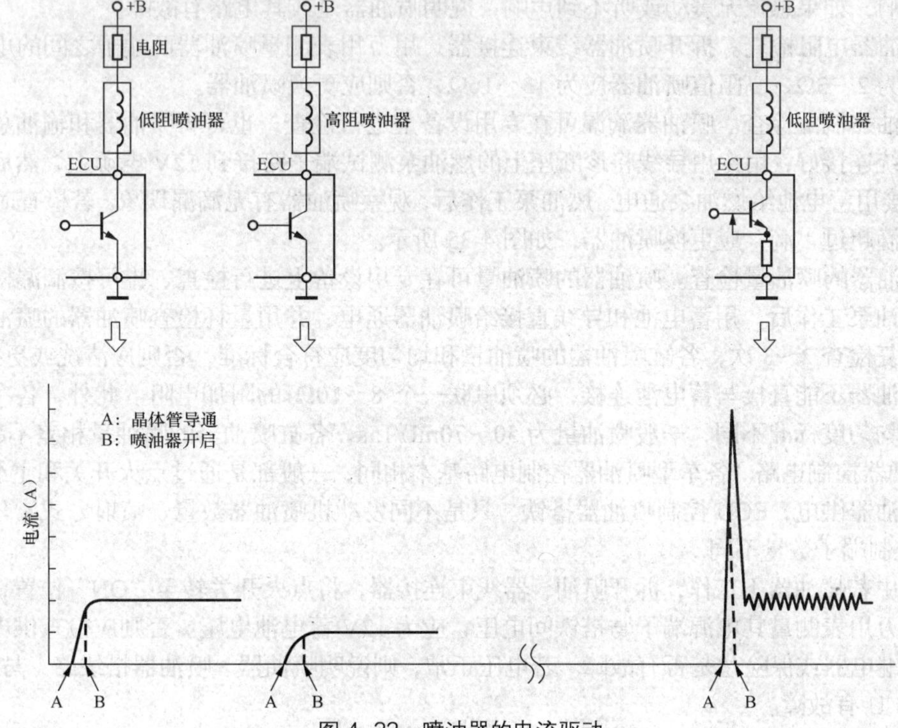

图 4-33　喷油器的电流驱动

（a）电流驱动方式。在采用电流驱动方式的喷油器控制电路中，不需附加电阻，低阻喷油器直接与蓄电池连接，通过ECU中的晶体三极管对流过喷油器线圈的电流进行控制。

在喷油器电流驱动回路中，由于无附加电阻，回路的阻抗小，ECU向喷油器发出执令时，流过喷油器线圈的电流增加迅速，电磁线圈产生的磁力使针阀开启快，喷油器喷油迟滞时间缩短，响应性更好。喷油器针阀的开启时刻总是比ECU向喷油器发出执令的时刻晚，此时间即称为喷油器喷油迟滞时间（或无效喷油时间）。此外，采用电流驱动方式，保持针阀开启使喷油器喷油时的电流较小，喷油漆线圈不易发热，也可减少功率损耗。

（b）电压驱动方式。低阻喷油器采用电压驱动方式时，必须加入附加电阻。因为低阻喷油器线圈的匝数较少，加入附加电阻，可减小工作时流过线圈的电流，以防止线圈发热而损坏。附加电阻与喷油器的连接方式有三种，如图4-34所示。

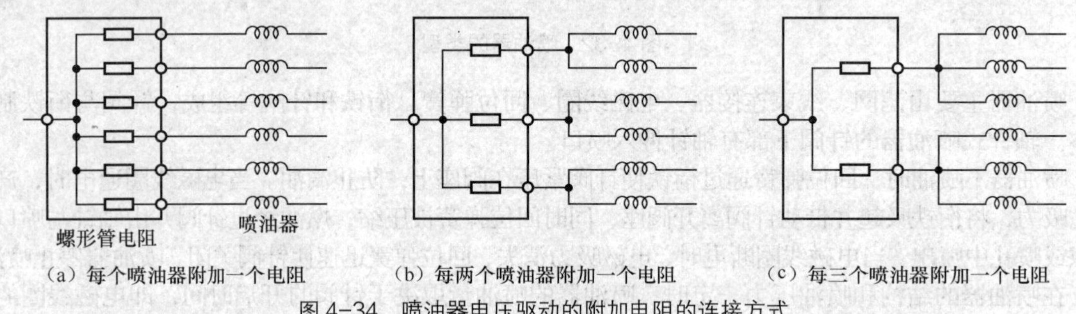

图4-34 喷油器电压驱动的附加电阻的连接方式

电压驱动方式中的喷油器驱动电路较简单，但因其回路中的阻抗大，喷油器的喷油滞后时间长。其中，电压驱动高阻喷油器的喷油滞后时间最长，电压驱动低阻喷油器次之，电流驱动的喷油器最短。

③ 喷油器的检修。简单检查方法是在发动机工作时，用手触试或用听诊器检查喷油器针阀开闭时的震动声响，如果感觉无震动或听不到声响，说明喷油器是或其电路有故障。

（a）喷油器电阻检查。拆开喷油器线束连接器，用万用表测量喷油器两端子之间的电阻，低阻值喷油器应为2～3Ω，高阻值喷油器应为13～16Ω，否则应更换喷油器。

（b）喷油器滴漏检查。喷油器滴漏可在专用设备上进行检查，也可将喷油器和输油总管拆下，再与燃油系统连接好，用专用导线将诊断座上的燃油泵测试端子跨接到12V电源上，然后打开点火开关，或直接用蓄电池给燃油泵通电。燃油泵工作后，观察喷油器有无滴漏现象。若检查时，在1min内喷油器油滴超过1滴，应更换喷油器，如图4-35所示。

（c）喷油器的喷油量检查。喷油器的喷油量可在专用设备上进行检查，也可按滴漏检查做好准备工作，燃油泵工作后，用蓄电池和导线直接给喷油器通电，并用量杯检查喷油器的喷油量。每个喷油器应重复检查2～3次，各缸喷油器的喷油量和均匀度应符合标准，否则应清洗或更换喷油器。注意低阻喷油器不能直接与蓄电池连接，必须串联一个8～10Ω的附加电阻。此外，各车型喷油器的喷油量和均匀度标准不同，一般喷油量为50～70mL/15s，各缸喷油器的喷油量相差不超过10%。

④ 喷油器控制电路。各车型喷油器控制电路基本相同，一般都是通过点火开关和主继电器（或熔丝）给喷油器供电，ECU控制喷油器搭铁。只是不同发动机喷油器数量、喷射方式、分组方式不同，ECU控制端子数量不同。

若使用中若喷油器不工作，拆开喷油，器线束连接器，将点火开关转至“ON”位置，但不起动发动机，用万用表测量其电源端子与搭铁间电压，应为12V蓄电池电压。否则应检查供电线路、点火开关、主继电器或保险丝是否有故障。若电压正常，则说明喷油器、喷油器搭线路（与ECU连接线路）或ECU有故障。

⑤ 冷起动控制。在发动机冷起动时喷油，以加浓混合气，改善发动机的冷起动性能。控制电路如图 4-36 所示。

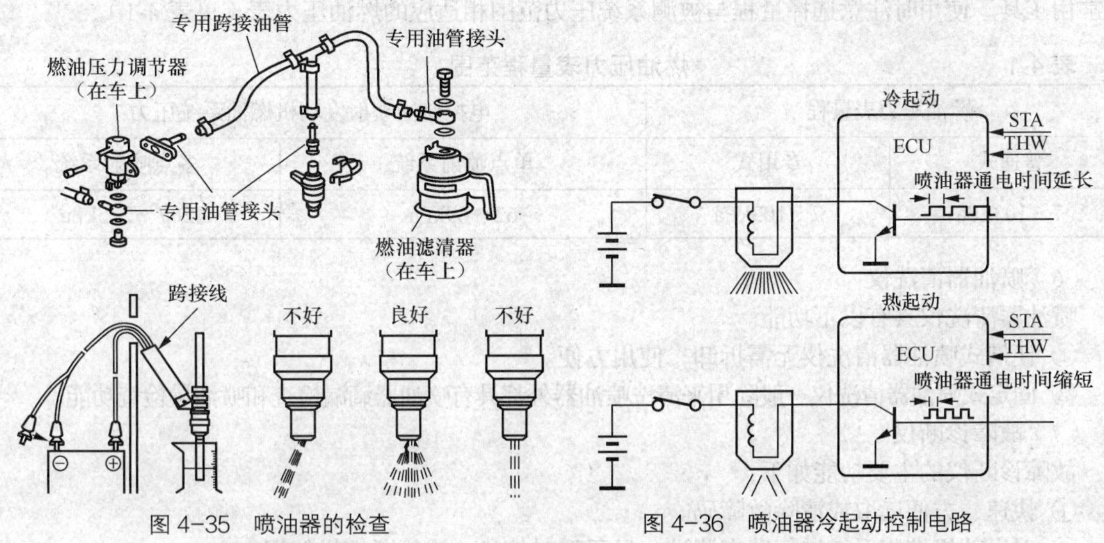

图 4-35 喷油器的检查　　图 4-36 喷油器冷起动控制电路

5. 电控发动机故障诊断与检修常用工具、仪器及专用仪器简介

（1）跨接线

是一段专用导线，不同形式的跨接线主要是其长短和两端接头不同。跨接线两端的接头一般是不同形式的插头或鳄鱼夹，以适应不同位置的跨接。主要用于电路故障诊断。

（2）测试灯

测试灯主要用来检查电控元件电路的通、断。根据指示灯亮度判断被测电路的电压高低。

（3）数字式万用表

数字式万用表主要用来测量电阻、电压、电流等参数，以此判断电路的通断和电控元件的技术状况。

① 常用数字式万用表。具有测量精度高、测量范围广、输入阻抗高、抗干扰能力强、容易读数等优点，在汽车故障诊断与检修中应用广泛。

② 车用万用表。除具有数字万用表的功能外，还具有一些汽车专用测试功能。除可用来测量电控元件和电路的电阻、电压、电流外，一般还能测量转速、频率、温度、电容、闭合角、占空比等项目，并具有自动断电、自动变换量程、数据锁定、波形显示等功能。

（4）手动真空泵

手动真空泵又称手持式真空测量仪。发动机电控系统中采用真空驱动的元件很多，所以它主要是用来抽真空的工具。一般带有显示真空度的真空表、各种连接软管和接头等附件，以适应对不同车型和不同真空驱动元件的检测。

检查前将各真空软管连接好，防止因真空泄漏而导致测量结果失准。检查时必须按规定对被检元件施加真空度，施加真空度过大会损坏被检元件。检查完毕后，在拆开连接的真空软管前，应先施放真空度，否则将灰尘、湿气等吸入被检元件内，会造成不良后果。

（5）燃油压力表

燃油压力表是用来测量燃油供给系统燃油压力的专用工具，是对燃油系统进行检查和故障诊断的常用工具。使用时注意选择量程与被测系统压力范围相适应的燃油压力表（见表4-1）。

表4-1 燃油压力表量程范围

燃油压力表量程		电控燃油喷射发动机燃油系统压力	
普通式	专用式	单点喷射系统	多点喷射系统
7～103kPa	7～103kPa	62～69kPa	207～275kPa

（6）喷油器清洗仪

喷油器清洗仪具有以下功能。

① 便携式喷油器清洗仪无需拆卸，使用方便。

② 固定式喷油器清洗仪一般除用来清洗喷油器外都具有喷油器滴漏检查和喷油量检查功能。

（7）故障诊断仪

故障诊断仪的主要功能如下：

① 快速、方便读取或清除故障码。

② 对发动机控制系统进行动态测试，显示瞬时信息，为诊断提供依据。

③ 能在静态或动态下，向电控系统各执行元件发出检修作业需要的动作指令，以便检查执行元件的工作状况。

④ 在车辆允许或路试时监测并记录数据流。

⑤ 具有示波器功能、万用表功能和打印功能。

⑥ 有限诊断仪能显示系统控制电路图和维修指导，以供故障诊断和检修时参考。

⑦ 有些功能强大的专用诊断仪能对发动机控制ECU进行某些数据的重新输入和更改。

常见故障诊断仪分为专用型和通用型两大类。

专用型是汽车制造公司为自己生产的汽车而专门设计制造的。一般只适合在特约维修站配备，以便提供良好的售后服务，充分发挥故障诊断仪的功能。

通用型是汽车保修设备制造公司为适应诊断检测多种车型而设计制造的，一般都配有不同车系的测试卡和适合各种车型的检测连接电缆连接器，测试卡存储有几十种甚至上百种不同公司、不同车型汽车电控系统的检测程序、检测数据和故障码等资料，适合综合性维修企业使用。

故障诊断仪的操作方法一般首先是选择测试卡和合适的连接电缆连接器；然后连接故障诊断仪；第三是选择测试地址和功能；最后进行测试。

（8）示波器

示波器主要用来显示控制系统中输入、输出信号的电压波形，以供维修人员工具波形分析判断电控系统故障。示波器比一般电子设备的显示速度快，是唯一能显示瞬时波形的检测仪器，是电控系统故障诊断中的重要设备。

主要功能如下：

① 测试各种传感器、执行元件、电路和点火系等电压波形。

② 数字式示波器具有汽车万用表功能。

③ 数字式示波器可对测试内容进行记录、回放。

④ 能提供在线帮助

（9）信号模拟检验仪

可以模拟发动机控制系统各传感器信号，尤其对电控系统传感器及其线路故障的诊断，利用此

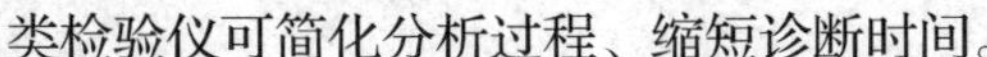

类检验仪可简化分析过程、缩短诊断时间。

（10）发动机综检仪

标准的数据及专家分析系统，可通过对测试结果与标准数据比较，判断发动机整机或部分系统工综检仪是发动机综合性能检验仪的简称。它能对发动机进行不解体综合测试，并配备有作好坏。

二、工作方案制订

学生需根据任务工单进行相关资讯并进行课前的自主学习，针对任务实施前的维修工具及材料准备、实施中的小组人员分工安排以及任务实施操作步骤等制订方案计划，如表 4-2 所示。

表 4-2　　　　　　　　　　　工作方案计划表

工作项目/任务	电控燃油喷射系统检修
人员分工	
时间安排	
设备、材料及维修工具准备	
任务实施操作步骤	

三、工作组织实施

1. 电控燃油喷射系统的一般检修步骤

① 根据用户陈述和现场故障再进行观察，除了明显的燃油系统故障外，不要匆匆忙忙检查 EFI 系统，而应首先排除发动机本身机械故障和点火系统故障，最后再来检查 EFI 系统故障。

② 检查 EFI 系统故障前，应首先确保蓄电池电压在 11V 以上，各接线良好、机温正常。检查时，最好是应用该生产厂提供的专用设备仪器来检测。如果条件不具备，可充分利用该车自诊断系统进行自检，读取故障码，根据该车风窗玻璃前的 17 位识别码（有的车在车门合页处），结合该车出厂时间、型号和维修手册来了解故障类型，加以维修。如果碰到不熟悉的车型和电路，还需要分析电路原理，甚至需测绘必要的电路图，再作故障电路的分析。

③ 打开点火开关后，发动机没有起动时，CHECK 灯点亮，起动后该灯熄灭，若发动机起动后 CHECK 灯继续亮，表明 EFI 电脑（ECU）诊断系统已检测到系统中的故障或异常情况，需要起动自诊系统，输出故障码。此该要首先检查 ECU 接线端子和其他电路接线及接地线是否接触良好、是否不清洁或锈蚀。因为 EFI 系统因电路接触不良及保险熔烧的故障率占 10%以上。

④ 在检修方法上，传统汽车电气故障，往往可以用“试火”的办法逐一判明故障部位与原因。尽管这种方法并不是十分安全可靠，且对蓄电池有一定危害，但在传统检修方法中还是可行的，在装用 EFI 系统的汽车则不允许使用此法。因为“试火”产生的过电流，会给某些电路和元件带来意想不到的损害。因此，必须借助一些仪表和工具，按维修手册规程进行。另外，蓄电池的极性不能接反，也不能在不装蓄电池的情况下，用起动机起动发动机，以免 EFI 的 ECU 因过压而损坏。

⑤ 对于 EFI 电子电路，出于性能要求和技术保护等多种原因，往往采用不可拆卸封装（如厚膜封装）。若是某一故障可能涉及它们的内部，则需先从外围逐一排除，最后确定其是否损坏。

⑥ 具体检查时，拆装 ECU 及传感部件时要仔细，拆前要做好标签，拆卸后放置合理，不能受到撞击，防止跌落，防止水汽浸入，安装要正确到位。并切记，拆装和安装元件时，应切断电源；

点火时切勿把电线束插头拔下或插入ECU的接线端。

蓄电池导线未拧紧不能起动发动机。发动机运转时勿将导线从蓄电池上拆下。更换蓄电池前须先把导线拆下；喷油器等处的“O”形密封圈是一次性零件，应事先准备好。

用万用表进行电压、电阻测量时，量程挡位要适当，应避免人为因素所造成的二次故障或扩大故障；对燃油系统检修时要远离易燃物，要防止照明行灯高温接触燃气引起火灾，注意安全。

⑦ 维修后要按手册说明清除故障码，并要进行路试验证。

2. 空气供给系的检查

（1）空气滤清器

一般为干式纸质滤心式，结构与普通发动机上相同。

（2）节气门体

节气门体安装在进气管中，来控制发动机正常工况下的进气量。

主要由节气门和怠速空气道等组成。节气门位置传感器装在节气门轴上，来检测节气门的开度。有的车上还设有副节气门和副节气门位置传感器，如LS400。

在LS400上还设有牵引控制系统（TRC），当车辆处于TRC控制状态行驶时，无论是起步、匀速或加减速工况，汽车均能根据道路状况（包括泥泞、湿滑路面）确保输出最佳的驱动力和牵引性能，使车辆平稳和安全行驶。

在TRC控制行驶状态下，发动机的主节气门由主节气门强制开启器打开（全开），进气量由副节气门控制，节气门开度信号也由副节气门位置传感器负责将信号传送给ECU。

在装有节气门限位螺钉的汽车上，使用中一般不允许调节节气门限位螺钉，除非怠速控制阀发生故障而无法及时修复，可通过调整节气门最小开度来保持发动机怠速运转，故障排除后，应将节气门限位螺钉调回原位。

（3）进气管

为了消除进气波动和保证各缸进气均匀，对进气总管和歧管的形状、容积有严格的要求。例如，LS400在空气室设一个大容量的空气室以减少进气脉动和各缸的相互干涉，有利于提高各缸的充气量，在进气室两侧各设有4根进气管，8根进气歧管呈S型交叉布置，以增加进气歧管的长度，提高进气谐波压力，有利于进一步提高充气量。

（4）维修时应注意进行的检查内容

① 检查空气滤清器滤心是否脏污，必要时用压缩空气吹净或更换。

② 进气系统漏气对电控燃油喷射发动机的影响比对化油器式发动机的影响大。检查各连接部位应连接可靠，密封垫应完好。

③ 检查节气门内腔的积垢和积胶情况，必要时用清洗剂进行清洗。

绝对不能用砂纸和刀片清理积垢和积胶。以免损伤节气门体内腔，导致节气门关闭不严或改变怠速空气道尺寸，影响发动机正常工作。

3. 燃油供给系的检查

（1）燃油系统的压力释放

目的：防止在拆卸时，系统内的压力油喷出，造成人身伤害和火灾。

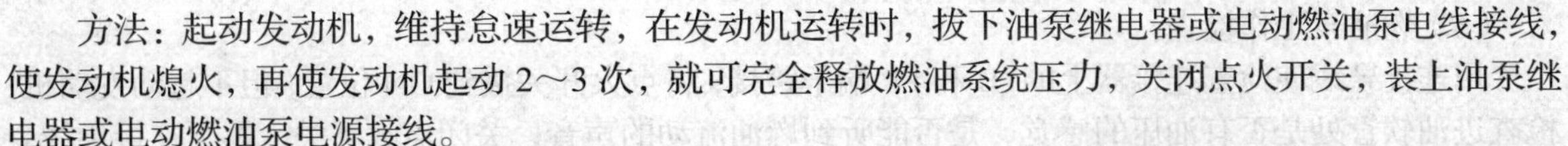

方法：起动发动机，维持怠速运转，在发动机运转时，拔下油泵继电器或电动燃油泵电线接线，使发动机熄火，再使发动机起动 2～3 次，就可完全释放燃油系统压力，关闭点火开关，装上油泵继电器或电动燃油泵电源接线。

（2）燃油系统压力预置

目的：为避免首次起动发动机时，因系统内无压力而导致起动时间过长。

方法一：通过反复打开和关闭点火开关数次来完成。

方法二：检查燃油系统元件和油管接头是否安装好，用专用导线将诊断座上的燃油泵测试端子跨接到 12V 电源上，将点火开关转至“ON”位置，使电动燃油泵工作约 10s，关闭点火开关，拆下诊断座上的专用导线。

（3）燃油系统压力测试

检查油箱中的燃油，释放燃油系统压力。检查蓄电池，拆下负极电缆，将专用压力表接在脉动阻尼器位置（大宇或通用）或进油管接头处（丰田），接上负极电缆，起动发动机使其维持怠速运转，拆下燃油压力调节器上真空软管，用手堵住进气管一侧，检查油压表指示的压力，多点喷射系统应为 0.25～0.35 MPa，单点喷射系统为 0.07～0.10 MPa，若过低，说明燃油压力调节器有故障，更换燃油压力调节器后，如果压力仍过低，应检查进油管路或燃油滤清器是否有堵塞或泄漏，若正常，则应更换燃油泵；若过高，则应检查回油管是否堵塞，若正常，说明燃油压力调节器有故障。

接上燃油压力调节器的真空软管，检查燃油压力表的指示应有所下降（约 0.05 MPa），否则检查真空管是否有堵塞和漏气，若正常，说明燃油压力调节器有故障。

将发动机熄火，等待 10 min 后观察压力表的压力，多点喷射系统不低于 0.20 MPa，单点喷射系统不低于 0.05 MPa。

检查完毕后，应释放系统压力拆下油压表，装复燃油系统。

4. 电动燃油泵的检查

当发动机无法起动，发动机起动后又熄火，或者发动机加速不良等现象出现时，应对燃油泵进行检查。

（1）燃油泵的检查

在燃油泵控制电路中的检查插座上，使燃油泵起动的两个端子用导线跨接，将点火开关拨到 ON 位置时，燃油泵应能正常起动，并能听到燃油泵运转的声音。如果在油泵起动时，听到的噪声很大，说明燃油泵发生了故障。当已经判明燃油泵损坏时，应及时更换新件，因为电脑控制燃油泵是不可修复件。

（2）测量燃油泵电枢绕组的电阻

不同型号的油泵电阻值不同，一般在十几欧姆左右。如果经过测量发现电阻过大或过小，说明燃油泵电枢绕组存在短路、电刷接触不良或绕组有断路故障。

（3）燃油泵耗电量检查

拆下燃油泵电源线，串上电流表，起动发动机，观察耗电量应不大于 7A，如果耗电量过大，说明油泵电机存在短路、阻塞、卡滞等现象，这时会使供油压力不足。

（4）测量正常情况下的供油压力

接上油压表，测量发动机怠速时的供油压力，单点喷射系统油压为 69～117 MPa，多点喷射系统油压为 242～380 MPa，机械式喷射系统油压为 483～621 MPa，详细数值应查阅原厂维修手册。

（5）最大油压检查

发动机在怠速运转时，要观察油压值，并做记录，然后夹紧回油管，这时油压会迅速上升，油压最大值应为怠速油压的 2 倍以上为正常。

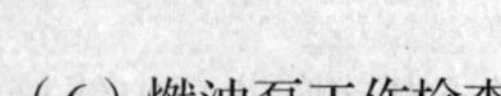

（6）燃油泵工作检查

用连接导线使检查连接器上的+B 和 FP 端子跨接；将点火开关拨到 ON 位置，但不起动发动机；检查进油软管处是否有油压的感觉，是否能听到燃油流动的声音；关闭点火开关，取下连接导线。如果没有油压，应检查 EFI 主继电器熔断器、主熔断器、EFI 主继电器、燃油泵 ECU、燃油泵、各线束连接器等。

（7）燃油压力检查

拆下蓄电池的搭铁线。拆下输油管与主输油管的连接螺栓，取下密封胶圈。用新密封垫圈和螺栓，把油压表接在输油管和主输油管之间。

用连接导线使检查连接器上的+B 和 FP 端子连接起来。装上蓄电池搭铁线，将点火开关拨到 ON 位置。

测量油压，标准值为 265～304kPa。如果压力过高，应更换油压调节器。如果油压过低，则应检查燃油管和连接接头有无漏油处；检查燃油泵、燃油滤清器、燃油压力调节器的工作状况。

关闭点火开关，拆下连接器上的跨接导线；起动发动机，测量油压，怠速时应为 196～235kPa。此时，拆下油压调节器上的真空管，并用塞子堵住管口，怠速时油压为 265～304kPa。如果压力不符合要求，则应检查真空管和油压调节器。

发动机熄火后，油压表的读数在 5min 内不应降低。如果符合规定，则应检查燃油泵、油压调节器和喷油器。

检查完油压后，关闭点火开关，拆下蓄电池搭铁线，再拆下油压表，安装好输油管。

（8）燃油泵 ECU 的检查

拔下燃油泵 ECU 的导线连接器，测量导线接头上的 E、D_1 端子的接地电阻，正常情况下万用表应该有相应示数，如果万用表无示数则应检查连接线路。

插好燃油泵 ECU 的导线连接器，按表 4-3 内容用万用表检查 ECU 上的+B、FP、FPC 端子上的接地电压，其电压值应符合表中规定值。如果不符合规定，则应检查连接线路或更换燃油泵 ECU。

表 4-3 燃油泵 ECU 上各端子电压值

端　子	条　件	标 准 值
FP-接地	突然加速	12～14V
	怠速	8～10V
+B-接地	点火开关在 ON 位置	9～14
FPC-接地	急加速到 6000r/min 或更高	4～6V
	怠速	2.5V

（9）燃油泵的检查

拔下燃油泵的导线连接器，从车上拆下燃油泵进行检查。

① 燃油泵的电阻检查。用电阻表测量燃油泵上的两个接线端子间的电阻，即燃油泵电机线圈的电阻，其电阻值应为 0.2～3.0Ω（20℃时）。如果电阻值不符合规定，则更换燃油泵。

② 燃油泵工作检查。将燃油泵与蓄电池连接，每次接通时间不超过 10s，检查燃油泵运转情况。如果燃油泵不运转，则应更换燃油泵。

（10）燃油泵系统漏油检查

用导线将检查连接器的 FP 和+B 端子连接起来；将点火开关拨到 ON 位置，不起动发动机；用钳子夹紧回油管，高压管内的油压会上升到大约 392kPa。在这种状态下，检查燃油系统各个部位，应不漏油。

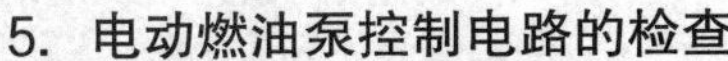

5. 电动燃油泵控制电路的检查

电动燃油泵控制电路要求：当点火开关接通时，发动机控制模块向燃油泵继电器提供提 12V 供电电压，燃油泵开始工作。若泵内，ECM 没有收到点火参考脉冲，发动机控制模块将切断向燃油泵继电器的供电，燃油泵停止工作。

燃油泵控制电路的检查步骤：

步骤一：确认燃油泵电路是否故障。

① 点火开关转至关闭。

② 点火开关转至接通，但发动机不运转。

③ 听燃油泵的动作声。燃油泵应能工作 2s，若能听到燃油泵工作 2s，表示燃油泵控制电路正常。若不能听到燃油泵工作，则应进行下一步检查。

步骤二：检查燃油泵继电器端子 30（线束侧）至 30 号线间电路是否有故障。

① 关闭点火开关。

② 拆卸燃油泵继电器。

③ 将一端接地良好的测试灯的另一端接燃油泵继电器端子 30（线束侧）。若测试灯不能启亮，应维修该电路。若测试灯正常启亮，应进行下一步检查。

步骤三：检查燃油泵继电器端子 85 与 ECM 端子 K54 间电路是否有故障。

① 关闭点火开关。

② 断开燃油泵继电器。

③ 将一端接地良好的测试灯的另一端接燃油泵继电器 85（线束侧），若测试灯不能启亮，应断开 ECM 线束，检查燃油泵继电器端子 85 与 ECM 端子 K54 间电路是否断路，若电路断路，应进行电路维修，若线路没有断路，应更换 ECM。若测试灯能正常启亮 2s，应进行下一步检查。

步骤四：检查燃油泵继电器 86 与接地间电路是否有故障。

① 拆卸燃油泵继电器。

② 将一端接蓄电池正极的测试灯的另一端接燃油泵继电器端子 86（线束侧）。若测试灯不能启亮，应维修该电路。若测试灯正常启亮，应进行下一步检查。

步骤五：检查燃油泵继电器是否有故障。

① 装回燃油泵继电器。

② 将一端接地良好的测试灯的另一端接熔断丝。

③ 连接 ECM 线束。

④ 点火开关转至接通。

若测试灯不启亮，应检查燃油泵与熔断丝间电路。必要时，进行维修。燃油泵继电器与熔断丝间电路若正常，应更换燃油泵继电器。

若测试灯能正常启亮 2s，应进行下一步检查。

步骤六：检查燃油泵是否有故障。

① 断开燃油泵线束。

② 在燃油泵 2 和 3（线束侧）间跨接测试灯。

③ 点火开关转至接通。

若测试灯不启亮，应维修燃油泵的接地电路或燃油泵与熔断丝间电路。若测试灯能正常启亮 2s，应更换燃油泵。

6. 燃油压力调节器的检查

发动机的燃油供给系统提供的燃油压力并不是一个固定值，发动机在不同工况下的燃油压力稍有不同，目的是保证供给足够数量的燃油，以适应发动机不同工况的要求。表4-4所示为桑塔纳2000GLi、GSi、捷达GT、GTX型轿车供油系统燃油压力标准值。它们使用同一型号燃油压力调节器。

表4-4 桑塔纳2000GLi、2000GSi、捷达GT、GTx型轿车供油系统标准

项目	检测条件	2000GLi	2000GSi	捷达GT、GTx
怠速转速/（$r\cdot min^{-1}$）	不能调整	800±50	800±30	850±50
最高断油转速/（$r\cdot min^{-1}$）	—	6400	6400	6400
怠速断油压力/kPa	不拔下油压调节器真空管	250±20	250±20	250±20
	拔下油压调节器真空管	300±20	300±20	300±20
保持燃油压力不低于/kPa	接回真空管、点火开关断开10min	200	200	200
喷油器技术参数	室温条件下电阻/Ω	15.9±0.35	13～18	13～18
	发动机工作时电阻增量/Ω	4～6	4～6	4～6
	30s喷油增量/ml	78～85	78～85	70～100
	喷雾形状	小于35°圆锥雾状		
	正常油压下漏油量	不多于2滴		

（1）供油系统油压检查

当蓄电池电压正常时，把燃油压力表连接到燃油分配管进油口处，起动发动机并使其怠速运行，油压额定值应为(300±20)kPa；当急加速时，油压表压力值应迅速增大到320kPa左右；当拔下油压调节器上通往进气歧管的真空软管时，油压必须上升到320kPa。如果供油系统油压变化不符合上述情况，说明供油系统存在故障，应进行检修。如果油压过高，可能的原因是调节器损坏；如果油压过低，可能的原因是油管或接头处漏油、燃油滤清器堵塞、蓄电池电压过低和油压调节器已经损坏。

（2）供油系统密封性能检查

起动发动机并怠速运行，使燃油系统压力上升到额定值后，关闭点火开关，10min后，检查油压表压力必须高于200kPa。

如果压力低于200kPa，应再次起动发动机使之怠速运行，当压力达到额定值后，关闭点火开关，用钳子夹紧回油管，同时观察油压表压力，在10min后，如果压力高于200kPa，说明油压调节器失效，应进行更换。如果压力低于200kPa，说明供油系统存在漏油部位，应进行检修。对喷油器的漏油检查，应在油压正常情况下进行，要求喷油器每分钟滴油不超过2滴。

7. 电磁喷油器的常见故障检查与排除

电磁喷油器的常见故障形式有喷油器针阀结胶、喷油器裂纹漏油、喷油器接线销有污垢接触不良、喷油器线路故障和喷油器油路故障。

（1）检查方法

检查喷油器进油口及供油管路是否堵塞；检查与喷油器相连的线路是否有故障。将试灯接在喷油器接插件两端之间，起动发动机。如果试灯不闪烁，则线路有故障，应检查喷油器的电源和接地线路。用万用表测量喷油器接线座两个端子间的电阻值是否符合规定。一般电流驱动的喷油器电阻为3Ω左右，电压驱动的喷油器电阻值为15Ω左右。如果电阻值不相符，则喷油器有故障。

将 12V 电压接到喷油器接线座的一个端子上，将另一端子反复与地接通和断开，如果喷油器能发出短促的响声，则表明喷油器工作正常，否则喷油器有故障。喷油器发生故障时，出现某缸工作不良或不工作，会造成汽车发动机运转不稳。喷油器的故障多为燃油脏污引起的喷油嘴的结胶、喷油嘴针阀不能升起以及电磁线圈内的故障。

（2）判断和排除方法

① 首先起动发动机，用听诊器或导管听各个喷油器的工作声响，如果声响有规则，则此时工作良好，否则要更换喷油器。喷油器不工作时，应从喷油器上拆下喷油器电线插头，用万用表测量喷油器的电阻值，看其电阻是否在规定范围内。如果电阻值不正常，说明喷油器的电路损坏，须更换喷油器。

② 喷油器拆下后，用喷嘴检修仪高压清洗喷油器并清除积炭，检查喷油器的喷油雾状是否呈锥形。接上规定油压，通 12V 电压就能检查喷油形状，喷油锥形为细雾状的为良好，否则需要换喷油器。

③ 用逐缸断火的方法，测量 CO 浓度的变化，以便判断哪一个喷油器漏油。因为某缸断火时，被压缩的混合气没有燃烧就排出来，应该是 HC 浓度增加，CO 值基本不变化。而有漏油的喷油器是决定 CO 浓度的主要喷油器，如果断火的那一缸，测出 CO 值下降较明显，说明该缸的喷油器漏油。直接取下喷油器，在工作压力下不加喷射电压，每分钟滴油一滴以下为正常。否则需清洗或更换喷油器。

四、工作质量评价

将电控燃油喷射系统检修的工作质量评价填入表 4-5 中。

表 4-5 电控燃油喷射系统检修工作质量评价表

质量评价项目/任务	电控燃油喷射系统检修		
	质量评价要点及要求	分值	评分
电控燃油喷射系统拆解与检查	① 拆装工具准备是否齐全	5	
	② 工具的选用、使用	5	
	③ 电控燃油喷射系统拆解与检查步骤是否正确	10	
	④ 节气门限位螺钉调回原位	5	
	⑤ 测量燃油泵电枢绕组的电阻是否正确	5	
	⑥ 用万用表进行电压测量量程是否正确	5	
	⑦ 能否正确测量正常情况下的供油压力	10	
	⑧ 供油系统油压检查	5	
	⑨ 供油系统密封性能检查	5	
	⑩ 电动燃油泵控制电路的检查	10	
安全/环保意识	① 是否正确着装工作服拆解检查	5	
	② 地面是否有机油滴漏	5	
	③ 是否用榔头敲击发动机及其零部件	5	
	④ 橡胶类零件是否粘油	5	
	⑤ 分解过程中是否有零件坠地	5	
	⑥ 操作过程是否有安全事故	10	
	合 计	100	

五、考核建议与结果展示

1. 考核建议

关于本任务的考核与评价，应该侧重以下几点：

① 操作过程。

② 电控系统故障诊断思路。

③ 主要检测工具仪器设备的运用。

④ 任务实施后的技术分析报告质量。

2. 学生应展示的结果

① 班组制定的本任务实施方案。

② 检查过程记录。

③ 检查结果技术分析报告。

3. 思考与练习

① 目前应用在汽车发动机上的集中控制系统的子系统有哪些？

② 应用在发动机电子控制系统中的传感器及开关信号有哪些？

③ 简述发动机电控燃油喷射系统按照喷射方式所分的三种类型的特点。

④ 绘出 D 型和 L 型电控燃油喷射系统基本工作原理示意图并加以说明。

⑤ 开环控系统和闭环控制系统是什么？

⑥ 绘出空气供给系统与燃油供给系统原理图。

⑦ 电动燃油泵结构类型及其控制电路有哪些？

⑧ 讨论发动机电控技术的普遍应用对发动机性能的重要影响。

六、知识与思维拓展

1. 燃油喷射的正时控制

喷油分为同步喷油和异步喷油。同步是指发动机各缸工作循环，在既定的曲轴位置进行喷油，同步喷油有规律性。异步喷油与发动机的工作不同步，无规律性，是在同步喷油的基础上，为改善发动机的性能额外增加的喷油。

（1）同步喷油正时控制

① 顺序喷射正时控制。

特点：喷油器驱动回路数与气缸数目相等。

ECU 根据凸轮轴位置传感器（G 信号）、曲轴位置传感器（Ne 信号）和发动机的做功顺序，确定各缸工作位置。当确定各缸活塞运行至排气行程上止点某一位置时，ECU 输出喷油控制信号，接通喷油器电磁线圈电路，该缸开始喷油。控制电路如图 4-37 所示。

② 分组喷射正时控制。

特点：把所有喷油器分成 2～4 组，由 ECU 分组控制喷油器。

以各组最先进入做功的缸为基准，在该缸排气行程上止点前某一位置，ECU 输出指令信号，接通该组喷油器电磁线圈电路，该组喷油器开始喷油。控制电路如图 4-38 所示。

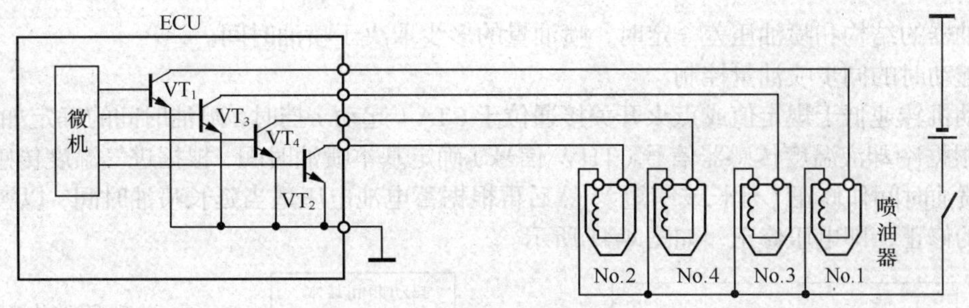

图 4-37 顺序喷射控制电路

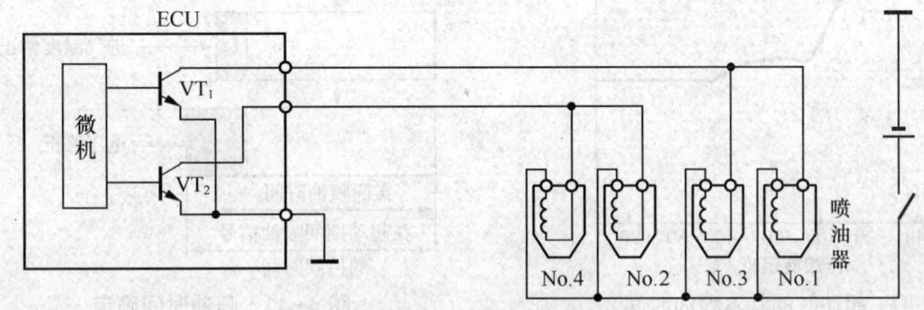

图 4-38 分组喷射控制电路

③ 同时喷射正时控制。

特点：所有各缸喷油器由 ECU 控制同时喷油和停油。

喷油正时控制是以发动机最先进入做功行程的缸为基准，在该缸排气行程上止点前某一位置，ECU 输出指令信号，接通该组喷油器电磁线圈电路，该组喷油器开始喷油。控制电路如图 4-39 所示。

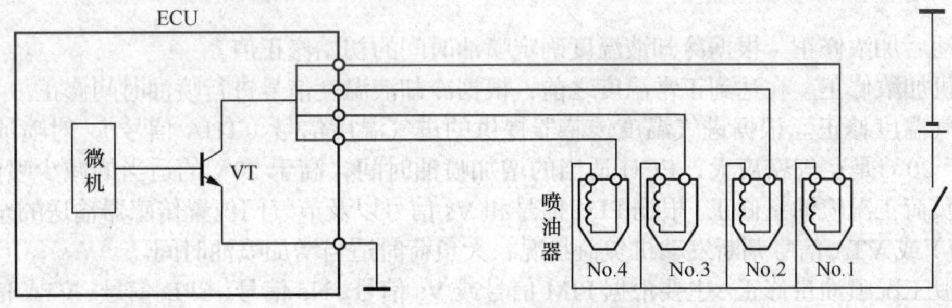

图 4-39 同时喷射控制电路

（2）异步喷油正时控制

① 起动时异步喷油正时控制。在同步喷油基础上，为改善发动机的起动性能，在增加一次异步喷油。

在起动开关处于接通状态时，ECU 接受到第一个凸轮轴位置传感器信号（Ne 信号）后，接收到第一个曲轴位置传感器信号（G 信号）时，开始进行起动时的异步喷油。

② 加速时异步喷油正时控制。为了改善加速性能，ECU 根据节气门位置传感器中怠速信号从接通到断开时，增加依次固定量的喷油。

2. 喷油量控制

喷油量控制的主要目的是使发动机在各种运行工况下，都能获得最佳的喷油量，以提高发动机的经济性和降低排放污染。

当喷油器的结构和喷油压差一定时，喷油量的多少取决于喷油时间。

（1）起动时的同步喷油量控制

在发动机转速低于规定值或点火开关接通位于 STA（起动）挡时，喷油时间的确定如图 4-40 所示，ECU 根据冷却液温度传感器信号（THW 信号）确定基本喷油时间，根据进气温度传感器（THA 信号）对喷油时间作修正（延长或缩短）。然后再根据蓄电池电压适当延长喷油时间，以实现喷油量的进一步的修正，即电压修正，如图 4-41 所示。

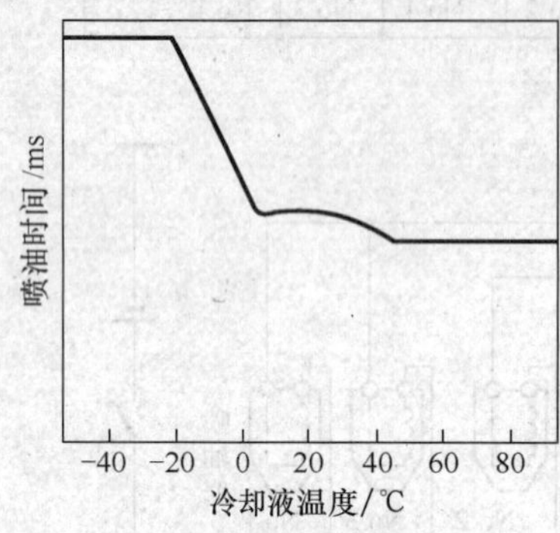

图 4-40 起动时的基本喷油时间

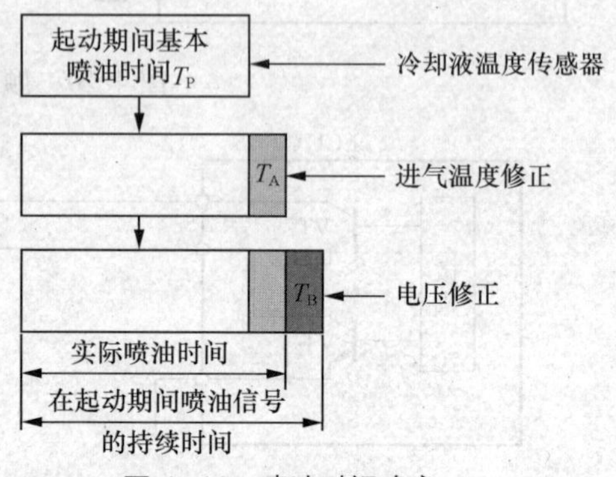

图 4-41 喷油时间确定

（2）起动后的同步喷油量控制

喷油持续时间= 基本喷油持续时间 × 喷油修正系数 + 电压修正值

D 型根据发动机转速信号和进气管绝对压力信号确定基本喷油持续时间。

L 型根据发动机转速信号和空气流量计信号确定基本喷油持续时间。

发动机处于不同的工况之下，所需要的喷油量是不同的，为此 ECU 根据不同工况进行必要的喷油修正。

① 起动后加浓修正。根据冷却液温度确定喷油时间的初始修正值。

② 暖机加浓修正。在达到正常温度之前，根据冷却液温度信号进行喷油时间修正。

③ 进气温度修正。根据进气温度传感器提供的进气温度信号（THA 信号），对喷油时间进行修正；低于 20℃是空气密度大，ECU 适当的增加喷油时间，高于 20℃的适当的减少喷油时间。

④ 大负荷工况喷油量修正。根据 PIM 信号和 Vs 信号以及节气门位置传感器输送的全负荷信号（PSW 信号）或 VTA 信号判断发动机负荷状况，大负荷时适当增加喷油时间。

⑤ 过渡工况喷油量修正。主要根据 PIM 信号或 Vs 信号、Ne 信号、SPD 信号、VTA 信号、NSW 信号判断过渡工况，对喷油时间进行修正。

⑥ 怠速稳定性修正。ECU 根据 PIM 信号和 Ne 信号对喷油量进行修正，随着进气管绝对压力增大或怠速降低，适当增加喷油时间；反之，减少喷油时间。

（3）异步喷油量控制

发动机起动和加速时的异步喷油量是固定，各缸喷油器以一个固定的喷油持续时间，同时向各缸增加一次喷油。

（4）燃油停供控制

在下面两种情况下，发动机需要实施燃油停供控制。

① 减速断油控制。发动机由高速行驶状态变为减速状态，此时加速踏板迅速抬起，ECU 感知后实施减速断油控制，ECU 将会切断燃油喷射控制电路，停止喷油，以降低碳氢化合物及 CO 化碳的排放量。

② 限速断油控制。发动机在不断加速过程中，如果超过发动机安全转速或汽车车速超过设定的

最高车速时，ECU 将切断燃油喷射控制电路，停止喷油，防止超速。

3. 空燃比控制

为了满足发动机各种工况的要求，混合气的空燃比不能都采用闭环控制，而是采用闭环和开环相结合的策略。主要有下面三种控制方式。

（1）冷起动和冷却水温度低时

冷起动和冷却水温度低时通常采用开环控制方式。由于起动转速低、冷却水温度低、燃油挥发性差，需对燃油进行一定的补偿。混合气空燃比与冷却水温度有关，随着温度增加，空燃比逐渐变大。

（2）部分负荷和怠速运行时

此时可分为下面两种情况：

① 若为了获得最佳经济性，可采用开环控制方式，将空燃比控制在比化学计量比大的稀混合气状态下工作。

② 为了获得低的排放，并有较好的燃油经济性，必须采用电控汽油喷射系统加三元催化转化器，进行空燃比闭环控制。

图 4-42 中虚线部分为未加三元催化转化器时，CO、HC 和 NO_x 排放浓度与空燃比的关系。实线部分采用三元催化转化器后 CO、HC 和 NO_x 与空燃比的关系。从图中可看出采用三元催化转化器时只有当空燃比在化学计量比附近很窄范围内 HC、CO 和 NO_x 排出浓度均较小。装有电控汽油喷射发动机采用闭环控制方式，才能使混合气空燃比严格控制在化学计量比附近很窄的范围内，使三元催化转化器净化效率最高。

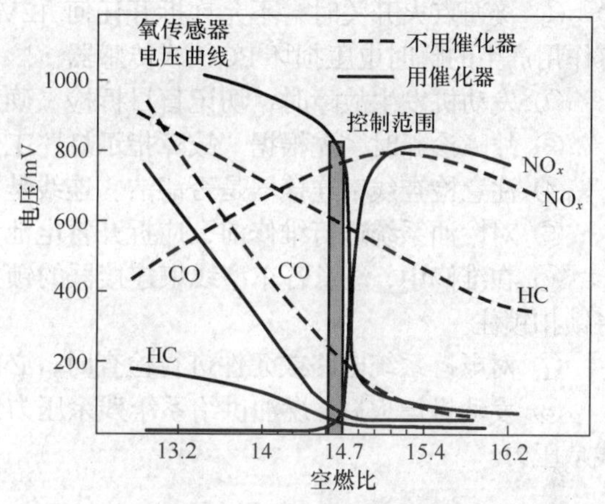

图 4-42　空燃比控制曲线

节气门全开时为了获得最大的发动机功率和防止发动机过热，采用开环控制，将混合气空燃比控制在 12.5～13.5。此时发动机内混合气燃烧速度最快，燃烧压力最高，因而输出功率也就最大。图 4-43 所示为发动机电控单元空燃比控制过程。

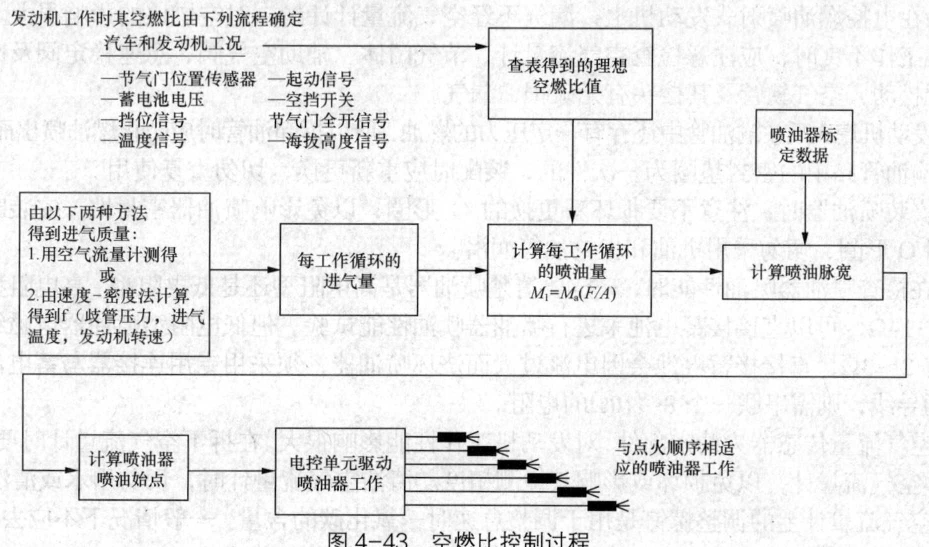

图 4-43　空燃比控制过程

4. 电控发动机使用与检修注意事项

（1）使用注意事项

电控发动机出现故障多数是由于使用不当所造成的，使用时应注意以下几点。

① 驾驶员应了解电控系统各主要元件所在位置，以便对其实行保护。

② 驾驶员应掌握仪表盘上各开关、显示灯、仪表等的作用和功能，弄清仪表盘上英文缩写含义。

③ 熟练掌握操作要领，避免误操作。

④ 加装电器设备应远离ECU，防止干扰或加装防干扰屏蔽设施。

⑤ 检查线束连接器是否有油污、潮湿、松动，要保持线束连接器清洁、连接可靠。

⑥ 蓄电池的极性不许接反，禁止用外接电源起动发动机，以免因电压过高损坏电控系统元件。

⑦ 必须使用无铅汽油，定期更换燃油滤清器。

⑧ 驾驶员必须知道“故障指示灯”工作情况。

（2）检修注意事项

① 接通点火开关时，不允许拆开任何12V电器装置的连接线路，以防止电器装置中的线圈自感作用产生的瞬时电压损坏ECU或传感器。

② 发动机发生故障时，切记盲目拆检。确定机械部分无故障后在检查电控系统。

③ 故障诊断时，先根据“故障指示灯”工作情况进行相应检查。

④ 注意检查线束连接器是否清洁、连线是否可靠。

⑤ 对燃油系统进行维修前，应拆开蓄电池负极电缆线，以免损坏电控系统元件。

⑥ 在维修中，注意各车型线束连接器的锁扣型式，不可盲目用力硬拉。安装时要插接到位，并将锁扣锁住。

⑦ 对电控系统电路或元件进行检查时，必须使用高阻抗数字万用表检查电压、电阻或电流。

⑧ 发动机熄火后，燃油供给系统残余压力仍较高，对该系统进行拆卸前，必须释放燃油系统的残余压力。

5. 电控发动机燃油喷射系统维修诊断常识

① 对于电控燃油喷射系统来说，进气系统漏气对发动机工作的影响远比对化油器式轿车的影响大。因为在电控燃油喷射式发动机上，漏气不经空气流量计计量，对空燃比的影响很大。因此，遇有发动机工作不良时，应注意检查空气流量计、节气门体、辅助空气阀、怠速稳定阀及废气再循环阀等有无松动，空气软管及其接头有无破损、漏气。

② 发动机熄火后，输油管中还存有一定压力的燃油，所以拆卸油管时应防止燃油喷出而造成危险。

③ 输油管路中的密封垫圈为一次性的，装配时应重新更换，切勿重复使用。

④ 安装喷油器时，注意不要损坏新更换的O形圈，以免影响喷油器密封性。安装时，应用燃油先润滑O形圈，切勿采用机油和齿轮油等润滑。

⑤ 在检查喷油器喷油性能时，一定要清楚喷油器是高电阻型还是低电阻型。高电阻型的电阻一般为12～14Ω，可以直接接蓄电池来进行喷油器喷油性能试验。但低电阻型喷油器电磁线圈的电阻一般只有2～3Ω，直接接蓄电池会因电流过大而烧坏喷油器，须采用专用连接器与蓄电池连接。若采用普通导线，则需串联一个8～10Ω的电阻。

⑥ 空气流量传感器为精密部件，对发动机工作性能影响很大。在拆下空气流量计时要稳拿轻放，不要解体空气流量计，以免损坏或影响其检测精度。清洁空气流量计时，切勿用水或清洗液冲洗。

⑦ 空气流量计上的调整螺钉是用于调整怠速时一氧化碳的含量。一般情况下不应去动它，调整不当将会引起发动机的动力下降，油耗增加。

⑧ 水温传感器长期使用后，性能会发生变化，使水温信号发生错误，这会对燃油喷射、点火时间及燃油泵的工作等造成不良影响。而水温传感器这种性能参数的改变（并非短路或断路）往往不被自诊断系统所识别。因此，当发动机工作不正常（如不能起动、怠速不稳、油耗增加等），而故障自诊断系统又未指示水温传感器故障代码时，不要忽略对水温传感器的检查。

⑨ 检修氧传感器时，要注意不要让氧传感器跌落碰撞其他物体。更换时，一定要用专用的防粘胶刷涂螺纹，以免下次拆卸困难。

6. 汽油发动机对可燃混合气的要求

可燃混合气的成分通常用空燃比来表示，它对发动机动力性、经济性及排放性均有较大影响。

（1）空燃比

空燃比就是进入发动机的空气质量与燃油质量之比；一般用 A/F 表示。

理论空燃比：1kg 汽油完全燃烧所需的空气量为 14.7kg。此时的空燃比既是；通常把实际空气量与理论空气量的比值称为过量空气系数λ，λ=1 时，即为理论混合气；λ>1 时，称为稀混合气，λ<1 时，则称为浓混合气。空燃比对发动机性能的影响如图 4-44（a）所示。

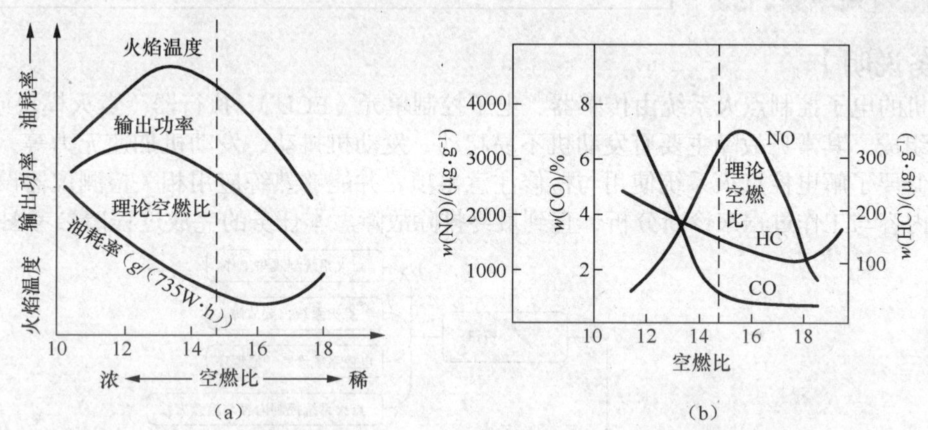

图 4-44 空燃比与发动机输出功率、油耗率、有害排放物质量分数的关系曲线

功率空燃比：A/F=12.5。

经济空燃比：A/F=16。

空燃比与发动机输出功率、油耗率、有害排放物质量分数的关系如图 4-44（b）所示。由于燃烧后排出的排气成分除 CO_2 和 H_2O 外，还有空气中没有参与燃烧的 N_2、剩余的 O_2、没有燃烧的 HC、燃烧不完全的 CO 及高温富氧条件下燃烧生成的 NO_x。此外，从图中还可看出三种有害成分的质量分数随空燃比的变化趋势。

（2）发动机各种工况对混合气的要求

发动机在实际运行过程中，其工况在工作范围内是不断变化的，且在工况变化时发动机对可燃混合气空燃比的要求也是不同的，如图 4-45 所示。

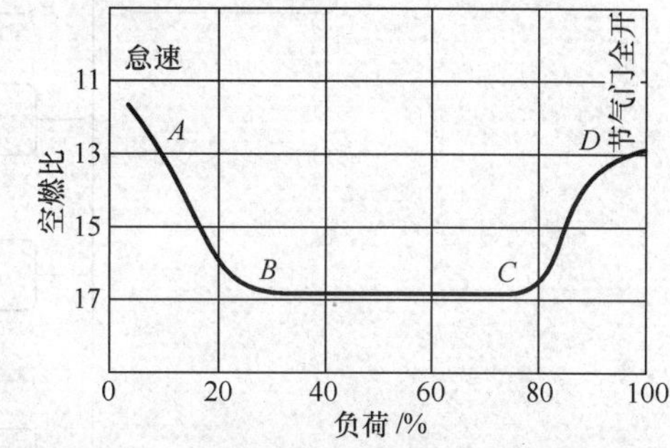

图 4-45 发动机混合气空燃比与负荷的关系

① 稳定工况。发动机的稳定工况是指发动机已经完全预热，进入正常运转，且在一定时间内转速与负荷没有突然变化的情况。其又可分为以下几种情况。

（a）怠速和小负荷工况。怠速工况是指发动机对外无功率输出且以最低稳定转速运转的情况，汽油机以低速运转，一般为 300～1000r/min，节气门接近全关，可燃混合气需要较浓。小负荷工况是指发动机对外输出功率很小，节气门开度较小，发动机转速在 1000～1500r/min 的情况，可燃混合气需要稍浓。

（b）中等负荷工况。汽车发动机的大部分工作时间都处于中等负荷状态。中速，节气门开度较大，可燃混合气需要较稀，以获得最佳燃油经济性。

（c）大负荷和全负荷工况。发动机高速运转，节气门开度已超过 75%，此时应随着节气门开度的开大而逐渐加浓混合气以满足发动机功率的要求。

② 过渡工况。

（a）冷起动工况。发动机要求供给很浓的混合气，以保证混合气中有足够的汽油蒸气。

（b）暖车（暖机）工况。暖机过程中，由于温度较低燃油雾化较差，需要较浓混合气。

（c）加减速工况。发动机突然加速可减速时，需要加浓混合气，以获得最佳性能。

电控点火系统检修

【任务说明】

发动机的电子控制点火系统由传感器、电子控制单元（ECU）、执行器（点火模块或分电器、火花塞）组成，其常见故障主要有发动机不易起动、发动机抖动、发动机加速无力等，对电控点火系统检修要了解电控点火系统使用与检修注意事项，并能够熟练应用相关检测仪器设备，根据系统控制内容与工作过程来诊断分析，直到最终排除故障。本任务的完成过程请参考图 4-46。

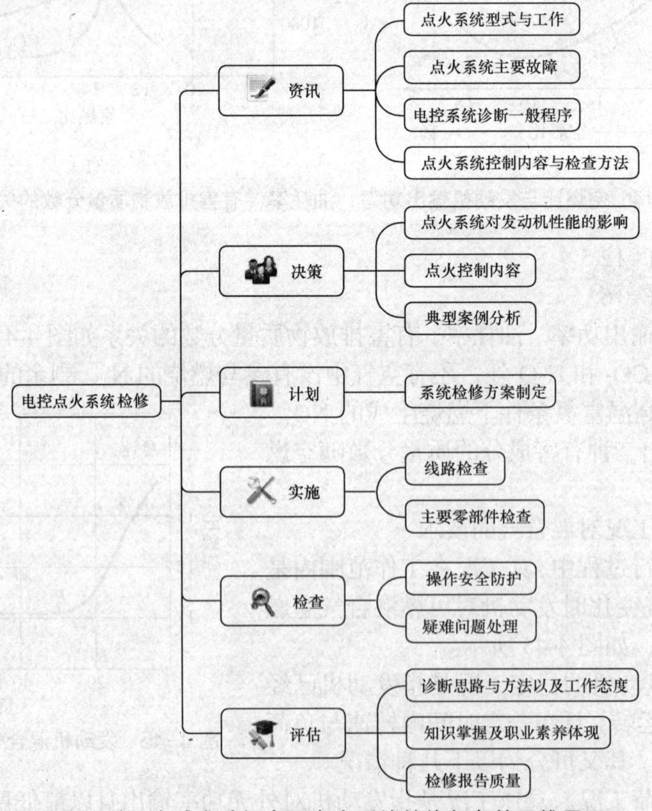

图 4-46 完成发动机电子点火系统检修任务的思维导图

【知识要求】

① 了解电子控制点火系统的类型与组成。
② 理解发动机电控点火系统工作过程及控制内容。
③ 熟悉电控点火系统基本组成与功用。
④ 掌握发动机电控点火系统检查注意事项和常见故障产生机理。

【能力要求】

① 能够正确拆装发动机电控点火系统主要元器件。
② 能够正确使用发动机电控点火系统故障诊断的主要工具与仪器。
③ 能够正确检查与测试发动机电控点火系统。
④ 能够查阅相关标准和技术资料。
⑤ 能够正确诊断并排除发动机电控点火系统典型常见故障。

【职业素养】

① 注重安全操作，不盲目拆卸检查，细心踏实工作。
② 讲究效率，重视企业文化建设，坚持“6S”工作。
③ 善于思考和推理，虚心向上，不断学习与提高业务能力。

一、资讯

1. 点火提前角控制

（1）点火提前角对发动机性能的影响

点火提前角是从火花塞发出电火花，到该缸活塞运行至压缩上止点时曲轴转过的角度。对应于发动机每一工况都存在一个“最佳”点火提前角，对于现代汽车而言，最佳的点火提前角不仅保证发动机的动力性和燃油经济性都达到最佳值，还必须保证排放污染最小。

点火提前角过大（点火过早）：大部分混合气在压缩过程中燃烧，活塞所消耗的压缩功增加，且缸内最高压力升高，末端混合气自燃所需的时间缩短，爆燃倾向增大。

点火提前角过小（点火过迟）：燃烧延长到膨胀过程，燃烧最高压力和温度下降，传热损失增多，排气温度升高，功率、热效率降低，但爆燃倾向减小，NO_x 排放量降低。试验证明，最佳的点火提前角，应使发动机气缸内的最高压力出现在上止点后10°～15°。如图 4-47 所示，适当点火提前角，可使发动机每循环所做的机械功最多（C 曲线下阴影部分）。

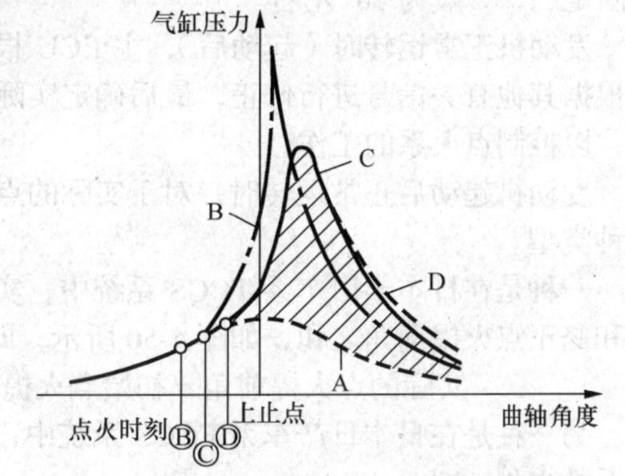

图 4-47　点火提前角对发动机性能的影响

A—不点火；B—点火过早；C—点火适当；D—点火过迟

（2）最佳点火提前角的确定依据

最佳点火提前角的数值必须视燃料性质、转速、负荷、混合气浓度等很多因素而定。

① 发动机转速。如图 4-48 所示，点火提前角应随发动机转速升高而增大。因为随发动机转速的提高，以秒计的燃烧过程所需时间缩短，但燃烧过程所占的曲轴转角增大，为保证发动机气缸内的最高压力出现在上止点后 10°～15° 的最佳位置，就必须适当提前点火（即增大点火提前角）。

与采用机械式离心提前器的传统点火系统相比，采用电控点火（ESA，Electronic Spark Advance）系统时，可以使发动机的实际点火提前角接近于理想的点火提前角。

② 负荷。汽油发动机的负荷调节是通过节气门进行的量调节，随负荷减小，进气管真空度增大，进气量减少，气缸内的温度和压力均降低，燃烧速度变慢，燃烧过程所占的曲轴转角增大，应适当增大点火提前角，如图4-49所示。

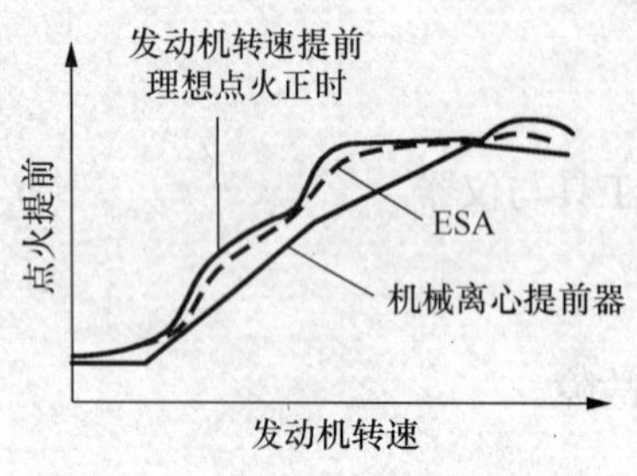

图4-48 转速对点火提前角的影响

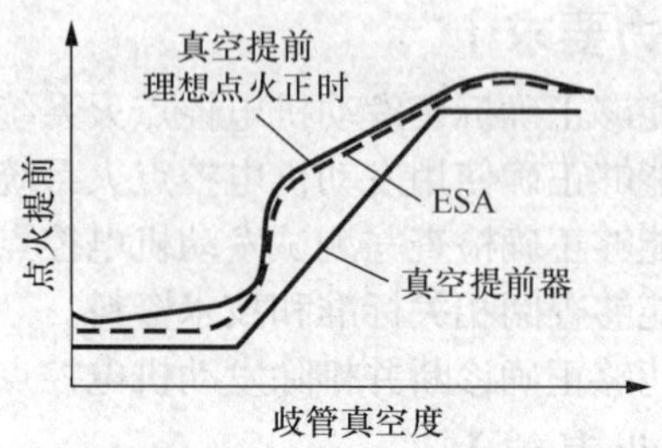

图4-49 负荷对点火提前角的影响

与采用真空提前器的传统点火系统相比，采用电控点火（ESA）系统时，可以使发动机的实际点火提前角接近于理想的点火提前角。

③ 燃料的性质。汽油的辛烷值越高，抗爆性越好，点火提前角可适当增大，以提高发动机的性能；辛烷值较低的汽油，抗爆性差，点火提前角则应减小。在有些发动机的ECU中存储了两张点火正时图，实际使用中，可根据使用的燃料不同进行选择，在出厂时一般开关设定在无铅优质汽油的位置。

④ 其他因素。最佳点火提前角除应根据发动机的转速、负荷和燃料性质确定之外，还应考虑发动机燃烧室形状、燃烧室内温度、空燃比、大气压力、冷却水温等因素。在传统点火中，当上述因素变化时，系统无法对点火提前角进行调整。当采用ESA系统时，发动机在各种工况和运行条件下，ECU都可保证理想的点火提前角，因此发动机的动力性、经济性和排放性都可以达到最佳。

（3）控制点火提前角的基本方法

点火提前角控制可分为起动时点火提前角控制和起动后点火提前角控制。

发动机起动时点火提前角的设定值随发动机而异，对一定的发动机而言，起动时的点火提前角是固定的，一般为10°左右。

发动机正常运转时（起动后），主ECU根据发动机的转速和负荷信号，确定基本点火提前角，并根据其他有关信号进行修正，最后确定实际的点火提前角，并向电子点火控制器输出点火指令信号，以控制点火系的工作。

发动机起动后正常运转时，对于实际的点火提前角的控制方法，各车型有所不同，主要有以下两种类型。

一种是在日本丰田车系TCCS系统中，实际的点火提前角等于初始点火提前角、基本点火提前角和修正点火提前角之和，如图4-50所示，即：

实际的点火提前角＝初始点火提前角十基本点火提前角+修正点火提前角

另一种是在日本日产车系ECCS系统中，实际点火提前角等于基本点火提前角与点火提前角修正系数之积，即：

实际的点火提前角＝基本点火提前角×点火提前角修正系数

对起动时点火提前角的控制，在发动机起动过程中，发动机转速变化大，且由于转速较低（一般低于500r/min），进气歧管绝对压力传感器或空气流量计信号不稳定，ECU无法正确计算点火提前角，一般将点火时刻固定在设定的初始点火提前角。此时的控制信号主要是发动机转速信号（Ne）

信号和起动开关信号（STA 信号）。

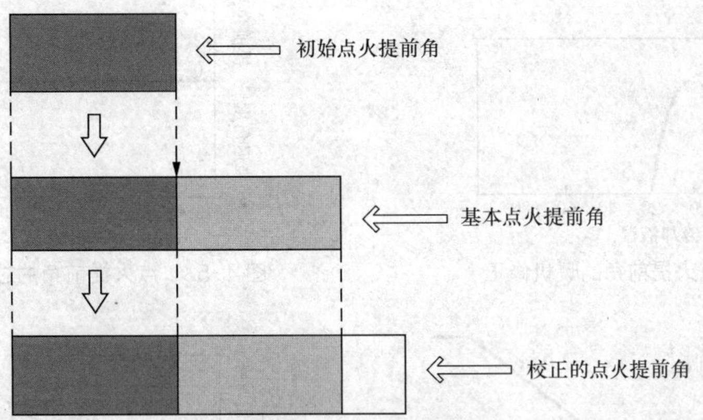

图 4-50　点火提前角的修正

起动后基本点火提前角的确定、点火提前角的修正：发动机起动之后，ECU 首先要确定基本点火提前角，必须的控制信号是发动机当前的转速（Ne），再依据其他控制信号，这时有两控制模型：一种是按喷油量和转速确定基本点火提前角；另一种就是按进气量和转速确定基本点火提前角，如图 4-51 所示。

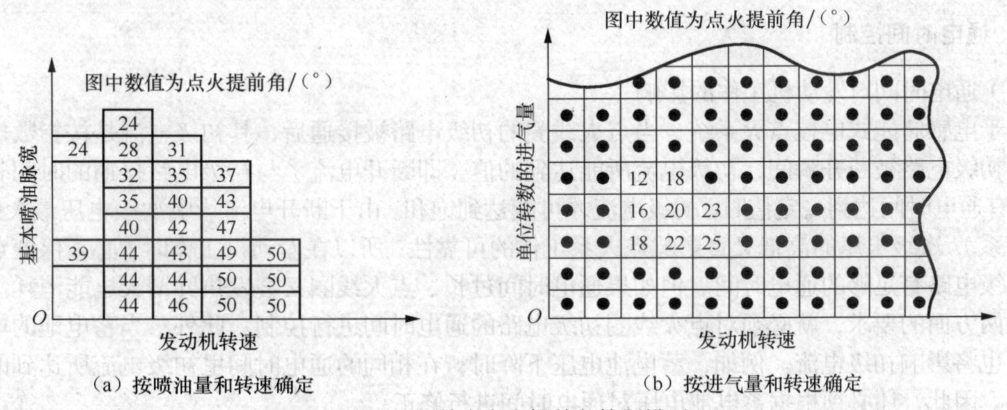

图 4-51　基本点火提前角控制模型

在确定了基本点火提前角基础上，加入其他修正量，即为实际的点火提前角，主的修正有以下几种。

① 暖机修正。冷车起动后，冷却水温度过低，增大点火提前角。随温度升高点火提前角变化如图 4-52 所示。控制信号有冷却水温度信号、进气歧管压力（或进气量）信号和节气门位置信号。

② 过热修正。发动机处于正常的工况（IDL 触点断开），当冷却水过高时，为避免爆燃，推迟点火提前角。发动机处于怠速工况（IDL 触点闭合），冷却水温过高时应增大点火提前角，如图 4-53 所示。控制信号有：冷却水温度信号、节气门位置信号。

③ 怠速稳定性的修正。ECU 根据实际转速与目标转速的差来修正点火提前角，低于目标转速，应增大点火提前角，反之，推迟点火提前角。如图 4-54、图 4-55 所示。控制信号有发动机转速信号、节气门开度信号、车速、空调信号等。

④ 空燃比反馈修正。根据氧传感器的反馈信号调整喷油量来控制空燃比，喷油量大则点火提前角小。

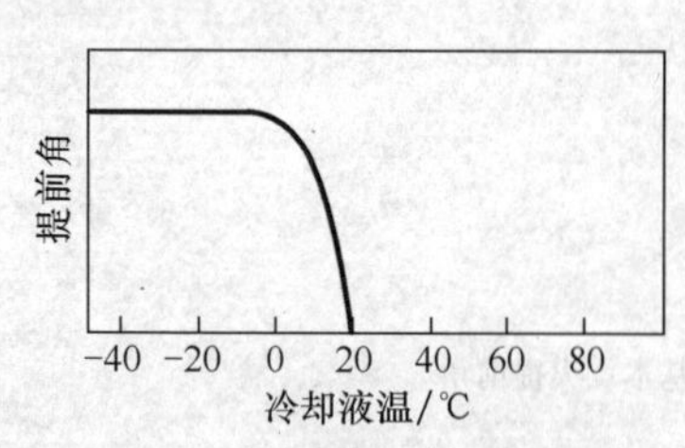

图 4-52 点火提前角的暖机修正

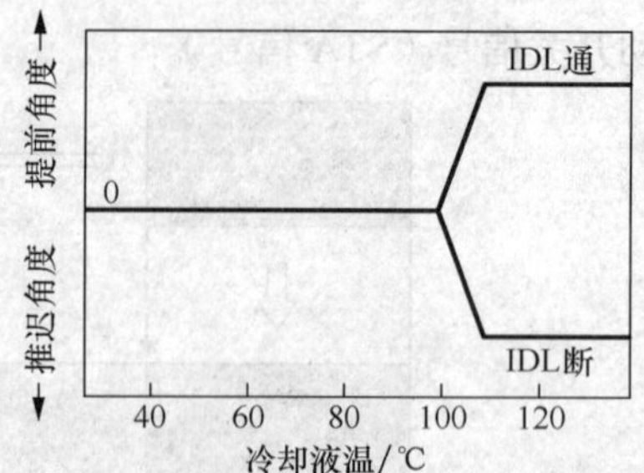

图 4-53 点火提前角的过热修正曲线

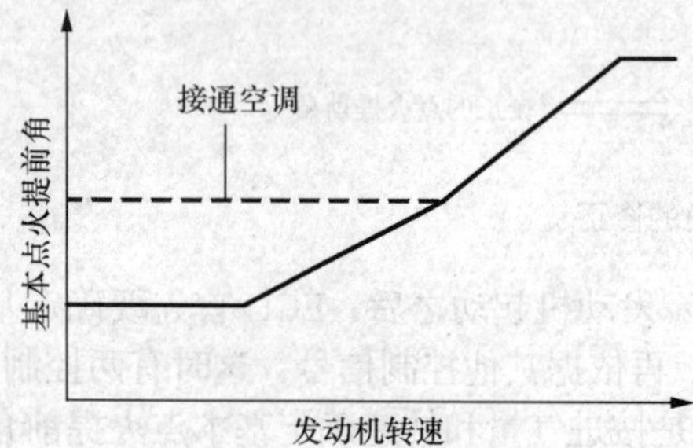

图 4-54 怠速时基本点火提前角的确定

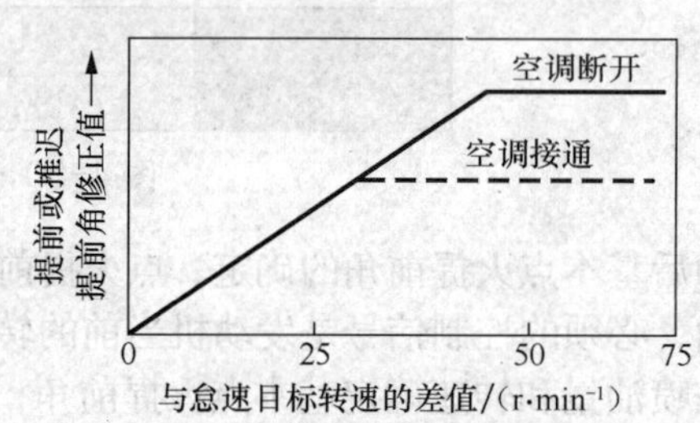

图 4-55 点火提前角的怠速稳定性修正曲线

2. 通电时间控制

（1）通电时间对发动机工作的影响

对于电感储能式电控点火系统，当点火线圈的初级电路被接通后，其初级电流是按指数规律增长的。初级电路被断开瞬间，初级电流所能达到的值（即断开电流）与初级电路接通的时间长短有关，只有通电时间达到一定值时，初级电流才可能达到饱和。由于断开电流影响次级电压最大值（成正比关系），次级电压的高低又直影响点火系工作的可靠性，所以在发动机工作时，必须保证点火线圈的初级电路有足够的通电时间。但如果通电时间过长，点火线圈又会发热并增大电能消耗。要兼顾上述两方面的要求，就必须对点火线圈初级电路的通电时间进行控制。此外，当蓄电池的电压变化时，也将影响初级电流。例如，蓄电池电压下降时，在相同的通电时间里初级电流所达到的值将会减小。因此，还必须根据蓄电池电压对通电时间进行修正。

（2）通电时间的控制方法

在传统的汽油机点火系中，由分电器轴上的凸轮来控制断电器触点的开闭，分电器的凸轮决定了断电器触点的闭合角，一般四缸发动机为 50°、六缸发动机为 38°、八缸发动机为 33°。点火线圈初级电路的接通时间（即通电时间）取决于断电器触点的闭合角和发动机转速。对一般的发动机而言，断电器触点的闭合角是一定的，点火线圈初级电路的通电时间随发动机转速的提高而缩短，这必将导致发动机高速时点火能量降低，点火系工作可靠性下降。因此，传统点火系已逐渐被电控点火系统所取代。

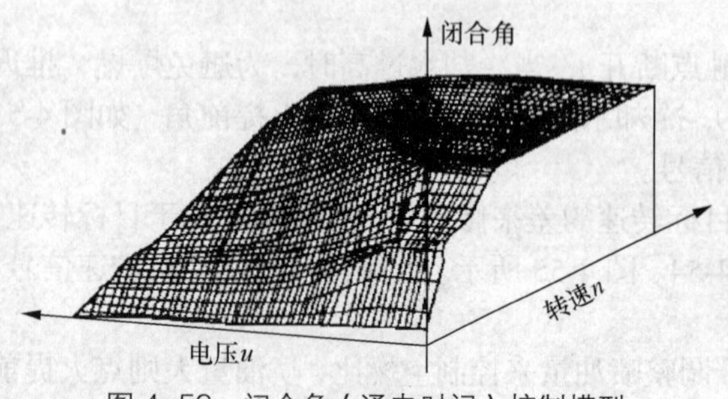

图 4-56 闭合角（通电时间）控制模型

在现代电控点火系统中，用灵敏可靠的传感器（凸轮轴/曲轴位置传感器）和晶体管开关，取代了传统点火系中的断电器和分电器中的凸轮；甚至无分电器，点火线圈初级电路的通电时间由 ECU 控制，其控制模型如图 4-56 所示。闭合角（通电时间）控制模型存储在 ECU 内，发动机工作时，ECU 根据发动机转速信号（Ne 信号）和电源电压信号确定最佳的闭合角（通电时间），并向点火器输出执令信号（IGt 信号），以控制点火器中晶体管的导通时间。随发动机转速提高和电源电压下降，闭合角（通电时间）增长。

由于现代车采用了高能点火线圈，改善点火性能。为了防止初级电流过大烧坏点火线圈，在部分电控点火系统的点火控制电路中增加了恒流控制电路。

恒流控制的基本方法是在点火器功率晶体管的输出回路中增设一个电流检测电阻，用电流在该电阻上形成的电压降反馈控制晶体管的基极电流，只要这种反馈为负反馈，就可使晶体管的集电极电流稳定，从而实现恒流控制。

3. 爆燃控制

（1）爆燃的危害

爆燃是汽油机工作时的一种不正常燃烧现象，轻微的爆燃，可使发动机功率上升，油耗下降，但爆燃严重时，气缸内发出特别尖锐的金属敲击声，且会导致冷却液过热，功率下降，耗油率上升，成为汽油机运行中最有害的一种故障现象。

爆燃产生的原因：在正常火焰传播的过程中，处在最后燃烧位置上的那部分未燃混合气（常称末端混合气），进一步受到压缩和热辐射的作用，加速了先期反应。如果在火焰前锋尚未到达之前，末端混合气已经自燃，则这部分混合气燃烧速度极快，火焰速度可达每秒百米甚至数百米以上，使燃烧室内的局部压力、温度很高，并伴随有冲击波。压力冲击波反复撞击缸壁，发出尖锐的敲缸声，严重时破坏附着在气缸壁表面的气膜和油膜，使传热增加，气缸盖和活塞顶温度升高，冷却液过热，汽油机功率下降，耗油率增加，甚至造成活塞、气门烧坏，轴瓦破裂，火花塞绝缘体破坏，润滑油氧化成胶质，活塞环卡死在环槽内等故障。因此，汽油机工作时，应对爆燃加以控制。

（2）爆燃的控制方法

点火提前角是影响爆燃的主要因素之一，推迟点火（即减小点火提前角）是消除爆燃的最有效措施。在无爆燃控制的传统点火系统中，为防止爆燃的产生，其点火时刻的设定必须远离爆燃边缘，必然会导致发动机的动力性、经济性不能发挥到最佳。在电控点火系统中，ECU 根据爆燃传感器信号，判定有无发生爆燃及爆燃的强度，并根据其判定结果对点火提前角进行反馈控制，使发动机处于爆燃的边缘工作，既能防止爆燃发生，又能有效地提高发动机动力性和经济性。爆燃控制实际是点火提前角控制中的追加功能。

爆燃控制系统的组成如图 4-57 所示。爆燃传感器安装在气缸体上，其功用是利用压电晶体的压电效应，把爆燃时传到气缸体上的机械振动转换成电压信号输送给 ECU。

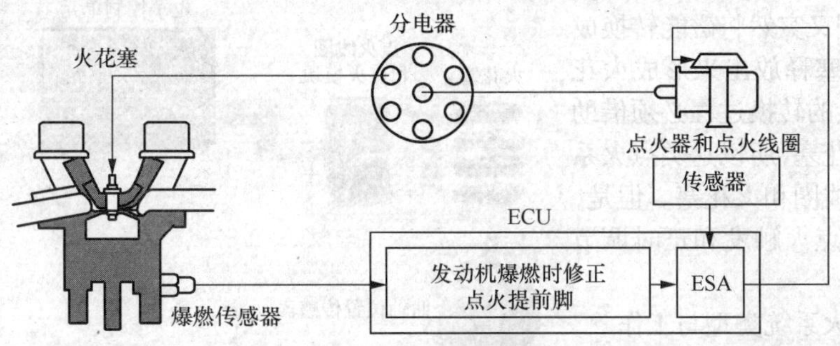

图 4-57　爆燃控制系统的组成

ECU 把爆燃传感器输入的信号进行滤波处理，并判断有无发生爆燃及爆燃的强度。有爆燃时，则逐渐减小点火提前角（推迟点火），直到爆燃消失为止。无爆燃时，则逐渐增大点火提前角（提前点火），当再次出现爆燃时，ECU 又开始逐渐减小点火提前角，爆燃控制过程就是对点火提前角进行反复调整的过程。

爆燃时点火提前角的反馈控制如图 4-58 所示。爆燃传感器向 ECU 输入爆燃信号时，电控点火系统采用闭环控制模式，并以固定的角度使点火提前角减小，若仍有爆燃存在，则再以固定的角度减小点火提前角，直到爆燃消失为止。爆燃消失后的一段时间内，系统使发动机维持在当前的点火提前角下工作，此时间内若无爆燃发生，则以一个固定的角度逐渐增大点火提前角，直到爆燃再次发生，然后又重复上述过程。

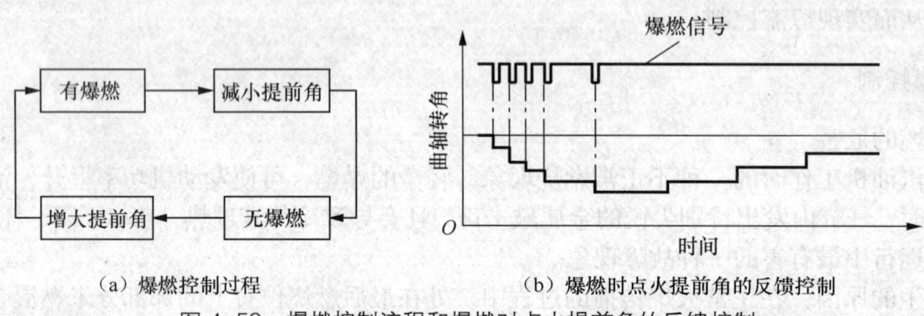

（a）爆燃控制过程 （b）爆燃时点火提前角的反馈控制

图 4-58 爆燃控制流程和爆燃对点火提前角的反馈控制

发动机负荷很小时，发生爆燃的可能性为零，所以电控点火系统在此负荷范围内采用开环控制模式。而当发动机的负荷超过一定值时，电控点火系统自动转入闭环控制模式。发动机工作时，ECU 根据节气门位置传感器信号判断发动机负荷大小，从而决定点火系统采用闭环控制或开环控制。

4. 电控点火系统的组成、类型与工作

（1）电控点火系统的组成

任何点火系统都必须具备的功能有能量转换；点火触发；正时调节（点火提前角的控制）高压分电。

电控点火系统基本由电源、传感器、ECU、点火器、点火线圈、（分电器）、火花塞等组成，如图 4-59 所示。

对于电感储能式电控点火系统，将蓄电池的电能转换成磁能储存在线圈内，在恰当的时刻又突然将磁能转换成电能并通过火花塞释放出来形成火花点燃混合气。能量的转换过程必须借助于点火线圈和火花塞，所以这类点火系统都少不了点火线圈和火花塞。但是，不同点火系统的点火触发和正时调节方式是不同的。

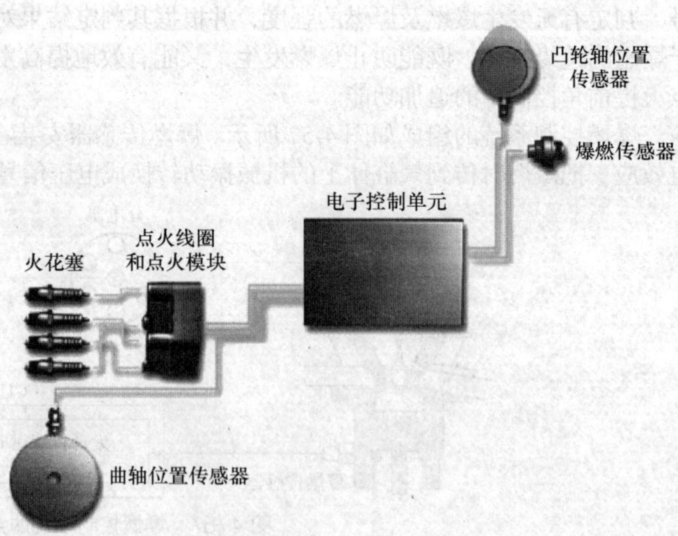

图 4-59 电控点火系统的组成

（2）电控点火系统类型与工作

电控点火系统可分为有分电器和无分电器两种类型。高压分电功能通常由高压分电器完成，以解决由一个点火线圈向不同气缸提供点火能量的问题。现在已开始采用多个点火线圈实施点火的方式，此时便不存在高压分电的问题，就不需要高压分电器了，这就是无分电

器点火。

① 有分电器点火系统。例如，丰田 4A-GE 发动机 TCCS 点火系统。发动机起动时，ECU 根据曲轴位置传感器（Ne 信号）、凸轮轴位置传感器（G 信号）的输入，确定初始点火时间，将点火正时信号 IG_t 送至点火器，当 IG_t 信号变为低电平时，点火器中的 Tr2 中断，一次点火线圈一次被切断，二次线圈中感应出高压电，再由分电器送至相应缸火花塞点火。发动机正常运转后 ECU 根据发动机转速、负荷、节气门位置、冷却液温度、爆燃信号等来确定点火正时。

为了产生稳定的二次测电压和保证系统的可靠工作，在点火器中设有闭合角控制电路和点火确认信号（IG_f）安全保护电路。当 ECU 向点火器发出 8～11 个点火正时信号（IG_t）后，ECU 还没有接收到 IG_f 信号，则 ECU 将会进入失效—安全模式，切断喷油，防止催化转换器过热。

② 无分电器点火系统。无分电器电控点火（DLI）系统又简称直接点火或全电子点火系统。主要特点是利用电子分火控制技术将点火线圈产生的高压电直接送给火花塞进行点火，点火线圈的数量比有分电器电控点火系统多。

根据点火线圈的数量和高压电分配方式的不同，无分电器电控点火系统又可分为独立点火方式、同时点火方式和二极管配电点火方式三种类型。

（a）独立点火方式。无分电器独立点火方式是每缸一个点火线圈，点火线圈的数量与气缸数相等，无需分电器就能将高压电适时地分配给各个火花塞。该点火系统的优点是由于每缸都有各自独立的点火线圈，即使发动机转速很高，点火线圈也有较长的通电时间（大的闭合角），可提供足够高的点火能量；由于去除了高压分电器中的电火花，要求的点火电压会降低一些，单位时间内通过点火线圈初级电路的电流要小得多，点火线圈不易发热，且点火线圈的体积又可以非常小，点火线圈可直接装在火花塞上面；由于该种点火系统有的已不需要分电高压线了，避免了对计算机信号的电磁干扰，消除了干扰源；发动机 ECU 可一缸接一缸地改变点火正时，对爆燃传感器发出的信号能及时做出响应。

无分电器独立点火方式有两种类型：一种是点火线圈共用一个点火器的；另一种是每个点火线圈都有一个单独的点火器，并且点火器和点火线圈集成一体。

图 4-60 所示为丰田 94 款 1MZ-FE 发动机独立点火系统，六个点火线圈共用一个点火器，当 IG_t 信号处于高电平（导通）时，IG_f 信号处于低电平。六个点火线圈共有六个 IG_c 控制信号。图 4-61 所示为该点火系统控制方式。

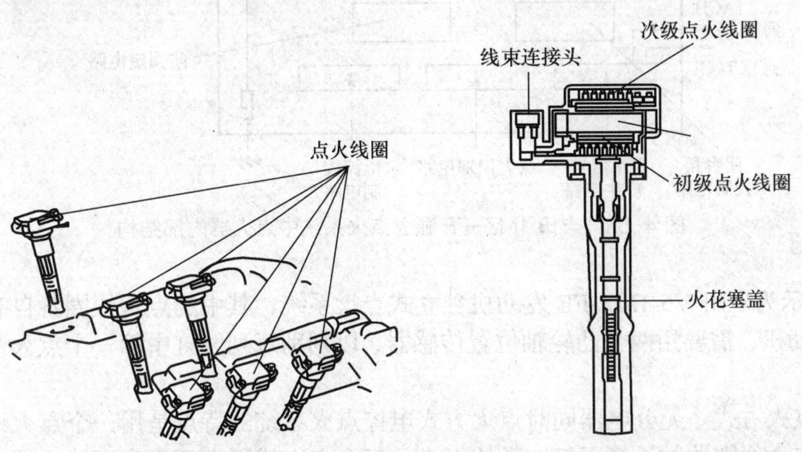

（a）独立点火系统的外部形式　（b）集成点火线圈（内装火花塞盖）剖面图

图 4-60　丰田 1MZ-FE 电控独立点火系统

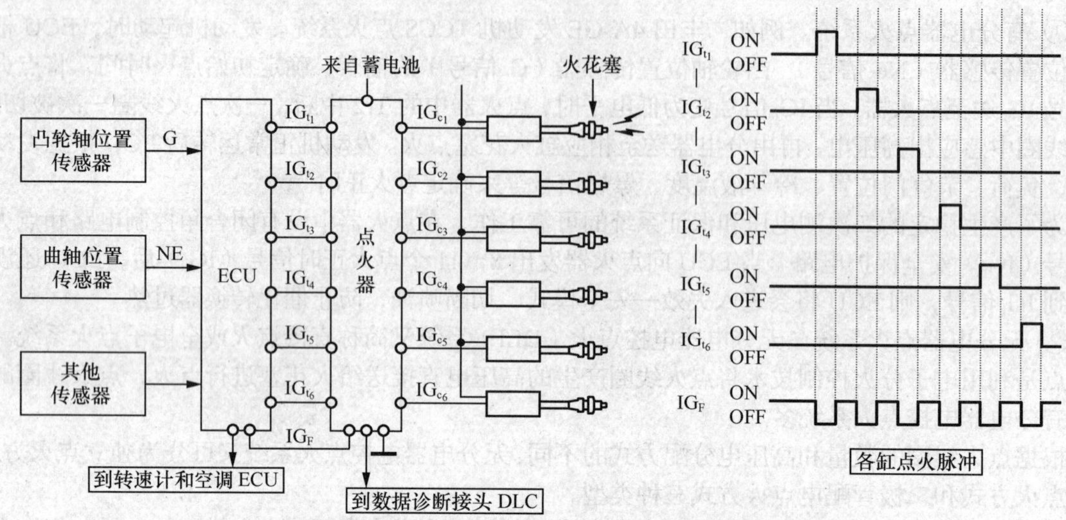

图 4-61 丰田 1MZ-FE 电控独立点火系统控制方式

该系统点火器内部电路结构如图 4-62 所示。

- 闭合角控制电路。控制功率管（即控制初级线圈）通电时间长短，以保证适当的次级电压。
- IGf 信号产生电路。用于产生 IG_f 信号，向 ECU 输送电或确认信号。
- 防锁定电路。如果初级线圈电流持续通过超过一预定的时间，这个电路就迫使其关断，以保护功率管和点火系线圈。

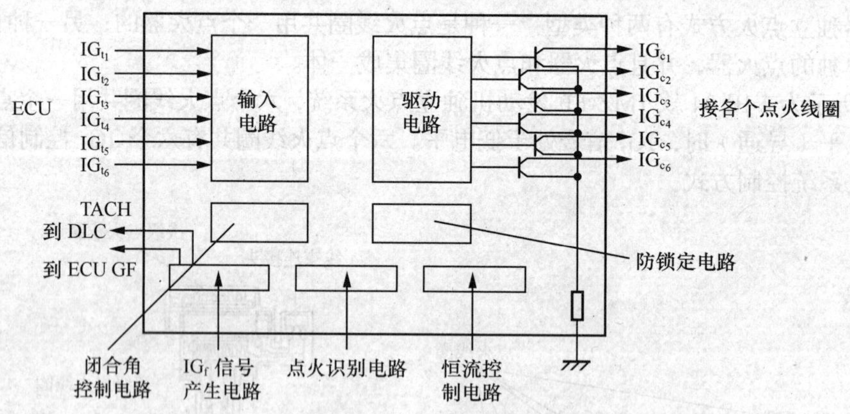

图 4-62 丰田 1MZ-FE 独立点火系统中点火器内部结构

图 4-63 所示为丰田 V6-1MZ-FE 发动机独立式点火系统，其中的点火线圈各自有一个点火器。由于是 V 形发动机，需要用两个凸轮轴位置传感器，以判别每列气缸中第一个点火气缸的活塞上止点位置。

（b）同时点火方式。无分电器同时点火方式电控点火系统的特点是用一个点火线圈给两个火花塞提供电压，点火线圈的数量等于气缸数的一半。每个点火线圈有两个高压输出端，通过将两个火花塞接地点串联成一个闭合回路。

同时点火系统中两个串联的火花塞同时点火，且两个火花塞的极性相反，一个火花塞从正极向负极放电点火（正极性火花塞），另一个火花塞是从负极向正极放电点火（负极型火花塞）。传统火花塞是负极型火花塞，中心电极接负极，接地电极接正极。同时点火的两个火花塞，一个点火工作时，另一个用作接地构成回路的途径，若有一个火花塞或其导线损坏了，则两个缸的工作都会受到影响。

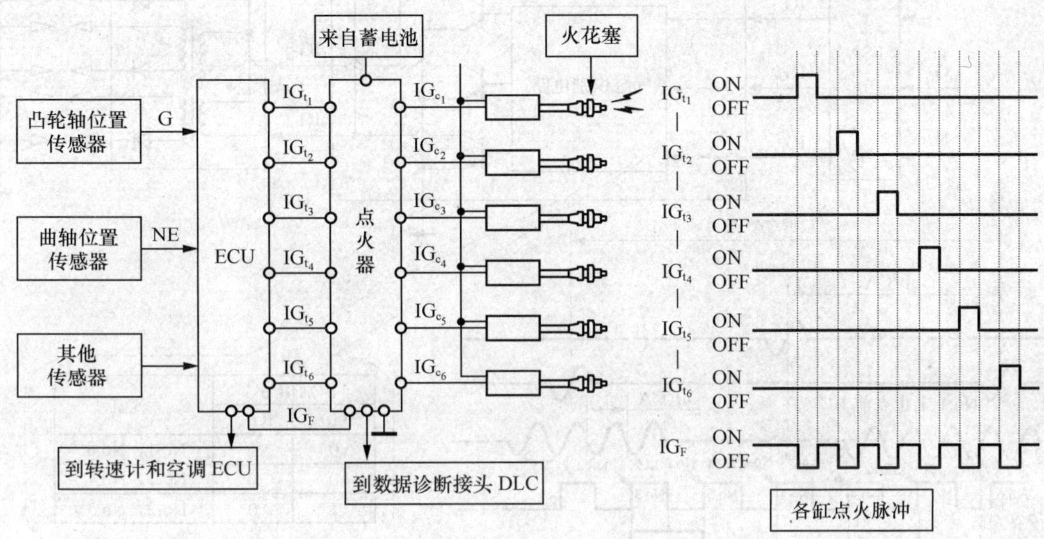

图 4-63　丰田 V6-1MZ-FE 独立点火系统

同时点火系统中串联于同一个点火线圈的两个火花塞必须分别安装在两个点火间隔为 360° 曲轴转交的两个气缸内，这两个气缸内的活塞同时到达上止点位置（一个为压缩行程的上止点，另一个为排气行程的上止点）。若同步点火的两个火花塞的间隙相同，则点火电压只与气缸压力有关，处于压缩行程的火花塞点火电压比较高，处于排气行程的火花塞无效点火电压低。这样点火线圈的能量被分成有效点火和无效点火两部分能量，但是由于采用无分电器消除了分电器上的火花，点火线圈的能量得到一些抵消，能满足点火要求。

为防止点火线圈初级电路导通瞬间所产生的二次反极性电压（1000～2000V），在高压回路中串联二极管，如图 4-64 所示。

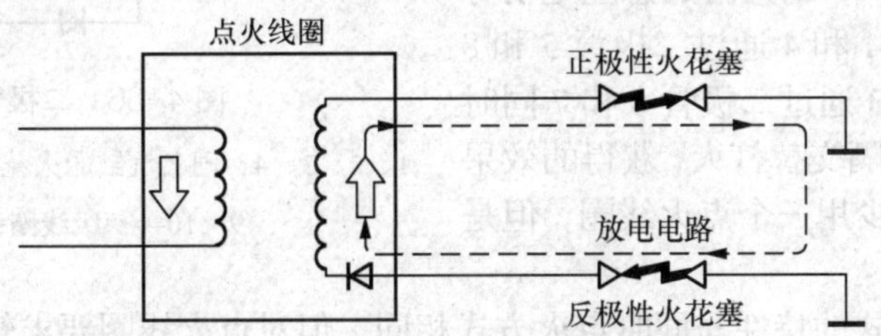

图 4-64　同时点火高压线路中串接二极管的作用

图 4-65 所示为丰田 7M-GTE 发动机的同时点火系统，其中 IG_d 为判缸信号，存储在 ECU 中，实际就是点火顺序信息。ECU 根据 G 信号和 NE 信号选择 IG_d 信号状态，以确定点火顺序。在采用同时点火方式的无分电器电控点火系统中，又把 IG_d 信号分为 IG_{d_A} 信号和 IG_{d_B} 信号。IG_{d_A} 和 IG_{d_B} 信号状态如图中的表所示，依此来决定各缸点火顺序。

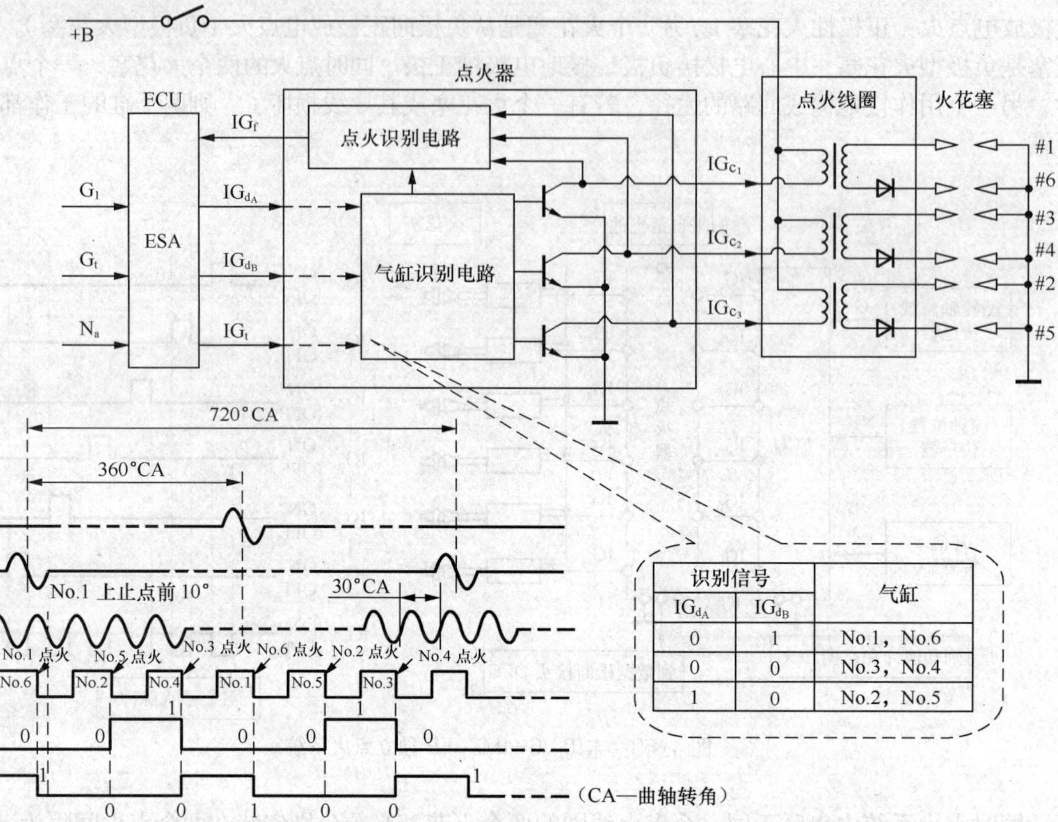

识别信号		气缸
IG_{dA}	IG_{dB}	
0	1	No.1，No.6
0	0	No.3，No.4
1	0	No.2，No.5

（CA—曲轴转角）

图 4-65 丰田 7M-GTE 发动机同时点火系统

（c）二极管配电点火方式。二极管配电点火方式如图 4-66 所示，其特点是四个气缸共用一个点火线圈，点火线圈为内装双初级绕阻、单输出次级绕阻的特制点火线圈，利用四个二极管的单向导电性交替完成对 1-4 缸和 2-3 缸配电过程。初级线圈 9 和 10 断开时在次级线圈 11 中感应出电动势，初级线圈 9 和 10 断开时的感应电动势方向相反，所以火花塞 1 和 4 通过二极管 5 和 8 同时点火，火花塞 2 与 3 通过二极管 6 和 7 同时点火。两组以 180° 的间隔交替打火，获得的效果跟同步点火完全一样，少用一个点火线圈，但是多用四个二极管。

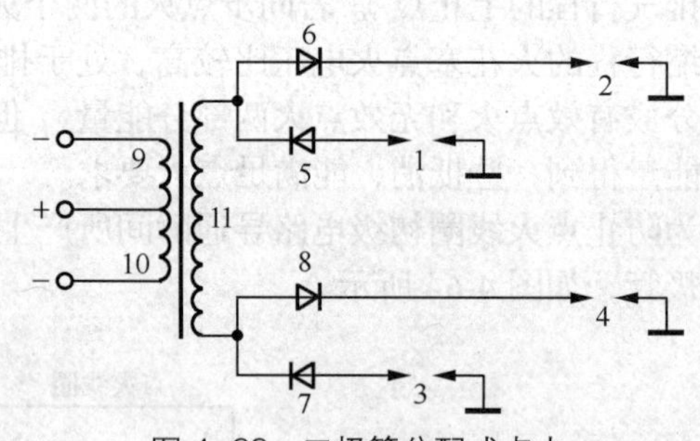

图 4-66 二极管分配式点火

1、2、3、4—同名气缸的火花塞；5、6、7、8—二极管；9、10—初级线圈；11—次级线圈

二极管配电点火方式的特性与同时点火方式相同，但对点火线圈要求较高，而且发动机的气缸数必须是数字 4 的整倍数，所以在应用上受到一定的限制。

二、工作方案制订

学生需根据任务工单进行相关资讯并进行课前的自主学习，针对任务实施前的维修工具及材料准备、实施中的小组人员分工安排以及任务实施操作步骤等制订方案计划，如表 4-6 所示。

表 4-6 工作方案计划表

工作项目/任务	电控点火系统检修
人员分工	
时间安排	
设备、材料及维修工具准备	
任务实施操作步骤	

三、工作组织实施

发动机电控点火系统的检查与维修，依据电控点火系统的组成和工作关系，主要进行电控点火系统的主要元件检查、爆燃检查、控制电路检查和火花塞检查等工作。

1. 点火器检查

点火器内部主要由气缸判别、闭合角控制、恒流控制、安全信号等电路组成。

在有分电器的电控点火系统中，点火器和点火线圈一般都与分电器组装在一起，称为整体式点火组件。点火器的主要功能是根据 ECU 的执令，控制点火线圈初级电路的通电或断电，并在完成点火后向 ECU 输送点火确认信号 IG_f（又称反馈信号或安全信号）。

在无分电器电控点火系统中，点火器一般单独安装在点火线圈附近。在此系统中，点火器除需根据 ECU 的执令控制点火线圈初级电路通断、向 ECU 发回点火确认信号外，还必须根据 ECU 的执令控制各点火线圈的工作顺序，以保证点火顺序与各缸作功顺序一致。

2. 点火线圈检查

电控点火系统所用的点火线圈，其功用、结构、工作原理与传统点火系相同，在此不再详述。在使用中，拆开点火线圈上的线束，用万用表检查点火线圈电阻，应符合规定，否则说明点火线圈有故障。注意各车型点火线圈的电阻值标准不同。

3. 分电器检查

电控点火系统所用的分电器，其功用、结构、工作原理、检修方法与传统点火系基本相同，在此不再详述。

4. 爆燃检查

发动机爆燃产生的原因是点火提前角过大、燃烧室积炭、敲击、爆燃和早燃都属于点火过早。由于发动机内部爆燃，在外部体现的现象是发动机震动剧烈，就是通常据说的爆震。

爆燃控制系统的组成爆燃控制系统实际就是增加了爆燃传感器的电控点火系统，ECU 根据爆燃传感器的信号对点火提前角实行反馈控制。爆燃传感器的安装位置如图 4-67 所示。

（1）爆燃传感器的类型

一般采用检测发动机振动的方法来判断有无爆燃及爆燃的强度。爆燃传感器有电感式和压电式。压电式又有共振型、非共振型和火花塞型三种。

压电共振式爆燃传感器主要由压电元、振子、基座、外壳等组成，如图 4-68 所示。压电元件紧贴在振子上，振子则固定在基座上。压电式利用压电效应，压电元件检测振子的振动压力，并转换成电信号输送给 ECU，输出信号与电感时爆燃传感器相似。

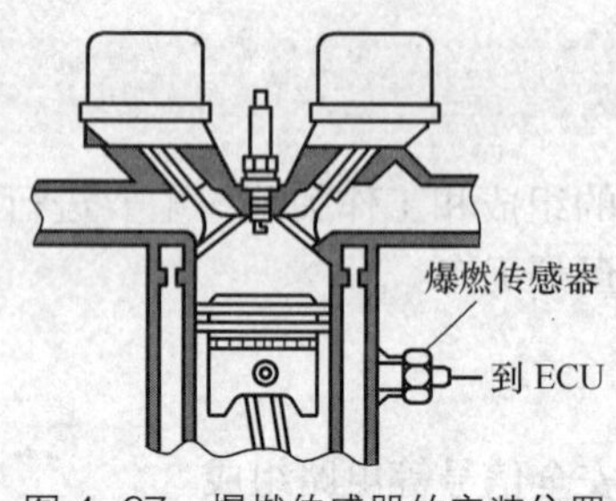

图 4-67 爆燃传感器的安装位置

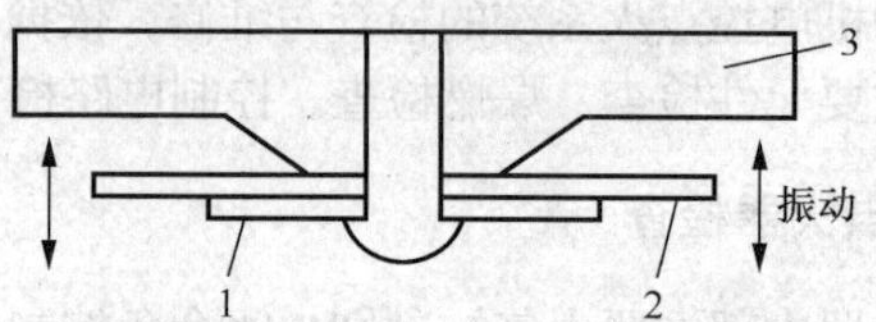

图 4-68 压电式共振型爆燃传感器

1—压电元件；2—振子；3—基座；4—O 形密封圈；5—连接器；6—接头；7—密封剂；8—壳体；9—引线

由于共振型爆燃传感器振子的固有频率与发动机爆燃时的振动频率一致，所以必须与发动机配套使用，通用性差。但当爆燃发生时，振子与发动机共振，压电元件输出的信号电压有明显增大，易于测量。

（2）爆燃的识别

发动机工作时，由于其他因素导致气缸体产生机械振动是不可避免的，为防止爆燃传感器误检测导致系统非正常工作，提高控制系统的可靠性，故并非任何时间爆燃控制系统都对点火提前角进行反馈控制。ECU 内设有爆燃信号识别电路（见图 4-69），用以确定发动机是否发生爆燃。只有在能够识别发动机点火后爆燃且可能发生的一段曲轴转角范围内，控制系统才允许对爆燃信号进行识别。

安装在气缸体上的爆燃传感器可检测到发动机不同频率范围内的机械振动，发生爆燃时传感器产生的电压信号有较大的振幅，如图 4-70 所示。爆燃传感器向 ECU 输送的信号，先经过滤波电路进行过滤，只允许特定频率范围的爆燃信号通过滤波电路。再将滤波后的信号峰值电压与爆燃强度基准值进行比较，若其值大于爆燃强度基准值，控制系统可由此判断有爆燃，并以某一固定值逐渐减小点火提前角。若滤波后的信号峰值低于爆燃强度基准值，控制系统则由此判断无爆燃，并以某一固定值逐渐增大点火提前角。

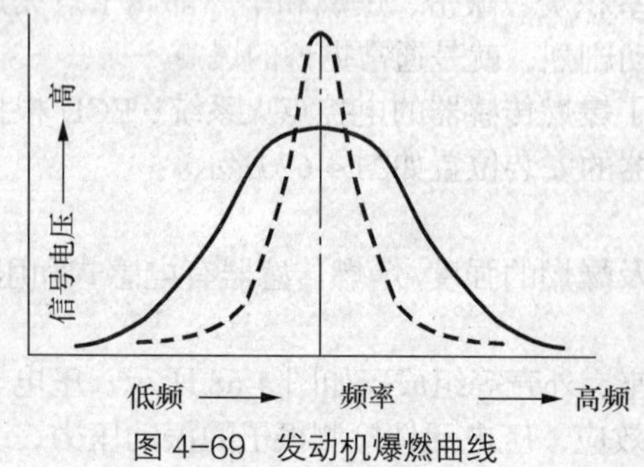

图 4-69 发动机爆燃曲线

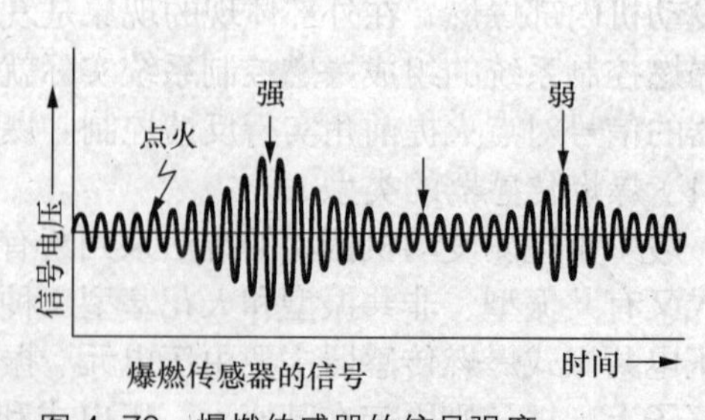

图 4-70 爆燃传感器的信号强度

（3）爆燃强度的确定

ECU 根据爆燃信号超过基准值的次数来判定爆燃强度，其次数越多，爆燃强度越大；次数越少，则爆燃强度越小，如图 4-71 所示。

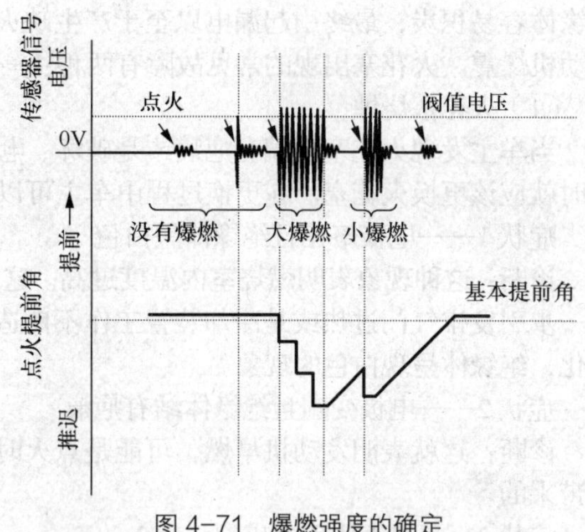

图 4-71 爆燃强度的确定

（4）爆燃传感器的检测

在使用中，拆开爆燃传感器线束连接器，用万用表在传感器侧检查传感器端子与传感器壳体之间电阻，应不导通（电阻为无穷大），否则说明内部短路，应更换传感器。爆燃传感器工作情况的检查，可在怠速运转时进行。

拆开爆燃传感器线束连接器，用示波器检查传感器端子与搭铁之间的信号电压，应有脉冲信号输出，否则说明传感器不良，应更换新件。检测电路如图 4-72 所示。

5. 点火控制电路检查

各车型的点火控制电路基本相同，日本丰田皇冠 3.0 轿车点火控制电路如图 4-73 所示。点火开关接通后，蓄电池经 30A 熔丝和点火开关向点火器的“＋B”端子和点火线圈的“＋”端子供电，点火线圈的“－”端于和点火器的“C－”端子经点火器内的功率晶体管搭铁，从而形成回路。ECU 根据各种传感器的信号，通过“IG_t”端子控制点火器内功率晶体管的导通与截止。点火后，点火器通过“IG_f”端子向 ECU 反馈点火确从信号。

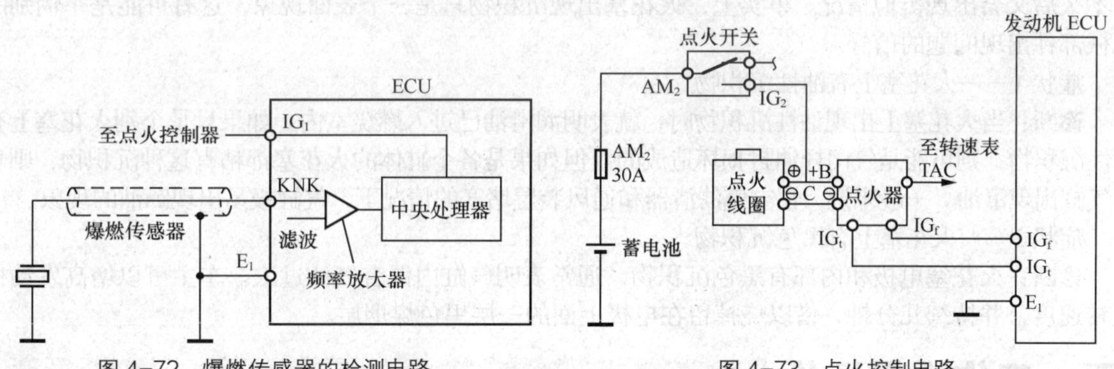

图 4-72 爆燃传感器的检测电路　　图 4-73 点火控制电路

在维修时，点火开关接通后，用万用表分别检查点火器的“＋B”端子和点火线圈的“＋”端子与搭铁之间的电压，应为蓄电池电压，否则说明电源电路有故障。发动机怠速时，检查点火器“IG_t”端子与招铁之间，应有脉冲信号，否则说明控制线路或 ECU 有故障。发动机怠速时，检查 ECU 的“GF”端子与搭铁之间，应有脉冲信号，否则说明点火器或信号线路有故障。

6. 火花塞检查

汽车护养在保养汽车时，应多关注火花塞的状况，性能优良的火花塞可提高车辆动力性能。通常情况下，火花塞的使用寿命为 15000km，长效火花塞的使用寿命也不超过 30000km。然而不少车主的火花塞常常出现这样那样的问题，达不到其正常使用寿命。

其实，火花塞的工作温度是相当高的。发动机正常运转时，火花塞绝缘体裙部的温度一般保持在500℃～600℃。温度过高或过低对火花塞影响都不好。在火花塞温度过低的情况下，火花塞上的绝缘体容易积炭，最终引起漏电以至于产生缺火现象。如果火花塞工作温度过高，容易引起早燃和发动机爆震。火花塞出现的常见故障有两种：一种为火花塞严重烧蚀，另一种为火花塞有沉积物。

（1）火花塞烧蚀

当车主发现火花塞顶端有疤痕或是破坏、电极出现熔化、烧蚀现象时，都表明火花塞已经毁坏，此时就应该更换火花塞。在更换过程中车主可以检查火花塞烧蚀的症象以及颜色的变化。

症状1——电极熔化且绝缘体呈白色

诊断：这种现象表明燃烧室内温度过高。这可能是燃烧室内积炭过多，从而造成气门间隙过小，进一步引发排气门过热或是冷却装置工作不良造成的。在火花塞未按规定力矩拧紧时也会造成电极熔化，绝缘体呈现白色的现象。

症状2——电极变圆且绝缘体结有疤痕

诊断：这就表明发动机早燃，可能是点火时间过早或者汽油辛烷值过低，火花塞热值过高等原因带来的。

症状3——绝缘体顶端碎裂

诊断：一般来说，爆燃燃烧是绝缘体破裂的主要原因。而点火时间过早、汽油辛烷值低、燃烧室内温度过高，都可能导致发动机爆燃燃烧。

症状4——绝缘体顶端有灰黑色条纹

诊断：这种条纹的出现表明火花塞已经漏气，车主需要无条件更换新件。

（2）火花塞上有沉积物

火花塞绝缘体的顶端和电极间有时会粘上沉积物。车主不要小看这种沉积物。

严重时这种情况可能造成发动机不能正常工作。在清洁火花塞后，车辆暂时可以得到正常运转，但不久后又会出现类似情况。事实上，火花塞出现沉积物只是一个表面现象，这有可能是车辆别的机械部件出现问题的信号。

症状1——火花塞上有油性沉积物

诊断：当火花塞上出现油性沉积物时，就表明润滑油已进入燃烧室内。如果只是个别火花塞上有油性沉积物，则可能是气门杆油封损坏造成的。但如果是各个缸体的火花塞都粘有这种沉积物，则表明气缸出现窜油。一般来说，在空气滤清器和通风装置堵塞的情况下，气缸极易出现蹿油的现象。

症状2——火花塞上有黑色沉积物

诊断：火花塞电极和内部有黑色沉积物，通常表明气缸内混合气体过浓。车主可以增高发动机运转速度，并持续几分钟，借以烧掉留在电极上面的一层黑色煤烟层。

四、工作质量评价

将电控点火系统检修的工作质量评价填入表4-7中。

表4-7　　电控点火系统检修工作质量评价表

质量评价项目/任务	电控点火系统检修		
	质量评价要点及要求	分值	评分
发动机点火系统位置识别及拆装	① 拆装工具准备是否齐全	5	
	② 能否正确识别点火系统零部件位置及结构	5	
	③ 能否正确拆装分缸线	5	
	④ 能否正确拆装火花塞	5	

续表

质量评价项目/任务	电控点火系统检修		
	质量评价要点及要求	分值	评分
发动机点火系统位置识别及拆装	⑤ 能否正确进行点火系统零部件连接器的插拔和各种传感器的拆装	5	
	⑥ 能否正确拆装点火模块	5	
	⑦ 零件是否正确归类	5	
发动机点火系统的检测	① 能否正确进行跳火试验	7	
	② 能否正确进行火花塞的检查	7	
	③ 能否正确检查分缸线	7	
	④ 能否正确进行点火模块的电压电阻检测	7	
	⑤ 能否正确检查点火触发线路	7	
安全/环保意识	① 是否正确着装工作服	5	
	② 是否带电插拔电器元件	5	
	③ 是否用榔头敲击发动机及其零部件	5	
	④ 橡胶类零件是否粘油	5	
	⑤ 分解过程中是否有零件坠地	5	
	⑥ 操作过程是否有安全事故	5	
合　计		100	

五、考核建议与结果展示

1. 考核建议

关于本任务的考核与评价，应该侧重以下几点。

① 检修过程与知识把握。
② 工作中的态度和诊断思路。
③ 任务实施后的技术分析报告质量。

2. 学生应展示的结果

① 班组制定的任务实施方案。
② 检修记录与技术分析报告。

3. 思考与练习

① 发动机进行燃油喷射控制和点火控制的实质。
② 发动机起动后在正常工况下运转时，控制点火提前角的信号。
③ 影响发动机点火提前角的因素及起动后基本点火提前角的确定。
④ 分析说明发动机点火不良故障现象所有可能产生原因及诊断程序。
⑤ ECU 的基本组成部分与作用。

六、知识与思维拓展

1. 发动机电控点火系统检修常识

（1）在发动机起动和运转时，不要用手触摸点火线圈以及高压导线、分电器等，以免被高压电电击。

（2）在高压试火时，应用绝缘橡胶夹夹住高压线，不能直接用手拿高压线，以防电击。同时，用逐缸断火法来检验各缸工作情况时，应将断火缸高压线一端搭铁。否则，将会产生次级高电压而烧坏线路。

（3）点火正时对发动机工作影响很大，因此，发动机工作不良，或发动机拆修后，不要忽视对点火正时的检查。

（4）在检查点火信号发生器（曲轴位置传感器）时应注意以下几点。

① 对于磁感应点火信号发生器，在打开分电器盖时，注意不要让垫片、螺钉之类的金属掉入其中；检查导磁转子与定子之间气隙时，要用无磁性塞规，并注意不要硬塞强拉。

② 对于光电式点火信号发生器，不要轻易打开分电器盖，在确实需要打开检查时，要防止尘土进入。

③ 在更换分电器总成时，要保证其原来的安装位置，否则将影响点火时刻的精度。

2. 火花塞使用维护

火花塞是发动机点火系中故障较多的部件之一，在火花塞的选择、使用与维护等诸多方面若有疏忽或失当，均会影响其正常作用的发挥。

（1）忌长期不清洁积炭

火花塞在使用中，其电极及裙部绝缘体会有正常的积炭产生，如果这些积炭长期不予清洁，会越积越多，最终导致电极漏电甚至不能跳火。所以应定期（一般为3000～5000km）清除积炭，不要等火花塞不工作时才进行清洁。

（2）忌长期使用

火花塞型号繁多，但都有自己的经济寿命、如果超过经济寿命后仍然使用，将不利于发动机的动力性和经济性的发挥。有研究表明，随着火花塞使用期的延长，其中心电极端面会向圆弧形状变化，侧电极则向凹弧形状变化，这种形状将使电极间隙增大，并造成放电（即产生火花）困难，影响发动机的正常工作。

（3）忌随意除垢

有些人在对发动机喷银粉或进行其它维护时，不注意火花塞外表的清洁，致使火花塞因外表脏污而漏电。清洁外表时，不可图方便、快捷使用砂纸、金属片等除垢，而应当把火花塞浸入汽油中，用毛刷予以清除，以确保火花塞外表陶瓷体不受损伤。

（4）忌火烧

现实中，有些人常常用火烧的办法来清除火花塞电极及裙部的积炭和油污，这种看似有效的方法，其实是十分有害的。因为火烧时，温度难于控制。很容易将裙部绝缘体烧裂，造成火花塞漏电，而且火烧后产生的细小裂纹往往不易发现，给排除故障带来很大麻烦。火花塞上积炭和油污的正确处理方法一是用专用设备清洁，会有很好的效果；二是用溶液清洁，将火花塞放入酒精或汽油中浸泡一定的时间，当积炭软化后再用毛刷刷净凉干。

（5）忌冷热不分

火花塞除了外形不同，尺寸各异外，还分为冷型、中型、热型三种。一般高压缩比、高转速的发动机宜用冷型火花塞；而低压缩比、低转速的发动机宜用热型火花塞，介于两者之间的还有中型火花塞。此外，新发动机或大修发动机与旧发动机的火花塞选型可根据实际情况有所不同。比如，在发动机较新时，选用火花塞应趋向热型；使用时间校长的旧发动机因性能下降，火花塞容易产生过多的积炭和被油污损，选用火花塞应趋向中型或冷型，以提高火花塞抗油污的能力。

（6）忌误诊错断

更换新的火花塞或怀疑其有故障需要检查时，应当在汽车正常运行一段后，停车熄火拆下火花塞观察其电极颜色特征，可有以下几种情况：一是中心电极呈红褐色，旁电极及四周呈青灰色，为火花塞选型合适；二是电极间有烧蚀或烧熔现象，裙部及绝缘体呈灼白状态，说明火花塞选型过热；三是电极间及绝缘体裙部有黑色条纹，说明火花塞已经漏气。火花塞选型不当或漏气应重新选择合适的火花塞。

（7）忌安装过紧

火花塞安装时一定要符合规定的扭矩。用专用工具（即火花塞套筒）安装时，一般不会超过，但若用力过大、过猛或用梅花扳手安装时、则常会损伤火花塞瓷芯或使螺丝滑扣，膨胀槽断裂而导致火花塞报废；但也不可安装过松，否则会造成发动机工作不正常。

3. 发动机故障在火花塞上的反映

火花塞工作在发动机的燃烧室内，是油、气、电等转化为动力的集中点，也是活塞与缸壁磨损和气缸工作诸多情况的观察点。观察工作一段时间后卸下的火花塞，就可以大体了解和确定油、电在缸内工作及气缸磨损情况，可以说火花塞是发动机多种故障的集中反映点和基本检测点。

（1）电路故障在火花塞的反映

断电器间隙小（白金点火式），触点烧蚀后产生电阻，导致电容器和点火线圈能量下降，高压电减弱，在火花塞间隙中跳出红细微弱无力火花，不能迅速有效地点燃混合气，给人以点火晚、发动机无力的感觉，卸下火花塞可看到两极和绝缘瓷上覆盖有黑色浮灰，严重时成黑胶状，在两极与绝缘处成黑泥状时表明火花塞已跳不出高压火花，这种现象一般出现在个别缸火花塞上。如所有火花塞全有黑浮灰，在保证油路没有任何问题，点火又不晚的情况下，从断电器、电容器及点火线圈处找故障，与所有火花塞和气缸压力均无关系。

冷发动机工作 1min 内停机，用手试摸所有火花塞，如果感到有明显温差，低温者首先说明火花塞有不同程度的损坏或分缸线没电。

（2）燃油大小对火花塞工作的影响

燃油大小对火花塞的影响是极为明显的，如果冷发动机长时间不能起动，卸下火花塞，若头部没有潮湿汽油，肯定是油路故障或油不雾化、不进缸所致，若有油则多为电路故障。从工作后的发动机上卸下火花塞，绝缘瓷白色的为混合气稀，黄色为混合气稍浓，趋于正常，当火花塞前部成干黑粉状时，明显是混合气过浓。

（3）发动机工况对火花塞的影响

在发动机各工况下，出现均匀的“突、突”声，往往被认为转速一高就消失，其实并不是这样，而是在没有负荷情况下，转速一高就显不出来了，一旦带上负荷，还会出现。这说明有不工作或工作性能差的气缸，只要用各缸掉火（电子点火小心损坏放大器）试验，就可迅速确定是哪缸故障。有火的则为火花塞和气缸部件故障，卸下火花塞就可很快查明；无火者为分缸线至分电器凸轮某处故障。从某缸上拔下高压线，若转速无变化或无明显变化，那就是该缸不工作或工作不好。

（4）发动机烧机油对火花塞的影响

侧置式气门的发动机，出现烧机油与气门及导管基本无关。如果在拆下缸盖前想知道某缸烧机油，可拆下各缸火花塞，看颜色和积炭就可基本了解到各缸磨损与窜机油情况。如果想知道某缸哪侧窜油，在火花塞卸下前，在其四周做出不同记号，就可从拆下的火花塞周围看到不均匀的积炭，较厚的一边就是窜机油较重一侧。

当出现拉缸、活塞环折断或对口故障时，窜机油异常突出，火花塞像从机油中捞出似的沾有新鲜机油，已形不成积炭，换用新火花塞也会很快不能维持工作。在顶置式气门发动机中，进气门与导管严重磨损，油封损坏，气门室的机油直接漏人气缸内，导致火花塞不能工作的故障较为常见。

上述分析说明，发动机的许多故障在火花塞上均有不同程度的反映，通过火花塞能观察、判断发动机多种故障。

4. 发动机电子控制系统故障诊断基本方法

发动机电控系统故障诊断的基本程序是：首先向车主调查，然后进行外部检查，再用专用仪器调取故障码。但有些故障是与电控系统的控制无关的。

（1）与微机控制无关的典型故障及可能原因

① 怠速不稳（甚至可能熄火）。

可能原因：怠速过低；怠速混合气配比不当或不均匀（真空漏气）；点火时间推迟；曲轴箱强制通风阀或管道受堵；火花塞高压线有缺陷；火花塞烧蚀或开裂；活性炭罐有裂缝或其他缺陷；废气再循环阀因卡住而常开。

② 加速时缺火。

可能原因：火花塞高压线有缺陷；分电器盖开裂或损坏；分火头不良；火花塞高压线插错；点火线圈短路或裂缝；电容器松脱；初级线圈导线接头松动；燃油滤清器受堵；燃油泵油压不足；燃油管有裂缝或发软。

③ 油耗率高。

可能原因：点火时间推迟；排气管受堵；空气滤清器受堵；废气再循环阀因卡住而常开；冷却系统恒温器失灵或控制温度过低。

④ 加速时发生爆燃。

可能原因：点火时间过早；燃油等级过低；废气再循环阀不能正常开启；爆燃传感器失效。

（2）故障码调取方法

① 利用随车自诊断系统调取故障码。利用仪表板盘上“故障指示灯”的闪烁规律读取故障码（丰田、本田、部分通用、福特、克莱斯勒车系轿车）。

利用指针式万用表的指针摆动规律或自制二极管灯的闪烁规律读取故障码（三菱、现代、奔驰、宝马）。

利用电控单元上红、绿色发光二极管灯的闪烁规律读取故障码（日产）。

利用车上显示器读取故障码（通用卡迪拉克）。

② 使用故障诊断仪调取故障码。

第一代随车诊断系统（OBD-I）的汽车，必须使用专用仪器和专用传输线与车上的诊断座对接来调取故障码。

第二代随车诊断系统（OBD-Ⅱ）的汽车，具有统一的故障诊断座和统一的故障代码，只需用一台仪器即调取各汽车制造公司生产的各型汽车故障码。

（3）故障诊断基本方法

发动机电控系统的故障大致有以下三类。

① 有故障码且故障现象明显，此类故障可以按照故障码提示进行诊断和排除。

② 有故障码但故障现象不明显，称为间歇性故障，对于间歇性故障的诊断，要想办法使故障再

现，可用振动法、加热法、水淋法、电器全部接通法、道路试验法等方法人为制造故障产生条件，使间歇性故障再现，从而进行诊断。

③ 无故障码，但有故障现象，这类故障是比较难处理的，诊断过程比较复杂，一般要先按照一定的诊断步骤进行，无故障码故障诊断步骤如表 4-8 所示。

表 4-8 无故障码故障诊断步骤

步骤	检查内容	正常	不正常时的处理方法
1	发动机不工作时检查蓄电池电压	不低于 11V	充电或更换蓄电池
2	盘转发动机检查曲轴能否转动	能转动	按“故障诊断表”诊断
3	起动发动机检查能否起动	能起动	直接转到步骤 7 进行检查
4	检查空气滤清器滤心是否过脏或损坏	滤芯良好	清洁或更换滤心
5	检查发动机怠速运转情况	怠速运转良好	按“故障诊断表”诊断
6	检查发动机点火正时	点火正时准确	调整
7	检查燃油系统压力	压力正常	检查排除燃油系统故障
8	检查火花塞和高压线跳火情况	火花正常	检查排除点火系统故障
9	上述检查是否查明故障原因	查明故障原因	按“故障诊断表”诊断

注：在对电控系统进行故障诊断时，按故障码提示或无故障码时，如果通过基本检查不能查明故障原因，则可根据故障现象按故障诊断表进行检查。故障诊断表可在相关技术资料中查阅。

发动机辅助控制系统检修

【任务说明】

汽车发动机的辅助控制系统主要有怠速控制系统、进气控制系统、排放控制系统等，各种发动机上配置不一，但结构大同小异，其检修方法与电控燃油喷射系统和电子点火系统检修方法与程序基本一致的。首先要了解发动机所配置的辅助控制各系统控制内容与工作过程来诊断分析，应用相关检测仪器设备，直到最终排除故障。本任务的完成过程请参考图 4-74。

【知识要求】

① 了解发动机主要辅助控制系统的组成与功用。

② 理解发动机怠速控制、进排气控制系统工作过程及控制内容。

③ 熟悉怠速控制系统检修方法。

④ 掌握发动机主要辅助控制系统检查注意事项和常见故障产生机理。

【能力要求】

① 能够正确拆装发动机主要辅助控制系统主要元器件。

② 能够正确使用发动机电控系统故障诊断的主要工具与仪器。

③ 能够正确检查与测试发动机怠速控制系统。

④ 能够查阅相关标准和技术资料。

⑤ 能够正确诊断并排除发动机辅助控制系统典型常见故障。

【职业素养】

① 注重安全操作，不盲目拆检查，坚持“5S”工作。

② 注意维护与保养检测仪器设备，遵守操作规程。

③ 团结协作，勇于承担责任。

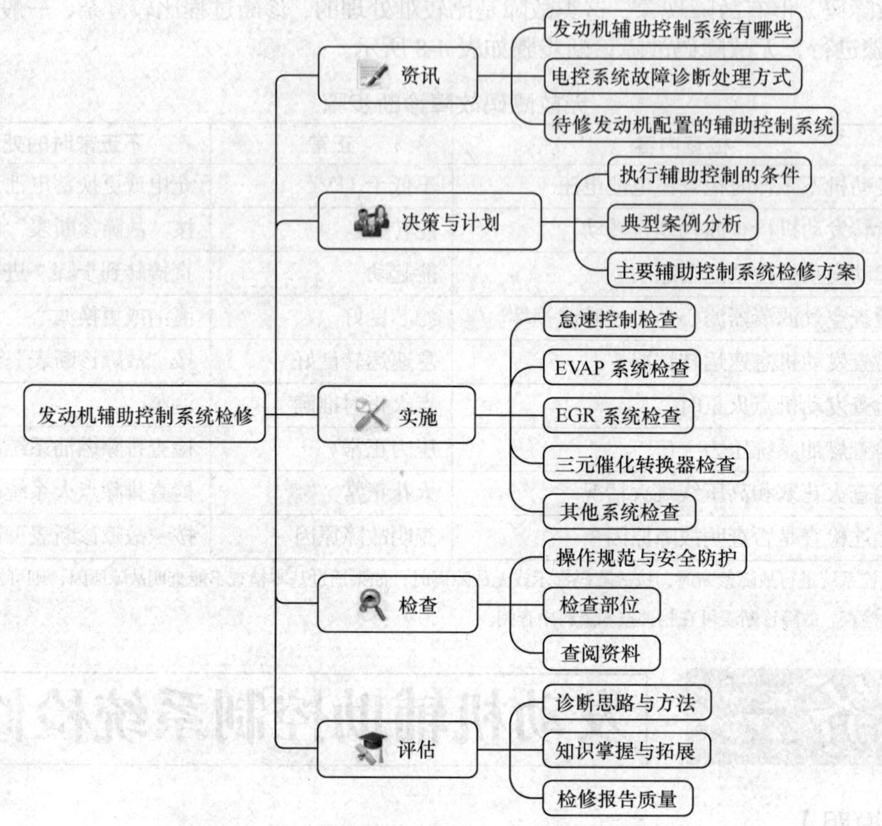

图 4-74 完成发动机辅助控制系统检修任务的思维导图

一、资讯

1. 发动机的怠速控制

（1）怠速控制系统的功能与组成

怠速是指节气门关闭，加速踏板完全松开，且发动机对外无功率输出并保持最低转速稳定运转的工况。在汽车使用中，发动机怠速运转的时间约占 30%，怠速转速的高低直接影响燃油消耗和排放污染。怠速转速过低，发动机冷车运转、空调打开、电器负荷增大、自动变速器挂入挡位、动力转向时，由于运行条件较差或负载增加，容易导致发动机运转不稳甚至熄火。

怠速控制的目的是在保证发动机排放要求且运转稳定的前提下，尽量使发动机的怠速转速保持最低，以降低怠速时的燃油消耗量，即实现对热机怠速工况进气量和空燃的闭环反馈控制。怠速控制系统的功能是根据发动机工作温度和负载，由 ECU 自动控制怠速工况下的空气供给量，维持发动机以稳定怠速运转。

怠速控制系统主要由传感器、ECU 和执行元件三部分组成，如图 4-75 所示。

传感器的功用是检测发动机的运行工况和负载设备的工作状况，ECU 则根据各种传感器的输入信号确定一个怠速运转的目标转速，并与实际转速进行比较，根据比较结果控制执行元件工作，以

调节进气量，使发动机的怠速转速达到所确定的目标转速。

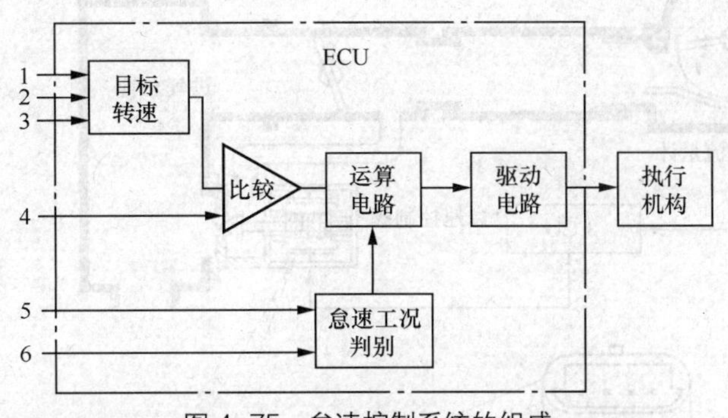

图 4-75　怠速控制系统的组成

1—冷却水温度信号；2—A/C 开关信号；3—空挡位置开关信号；4—转速信号；5—节气门位置信号；6—车速信号

在怠速以外的其他工况下，若系统对发动机实施怠速控制，会与驾驶员通过加速踏板对进气量的调节发生干涉。因此，在怠速控制系统中，ECU 需要根据节气门位置信号和车速信号确认怠速工况，只有在节气门全关、车速为零时，才进行怠速控制。

（2）怠速控制的方法

发动机怠速控制的实质就是对怠速工况下的进气量进行控制。所谓怠速进气量实际上是指发动机最小进气量。不仅在热机怠速工况对最小进气量有控制要求，在冷机起动、减速时也都各有一定要求。电控汽油喷射式发动机的最小进气量有两种限制方式：一是由节气门最小开度限制，如图 4-76（a）所示；二是节气门全关而由绕过节气门的旁通空气道的通路面积来限制，如图 4-76（b）所示。

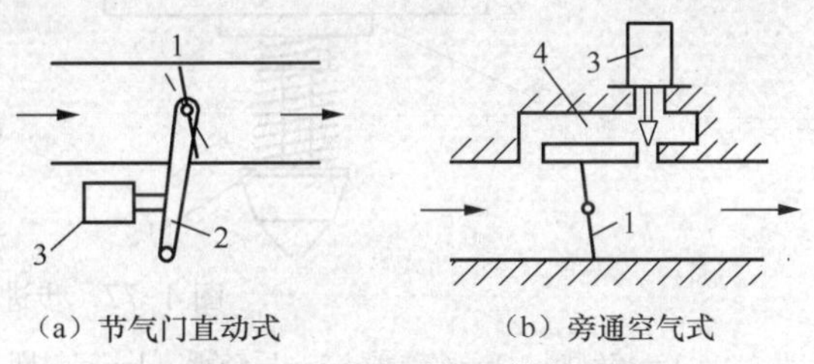

（a）节气门直动式　（b）旁通空气式

图 4-76　怠速进气量控制方法

1—节气门；2—操纵臂；3—怠速执行器；4—空气旁通道

怠速执行器根据 ECU 的指令，控制节气门最小开度或控制旁通空气道的通路面积。对怠速进气量的控制一般有以下三项内容。

① 冷机起动时要有一个较大的初始进气量，起动后暖机过程中再随着冷却水温的升高逐渐减小。

② 热机怠速工况实行怠速转速反馈闭环控制，根据怠速转速对目标值的偏差相应调整怠速进气量以维持怠速转速稳定。

③ 在怠速关闭节气门时，怠速执行器将从原来的打开位置（如约 100 步处）按预先匹配设计好的程序随着转速降低缓慢减少怠速空气量，直至正常怠速位置（如 40 步左右），同时减少喷油量或断油，以减缓缸内混合气一时变浓及动力突减的冲击，即所谓“电子阻尼器”的作用。

（3）怠速控制系统的类型及工作原理

电控怠速系统（ISC）有四种基本类型：步进电机型、旋转电磁阀型、占空比控制电磁阀型和开关控制怠速真空通道控制阀。

步进电机型怠速控制阀，如图 4-77 所示。这种怠速控制阀有一内置步进电机，步进电机主要由转子和定子组成，丝杠机构将步进电机的旋转运动转变为直线运动，使阀心作轴向移动，改变阀心与阀座之间的间隙，安装在节气门上。

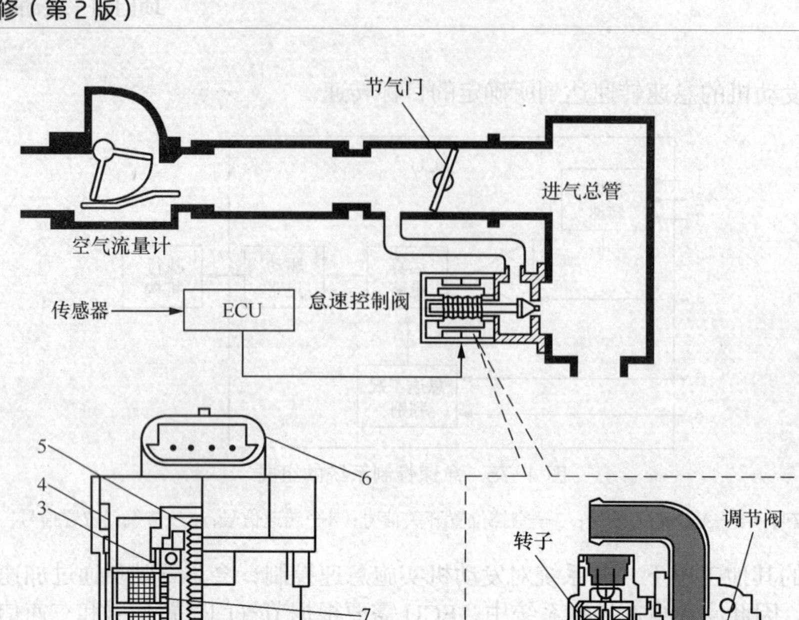

图 4-77　步进电机型怠速控制阀

1—控制阀；2—前轴承；3—后轴承；4—密封圈；5—丝杠机构；6—线束连接器；7—定子；8—转子

① 工作原理：

当 ECU 控制使步进电机的线圈按 1—2—3—4 顺序依次搭铁时，定子磁场顺时针转动，由于与转子磁场间的相互作用，使转子随定子磁场同步转动。同理，步进电动机的线圈按相反的顺序通电时，转子则随定子磁场同步反转。定子有 32 个爪级，步进电动机每转一步为 1/32 圈，工作范围为 0～125 个步进级。

ECU 控制步进电动机工作时，给线圈输送的是脉冲电压，4 个线圈的通电顺序（相位）不同，步进电动机的转动方向就不同，当按一定顺序输入一定数量的脉冲时，步进电动机就向某一方向转过一定的角度，步进电动机的转动量取决于输入脉冲的数量。因此，ECU 通过对定子线圈通电顺序和输入脉冲数量的控制，即可改变步进电动机型怠速控制阀的位置（即开度），从而控制怠速空气量。由于给步进电动机每输入一定量的脉冲只转过一定的角度，其转动是不连续的，所以称为步进电动机。

如图 4-78 所示，在主继电器触点闭合后，蓄电池电源经主继电器到达怠速控制阀的 B_1 和 B_2 端子、ECU 的+B 和+B_1 端子，B_1 端子向步进电动机的 1—3 相两个线圈供电，B_2 端子向 2—4 相两个线圈供电。4 个线圈的分别通过端子 S_1、S_2、S_3 和 S_4 与 ECU 端子 ISC_1、ISC_2、ISC_3 和 ISC_4 相连，ECU 控制各线圈的搭铁回路，以控制怠速控制阀的工作。

② 控制内容。步进电动机控制旁通空气式怠速控制系统的控制内容如下：

（a）起动初始位置的设定。为了改善发动机的起动性能，关闭点火开关使发动机熄火后，ECU 的 M-REL 端子向主继电器线圈供电延续 2～3s。在这段时间内，蓄电池继续给 ECU 和步进电动机供电，ECU 使怠速控制阀回到起动初始（全开）位置。待步进电动机回到起动初始位置后，主继电器线圈断电。蓄电池停止给 ECU 和步进电动机供电，怠速控制阀保持全开不变，为下次起动作好准备。

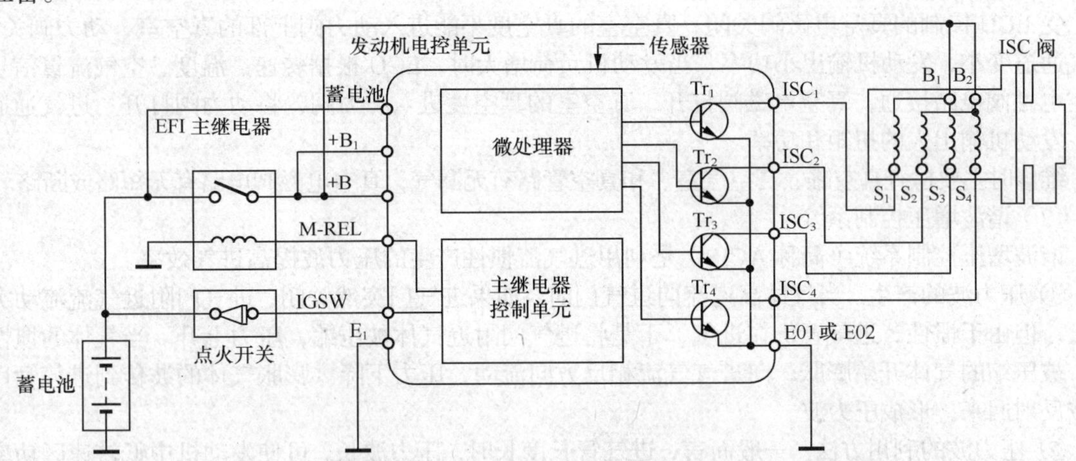

图 4-78　日本丰田 CROWN 3.0 轿车步进电动机型怠速控制阀电路

（b）起动控制。发动机起动时，由于怠速控制阀预先设定在全开位置，在起动期间经怠速空气道可供给最大的空气量，有利于发动机起动：但怠速控制阀如果始终保持在全开位置，发动机起动后的怠速转速就会过高，所以在起动期间 ECU 根据冷却液温度的高低控制步进电动机，调节控制阀的开度，使之达到起动后暖机控制的最佳位置，此位置随冷却液温度的升高而减小，控制特性（步进电动机的步数与冷却液温度的关系曲线）存储在 ECU 内。

（c）暖机控制。暖机控制又称快怠速控制，在暖机过程中，ECU 根据冷却液温度信号按内存的控制特性控制怠速控制阀开度，随着温度上升，怠速控制阀开度逐渐减小。当冷却液温度达到 70℃时，暖机控制过程结束。

（d）怠速稳定控制。在怠速运转时，ECU 将接收到的转速信号与确定的目标转速进行比较，其差值超过一定值（一般为 20r/min）时，ECU 将通过步进电动机控制怠速控制阀，调节怠速空气供给量，使发动机的实际转速与目标转速相同。怠速稳定控制又称反馈控制。

（e）怠速预测控制。发动机在怠速运转时，如变速器挡位、动力转向、空调工作状态的变化都将使发动机的转速发生可以预见的变化。为了避免发动机怠速转速波动或熄火，在发动机负荷出现变化时，不待发动机转速变化，ECU 就会根据各负载设备开关信号（A/C 开关等），通过步进电动机提前调节怠速控制阀的开度。

（f）电器负载增多时的怠速控制。在怠速运转时，如使用的电器负载增大到一定程度，蓄电池电压就会降低。为了保证电控系统正常的供电电压，ECU 根据蓄电池电压调节怠速控制阀的开度，提高发动机的怠速转速，以提高发电动机的输出功率。

（g）学习控制。在发动机使用过程中，由于磨损等原因会导致怠速控制阀的性能发生改变，怠速控制阀的位置相同时，但实际的怠速转速会与设定的目标转速略有不同。在此情况下，ECU 在利用反馈控制使怠速转速回归到目标值的同时，还可将步进电动、机转过的步数存储在 ROM 存储器中，以便在此后的怠速控制过程中使用。

2. 发动机的进气控制系统

目前，应用在轿车发动机上的进气控制系统主要有动力阀控制系统、谐波增压控制系统、可变配气相位控制系统和废气涡轮增压系统等，下面简要加以介绍。

（1）动力阀控制系统

功用：根据发动机不同的负荷，改变进气流量去改善发动机的动力性能。

工作原理：受真空控制的动力阀在进气管上，控制进气管空气通道的大小。发动机小负荷运转时，受ECU控制的真空电磁阀关闭，真空室的真空度不能进入动力阀上部的真空室，动力阀关闭，进气通道变小，发动机输出小功率。当发动机负荷增大时，ECU根据转速、温度、空气流量信号将真空电磁阀电路接通，真空电磁阀打开，真空室的真空度进入动力阀，将动力阀打开，进气通道变大，发动机输出大的扭矩和功率。

维修时主要检查真空罐、真空气室、和真空管路有无漏气，真空电磁阀电路有无短路或断路。

（2）谐波增压控制系统

谐波增压控制系统（简称ACIS）是利用进气流惯性产生的压力波提高进气效率。

① 压力波的产生。当气体高速流向进气门时，如果进气门突然关闭，进气门附近气流流动突然停止，但由于惯性，进气管仍在进气，于是将进气门附近气体被压缩，压力上升。当气体的惯性过后，被压缩的气体开始膨胀，向进气气流相反方向流动，压力下降。膨胀气体的波传到进气管口时又被反射回来，形成压力波。

② 压力波的利用方法。一般而言，进气管长度长时，压力波长，可使发动机中低转速区功率增大；进气管长度短时，压力波波长短，可使发动机高速区功率增大。

③ 波长可变的谐波进气增压控制系统。丰田皇冠车型2JZ-GE发动机采用在进气管增设一个大容量的空气室和电控真空阀，以实现压力波传播路线长度的改变，从而兼顾低速和高速的进气增压效果。如图4-79所示，ECU根据转速信号控制电磁真空通道阀的开闭。低速时电磁真空孔道阀电路不通，真空通道关闭，真空罐的真空度不能进入真空气室，受真空气室控制的进气增压控制阀处于关闭状态。此时进气管长度长，压力波长大，以适应低速区域形成气体动力增压效果。

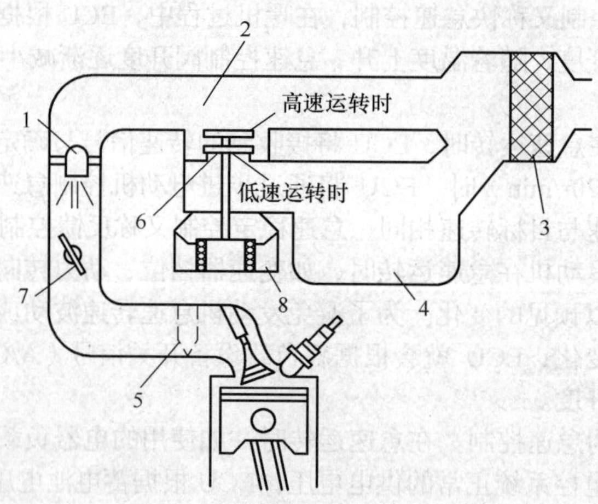

图4-79 ACIS系统工作原理

1—喷油器；2—过气道；3—空气滤清器；4—过气室；5—涡流控制气门；

6—进气控制阀；7—节气门；8—真空驱动器

高速时，ECU接通电磁真空阀的电路，真空通道打开，真空罐的真空度进入真空气室，吸动膜片，从而将进气增压控制阀打开，由于大容量空气室的参与，缩短了压力波的传播距离，使发动机在高速区域也得到较好的气体动力增压效果。

维修时检查空气真空电磁阀的电阻为38.5～44.5Ω。

（3）可变配气相位控制系统

在本田雅阁轿车发动机上配置了可变配气相位控制系统（VTEC），要求配气相位随着发动机转速的变化，适当地改变进、排气门的提前或推迟开启角和迟后关闭角。

装有 VTEC 机构的发动机，同一缸有主进气门和次进气门，主摇臂驱动主进气门，次摇臂驱动次进气门，中间摇臂在主次之间，不与任何气门直接接触。

VTEC 配气机构与普通配气机构相比较，凸轮轴上的凸轮较多，且升程不等，结构复杂。

ECU 根据发动机转速、负荷等变化来控制 VTEC 机构工作，改变驱动同一气缸两进气门工作的凸轮，以调整进气门的配气相位及升程，并实现单进气门工作和双进气门工作的切换。

发动机低速运转时，电磁阀不通电使油道关闭，此时，三个摇臂彼此分离，主凸轮通过摇臂驱动主进气门，中间凸轮驱动中间摇臂空摆；次凸轮的升程非常小，通过次摇臂驱动次进气门微量关闭。配气机构处于单进、双排气门工作状态，单进气门由主凸轮轴驱动。

当发动机高速运转，电脑向 VTEC 电磁阀供电，使电磁阀开启，来自润滑油道的机油压力作用在正时活塞一侧，此时两个活塞分别将主摇臂和次摇臂与中间摇臂接成一体，成为一个组合摇臂。此时，中间凸轮升程最大，组合摇臂受中间凸轮驱动，两个进气门同步工作。

当发动机转速下降到设定值，电脑切断电磁阀电流，正时活塞一侧油压下降，各摇臂油缸孔内的活塞在回位弹簧作用下，三个摇臂彼此分离而独立工作。VTEC 系统控制电路如图 4-80 所示。

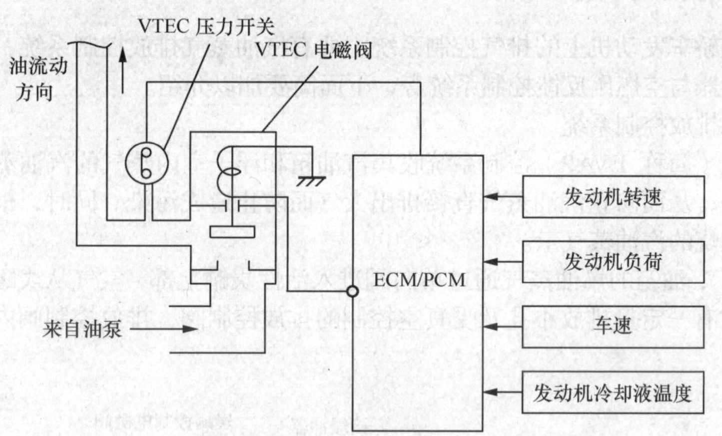

图 4-80 VTEC 控制系统电路

当发动机不工作时，拆下气门室罩，转动曲轴分别使各缸处于压缩上止点位置，用手按压中间摇臂，应能与主摇臂和次摇臂分离单独运动。在使用中，本田车系若有故障 21，说明 VTEC 电磁阀或电路有故障，进行检查。

关闭点火开关，拆开 VTEC 电磁阀线束，测电磁阀线圈电阻应为 14～30Ω。检查 VTEC 电磁阀与电脑之间的接线。起动发动机，当工作温度正常时，检查发动机转速分别为 1000r/min、2000r/min 和 4000r/min 时的机油压力。用换件法检查电脑是否有故障。

（4）废气涡轮增压系统

工作原理如图 4-81 所示，当 ECU 检测到进气压力在 0.098MPa 以下时，受 ECU 控制的释压电磁阀的搭铁回路断开，释压电磁阀关闭。此时涡轮增压器出口引入的压力空气，经释压阀进入驱动空气室，克服气室弹簧的压力推动切换阀将废气进入涡轮室的通道打开，同时将排气旁通道口关闭，此时废气流经涡轮室使增压器工作。当 ECU 检测到的进气压力高于 0.098MPa 时，ECU 将释压电磁阀的搭铁回路接通，释压电磁阀打开，通往驱动器室的压力空气被切断，在气室弹簧弹力的作用下，驱动切换阀，关闭进入涡轮室的通道，同时将排气旁通道口打开，废气不经涡轮室直接排出，增压器停止工作，进气压力下降，只到进气压力降至规定的压力时，ECU 又将释压阀关闭，切换阀又将进入涡轮室的通道口打开，废气涡轮增压器又开始工作。

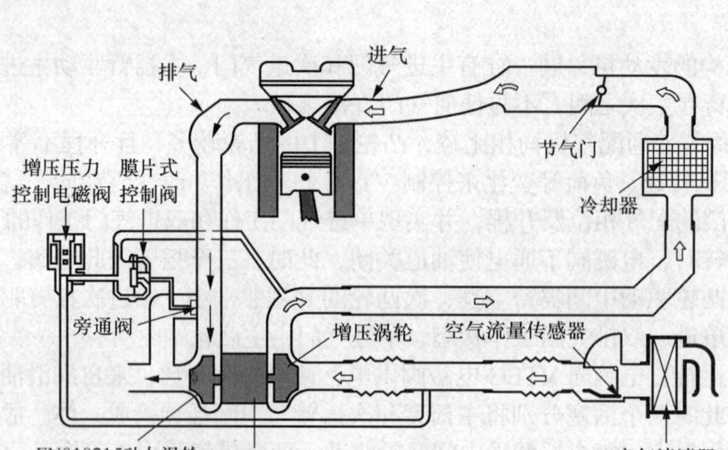

图 4-81　废气涡轮增压原理图

3. 发动机的排气控制系统

目前，应用在轿车发动机上的排气控制系统主要有汽油蒸气排放控制系统、废气再循环控制系统和三元催化转换器与空燃比反馈控制系统等，下面简要加以介绍。

（1）汽油蒸气排放控制系统

汽油蒸气排放（简称 EVAP）控制系统收集汽油箱和浮子室内蒸气的汽油蒸气，并将汽油蒸气导入气缸参加燃烧，从而防止汽油蒸气直接排出大气而防止造成污染。同时，根据发动机工况，控制导入气缸参加燃烧的汽油蒸气量。

如图 4-82 所示，油箱的燃油蒸气通过单向阀进入活性炭罐上部，空气从炭罐下部进入清洗活性炭，在炭罐右上方有一定量排放小孔及受真空控制的排放控制阀，排放控制阀内部的真空度由炭罐控制电磁阀控制。

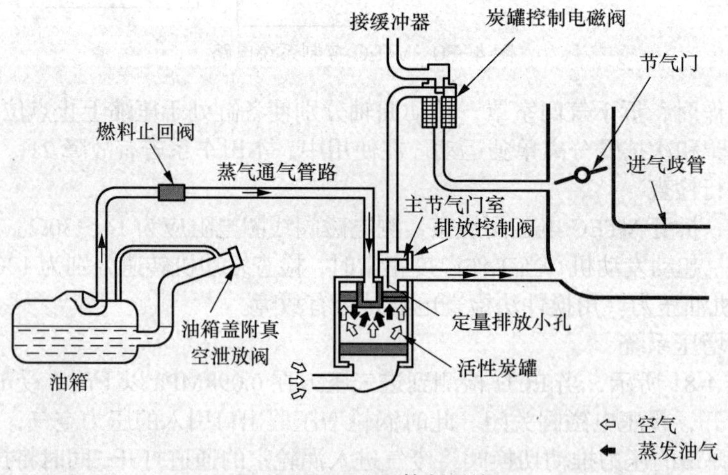

图 4-82　EVAP 控制系统

发动机工作时，ECU 根据发动机转速、温度、空气流量等信号，控制炭罐电磁阀的开闭来控制排放控制阀上部的真空度，从而控制排放控制阀的开度。当排放控制阀打开时，燃油蒸气通过排放控制阀被吸入进气歧管。

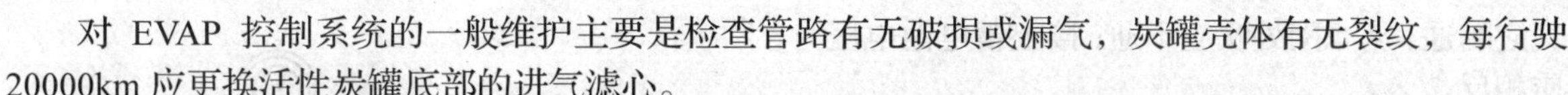

对 EVAP 控制系统的一般维护主要是检查管路有无破损或漏气，炭罐壳体有无裂纹，每行驶 20000km 应更换活性炭罐底部的进气滤心。

对 EVAP 控制系统的真空控制阀进行检查，拆下真空控制阀，用手动真空泵由真空管接头给真空控制阀施加约 5kPa 真空度时，从活性炭罐侧孔吹入空气应畅通，不施加真空度时，吹入空气则不通。

进行电磁阀的检查，拆开电磁阀进气管一侧的软管，用手动用真空泵由软管接头给控制电磁阀施加一定的真空度，电磁阀不通电时应能保持真空度，若接蓄电池电压，真空度应释放。测量电磁阀两端子间电阻应为 36～44Ω。

（2）废气再循环控制系统

废气再循环（EGR）控制系统能够在发动机工作过程中，将适当的废气重新引入气缸参加燃烧，从而降低气缸的最高温度，以减少 NO_x 的排放量。

废气再循环系统有开环控制 EGR 系统和闭环控制 EGR 系统两种。

① 开环控制 EGR 系统。如图 4-83 所示，主要由 EGR 阀和 EGR 电磁阀等组成。

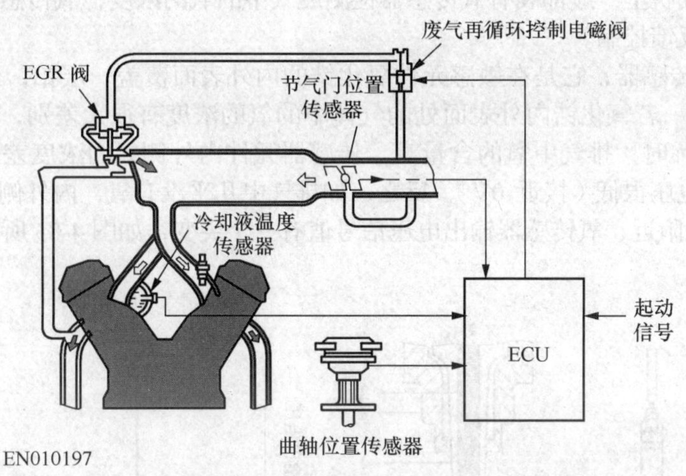

图 4-83 开环控制 EGR 系统

EGR 阀安装在废气再循环通道中，用以控制废气再循环量。EGR 电磁阀安装在通向 EGR 真空通道中，ECU 根据发动机冷却液温度、节气门开度、转速和起动等信号来控制电磁阀的通电或断电。ECU 不给 EGR 电磁阀通电时，控制 EGR 阀的真空通道接通，EGR 阀开启，进行废气再循环；ECU 给 EGR 电磁阀通电时，控制 EGR 阀的真空度通道被切断，EGR 阀关闭，停止废气再循环。

② 闭环控制 EGR 系统。闭环控制 EGR 系统，检测实际的 EGR 率或 EGR 阀开度作为反馈控制信号，其控制精度更高。

与开环相比只是在 EGR 阀上增设一个 EGR 阀开度传感器（也称 EGR 率传感器，EGR 率为参与再循环的废气量与总进气量之比，这里的所说总进气量含有废气），EGR 阀开度传感器安装在进气总管中的稳压箱上，新鲜空气经节气门进入稳压箱，参与再循环的废气经 EGR 电磁阀进入稳压箱，传感器检测稳压箱内气体中的氧浓度，并转换成电信号送给 ECU，ECU 根据此反馈信号修正 EGR 电磁阀的开度，使 EGR 率保持在最佳值。

EGR 控制系统的一般检查，拆下 EGR 阀上的真空软管，发动机转速应无变化，用手触试真空软管应无真空吸力；发动机温度达到正常工作温度后，怠速时检查结果应与冷机时相同，若转速提高到 2500 r/min 左右，拆下真空软管，发动机转速有明显提高。

EGR 电磁阀的检查，冷态测量电磁阀电阻应为 33～39Ω。电磁阀不通电时，从进气管侧吹入空气应畅通，从滤网处吹应不通；接上蓄电池电压时，应相反。

EGR 阀的检查，如图 4-84 所示，用手动真空泵给 EGR 阀膜片上方施加约 15kPa 的真空度，EGR 阀应能开启，不施加真空度，EGR 阀应能完全关闭。

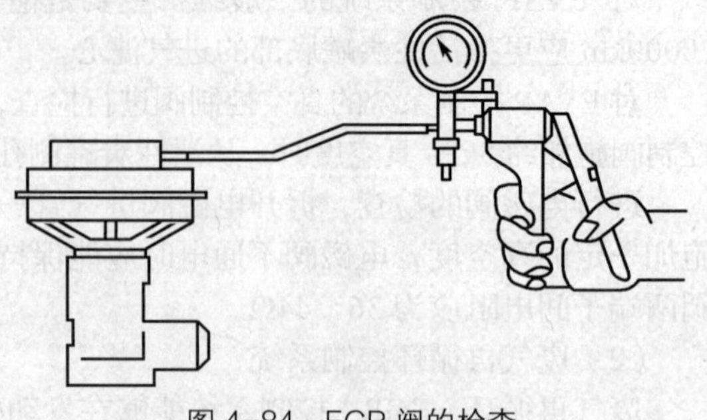

图 4-84 EGR 阀的检查

（3）三元催化转换器与空燃比反馈控制系统

三元催化转换器（TWC）利用转换器中的三元催化剂，将发动机排出废气中的有害气体转变为无害气体。三元催化剂一般为铂（或钯）与铑的混合物。影响 TWC 转换效率影响最大的因素是混合气的浓度和排气温度。只有在理论空燃比 14.7 附近，三元催化转化器的转化效率最佳，发动机的排气温度过高（815℃以上），TWC 转换效率将明显下降。

现在的电控发动机上一般都装有氧传感器检测废气中的氧的浓度，氧传感器信号输送给 ECU，用来对空燃比进行反馈控制。

对于氧化锆氧传感器，它是在敏感元件氧化锆的内外表面覆盖一层铂，外侧与大气相同。在 400℃以上的高温时，若氧化锆内外表面处的气体中的氧的浓度有很大差别，在铂电极之间将会产生电压。当混合气稀时，排气中氧的含量高，传感器元件内外侧氧的浓度差小，氧化锆元件内外侧两极之间产生的电压很低（接近 0V），反之，如排气中几乎没有氧，内外侧的之间电压高（约为 1V）。在理论空燃比附近，氧传感器输出电压信号值有一个突变，如图 4-85 所示。

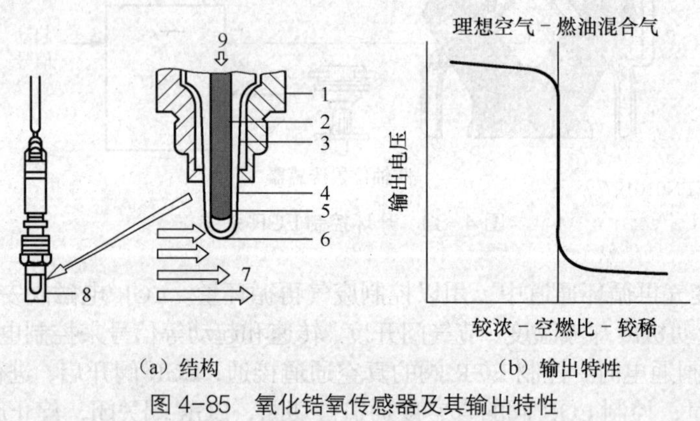

（a）结构　　（b）输出特性

图 4-85 氧化锆氧传感器及其输出特性

1—法兰；2—铂电极；3—氧化锆管；4—铂电极；5—加热器；6—涂层；7—废气；8—套管；9—大气

图 4-86 所示为 LS400 轿车氧传感器控制电路，闭环控制，当实际空燃比比理论空燃比小时，氧传感器向 ECU 输入的高电压信号（0.75～0.9V）。此时 ECU 减小喷油量，空燃比增大。当空燃比增大到理论空燃比时，氧传感器输出电压信号将突变下降至 0.1V 左右，ECU 立即控制增加喷油量，空燃比减小。如此反复，就能将空燃比精确地控制在理论空燃比附近一个极小的范围内。

在装有氧传感器和 TWC 装置的汽车，禁止使用含铅汽油；装用蜂巢型转换器的汽车，一般汽车每行驶 80000km 应更换转换器芯体。装用颗粒型转换器的汽车，其颗粒形催化剂的重量低于规定值时，应更换。

热型氧传感器加热器的检查：检测加热器线圈的电阻，如丰田 LS400 在 20℃时线圈阻值应为 5.1～6.3Ω。

氧传感器信号的检查，发动机高速运转，直到氧传感器的工作温度达到 400℃以上再维持怠速

运转。然后反复踩动加速踏板，并测量氧传感器输出信号电压，加速时应为高电压信号，减速时应输出低电压信号。

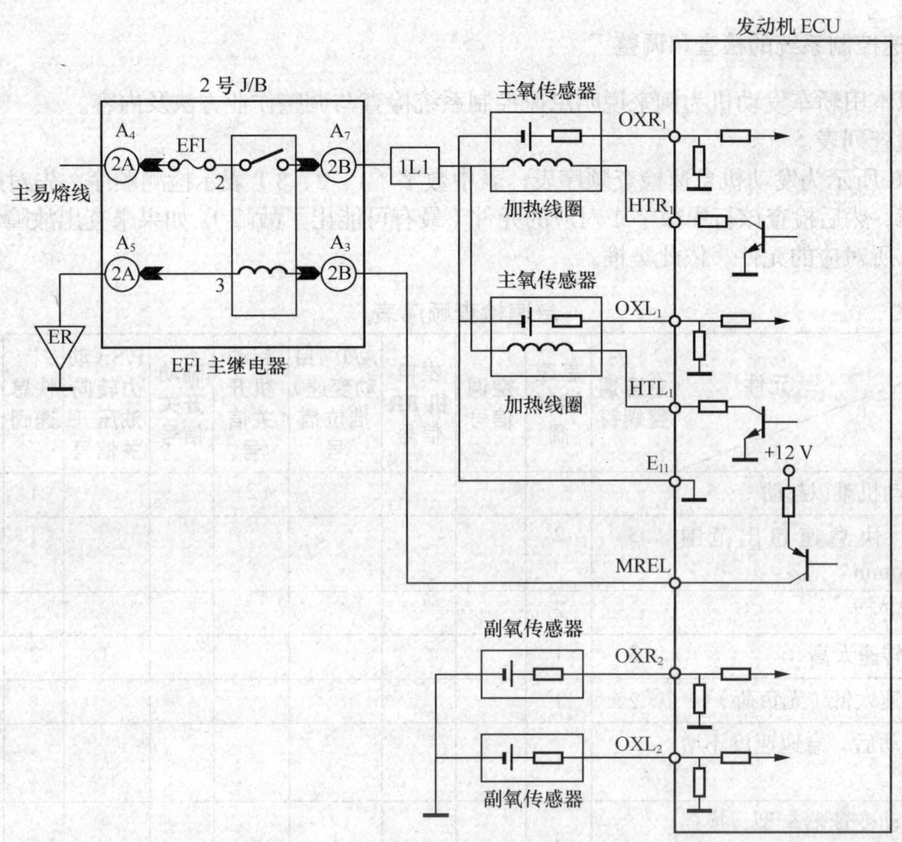

图 4-86 日本丰田 LS400 轿车氧传感器控制电路

二、工作方案制订

学生需根据任务工单进行相关资讯并进行课前的自主学习，针对任务实施前的维修工具及材料准备、实施中的小组人员分工安排以及任务实施操作步骤等制订方案计划，如表 4-9 所示。

表 4-9 工作方案计划表

工作项目/任务	发动机辅助控制系统检修
人员分工	
时间安排	
设备、材料及维修工具准备	
任务实施操作步骤	

三、工作组织实施

发动机辅助控制系统检修前，通过资料的查阅，应该明确该发动机配置了哪些辅助控制系统，分别是什么类型，检查调整具体执行标准与参考参数，然后再实施检修作业。下面主要介绍发动机

辅助控制系统必需配置的怠速控制系统，其它发动机辅助控制系统的检查与调整作业可查阅相应的维修手册。

1. 怠速控制系统的检查和调整

下面以本田轿车发动机为例来说明怠速控制系统检查与调整作业方法及内容。

（1）检查列表

表 4-10 所示为发动机怠速检查顺序表，表中数字（1、2、3）表示检测顺序。先对照左边症状栏找出故障，然后检查该行中数字 1 对应的元件（最有可能出了故障），如果未查出故障，再检测该行中数字 2 所对应的元件，依此类推。

表 4-10　　怠速检查顺序表

症状 \ 元件		怠速调整螺钉	怠速控制阀	空调信号	发电机 **FR** 信号	**A/T**（自动变速）挡位信号	起动机开关信号	制动开关信号	**P/S**（动力转向油压开关信号	快怠速阀	空气增压阀	软管和接头
冷机时发动机难以起动							2			1		
冷机时，快怠速超出范围 1000～2000r/min		3	2							1		
怠速不稳定			2									1
暖机时，转速太高		3	1						3	2		3
暖机时转速太低	怠速太低（无负荷）	2	1									
	起动后，怠速速度不增加		1									
	自动变速器车型，换挡时怠速速度降低		2			1						
	空调起动时怠速速度降低		2	1								
	方向盘转动时，怠速速度降低		2						1			
	怠速速度随电负荷波动		2		3							1
经常熄火	暖机时	2	1									
	暖机后	1	2									
废气排放超标												1

如果怠速不在规定范围，而故障警示灯也不显示故障码 14，那么进行下列检查。

如果上述检查结果都正常，更换一个正常的 IAC 阀重新调整怠速。如果怠速还不正常（且不显示故障码 14），则更换一个好的 ECM，重新检查。如症状排除，更换原来的 ECM。

（2）怠速转速的调整注意事项

调整怠速转速前，先检查下列元件：MIL（不应亮）；点火正时；火花塞；空气滤清器；PCV 系统。

对于 KC 车型：拉起驻车制动杆，起动发动机，然后检查前照灯是否熄灭（应熄灭）。

（3）怠速运转的调整步骤

起动发动机，将变速杆置于 N 或 P 位（A/T），或空挡位置（M/T），使发动机无负荷运转，转速保持在 3000r/min，直到散热器风扇打开，然后让它怠速运转。

连接车速表，从 IAC 阀上断开 2 引脚接头（见图 4-87）。稍稍压下油门踏板，使发动机转速稳定在 1000r/min，然后慢慢松开踏板，直到发动机开始怠速运转。

断开前照灯、鼓风机风扇、后窗除雾器、散热器风扇和空调，检查怠速转速，此时怠速转速应为如下所示值：M/T——550 r/min　50r/min

A/T——550 r/min　50r/min（变速杆处于 N 或 P 位）

如果怠速转速与表中的规定值不同，应通过旋转调节螺钉来调整怠速转速（见图 4-88）。注意：调整怠速转速后，应重新检查点火正时，如果点火正时超出规定值，则需要重新加油门使发动机转速稳定 1000r/min，再松开踏板，使发动机怠速，重新进行。

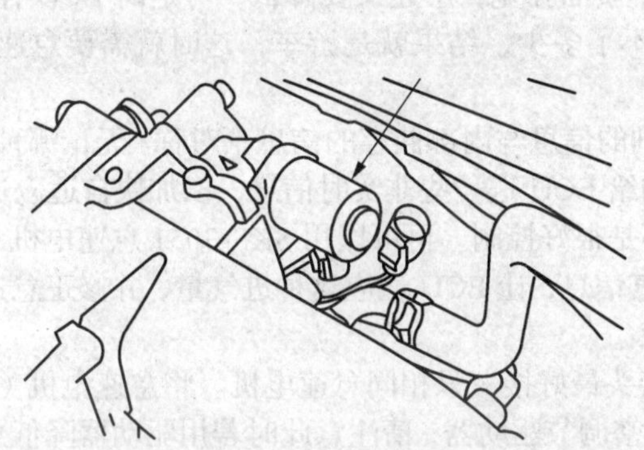

图 4-87　断开引脚接头

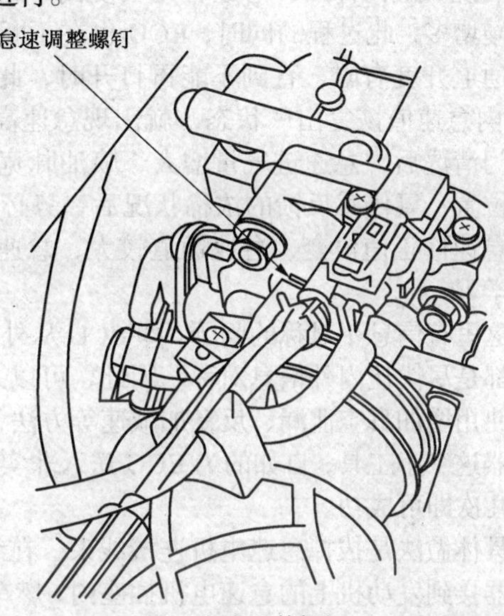

图 4-88　怠速调整螺钉

断开点火开关，将 2 引脚接头重新接到 IAC 阀上，然后将发动机罩下保险丝/继电器盒内的 BACK UP（倒车灯）保险丝（7.5A）拆开 10s，以使 ECM 复位。

重新起动发动机，使发动机无负荷怠速运转 1min，然后检查怠速转速，此时的怠速转速应为如下所示的值：

M/T——700 r/min　50r/min

A/T——700 r/min　50r/min（变速杆处于 N 或 P 位）

打开低位前照灯，让发动机怠速运转 1min，检查怠速转速，此时的怠速转速应为如下所示的值：

M/T——770 r/min　50r/min

A/T——770 r/min　50r/min（变速杆处于 N 或 P 位）

断开点火开关。将暖风机风扇开关调到“HI”位，打开空调，让发动机怠速运转 1min，然后检查怠速转速，此时的怠速转速应为上表所示的值。

如果怠速值不在规定值范围内，应根据症状进行诊断。

2. 怠速设定与自学习

电喷发动机的怠速设定与自学习，是维修技师常常遇到的检修项目。特别是节气门清洗之后的发动机，燃车后发动机怠速总是偏高且不稳定，这就需要对发动机进行怠速设定。

通常的设定办法是使用解码器，一次将发动机 ECU 中的怠速数据改写为新车出厂数据即可；或是应用原厂提供的设定方法，按步骤一步步地操作，在一定时间段内亦可完成设定。其实也可先不设定，让车运行使用几天，ECU 自我学习后即可恢复。

以上办法一是条件允许（有解码器），二是时间充足。下面是在条件不具备和时间不充足的情况下，快速方便地在车间对车辆进行怠速设定。

清洗节气门体后，怠速肯定会变高，这是正常现象，原因是车辆长期使用，节气门阀内积存物慢慢增多，此过程的同时，ECU 也在不断地修正怠速值（把怠速通道渐渐地多打开一些），由于怠速通道开度有限，直到不能再打开时，此时车况感觉明显不行，进行节气门清洗后，如果没把 ECU 内怠速值恢复出厂状态，就出现怠速高且游车现象。ECU 存储器内是以前修正后的旧数据，节气门清洗后，怠速进气量增大，喷油脉宽也大，结果是怠速高，ECU 在综合分析了进气量、节气门位置、氧传感反馈的浓稀状况后，势必要减小喷油脉宽，怠速又要降低，可这时 ECU 存储器内的怠速修正值没变，怠速通道较大，怠速也降不了多少，结果就是游车，这时就需要怠速设定与自学习。

这里有信息不对称的问题，即 ECU 从外部得到的信息与内部储存的信息不对称。无论哪种设定方法都是尽快让内外信息对称。因此，可以人为的给 ECU 送一些非实时信息，以加快自适应过程，通常使用增加真空泄漏、反复加减速等方法，也不是很好控制。再可以用 SKS-3051 怠速电机（阀）驱动器这个小工具，自如的为 ECU 送入非实时进气信息，让 ECU 适应这种进气量，并修正怠速值，反复几次即可成功。

具体做法是拔掉怠速电机连接线束，在线束接头最好接一只相同怠速电机。将怠速电机（阀）驱动器接到发动机上的怠速电机插座内，燃车后精密调节驱动器，请注意此时若用驱动器降低怠速，原先线束上接的电机主轴就缩进，反之，就伸出。在怠速大致差不多时，熄火断电记忆一次，再次燃车后 ECU 已在应用新的怠速设定值了，可能有些不合适，再反复 1～2 次即可。

3. 步进电动机型怠速控制阀检修

发动机怠速控制系统最主要的元件是怠速控制阀，目前应用在轿车发动机上的怠速控制阀多为步进电机型怠速控制阀，其它的例如开关型怠速控制阀、旋转电磁阀型怠速控制阀应用不多。

（1）怠速控制阀检修注意事项

① 不要用手推拉控制阀，以免损坏丝杠机构的螺纹。

② 不要将控制阀浸泡在任何清洗液中，以免步进电动机损坏。

③ 安装时，检查密封圈好坏，并在密封圈上涂少量润滑油。

（2）检修步进电动机型怠速控制阀的方法

拆下控制阀线束连接器，点火开关置“ON”，不起动发动机，分别检测 B1 和 B2 与搭铁间的电压，为蓄电池电压。

发动发动机后再熄火时，2～3s 在怠速控制阀附近应能听到内部发出的“嗡嗡”响声。拆下控制阀线束连接器，测量 B1 与 S1 和 S3、B2 与 S2 和 S4 之间的电阻，应为 10～30Ω。拆下怠速电磁阀，将蓄电池正极接至 B1 和 B2 端子，负极按顺序依次接通 S1—S2—S3—S4 端子时，随步进电动机的旋转，控制阀应向外伸出，如图 4-89 所示，若负极按反方向接通 S4—S3—S2—S1 端子，则控制阀应向内缩回。

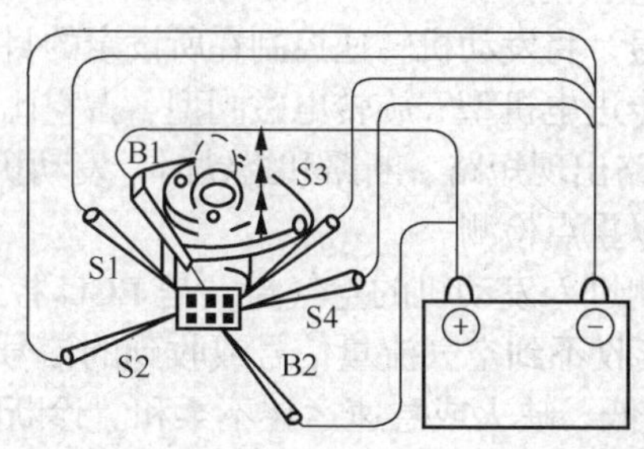

（a）接蓄电池正极

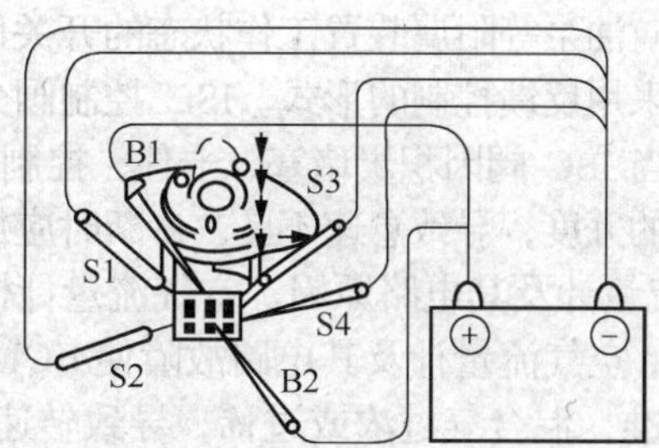

（b）接蓄电池负极

图 4-89 步进电动机型怠速控制阀工作情况检查

（3）检查怠速控制阀是否卡死

发动机怠速控制阀卡死的现象：冷机起动需踩几脚油门，起动后不需踩油门，车速能达到70km/h，发动机怠速居高不下。

故障分析：可能的原因有发动机怠速调整螺钉调整不当、节气门开度过大或节气门传感器调整不当、怠速控制阀卡死或进气管漏气。

检查处理：怠速控制阀卡死，将其更换后，发动机工作正常。

上述故障适用于 1990 年后生产的带有怠速自动控制的车型，如丰田系列 3.0V6，凌志 L300、L400、ES300，尼桑系列 V2P，千里马，奔驰系列 450、500、560、S300，通用系列雪佛莱子弹头、卡迪拉克、别克等。

由于电控汽油喷射发动机的正确怠速是通过一个电控怠速控制阀来保证的，而不是由人工调整节气门开度大小来决定的。电脑 ECU 根据发动机的水温、节气门的位置来决定发动机的怠速。一般发动机在怠速时，稳定转速为 700±50r/min。当电脑接收到节气门位置、发动机负荷、水温及转速信号后，经过运算指令怠速控制阀进行调节。当怠速转速低于设定转速值（如 700r/min）时，电脑指令怠速控制阀打开进气旁通道，使进气量增加，以提高发动机怠速，当怠速转速高于设定转速值时，电脑便指令怠速控制阀关小进气旁通道，使进气量减少，降低发动机转速。而怠速转速值的调节是在发动机工作情况下进行的，当节气门传感器调整不当或节气门开度过大时，节气门开关无法将正确的怠速转速工况传给电脑，电脑也就无法调节发动机正确的怠速转速值，怠速转速就会出现过高或过低现象。当节气门积炭过多，由于节气门关闭不到位，怠速控制阀卡死或进气歧管破裂及接口松动漏气时，也会造成怠速转速过高或过低。修理方法如下：

测量节气门传感器的电压，正常值为 0.4～0.5V；清洁节气门阀体，并调节节气门开度；

清除怠速控制阀及进气孔内积炭；检查、坚固松动或破裂的进气管接口，防止歧管漏气。

（4）检查发动机怠速是否不良

发动机怠速不良包括怠速不正确，怠速太低、太高，怠速运转不柔和及怠速不稳等现象。电喷发动机构造原理与化油器式发动机有很大区别，怠速不良的故障原因多而复杂，增加了故障诊断和排除的难度。

① 怠速开关信号电路原因。发动机控制电脑（ECU）是根据怠速开关信号（IDL 端子）电位的高低来判断发动机是否处于怠速工况的。当怠速触点闭合，给 ECU 的 IDL 端子输入低电位时，ECU 判断发动机处于怠速工况，于是起动怠速控制程序控制发动机运转。因怠速触点间隙调整不当、接触不良、损坏及电路故障，发动机 ECU 将无法正确判定怠速工况，从而造成怠速控制失误，导致各种怠速不良现象。因此，在检查时应加以重视，一般应首先排除这一可能。

② 怠速控制阀及其电路原因。怠速控制阀（ISC 阀）用来控制怠速工况下绕过节气门进入进气歧管的旁通空气量，以控制怠速大小，发动机 ECU 根据水温传感器信号（THW 端子）及空调（A/C）、

发动机动力转向油泵等附属装置工作状态的开关信号，将发动机转速控制在所设定的目标转速稳定运转，控制过程采用反馈控制的形式。ISC 控制阀分步进电机型、旋转电磁阀型、占空比控制型、真空电磁阀型等，当 ISC 阀因积炭堵塞、卡住，控制线路出现短路、断路和搭铁时，发动机 ECU 无法正确控制 ISC 阀的开度，导致怠速不良，诊断时应加以重点检测。

③ 空气流量计及其电路原因。空气流量计检测进入发动机的空气量，是 ECU 控制燃油喷射的主要依据之一，空气流量计及其电路故障使 ECU 接收不到空气流量信号或收到的信号失真，造成喷油器喷油量失准，混合气过浓或过稀，导致转速过低、缺火或怠速运转不柔和。诊断时可用数字万用表检测怠速时空气流量信号输出端子及 ECU 相应输入端子电压，与标准值进行比较判断。

④ 喷油器及其电路原因。喷油器及其电路故障影响喷油数量及质量。如喷油器积炭堵塞造成喷油量减少、雾化不良，喷孔磨损使喷油过多、滴漏，喷油器电磁线圈及其控制线路电气故障（接触不良、短路、断路、搭铁）引起喷油量减少、不喷油等，导致怠速运转不柔和及缺火现象。

⑤ 冷却液温度传感器及其电路原因。怠速时，发动机 ECU 根据冷却液温度传感器输入信号（THW 端子）判断发动机热状态，对喷油量进行修正，水温低时，汽油蒸发困难，混合气形成困难且不均匀，因此低温时适当增大喷油量，加浓混合气。水温传感器不良使输出信号失真， ECU 从 THW 端子获得错误信号，造成修正不当。电路短路或断路时电脑采用跛行控制，固定采用 80℃水温控制怠速，往往使怠速过低、缺火及运转不柔软和。

⑥ 燃油泵及油路系统原因。燃油泵及油路系统影响燃油压力，如压力过低，使喷油器线圈在同样通电时间的情况下实际喷油量减少，喷雾质量变差，怠速混合气变稀；压力过高，则喷油量过多，混合气过浓。燃油系统压力与燃油压力调节器、燃油泵、油压电磁阀的技术状况及其电路工作状况有关。

⑦ 空调开关信号电路原因。空调（A/C）信号是一个开关信号，向电脑发出空调开关请求。当开空调时电脑根据 A/C 信号及时提高怠速以适应空调压缩机的负荷，A/C 信号失常，将导致怠速过高、过低，发动机抖动和熄火。

⑧ 废气再循环阀及其电路原因。废气再循环阀（EGR 阀）只在发动机处于正常工作温度并达一定转速时才打开，将一部分废气引入进气歧管并返回气缸，以降低缸内最高燃烧温度，使 NOx 排放降低，EGR 阀卡死在开启位置，或在怠速时关不严，或电路故障引起怠速打开，冲淡怠速混合气，造成怠速过低、运不柔和熄火等。

⑨ 空挡起动开关电路原因。配置自动变速器的汽车，ECU 根据空挡起动开关的信号，提高怠速转速，当变速控制杆处于倒挡或前进挡时，自动提高怠速转速，否则降低转速。空挡起动开关电路故障，ECU 收到错误信号使怠速过高或过低。

⑩ 点火系故障。点火系中点火线圈、点火器或点火 ECU、分电器、点火信号发生器、相关影响点火正时的传感器及高压线不良，造成缺火、火花弱、点火正时不准等，导致怠速不良。

除以上故障原因，以下故障同样会引起某种怠速异常：ECU 故障；主氧传感器电路；EFI 主继电器电路；备用电源电路；冷起动喷油器电路；混合气调节可变电阻器电阻；燃油质量；进气管漏真空；空气滤清器堵塞；气缸压缩不良等。

总之，电喷发动机怠速运转不良故障原因较多，维修诊断时，应针对具体表现的征状，结合发动机电喷系统组成和结构型式进行综合分析，借助电脑故障解码器调出故障码，对照相关技术资料和技术数据进行检测判断。如没有读出故障码则从易出现的和容易排除可能的故障入手，逐步诊断，做到高效准确地找出原因并排除故障。

四、工作质量评价

将发动机辅助控制系统检修的工作质量评价填入表 4-11 中。

表 4-11　　　　发动机辅助控制系统检修工作质量评价表

质量评价项目/任务	发动机辅助控制系统检修		
	质量评价要点及要求	分值	评分
步进电动机型怠速控制阀检修	① 拆装工具准备是否齐全	5	
	② 怠速控制阀分解步骤是否正确	5	
	③ 怠速不良故障现象的确认	5	
	④ 怠速调整前的元件检查	5	
	⑤ 检查怠速控制阀是否卡死	5	
发动机怠速不良的排查	① 怠速开关信号电路的检测	5	
	② 怠速控制阀及其电路的检测	5	
	③ 空气流量计及其电路的检测	5	
	④ 喷油器及其电路的检测	5	
	⑤ 冷却液温度传感器及其电路的检测	5	
	⑥ 燃油泵及油路系统的检测	5	
	⑦ 空调开关信号电路的检测	5	
	⑧ 废气再循环阀及其电路的检测	5	
	⑨ 空档起动开关电路原因的检测	5	
	⑩ 点火系统的检测	5	
安全/环保意识	① 是否正确着装工作服	2	
	② 地面是否有机油滴漏	5	
	③ 是否用榔头敲击发动机及其零部件	3	
	④ 橡胶类零件是否粘油	5	
	⑤ 分解过程中是否有零件坠地	5	
	⑥ 操作过程是否有安全事故	5	
	合　计	100	

五、考核建议与结果展示

1. 考核建议

关于本任务的考核与评价，应该侧重以下几点：

① 检修过程与知识把握。

② 工作中的态度和诊断思路。

③ 任务实施后的技术分析报告质量。

2. 学生应展示的结果

① 班组制定的本任务实施方案。

② 检修记录与技术分析报告。

3. 思考与练习

① 步进电动机型怠速控制阀的控制内容。

② 述说废气涡轮增压控制系统、EVAP 控制系统的工作原理。

③ 讨论 ECU 如何确定当前状态为怠速、急加速、冷起动、热起动及大负荷工况。

④ 讨论废气再循环和空燃比反馈控制对发动机排放的影响。

⑤ 查阅资料说明发动机失效保护系统、故障自诊断系统。

六、知识与思维拓展

1. 发动机的电子控制单元常见故障

① 发动机的 ECU（电子控制单元）虽然可靠性很高，轻易不会出现问题，但是对那些使用年限较长的老车（行驶里程超过 150000km，尤其是使用条件恶劣者）难免会出现这样或那样的故障。例如，某个集成块损坏，ECU 固定脚螺栓松动，某电子元件焊脚接头开焊以及电阻、电容元件失效等，都可能造成发动机起动困难、控制速不稳、油耗增大、动力性差、排放劣化等恶果。出现这些故障时，依规应送特约维修部门去检测和修理；实在没有条件时，可采用置换比较的方法去验证，即借用同型号车上相应的完好元、器件，换装后进行效果比较以确定故障原因。

② 插接件联接故障。电控系统的电路中有很多插接件，常常因为使用时间长造成插件老化，或由于多次拆装使插件接头松动而接触不良，导致发动机工作不稳定（时好时坏）。我们曾解决过不少这类故障，就是因为 ECU 中的一个接脚接触不良，或气流传感器插件中与电动油泵开关相联的插头接触不良而造成发动机不易甚至不能起动。还有其它种种故障也都是源于“接触不良”或“短路”，如一台车的发动机两缸不工作，竟是仅仅因为电控喷油阀的电源插线脱落而致。可见，插接件虽小，却轻视不得。

③ 传感器故障。汽车用传感器虽结构不尽相同，但大致是以下几种类型，如热敏电阻式、真空压力式、电磁式、机械传动式等。由于传感器中的易损零件损坏，如弹片弹性失效、真空膜片破损、回位弹簧疲软、断裂或脱落，都将破坏及时、准确地反馈发动机的工况，从而使得电子控制系统工作失常甚至失效，继而导致发动机工作不协调，甚至根本不能工作。

④ 管路密封不严。如胶管老化、管口破裂或卡子松弛，会造成气、水、油的渗漏，结果导致混合气过稀，润滑、冷却失效等，从而使发动机起动困难，或怠速运转不稳、运转无力等。

⑤ 电控燃油喷射系统的汽油雾化，颇类似于柴油机的高压喷嘴喷油雾化的情况。不过前者的喷嘴多是由一组电磁线圈、衔铁开关、喷油针和阀座组成。针阀开启时就喷油雾化，而针阀的开起动作是由 ECU 输来的电脉冲控制的。

有时候会因为电磁线圈工作不良或喷油针被阻滞卡死，而造成某缸汽油雾化不良或不雾化（滴油）从而导致该缸的工作不良或不工作。

⑥ 电子控制燃油喷射系统中也有起动加浓装置。它只在起动时刻起作用，“起动加浓电磁线圈”在起动瞬间打开针阀，起动后即刻关闭针阀。它工作的好坏，直接影响发动机的起动性能。

曾有一台车，总是不好起动，但一旦起动着火后便一切正常了。经反复检查发现就是起动加浓装置不起作用，更换一只新的起动加浓阀后，即排除了这一故障。

⑦ 空气流量传感器是一个关键器件，它的故障会引起发动机工作不正常。其故障主要原因：一是触点在碳膜镀层上频繁滑动，逐渐磨损而产生沟槽，使其电阻值发生变化且不稳定，故检测信号

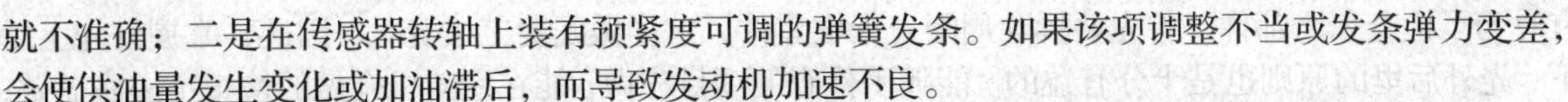

就不准确；二是在传感器转轴上装有预紧度可调的弹簧发条。如果该项调整不当或发条弹力变差，会使供油量发生变化或加油滞后，而导致发动机加速不良。

⑧ 电控燃油喷射系统中，汽油压力调节器虽然是不可调的，但却不容忽视。有一次我们忘记接上真空软胶管，由于回油量受到了影响，因此使喷油嘴两端的压力差发生了变化而造成发动机始终无法起动（不着火）。如果压力调节器内的膜片破损，也会产生类似故障。

⑨ 为了确保输油泵只在发动机运转而进气支管产生真空时才供油，电喷系统中的燃油泵也得受空气流量传感器的控制。空气流量传感器片上装有微动开关，有时会因拆装不当或其它原因使其杠杆动作延迟而造成输油泵不泵油或泵油不足。此故障可在起动中拆下汽油滤清器进油管的接头，看是否泵油来判定。

2. 汽车电控发动机故障诊断的基本原则

尽管美、日、欧各车系电子部件的外观、形状、安装位置等有很大差异，但其基本控制原理是相近的，故障诊断也有基本规律可循，例如：大多数传感器都使用 5V 参考电压，而执行器用 12V 驱动；氧传感器主要有氧化锆式和氧化钛式两种；一般中低档以下轿车大都采用压电式爆燃传感器；几乎所有的汽车，无论是天津夏利，还是奔驰、宝马，其水温传感器都使用的是“负温度系数线性输出型”传感器。如果我们能够遵循故障诊断的一些基本原则，往往能迅速找出故障之所在，取得事半功倍的效果。

（1）先简后繁、先易后难的原则

由于汽车电控装置的使用环境十分恶劣，经常在高温、振动、灰尘、潮湿、水淋等环境下工作，一些驾驶性能障碍可能是由于很简单的原因造成的，比如线束折断、插接器松动或锈蚀、真空管龟裂或脱落等，因此，能以简单方法检查的可能故障部位优先予以检查。比如直观检查，用眼看（眼睛观察线路或插接器是否有断裂、松脱；进气管路有无破损等），耳听（耳朵或借助螺丝刀、听诊器等听一听发动机有无异响；怠速和急加速是否粗暴；有无漏气声、喷油器有无规律的“喀哒”声等），手摸（用手摸一摸相关电器总成、继电器、可疑的线路插接器连接是否有松动；摸一摸电子部件表面的温度有无不正常的高温以判断该处是否接触不良；摸一摸喷油器、电磁阀是否有规律地振动来判断其工作正常与否等），通过采用简便的直观检查方法，将一些较为显露的故障迅速地查找出来。即使故障灯不亮，也要检查一下有无存储故障代码，因为 1995 年以后的 ECU（发动机控制装置）大都采用 E^2PROM（电子擦抹的可编程只读存储器），只要检测到信号中断或变异超过 0.5s，便会记录故障码，5s 以后故障不再出现，又自动擦去故障码，这时候故障灯是不亮的，但故障存储器中会存贮该故障码，称为“历史码”，以便下次进厂保养时提醒检查相关部位。

直观检查未找出故障，需借助于仪器仪表或其他专用工具来进行检查时，也应对较容易检查的先予检查。能就车检查的项目优先进行检查。

（2）先思后行、先熟后生的原则

在对汽车电控故障诊断维修时，应针对故障现象首先进行故障分析，明确引起故障的可能原因，确定优先检查的方向和部位，做到有的放矢，避免对与故障无关的部位作无谓的检查，也防止有关的应检项目漏检而多走弯路，即为“先思后行”。“先熟后生”说的是由于车辆设计制造以及使用环境等方面的因素，一些车型的某些故障，常常以某个部件或总成故障比较常见，这样根据平时积累下来的经验，对这些部件或总成优先给予检查；另一方面，在汽车电控系统中，有些故障形成的原因很复杂，牵涉的应检项目和部位也很烦琐，因此，可以先挑一些自己熟悉的部件、部位或系统优先给予检查，往往也能达到事半功倍的效果。

（3）先上后下、先外后里的原则

当前汽车电子装置越来越多，使发动机仓排得满满的，由于空间有限，其布局紧凑，层层相叠，有时为了检查一个部件，首先要拆除周围一大堆零件，这样做既费工又费时，因此，掌握好先上后下、先外后里的原则也是十分有益的。能随手检查的项目先做；能在发动机仓做的检查不去底盘做；能在外部做的项目不去里面做。

电控系统故障大多数最先出在机构失灵等机械方面（这里说的机械故障是指电控系统中传感器和执行器机构故障，而并非发动机机械），不一定都是由于电信号引起的，因系统机构出了问题，迫使ECU起动备用系统，使电信号产生差异，导致驾驶性能上的障碍。

（4）先备后用、代码优先的原则

电子控制系统的一些部件性能好坏，电气线路正常与否，常以其电压或电阻等参数来判断。如果没有这些数据资料，系统的故障检判将会很困难，往往只能采取新件替换的方法，这些方法有时会造成维修费用猛增且费工费时。所谓先备后用是指在检修该型车辆时，应准备好维修车型的有关检修数据资料。除了从维修手册、专业书刊上收集整理这些检修数据资料外，另一个有效的途径是利用无故障车辆对其系统的有关参数进行测量，并记录下来，作为日后检修同类型车辆的检测比较参数。如果平时注意做好这项工作，会给系统的故障检查带来方便。

电子控制系统一般都有故障自诊断功能，当电子控制系统出现某种故障时，故障自诊断系统就会立刻监测到故障并通过“检测发动机”等警告灯向驾驶员报警，与此同时以故障码的方式储存该故障的信息。但是对于有些故障，故障自诊断系统只储存该故障码，并不报警。因此，在对发动机作系统检查前，应先按制造厂提供的方法，读取故障码，并检查和排除代码所指的故障部位。待故障码所指的故障消除后如果发动机故障现象还未消除，或者开始就无故障码输出，则再对发动机可能的故障部位进行检查。

总之，电控发动机是比较复杂的系统，其故障远比普通发动机复杂得多，在诊断故障时需要掌握系统的检修步骤和方法。从原则上讲，在对电控发动机进行故障诊断时，需要首先系统全面地掌握电子控制系统的结构、原理和线路连接方法，明确电控系统中各部分可能产生的故障以及对整个系统的影响；运用科学的故障诊断方法对系统故障现象进行综合分析、判断，确定故障的性质和可能产生此类故障的原因和范围；制定合理的诊断程序进行深入诊断和检查，直到给予圆满的解决，使汽车恢复应有的性能和技术指标。

3. 电控发动机的基本设定

对于电控发动机的某些系统，在维修后或保养时必须进行基本设定。在基本设定过程中，控制单元中的某些参数（如怠速时的点火正时等）应调整到生产厂家设定的指定值，或者将某些元件（如节气门位置传感器的位置）参数存入控制单元，以便实施精确控制。

进行基本设定必须在一定的条件下才能完成。下面以奥迪2001.8T发动机节气门控制单元的基本设定为例来说明具体的设定方法。

（1）节气门控制单元设定基本条件

故障存储器中无故障存储（如需要应先查询故障码，消除故障，清除故障存储）；关掉用电器；关掉空调；冷却液温度高于80℃；变速箱处于N挡或P挡；蓄电池电压高于11V；节气门拉线调整正常；基本设定过程中不能踩加速踏板。

（2）节气门基本设定的步骤

① 连接仪器，打开点火开关。

② 通过方向键选择工作模式，然后按确认键进入执行。

③ 通过上下键选择“故障测试”然后按确认键进入执行。

④ 通过上下键选择车系，然后按确认键进入执行。

⑤ 通过上下键选择车型，然后按确认键进入执行。

⑥ 通过上下方向键选择“发动机系统”然后按确认键进入。

⑦ 按任意键继续。

⑧ 按上下键选择“基本设定”，然后按确认键进入。

⑨ 按左右键选择基本设定通道号的第一位数字，然后按确认键。

⑩ 重复步骤⑨，选择并确认通道号的后 2 位数字。

⑪ 按“F1”键继续。

⑫ 观察数据流第 4 区，当显示由“run”变为“ok”时，节气门基本设定便完成了。

（3）常见车型发动机节气门基本设定的通道号

电喷小红旗— 001；捷达二阀— 060；奥迪 C5A6—060；捷达五阀 098；奥迪 200-1.8T—098；桑塔纳 2000—098。

例如，一辆奥迪 200 1.8T 事故车修复后，怠速不稳、加速无力，用金德 K80 解码器检查，故障码是 17967，节气门控制单元 J338 基本设定未完成。用解码器进行基本设定时，始终不能完成设定，最后检查发现，由于事故车修理时线路接错，使得解码器诊断插座处的电压供给只有 6.5V，电压过低。由于电压过低时，发动机控制单元不能正常工作，所以使得节气门基本设定无法完成。

不完成节气门基本设定，发动机控制单元得不到节气门控制单元中传感器的正确位置参数，所以无法对发动机进行控制。

4. 发动机电子控制系统检修常识

① 电子控制器（ECU）是精密器件，虽然许多故障现象都可能与 ECU 有关，但其故障率很低，因此不要轻易处置 ECU，更不要随便打开 ECU 盖。

② 电路断路或接触不良是电子控制系统常见的故障，除了某些线路断脱、插接器松动等故障可以用直观法检查外，须用高阻抗万用表检测有关测量点的电压和电阻来判断故障部位，不能用刮火的方法检查线路是否通断。因为在刮火时，电路中的自感线圈产生的瞬间电压会击穿电子元件。

③ 在点火开关接通的情况下，不要进行断开任何电器设备的操作，以免电路中产生的感应电动势损坏电子元件。当断开蓄电池时，必须关闭点火开关；检查自诊断故障代码是否存在；牢记带防盗码的音响设备的密码。

④ 蓄电池断开装复后，如果出现发动机工作状况不如以前时，先不要随便更换零部件，因为这种情况可能是由于蓄电池断开后，将 ECU 的“学习修正记忆”消除的缘故。待发动机运行一段时间，ECU 自动建立修正记忆后，发动机工作不良状况会自动消失。

⑤ 在对车辆进行电弧焊修理作业时，一定要断开 ECU 与蓄电池的连接。若在靠近 ECU 处进行焊接修理时，应将 ECU 盒移走。

5. 发动机电喷系统主要零部件的检测方法与维修误区

（1）怠速步进电机

步进电机由两组线圈组成，用万用表测步进电机的电阻，对照该车型技术参数的阻值，来判断两组线圈是否正常。检测方法：起动发动机，改变当动机的转速，用示波器测试步进电机各输入点信号的存在，从而确定步进电机电路的正确连接。

维修误区：由于步进电机没有固定的零位置，它在发动机控制器的驱动下自动归位，所以在更换步时电机时，不必考虑零位置的变化，但值得注意的是当蓄电池电压太低或太高时，不要移动步进电机，以免影响步进电机的正常工作。

（2）供油系统

供油系统主要检测供油压力，其方法是把压力表与喷油器的供油管路相连，将点火钥匙开到点火挡，用跨接线来起动油泵。燃油压力表如显示过低，则表示油泵压力不够或燃油滤清器堵塞。

维修误区：燃油压力调节器一般来说是不可调的，且很少出毛病，但有时却容易引起对其他故障的误诊，如遇到起动困难，应考虑是否调节器有了故障。如果没有油压，这时应首先检查油泵保险丝。在更换燃油滤清器或油管时，首先要断火泄压，以免高压油喷出从伤人。

（3）系统插接件

不少电控燃油喷射系统的故障出在电路的插接上。因此当发动机系统不正常，首先应检查系统插接件是否松动或有油污以及误接。特别是跟发动机控制器连接的插头接触不良，会导致诊断系统有故障码。

维修误区：切忌在发动机工件时断开或插接元器件，一方面断电时，易产生高电压烧损 ECU，另一面自诊系统存储故障码。

（4）电磁喷油器

用万用表测喷油器两个端子之间的阻值即可。一般电流驱动的喷油器的电阻值在 3Ω 左右，电压驱动的喷油器阻值为十几欧。

维修误区：部分车带有辅助空气阀与喷油器接头时，应特别小心，连接不正确会损坏电子控制装置。因为喷油器电阻为几欧，辅助空气阀电阻为 50～60Ω，流过空气辅助阀三极管的电流将为 0.2A（12V/60Ω），如果将喷油器接头误接到辅助空气阀上（插接头是一样的），则流过三极管的电流将为 4A（12V/3）。三极管将立即损坏，同时也很可能将喷油器损坏。

（5）节气门位置传感器

大部分电子控制系统，节气门位置传感器中间为输出端，将钥匙开到点火挡，用万用表测传感器输出端电压，转动节气门从全闭到全开，输出电压应与节气门转动角度成线性变化，范围在 0～5V 以内。

维修误区：维修节气门体时，要用不掉毛的软刷和化油器清洗剂清洗节气门各孔道和铸件，而后用高压空气吹通各孔道。尽量避免损坏电控传感件，不要清洗节气门位置传感器、怠速控制阀和缓冲器。

（6）进气歧管压力传感器

进气歧管压力传感器中间端子为输出端，当点火钥匙转到点火挡时（发动机不转动），输出端电压应为 4～5V。发动机起动后，在怠速条件下，传感器输出电压为 1.5～2.1V。

维修误区：故障较多的进气歧管压力传感器中，大都是地线连接不正确或地线短路、断路或开路，因此维修中不要因传感器电压或电阻不标准，轻易更换或替换传感器。

（7）冷却温度及进气温度传感器

温度传感器的阻值一般为负温度系数，所以用万用表测温度传感器的电阻，参考其电阻值表即可。

维修误区：若更换温度传感器，安装时，其螺栓螺母的加力扭矩一定要按照原车技术参数，一般为 20N · m。同时“O”形垫一定要换新件，原来的垫子绝不可重复使用，否则影响 ECU 接收信号。

（8）氧传感器

评价氧传感器时，在没有专用仪器的情况下，也可以用电压表测量，其电压在 0～1V 连续不断地变化。

维修误区：根据汽车实际应用检查表，装用电控汽油喷射闭环控制系统的发动机，使用含铅汽油 480km 后，氧传感器的整个性能已基本丧失，而三元催化器中毒后，其净化效率也大大降低，甚至不起净化作用，因此在检测氧传感器的性能时，应查看使用的燃油是否符合要求，才能真正测量出氧传感器的正确电压值。

（9）爆燃传感器

它的检测比较简单，用欧姆表检查传感器的接线端和传感器本体之间是否导通，不导通为合格，导通为击穿或损坏。

维修误区：不少维修人员在发动机产生爆燃时，更换爆燃传感器，故障却不能排除。其实，发动机产生抖动或爆燃敲击声，不能与爆燃传感器混为一谈。应查明原因再检修。

6. 发动机电控系统常见故障诊断基本程序

与化油器式供油的发动机相比，带有电喷系统的发动机油电路故障大为减少。可是一旦出现故障，又很不容易排除。这主要是因为我们对电喷发动机原理不太了解，并且资料缺乏，经验不足。电控发动机一旦出现故障，可以按照一定的步骤进行检查和诊断，其基本诊断程序和基本方法如下：

第一步向车主调查：向车主调查故障发生的时间、现象、故障发生前后的情况、近期检修情况等等。

第二步外部检查：外部检查各真空软管和线束连接器连接情况、有无漏油、漏气或外部损伤等等。

第三步调取故障码。

第四步调取故障码之后，如果有故障码并且故障现象明显，按故障码提示检查；如有故障码但是故障现象不明显，按间歇性故障检查；如显示正常码但是故障现象明显，按无故障码故障检查。

在对电控系统进行故障诊断时，按故障码提示或无故障码时，如果通过基本检查不能查明故障原因，则可根据故障现象按故障诊断表进行检查。

（1）发动机不能起动且无着车征兆故障诊断基本程序

① 排除起动系统自身故障，例如，电瓶电压低，起动机或接线不良。

② 是否由防盗系统引起。有些车型防盗锁定后，起动机不能转动，有些车型则没有点火或喷油信号。如果是防盗系统锁定，请先按规定方法解除，或排除防盗系统故障。

③ 用仪器或人工方法提取故障码，如果有与油泵、点火、喷油控制相关故障码，按内容检修。

④ 是否建立油压。如果没有合适油压，检查油箱、汽油滤清器、油压调节器、汽油泵及控制电路。如果有合适油压，检查喷油器是否动作：

喷油器动作，检查是否堵塞或泄漏；喷油器不动作，检查电源和脉冲控制信号以及相关电路元件。

⑤ 火花塞是否跳火。

有跳火，检查火花是否太弱或点火正时不正确。

没有跳火，检查曲轴位置传感器，凸轮轴位置传感器、点火模块、点火线圈、发动机电脑等有关元件和电路。

⑥ 检查气缸压缩压力，排除机械故障。

（2）发动机不能起动但有着车征兆故障诊断基本程序

① 进行自我诊断，如有相关的故障码，按内容检修。

② 检查进气管道是否有严重泄漏或堵塞。

③ 检查火花是否太弱或点火正时不正确。

④ 检查燃油系统。油压太低：检查油路相关元件，如汽油泵、汽油滤清器、油压调节器等；喷油器是否堵塞或漏油，或部分喷油器不工作。

⑤ 检查空气流量计、水温传感器等与喷油量相关的元件。

⑥ 检查气缸压力。

（3）发动机冷车起动困难故障诊断基本程序

① 进行故障自我诊断，如有相关故障码，按内容检修。

② 检查水温传感器的电阻、信号和电路。

③ 检查冷车起动辅助元件：冷起动喷油器及电路；辅助空气阀；怠速控制阀工作情况。

④ 检查燃油、进气、点火系统，如果发动机运转不良，也会造成起动困难。

（4）发动机热车起动困难故障诊断基本程序

① 进行故障自诊断，如果有相关故障码，按内容检修。

② 检查水温传感器的电阻，信号和电路。

③ 检查供油压力，注意喷油器是否泄漏。

④ 检查点火系统及相关元件。

（5）发动机冷、热车都起动困难故障诊断基本程序

① 进行故障自诊断，如果有故障码，按内容检修：汽油泵；油压调节器；油路脏堵。

② 检查点火正时，以及是否间歇性断火。

③ 检查进气系统脏堵或元件不良。

④ 检查气缸压力。

（6）发动机怠速偏低故障诊断基本程序

① 确认怠速控制阀是否正常工作。

② 确认怠速是否调整适当

③ 节气门位置传感器信号。

④ 点火正时及相关元件、电路。

（7）发动机怠速太高故障诊断基本程序

① 先进行故障自诊断，如有相关故障码，则按内容检修。

② 检查快怠速有关的元件：水温传感器、P/N、AC 开关、快怠速阀是否关闭。

③ 检查基本怠速调整是否适当。

④ 检查节气门位置是否正确，节气门位置传感器信号及怠速开关调整是否正确。

（8）发动机冷车怠速抖动故障诊断基本程序

① 先进行故障自诊断，如有相关故障码，则按内容检修。

② 检查冷车快怠速有关元件：水温传感器、快怠速阀等。

③ 检查怠速控制阀工作情况。

④ 检查基本怠速调整是否适当。

⑤ 检查 EGR 是否漏气。

⑥ 检查喷油时间及相关元件。

（9）发动机热车怠速抖动故障诊断基本程序

① 进行故障自诊断，如有故障码，则按内容检修。

② 检查基本怠速调整。

③ 检查怠速控制阀工作情况。

④ 检查节气门位置传感器的怠速开关是否常闭。

⑤ 检查喷油时间、氧传感器、空气流量计或歧管压力传感器、水温传感器的元件和线路，EGR 阀动作情况。

⑥ 火正时及点火系统相关元件。

⑦ 油器工作情况。

⑧ 进气系统或机械部分是否漏气。

（10）发动机不管冷、热车怠速抖动故障诊断基本程序

① 进行故障自认诊断，如有故障码，则按内容检修。

② 检查进气系统及发动机各真空软管是否漏气。

③ 检查基本怠速是否调整不当。
④ 检查怠速控制阀工作情况。
⑤ 燃油系统油压太低或脏堵。
⑥ 空气流量计或歧管压力传感器等信号元件不良。
⑦ 各气缸工作不平衡，进行断缸测试，检查不良气缸的点火、喷油、气缸压力。

（11）发动机怠速上下波动故障诊断基本程序
① 进行故障自诊断，如有故障码，按相关内容检修。
② 检查进气系统是否漏气。
③ 检查节气门位置传感器的怠速开关或怠速信号电压。
④ 检查空气流量计信号。
⑤ 检查怠速控制阀的工作情况。
⑥ 检查其他信号元件、水温传感器、氧传感器。

（12）发动机负荷变化时怠速不稳或熄火故障诊断基本程序
① 进行故障自诊断，如有相关故障码，按内容检修。
② 检查基本怠速是否适当。
③ 检查怠速马达是否工作。
④ 检查 P/N、A/C、PS 等信号。
⑤ 检查怠速控制有关元件及电路。
⑥ 发动机动力是否足够，做基本保养。

（13）发动机加速不良、无力故障诊断基本程序
① 进行故障自诊断，如果有故障码，按相关内容检修。
② 检查燃油压力是否足够，燃油系统是否脏、堵。
③ 检查喷油时间以及影响喷油时间的信号元件：MAF、TPS、O2、CTS 等。
④ 检查点火正时及火花情况。
⑤ 检查 EGR 是否漏气，排气管是否通畅。
⑥ 检查气缸压力，检查是否有漏气部位。

（14）发动机减速不良、松开油门易熄火故障诊断基本程序
① 检查基本怠速是否过低。
② 检查节气门位置传感器，注意怠速开关的位置。
③ 检查怠速控制阀及相关电路。
④ 检查减速断油功能及恢复断油控制（电脑及电路）。

（15）发动机油耗太大故障诊断基本程序
① 进行故障自诊断，如有相关故障码，按内容检修。
② 检查喷油时间，如果太长，则检查有关信号元件。
③ 燃油压力是否太高，喷油器是否泄漏。

（16）发动机爆燃、敲缸故障诊断基本程序
① 检查燃油辛烷值是否符合规定。
② 检查混合气及相关元件是否正常。
③ 检查点火正时。
④ 检查冷却系、发动机是否过热。
⑤ 检查气缸压缩压力。
⑥ 检查爆燃传感器及元件安装。

7. 发动机辅助控制系统故障案例

（1）大众朗逸维修故障案例——怠速不稳

故障现象：一辆行驶里程约 12000km，装配了 CDE 发动机的上海大众朗逸轿车。起动发动机后，怠速维持在 960r/min 左右，重新起动车辆怠速恢复正常，转速为 680 ± 50r/min 左右。

故障检查与分析：连接 VAS5051B 对车辆进行故障检测，分别在发动机控制单元和车身控制单元内存储了相同的故障——发电机终端 DF 间歇性负载信号异常。删除故障码后路试，车辆起动后行驶 5min 左右，发动机怠速一直保持在 960r/min，重新起动车辆后，怠速恢复正常。再次调取故障存储，无故障码记录。读取发动机数据流，当怠速保持在 960r/min 时，除了 04 组第 2 区发电量在 12.5～12.8V 间波动外，喷油脉宽、进气压力、氧传感器数据、点火提前角、节气门角度、加速踏板位置信号无明显异常；53 组 4 区发电机负荷显示为 39.1%，基本在正常范围内。

朗逸装备中央控制单元 BCM，BCM 众多功能中有一项重要的功能就是负载管理。负载管理是为了防止蓄电池过度放电造成损坏或无法起动车辆。当蓄电池电压低于 12.7V 时，中央控制单元要求提高怠速转速。当蓄电池电压低于 12.2V 时，依次关闭座椅加热、后风窗加热、车外后视镜加热、自动空调、信息娱乐系统。该车的发电电压有时会低于 12.7V，显然这时 BCM 的负载管理功能起动了。接通大电流用电器时，发动机控制单元会相应提高发动机转速（53 组发电机负荷数据将增大），若发电机异常或信号线异常的情况下，发动机控制单元会将怠速转速调整至 960r/min。

故障排除：因发动机控制单元和 BCM 同时存储有发电机负载的故障，所以推断故障点应该在发电机的内部。但为了稳妥起见，根据电路图测量发电机到发动机控制单元/BCM 之间的信号线，未发现短路/断路现象。再次起动发动机怠速运转，观察数据块中的发电量，发现发电量有时甚至会低至 12.18V。根据之前的判断，拆下发电机更换电压调节器后，怠速时发电量稳定在 13.7V 左右，路试 10km 未出现怠速升高的现象，故障排除。

（2）EGR 电磁阀引起的起动困难

故障现象：一辆本田雅阁车，起动困难、怠速不稳、加速发抖，冷车时故障现象较为严重。其发动机故障指示灯有时常亮。

故障检查与分析：经检查发现，在不踩加速踏板的时候起动较为困难，踩下一点油门后比较容易起动，但是起动后一抬脚发动机就熄火。如果起动后一直踏住加速踏板，过一段时间后再慢松加速踏板，发动机还可以运转，但怠速不稳定，在 450～650r/min 来回游动，真空度在 47～55kPa 变动，加速到 2500r/min 以上一切正常。

这类故障在其他车上发生得也很多，大多数是因为节气门体过脏或者怠速控制阀积炭严重造成的。而故障点主要在于进气量受到限制，因为冷车起动时，进气量相对较多，尽管电脑会控制怠速控制阀进行修正，但这需要一个过程。所以很多时候都会因为节气门体过脏或者怠速控制阀积炭严重造成出现此类故障。但这种故障很少会导致故障灯常亮。首先对进气系统进行了检查和清洗。检查结果为进气系统各管路连接完好，无泄漏、堵塞现象，节气门位置传感器和怠速控制阀工作良好。

用故障诊断仪对发动机电控系统进行了检查。读取的故障码为 P0131——氧传感器电路电压过低。拆下氧传感器，表面并无积碳，测各导线连接可靠，说明氧传感器正常。但氧传感器反馈电压始终小于 0.45V，说明混合气过稀。拔下水温传感器线束接头，接上一个变阻器调到 4～8kΩ（因水温传感器的一个喷油量控制修正信号，温度高喷油量减少，温度低喷油量增多，加一个 4～8kΩ，相当于 0℃时增加喷油量）再一次测试发现氧传感器反馈电压接近 0.9V，进一步说明氧传感器正常，只是混合气过稀。

测得的燃油压力为 285kPa，正常。拆下喷油器清洗后故障依旧，故障码也只有 P0131。拔下其它传感器测试，能够读取到相应故障码，说明 ECU 没问题，肯定是漏气引起。对进气系统及相连接的真空管逐一检查还是未发现异常。又对 EVAP、EGR 系统进行排查，当拔下 EGR 阀上的真空管后，发动机怠速上升到 1000r/min，真空度也上升并稳定在 68kPa。

EGR 阀通过管道将排气管与进气管连通，其真空气室上方的真空度受 EGR 控制电磁阀控制，EGR 控制电磁阀受 ECU 控制。ECU 根据发动机转速、空气流量、进气压力、温度等信号控制 EGR 控制电磁线圈通电时间的长短来控制进入 EGR 阀的真空气室上方的真空度，从而控制 EGR 阀的开度来改变参与再循环的废气量。在 EGR 阀上部还有一个位置传感器，其功用是检测 EGR 阀的开度位置，并利用电位计将其位置变为相应的电压信号，反馈给 ECU，作为控制废气再循环的参考信号。EGR 系统在怠速工况下不工作。

故障排除：起动后拔下 EGR 阀上的真空管，用手堵住该管发现感到有真空吸力，在正常情况下此时是没有真空的。正因为有真空吸力导致废气在怠速工况下循环，从而导致混合气太稀，怠速不稳。于是拔下 EGR 控制电磁阀线束插头，发现上述真空管依然有真空（在不通电的情况下 EGR 控制电磁阀切断 EGR 阀到 EGR 真空控制阀的管路的），充分说明 EGR 控制电磁阀有故障。进一步检查发现该阀比较脏，于是用化油器清洗剂清洗并滴入两滴干净的机油，装复后故障排除。

（3）宝来废气涡轮增压系统故障分析与排除

车辆信息：车型：BORA 1.8T、AT；行驶里程：43000km；购车日期：2004.10.12。

故障现象：一辆 BORA 1.8T 轿车，配备 AT 波箱，购于 2004.10.12，行驶里程 43000km，最近车辆行驶中急加速完成后收油的瞬间前部分有清脆的“咯咯”的响声，类似于轴承损坏后远行的声音。

故障检查与分析：首先用检测仪 VAS5051 对该车辆进行检测，发现发动机控制单元内有故障为：17608：涡轮增压器空气再循环电磁阀 N249 机械故障；读取数据流当急加速收油瞬间，发动机控制单元 115 组第四区数据中实际压力还继续上升一段时间。

针对故障现象、故障码与数据流组进行分析：车辆行驶中急加速完成后收油，节气门开度迅速减小，发动机控制单元将 N249 打开，接通空气再循环机械阀的真空回路，使其打开，增压气体在回路中形成局部循环，避免增压空气冲击节气门。

故障排除：据以上分析判断为涡轮增压器空气再循环电磁阀 N249 及相关真空控制管路故障。先检查 N249（该阀在进气管下灰色），用 VAS5051 进行执行元件的方法触发 N249，工作正常，关闭点火开关，拔下涡轮增压器空气再循环电磁阀 N249 的插头，测量该阀触点间电阻为 25 欧姆（规定值为 21～30Ω），N249 正常；接着检查 N249 的相关真空管路也正常；再用手动真空泵 VAG1390 检查机械式增压空气再循环阀，发现机械式增压空气再循环阀损坏 1 与 2 不导通。更换机械式增压空气再循环阀后故障排除。

项目五 发动机大修后的交付、回访及维护

汽车维修人员应该具备车辆维修成本预估的意识与能力。对所进行的维修作业进行最基本的成本预估，既有利于对维修过程进行总结与回顾，也有利于为企业服务定价。在车辆发动机大修作业结束后，还需要进行质检验车、提交结算、维修回访、二次返厂检查与维护等作业，这一系列的作业，可以有效地保证维修质量，也是保持企业与客户良好关系、提供后续维修服务、收集客户反馈意见、提高服务品质必不可少的手段。组织本项目实施的导向图如图 5-1 所示。

图 5-1　组织完成发动机大修后工作项目实施的导向图

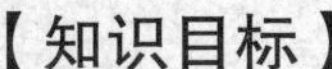

【知识目标】

① 了解关于汽车发动机大修的基础知识。
② 熟悉汽车发动机大修后磨合期要求及维护作业内容。
③ 掌握汽车质检交车的流程。
④ 了解维修车辆提交结算过程步骤及过程。
⑤ 熟悉客户回访主要内容与作业过程。

【能力目标】

① 能够检验车辆发动机大修后是否符合大修竣工标准。
② 能够引领客户提交结算，并能够清楚说明账目清单。
③ 能够跟踪回访客户车辆行驶情况，了解车辆发动机大修后工况，有问题能够及时解决。
④ 能够完成车辆发动机大修后二次返厂作业项目。

【素质目标】

① 提高服务意识、经济意识，并能很好完成本职工作。
② 工作认真细致、诚实守信，善于语言表达，能够与不同类型客户进行沟通与交流。
③ 牢固树立安全责任意识，确保安全规范操作。

【项目实施要求】

本项目可以分为 4 个任务来完成：发动机大修经济成本预估、发动机大修作业后的验车交付、发动机大修费用结算与客户回访和发动机大修后的检查与维护。

任务一 发动机大修经济成本预估

【任务说明】

发动机大修完成后，要对大修的价格进行核算，核算价格是否正确与合理，不仅关系到企业的利润和效益，也直接影响到车主的利益。汽车维修工作人员应该能够根据发动机大修过程进行维修成本的预估，为企业定价提供依据。组织本任务实施的导向图如图 5-2 所示。

【知识要求】

① 理解发动机大修成本的基本内容。
② 掌握发动机大修成本核算初步方法。

【能力要求】

① 能够初步核算发动机大修成本与价格。
② 能够正确解释维修结算单的内容。

【职业素养】

① 提高学生的企业主人翁责任感。
② 树立成本意识和经济意识。

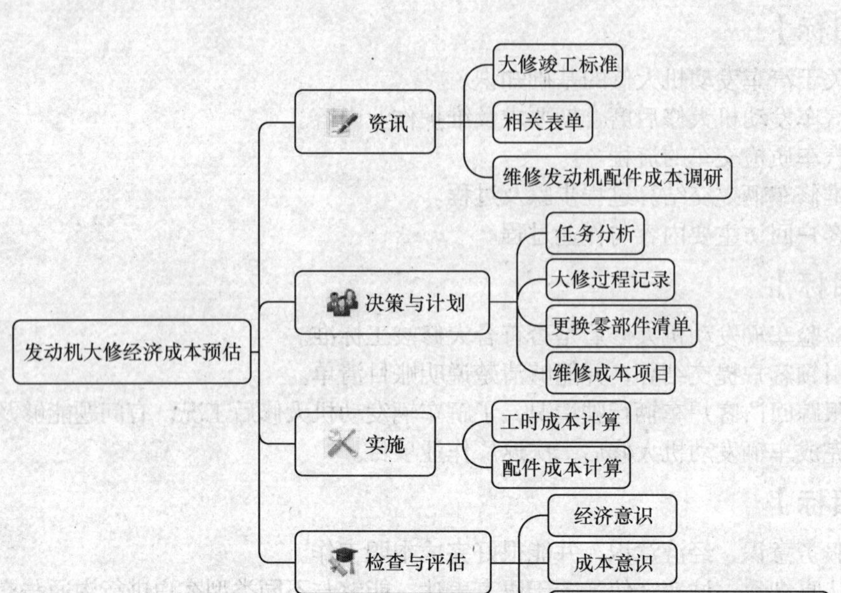

图 5-2 发动机大修成本预估任务的实施流程图

一、资讯

1. 汽车发动机大修竣工出厂技术条件（国家标准 GB/T 3799.1～2—2005）

本标准适用于国产往复活塞式汽车发动机（汽油机、柴油机），同类型进口汽车发动机可参照执行。

（1）技术要求

① 发动机外观。

（a）发动机的外观应整洁，无油污。发动机外表应按规定喷漆，漆层应牢固，不得有起泡、剥落和漏喷现象。

（b）发动机点火（柴油机为辅助起动）、燃料供给、润滑、冷却和进排气等系统的附件应齐全，安装正确、牢固。

（c）发动机各部位应密封良好，不得有漏油、漏水、漏气现象；电器部分应安装正确、绝缘良好。

② 发动机装备。

（a）外购的零、部件和附件均应符合其制造或修理技术要求。

（b）修复的零、部件装配前应经检验，其性能应达到规定的技术要求。主要零部件气缸体和气缸盖、曲轴、凸轮轴等如进行修理，应满足原制造厂维修技术要求或 JT/T 104、JT/T 105 和 JT/T 106 的要求。

（c）发动机应按装配工艺要求装配齐全；装配过程中应按要求进行过程检验，过程检验合格后再进行下一步装配。

（d）装配后的发动机应按原设计规定加注润滑油、润滑脂、冷却液。

（e）对于柴油发动机，喷油泵、喷油器、调速器均应进行调试、检测，其性能指标符合原制造

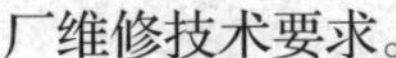

厂维修技术要求。

（f）带有增压或中冷增压的发动机，增压装置应按原厂规定进行装配和检验，增压器工作应正常，转速应达到原设计规定。具有增压器旁通管道控制的发动机，旁通管道的开启与关闭应灵活可靠，开启及关闭的转速应符合原设计规定。

（g）对原设计规定需加装限速装置的发动机，维修人员应对限速装置作相应调整并加铅封。限速装置宜在发动机走合期满进行首次维护后拆除。

（h）电子控制燃油喷射系统装置应齐全有效。

（i）装配后的发动机如需进行冷磨、热试，应按工艺要求和技术条件进行冷磨、热试、清洗，并更换润滑油、机油滤清器或滤芯。原设计有特殊规定的按相应规定进行。

③ 发动机性能。

（a）发动机运转状况及检查。对于汽油发动机，发动机在各种工况下运转应稳定，不得有过热现象；不应有异常响声；突然改变工况时，应过渡圆滑，不得有突爆、回火、放炮等异常现象。对于柴油发动机，发动机在各种工况下运转应稳定，不得有过热和异常燃烧、爆燃等现象，不应有异常响声；改变工况时应过渡平稳。

对于柴油发动机，当发动机转速超过额定转速时，断油控制装置正常有效。紧急停机装置在发动机整个运转过程中可靠有效，不得出现失控现象。

（b）起动性能。按 GB/T 18297 中的检验方法进行检验。

发动机在正常环境温度和低温 255K（−18℃）（柴油机为 263K（−10℃）时，都能顺利起动。允许起动 3 次。

（c）汽油机的怠速运转性能。在正常工作温度下，发动机怠速运转稳定，其怠速转速应符合原设计规定，并能保证向其他工况圆滑过渡

（d）汽油机的进气歧管真空度。在正常工作温度和标准状态下，发动机怠速运转时，进气歧管真空度符合原设计规定，其波动范围：

6 缸汽油发动机一般不超过 3kPa；4 缸汽油发动机一般不超过 5kPa。

（e）增压发动机的增压压力及温度。增压发动机的增压压力及温度应符合原设计规定。

（f）柴油发动机的调速率。按 GB/T 18297 中的检验方法进行检验。

柴油发动机稳定调速率应符合原设计规定

（g）机油压力。在规定转速下，发动机润滑系统工作正常，机油压力和机油温度应符合原制造厂维修技术要求，警示装置可靠有效。

（h）额定功率和最大转矩。按 GB/T 18297 中的检验方法进行检验。

在标准状态下，发动机额定功率和最大转矩不得低于原设计标定值的 90%。

环境温度在 288K～303K（15℃～30℃）范围内，海拔高度变化后，发动机额定功率可按公式（5-1）进行修正。

$$P_{修正}=P_{实测}/k \tag{5-1}$$

式中，$P_{修正}$——修正功率，kW；

$P_{实测}$——实测功率，kW；

k——不同海拔高度额定功率、最大转矩修正系数，见表 5-1。

最大转矩的修正方法、修正系数与额定功率的修正方法、修正系数相同。

表 5-1　　汽油机、柴油机在不同海拔高度额定功率、最大转矩修正系数

海拔高度/m	1000	2000	3000	4000	5000
汽油机修正系数 k	0.87	0.77	0.67	0.57	0.47
柴油机修正系数 k	0.93	0.85	0.77	0.69	0.61

（i）最低燃料消耗率和机油消耗量。按 GB/T 18297 中的检验方法进行检验。

最低燃料消耗率不得大于原设计标定值的 105%；机油消耗量符合原设计规定。

（j）排放性能。发动机排放装置应齐全有效，排放污染物限值应符合国家有关标准的规定。

（k）噪声。发动机的噪声应符合国家有关标准的规定。

（l）电子控制燃油 喷射系统。电子控制燃油喷射 系统技 术参数与性能应符合原制造厂维修技术要求。

（2）质量保证

① 承修单位应按要求对修竣发动机额定功率、最大转矩、燃料经济性进行检验，并达到本部分相应条款规定的要求。

② 发动机的装配过程中，要根据工艺要求进行过程检验并保持记录，过程检验合格的发动机进行下一步装配，装配完成后进行竣工检验，经竣工检验合格的发动机应签发合格证，并提供必要的技术文件。

③ 发动机维修技术资料应归档管理，包括发动机型号、编号、送修单位及送修人、维修过程中的更换件、维修部位、工时、人员、检验结果、判定依据和维修日期等。

④ 承修单位对大修竣工出厂的发动机应给予质量保证，质量保证期 自竣工出厂之日起，不少于半年或行驶里程为 20000km（以先到者为准）。送修方应按技术文件要求进行使用和维护。

2. 几种型式发动机大修工时与配件价格参照表

由于目前市场上汽车类型多种多样，发动机型式也各有不同，维修工时与配件价格因生产厂家、地域不同而有一定的差异，在进行维修成本核算时执行的标准也不是很一致，表 5-2、表 5-3、表 5-4 和表 5-5 所列内容仅供参考。

表 5-2　　汽车大修工时价格表

车型：广州本田 2.0　　（单位：元）

项 目 编 号	项 目 名 称	投标工时费	质保期（月/公里数）
DD001	发动机大修	1 440	50 000km
DD002	离合器大修	144	30 000km
DD003	变速箱大修	160	50 000km
DD004	后桥总成大修		
DD005	前桥总成大修	40	30 000km
DD006	制动系大修	120	30 000km
DD007	转向系大修	160	30 000km
DD008	全车喷漆	640	50 000km
DD009	车身大修	160	30 000km

表 5-3　　零配件报价及来源表

车型：广州本田 2.0　　（单位：元）

项 目 编 号	零配件名称	投标零配件价格	零配件来源
1	电子扇	105.8	原厂
2	发电机皮带	431.5	原厂
3	高压线	309.1	原厂
4	火花塞	30.9	原厂
5	节温器	77.2	原厂
6	起动机	2 594.4	原厂
7	气门室盖垫	100.4	原厂
8	汽油泵	1 904.4	原厂
9	水泵	524.4	原厂
10	水管	132.5	原厂
11	正时皮带	198.7	原厂
12	化油器	无	原厂
13	节气门	2 760	原厂
14	点火开关	99.3	原厂
15	喇叭	621.60	原厂
16	发电机	121.50	原厂
17	电动天线	155.3	原厂
18	雨刷器片	无	原厂
19	全车线	405.70	原厂
20	水温感应塞	93.8	原厂
21	汽油表浮子	2 014.80	原厂
22	水箱散热器	无	原厂
23	高压泵	618.2	原厂
24	机油泵	293.4	原厂
25	气缸垫	358.8	原厂
26	点火线圈	750.7	原厂
27	活塞环	4 968	原厂

表 5-4　　汽车大修工时价格表

车型：上海通用别克 2.5　　（单位：元）

项目编号	项目名称	投标工时费	质保期（月/公里数）
DD001	发动机大修	1 440	50 000km
DD002	离合器大修	144	30 000km
DD003	变速箱大修	160	50 000km

续表

项目编号	项目名称	投标工时费	质保期（月/公里数）
DD004	后桥总成大修		
DD005	前桥总成大修	40	30 000km
DD006	制动系大修	120	30 000km
DD007	转向系大修	160	30 000km
DD008	全车喷漆	640	50 000km
DD009	车身大修	160	30 000km
DD010	车架大修		

表 5-5　零配件报价及来源表

车型：上海通用别克 2.5　（单位：元）

项目编号	零配件名称	零配件编号	投标零配件价格	零配件来源
1	电子扇		767	原厂
2	发电机皮带		118	原厂
3	高压线		248.2	原厂
4	火花塞		54.5	原厂
5	节温器		78.9	原厂
6	起动机	12586764	372.2	原厂
7	气门室盖垫		95.9	原厂
8	汽油泵		1 184.4	原厂
9	水泵	93284724	248.2	原厂
10	水管		67.7	原厂
11	正时皮带		无	原厂
12	化油器		无	原厂
13	节气门		936.2	原厂
14	尾灯	771026872	490.7	北京备品库
15	发电机	5492068	1 466.4	原厂
16	电动天线		208.7	原厂
17	雨刷器片		56.4	原厂
18	全车线	9035941	3 102	原厂
19	水温感应塞		67.7	原厂
20	汽油表浮子		1 184.4	原厂
21	喷油头		253.8	原厂
22	水箱散热器		879.8	原厂
23	高压泵		无	原厂
24	机油泵		490.6	原厂

续表

项目编号	零配件名称	零配件编号	投标零配件价格	零配件来源
25	气缸垫		129.7	原厂
26	点火线圈		321.4	原厂
27	活塞环		231.2	原厂

二、工作方案制订

学生需根据任务工单进行相关资讯并进行课前的自主学习，针对任务实施前的维修工具及材料准备、实施中的小组人员分工安排以及任务实施操作步骤等制订方案计划，如表 5-6 所示。

表 5-6　工作方案计划表

工作项目/任务	发动机大修经济成本预估
人员分工	
时间安排	
设备、材料及维修工具准备	
任务实施操作步骤	

三、工作组织实施

步骤 1：查阅发动机大修过程检验单（见表 5-7），统计需要更换的零部件，查找相关报价表。

表 5-7　发动机大修过程检验单

进厂编号		厂牌车型		牌照号码	
发动机编号		施工日期		主修人	
主要零部件换修记录					
部件名称	续用	更换	修理	加大缩小	
气缸体					
气缸盖					
气缸套					
进、排气歧管					
活塞					
曲轴					
曲轴轴承					
连杆轴承					
凸轮轴					
凸轮轴轴承					
气门					
气门导管					
正时皮带（齿轮）					

续表

进厂编号		厂牌车型		牌照号码	
发动机编号		施工日期		主修人	

气缸直径检验记录/mm

气缸直径	1 缸		2 缸		3 缸		4 缸		5 缸		6 缸	
	纵	横	纵	横	纵	横	纵	横	纵	横	纵	横
上部												
中部												
下部												
圆度												
圆柱度												

活塞连杆组检验记录/mm

活塞直径	1 缸	2 缸	3 缸	4 缸	5 缸	6 缸
横向						
纵向						
活塞环（开口）						
活塞质量/g						
活塞、连杆组质量/g						
活塞与缸壁间隙						

曲轴与轴承检验记录/mm

曲轴		1	2	3	4	5	6	7
主轴径	圆度							
	圆柱度							
连杆轴径	圆度							
	圆柱度							
主轴径与轴承配合间隙								
连杆轴径与轴承配合间隙								
曲轴端隙								

凸轮轴及轴承检验记录/mm

凸轮轴	1	2	3	4
轴径直径				
轴径与轴承配合间隙				
凸轮升程				

备注：

过程检验员：________　　　　　　　　　　____年___月___日

步骤 2：按照表 5-8，进行发动机大修成本的初步核算。维修人员只需要大致计算维修工时费用、更换零部件成本费用等维修过程的基本成本。

表 5-8　　　　　　　　　　　　维修估价单

车牌号：＿＿＿＿＿＿ 车型：＿＿＿＿＿＿ 发动机号码：＿＿＿＿＿＿ 车架号码：＿＿＿＿＿＿

联系人：＿＿＿＿ 地址：＿＿＿＿＿＿＿＿ 电话：＿＿＿＿＿＿ 传真：＿＿＿＿＿＿

入厂时间：＿＿＿＿ 年＿＿月＿＿日　　预计出厂时间：＿＿＿＿年＿＿月＿＿日

维修项目	工时费	换件项目	数量	单位	单价	金额

备注：	接 待 员		保险公司	签　名
	估 价 人		经 办 人	
	估价日期		经 办 人	
	工 时 费		审　批	
	配 件 费		车方代表	
	合　计	万　仟　佰　拾　圆　角　分		

说明：①本估价单有效期为＿＿＿＿天；②如蒙惠顾请先付订金＿＿＿＿%；③本估价单内未列项目，如须修理，另追加计费；④车辆在本公司修理，若非人力所能抗拒之事发生，本厂恕不负责；⑤本估价单是根据客户要求进行估价，如该车未在本厂修理请支付估价费；计费方式按总价的＿＿＿%计费；⑥车上贵重物品请自行保管，本厂恕不负责保管；⑦报价内容仅供参考，结算时以实际维修费用为准。

四、工作质量评价

将发动机大修经济成本预估的工作质量评价填入表 5-9 中。

表 5-9　　　　发动机大修经济成本预估工作质量评价表

质量评价项目/任务	发动机大修经济成本预估		
	质量评价要点及要求	分值	评分
礼仪态度	① 迅速出迎并且礼貌地问候客户	4	
	② 自我介绍	4	
	③ 确认客户的姓名并在交谈中使用	4	
	④ 微笑，眼睛看着对方礼仪态度	4	
	⑤ 保持 1m 左右的安全距离	4	

续表

质量评价项目/任务	发动机大修经济成本预估		
	质量评价要点及要求	分值	评分
沟通技巧	① 耐心倾听客户需求	5	
	② 询问：注意获得并记录信息	5	
	③ 交谈：注意音量、清晰度，要有礼貌，注意语速和停顿	5	
	④ 归纳	5	
大修经济成本预估	① 能正确、完整填写发动机大修过程检验单	12	
	② 能正确制作、填写汽车大修成本预估单	12	
	③ 大修过程中更换零部件统计完全	8	
	④ 大修过程各项目的工时认定准确	8	
	⑤ 更换零部件及工时价格计算正确	10	
	⑥ 大修成本预估偏差小	10	
合　计		100	

五、考核建议与结果展示

1. 考核建议

关于本任务的考核与评价，应该侧重以下几点。

① 基本成本组成的合理性。
② 大修过程检验单填写的合理性。
③ 任务实施后的总结报告质量。

2. 学生应展示的结果

① 大修过程检验单。
② 维修成本预估清单。
③ 任务实施总结报告。

3. 思考与练习

① 发动机大修应该遵循哪些原则？
② 维修成本应该包含哪些内容？
③ 结合实际情况，讨论如何从经济的角度为客户进行发动机大修。

六、知识与思维拓展

汽车大修竣工出厂技术标准（国家标准 GB/T 3798.1～2—2005）

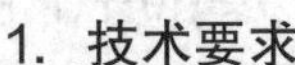

1. 技术要求

（1）基本要求

① 整车外观应整洁、完好、周正，附属设施及装备应齐全、有效。

② 主要结构参数应符合原设计规定，由修理改变的整备质量，不得超过新车出厂额定值的3%。

③ 左右轴距差不得大于原设计轴距的1/1000。

④ 各部运行温度正常，各处无漏油、漏水、漏电、漏气现象。

⑤ 各仪表运行正常，指示正确。

⑥ 发动机、底盘等各总成均应按原设计规定喷（涂）漆。

⑦ 润滑及其他工作介质的使用要求：

（a）各滑脂（油）嘴应装配齐全、功能有效，各总成应按原设计规定加足润滑剂；

（b）动力转向装置、变速器、分动器、主减速器、液力传动装置、发动机冷却系统、气压制动防冻装置、液压制动装置、空调冷媒、风窗清洗装置等均应按原设计要求，加注规定品质与数量的介质。

⑧ 各总成与车架联结部位的支撑座、垫应齐全，固定可靠。

⑨ 全车所有螺栓、螺母应装配齐全，锁止可靠。关键部位螺栓、螺母的扭紧顺序和力矩应符合原制造厂维修技术要求；一般紧固件应牢固可靠，不得有松动、缺损现象。一次性锁止螺栓不得重复使用。

⑩ 各铆接件的结合面应贴合紧密；铆钉应充满钉孔、无松动；铆钉头不能有裂纹、缺损或残缺现象；不得用螺栓连接代替铆接。

⑪ 各焊接部位应按规定焊接，焊缝应平整、光滑；不应有夹渣、裂纹等焊接缺陷。

⑫ 影响汽车行驶安全的转向系、制动系和行驶系的关键零部件，不得使用修复件。

⑬ 对有关悬挂减振系统的大修作业，不应改变其原车的平顺性能指标。

（2）各总成机构要求

① 发动机要求。发动机应符合 GB/T 3799.1 和 GB/T 3799.2 的规定。

② 转向操纵机构要求。

（a）转向盘应转动灵活、操纵轻便，无异响，无偏重或卡滞现象。转向机构各部件在汽车转向过程中不得与其他部件相干涉。

（b）转向盘应能自动回正，具有稳定的直线行驶能力。在平坦的道路上行驶不得有摆振或其他异常现象，曲线行驶时不得出现过度转向。

（c）转向盘的最大自由转动量，应符合 GB 7258 中有关条款的要求。

（d）汽车转向轮的横向侧滑量，应符合 GB 7258 中有关条款的要求。

（e）车轮定位、最大转向角应符合原设计规定。

（f）转向节及臂，转向横、直拉杆及球销应无裂纹和损伤；并且球销不得松旷，横、直拉杆不得拼焊。

③ 传动机构要求。

（a）离合器接合平稳、分离彻底、操作轻便、工作可靠，不得有异响、打滑或发抖现象；踏板力不大于 300N。

（b）离合器踏板的自由行程、有效行程应符合原设计规定；动作时不应与其他非相关件发生干涉，放松踏板能迅速回位。衬套与轴的配合应符合原制造厂维修技术要求。

（c）手动变速器及分动器应换挡轻便、准确可靠；互锁和自锁装置有效，不得有乱挡和自行跳挡现象；运行中无异响；正常工况下不过热。

（d）自动变速器的操纵装置除位于P、N外的任何挡位，发动机均应不能起动；当位于P挡时，应有驻车锁止功能；车辆行驶中能按规定的换挡点进行升、降挡；换挡平顺、不打滑，无冲击、无异响。正常工况下不过热。

（e）传动轴及中间轴承应工作正常，无松旷、抖动、异响及过热现象。装备有缓速器的车辆，缓速器应作用正常有效，缓速率应符合原设计要求。

（f）主减速器、差速器和轮边减速器应工作正常，无异响，正常工况下不过热。

④ 行走机构要求。

（a）车轮总成的横向摆动量和径向跳动量应符合GB 7258中有关条款的要求。

（b）最大设计车速不小于100km/h的汽车，车轮应进行动平衡试验，其动不平衡质量应不大于10g。

（c）汽车装用的轮胎应与其最大设计车速相适应。

（d）轮胎胎冠和胎侧不得有足以暴露出轮胎帘布层的破裂或割伤。

（e）轮胎胎冠上的花纹深度应符合GB 7258中有关条款的要求；同轴上装用的轮胎型号、品种、花纹应一致；汽车转向轮不得装用翻新轮胎；轮胎气压应符合原设计规定；用滚型工艺制作的轮惘损坏后必须换装相同的轮辆。

（f）转向节与衬套的配合及轮毂轴承预紧度应符合原制造厂维修技术要求。

（g）非独立悬架式车辆，转向节与衬套的配合，轴颈与轴承的配合，轴承预紧度调整符合原制造厂维修技术要求，无异响，正常工况下不发热；减震器、钢板弹簧，作用良好、有效，无异响；各部连接杆件不松旷。

（h）独立悬架式车辆，转向节上下球销不松旷；轴承与轴颈的配合，轴承预紧度调整符合原制造厂维修技术要求，无异响，正常工况下不发热；减震弹簧、扭杆弹簧、气囊弹簧、减震器，作用正常有效，无异响；各部连接杆件衬套、球销、垫片，齐全不松旷。

⑤ 制动机构要求。

（a）汽车在行驶中无自行制动现象。

（b）采用气压制动的汽车，制动系统的装备及其性能应符合GB 7258中有关条款的规定。

（c）制动系装备的比例阀、限压阀、感载阀、惯性阀或制动防抱死装置，应工作正常有效。

（d）装有排气制动的柴油车，当排气制动装置关闭3/4行程时，联动机构应使喷油泵完全停止供油；而当排气制动装置开启时，又能正常供油。

（e）制动踏板的自由行程、有效行程应符合原设计规定。动作时不应与其他非相关件发生干涉，放松踏板能迅速回位。衬套与轴的配合应符合原制造厂维修技术要求。采用液压制动的汽车踏板行程应符合GB 7258中有关条款的规定。

（f）驻车制动操纵杆的有效行程应符合原设计规定。动作时不应与其他非相关件发生干涉。衬套与轴的配合应符合原制造厂维修技术要求。

⑥ 车身、车架、驾驶室要求。

对于载客汽车：

（a）车身应符合GB/T 5336的规定。

（b）车身、保险杠及翼子板左右对称，各对称部位离地面高度差不大于10mm。

对于载货汽车：

（a）车架纵梁上平面及侧面的纵向直线度公差，在任意1000mm长度上为3mm，在全长上为其长度的1‰。

（b）车架总成左、右纵梁上平面应在同一平面内，其平面度公差为被测平面长度的1.5‰。

（c）车架分段（前钢板前支架销孔轴线—前钢板后支架销孔轴线—后钢板前支架销孔轴线—后钢板后支架销孔轴线）检查，各段对角线长度差不大于5mm。

（d）驾驶室、货厢应平整完好，无变形、裂损、锈蚀等缺陷。货厢边板、铰链应铰接牢固、 启闭灵活。

（e）驾驶室总成采用翻转机构的，行驶中应无异响，减震有效：翻转轻便灵活，翻转角度符合原设计规定；定位及锁止机构，可靠、完整、有效。隔热隔震措施有效，符合原设计规定。

（f）驾驶室座椅可调节部位，应调节灵活，锁止有效。

（g）驾驶室、货厢、保险杠及翼子板左右对称。各对称部位离地面高度差：货厢不大于 20mm，其他不大于 10mm。

（h）货厢边板和底板应平整完好；左、右边板应平行，其高度差不大于 10mm，边板关闭后，各边缝隙不应超过 5mm；货厢铰链支架及锁钩应按原设计修配齐全、有效。

（i）备胎架安装牢固可靠、操纵灵活。

（j）发动机罩应无裂损变形，盖合严密，附件齐全有效、灵活可靠，支撑牢固。

（k）后视镜成像清晰，调节灵活，支架无裂损及锈蚀，安装牢固；刮水器工作可靠，有效刮水面达到原设计要求。

（l）内、外装饰件外观应平顺贴合，紧固件整齐牢固；电镀、铝质装饰件应光亮，无锈斑、脱层、划痕。

（m）可开启式门窗应开闭轻便、关闭严密、锁止可靠、合缝均匀，不松旷；门把、玻璃升降器齐全完好、灵活有效。

（n）门窗玻璃应符合 GB7258 有关规定的要求。

（o）门窗及防尘、防雨密封设施应齐全、完好。

⑦ 照明和信号装置及其他电气设备要求。

（a）全车电气线路应布置合理、连接正确；线束包扎良好、牢固可靠；线束通过孔洞处应有防护设施，且距离排气管不小于 300mm；导线规格及线色符合规定，接头牢固、良好；保险丝、熔断线及继电器的使用应符合原设计规定； 裸露的电气接头及电气开关应距燃油箱的加油口和通气口 200mm 以上。

（b）灯光、信号、电器设备等及其控制装置应齐全有效，各元器件性能良好，工作正常，符合原设计要求。

（c）前照灯光束的照射位置和发光强度应符合 GB 18565 中有关条款的规定。

（d）装备有空调系统的载客汽车空调性能应符合原设计要求。

（e）装备有其他与制动、行车安全有关的电子控制系统的元器件，应按原设计装备齐全， 监控有效、正常。电子控制装置（ECU）应无故障码显示。

（f）蓄电池外观应整洁、安装牢固，桩头完好、正负极标志分明，桩卡头及搭铁线连接牢实；电解液密度、液面高度及电压差应符合规定。

（3）主要性能指标要求

① 动力性要求。台架测试汽车额定转矩转速下的驱动轮输出功率应符合 GB/T 18276 的规定。

环境温度在 288K～303K（15℃～30℃）范围内，海拔高度变化后，驱动轮输出功率可按公式（5-2）进行修正。

$$P_{修正}=P_{实测}/k \tag{5-2}$$

式中，$P_{修正}$——修正功率，kW；

$P_{实测}$——实测功率，kW；

k——不同海拔高度额定功率、最大转矩修正系数，见表 5-10。

表 5-10 不同海拔高度额定功率、最大转矩修正系数

海拔高度/m	1000	2000	3000	4000	5000
汽油机修正系数 k	0.87	0.77	0.67	0.57	0.47
柴油机修正系数 k	0.93	0.85	0.77	0.69	0.61

② 经济性要求。汽车大修走合期满后，每百公里燃料消耗量不得大于该车型原设计规定的相应车速等速百公里燃料消耗量的 105%。

③ 排放性能要求。各种排放控制装置应齐全、有效，汽车的排放指标应符合国家标准的要求。

④ 制动性能要求。

（a）试验台或道路检验制动性能，应符合 GB 18565 中有关条款的规定。

（b）制动系装有比例阀、限压阀、感载阀、惯性阀或制动防抱死装置的，在试验台上达不到规定制动力的车辆，应以满载路试的检验结果为准。装用 ABS 的汽车的制动性能应符合国家标准的规定。

⑤ 滑行性能要求。滑行性能应符合 GB 18565 中有关条款的规定。

⑥ 转向轻便性要求。转向轻便性应符合 GB 18565 中有关条款的规定。

⑦ 汽车噪声要求。

（a）车内噪声应符合 GB 7258 的有关规定。

（b）车外噪声应符合 GB 1495 的有关规定。

⑧ 喇叭声级要求。应符合 GB 7258 的有关规定。

2. 质量保证

（1）大修竣工出厂的汽车，经检验合格，应签发“汽车大修出厂合格证”及有关技术文件。

（2）承修单位对大修竣工的汽车应给予质量保证，质量保证期自出厂之日起，不少于半年或行驶里程不少于 20000km（以先到者为准）。

任务二 发动机大修作业后的验车交付

【任务说明】

车辆发动机大修结束后，维修质量检验人员需要检验车辆是否符合发动机大修竣工标准（国家标准 GB/T 3799.1～2—2005）。大修后的发动机，其技术状况和使用性能必须达到规定的技术标准。整车检查和车辆发动机相关联的其他附属设备，如空调的制冷效果、动力系统的各个油液等是否达标，底盘系统是否安装调校，车轮定位、车辆的行驶性能是否达标等。最后整理清洁车辆内外，准备交车。组织本任务实施的导向图如图 5-3 所示。

【知识要求】

① 具有汽车维修基础知识。

② 掌握汽车构造基本知识。

③ 具有计算机操作相关知识。

④ 理解汽车发动机大修标准与工艺流程。

⑤ 了解发动机大修后验车流程与车辆交付过程。

【能力要求】

① 能够参考相关标准检验发动机大修后质量。

② 能够查阅相关标准和技术资料。

③ 能够准备好车辆交付的一切必要手续，并通知客户。

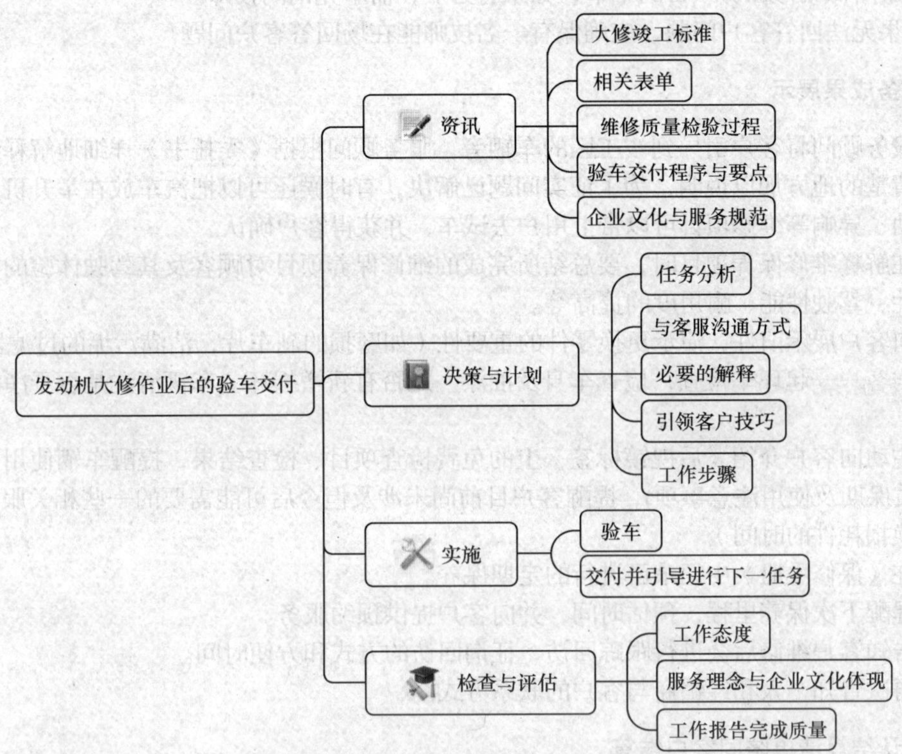

图 5-3　组织验车交付任务实施的导向图

【职业素养】

① 细心观察事物、细致分析整体工作过程。

② 积极与客户交流与沟通。

③ 知识与实践相结合，举一反三。

一、资讯

验车相关的汽车构造相关知识前面已经学习过，下面主要就交车相关知识进行说明。

1. 交车前准备

（1）检验员或维修技师将委托单和钥匙交原经手的服务顾问。如果原服务顾问因故由其他服务顾问交接，应与顾客说明，并且服务顾问间应有合适的交接说明。

（2）服务顾问根据委托单等进行验收，确定所有维修项目和之前承诺的免费维修项目都已完成，舒适配置恢复接车状态。

（3）按照后视镜标签上的检查项目进行交车前的检查（终检），确保车辆内外都已清洗干净。

（4）填制后视镜标签。注明下次保养日期，签字后将《后视镜标签》悬挂在车辆后视镜下。

（5）所有检查完成后，根据《委托书》打印结算清单。

（6）服务顾问在系统中输入信息，让在客户休息室的客户能够在LCD屏幕上能看到该车已竣工的提示信息。

（7）在展示维修成果前，服务顾问要做好准备，展示专业性。

① 了解所做维修保养项目的细节，如果有必要，需事先询问技师。

② 如果无法回答客户问题，应确保有一名技师能在场回答客户问题。

2. 服务成果展示

（1）服务顾问将客户引导到竣工区的车辆旁，服务顾问根据《委托书》详细地解释维修项目，对用户不清楚的地方加以说明，为了证实问题已解决，有时候还可以把汽车放在举升机上，对于一些涉及震动、异响等维修项目可以带上用户去试车，并获得客户确认。

（2）在解释维修保养项目时，要总结所完成的维修保养项目对顾客及其驾驶体验的好处，包括车辆安全性、驾驶性能、耐用度的提高等。

（3）向客户展示旧件，演示更换零件的重要性（如磨损的刹车片，沾满污垢的过滤器等）。

（4）与客户一起环车检查，检查车身及油漆，是否有新增损坏，车辆清洗是否干净，内饰是否整洁。

（5）主动向客户介绍《后视镜标签》上的免费检查项目、检查结果，提醒车辆使用中的注意要点（配件质保期及使用注意事项），提醒客户目前尚未涉及但今后可能需要的一些相关服务（需要提醒客户更换损耗件的时间）。

（6）在《保修手册》中记录已进行的定期保养。

（7）提醒下次保养里程，预估时间，并向客户提供预约服务。

（8）告知客户维修后会进行跟踪回访，征询回访的方式和方便时间。

（9）再次告知个人和经销商与客户的联系方式。

3. 确认结算清单陪同客户结算

（1）主动向客户解释结算清单上的维修项目及费用。

（2）当实际发生的费用与预估金额不同时，应向客户做出清楚、合理的解释。

（3）询问客户对维修项目及费用是否认可，如果有异议，应耐心解答。如果客户没有异议，则请客户签字确认，同时卸下三件套。

（4）服务顾问陪同客户到结算处结算付费，并为客户打印电子出门凭证。

4. 车辆交付、送别客户

（1）结算后，服务顾问再次将客户送至车旁，把行驶证和汽车钥匙交还客户，与客户握手道别。

（2）客户驶出主通道，将出门证交给门卫，门卫进行扫描。

（3）送别客户后，服务顾问将任务委托书及时整理存档，为日后的回放和服务打好基础。

二、工作方案制订

学生需根据任务工单进行相关资讯并进行课前的自主学习，针对任务实施前的维修工具及材料准备、实施中的小组人员分工安排以及任务实施操作步骤等制订方案计划，如表5-11所示。

表 5-11　　工作方案计划表

工作项目/任务	发动机大修作业后的验车交付
人员分工	
时间安排	
设备、材料及维修工具准备	
任务实施操作步骤	

三、工作组织实施

大修车辆的验车交付所需要的知识，读者已经基本具备，重点是任务完成的步骤与过程和如何认真、完整、准确地填写发动机大修竣工检验单（见表 5-12）。汽车维修企业的质检员岗位要完成这项工作任务，建议按以下步骤进行。

表 5-12　　发动机大修竣工检验单

<table>
<tr><td>进厂编号</td><td></td><td>厂牌车型</td><td></td><td colspan="2">车牌照号码</td><td colspan="2"></td></tr>
<tr><td>发动机编号</td><td></td><td>竣工日期</td><td></td><td colspan="2">主修人</td><td colspan="2"></td></tr>
<tr><td colspan="8">发 动 机 外 观、装 备 及 性 能</td></tr>
<tr><td>检验内容及结果：</td><td colspan="7">检查内容及结果</td></tr>
<tr><td>发动机外观：</td><td colspan="7">怠速转速（r/min）</td></tr>
<tr><td>喷（涂）漆：</td><td colspan="7">运转状况：
怠速：　中速：　高速：　加速及过度：</td></tr>
<tr><td>四漏检查：
油：　水：　电：　气：</td><td colspan="7">发动机异响：</td></tr>
<tr><td>螺栓螺母：</td><td colspan="7">机油压力/MPa
怠速：　　高速：</td></tr>
<tr><td rowspan="4">润滑油：</td><td colspan="7">气缸压力/MPa</td></tr>
<tr><td>1</td><td>2</td><td>3</td><td>4</td><td>5</td><td>6</td><td>7</td></tr>
<tr><td></td><td></td><td></td><td></td><td></td><td></td><td></td></tr>
<tr><td colspan="7">气缸压力差/MPa</td></tr>
<tr><td>空气滤清器：</td><td colspan="7">调速率：</td></tr>
<tr><td>限速装置：</td><td colspan="7">排放污染物：</td></tr>
<tr><td>电控系统有无故障码显示：</td><td colspan="7">发动机噪声：</td></tr>
<tr><td rowspan="2">起动性能：</td><td colspan="7">额定功率/kW　　最大转矩/（N·m）</td></tr>
<tr><td colspan="7">发动机燃油消耗率/（g·（kW·h）$^{-1}$）</td></tr>
<tr><td colspan="8">备注：</td></tr>
</table>

竣工检验员：＿＿＿＿＿＿　　＿＿＿年＿＿月＿＿日

步骤 1：针对发动机大修的车辆，做定量检查。利用台架仪器检测车辆的输出扭矩、加速性能、制动性能、排气背压、尾气排放等发动机作业后的重要指标参数。

步骤 2：检查车辆在大修拆装过程中其他附属设备工况是否完好。例如，车辆制冷系统、动力转向系统、自动变速器油液、各个管路是否安装到位，有无泄漏等。

步骤3：检查底盘系统，调校车轮定位。

步骤4：按照有关规定，进行车辆路试。

步骤5：整车检查，例如，照明系统，车辆的行车电脑有无故障码存在等问题。

步骤6：完成以上作业，如果无问题，则可以整理清洁车辆，将更换下的零配件打包，以备客户查看；将车辆停置交车区域，锁闭车门，钥匙上交前台接待。

车间作业完毕。

四、工作质量评价

将发动机大修作业后的验车交付工作质量评价填入表5-13中。

表5-13 发动机大修作业后的验车交付工作质量评价表

质量评价项目/任务	发动机大修作业后的验车交付		
	质量评价要点及要求	分值	评分
礼仪态度	① 迅速出迎并且礼貌地问候客户	4	
	② 自我介绍	4	
	③ 确认客户的姓名并在交谈中使用	4	
	④ 微笑，眼睛看着对方礼仪态度	4	
	⑤ 与客户保持1m左右的安全距离	4	
沟通技巧	① 耐心倾听客户需求	5	
	② 询问：注意获得并记录信息	5	
	③ 交谈：注意音量、清晰度，要有礼貌，注意语速和停顿	5	
	④ 归纳	5	
发动机大修后验车交付	① 审核维修任务委托书的工作是否全部完成	10	
	② 对技工自检完毕的车辆进行质量检验	10	
	③ 填写质量保证卡	8	
	④ 交车前准备充分	8	
	⑤ 服务成果展示	8	
	⑥ 确认结算清单陪同客户结算	8	
	⑦ 车辆交付、送别客户	8	
合　　计		100	

五、考核建议与结果展示

1. 考核建议

关于本任务的考核与评价，应该侧重以下几点。

① 验车交付工作步骤是否有效把握并实施。

② 任务实施过程与细节把握。

③ 任务实施后的总结报告质量。

2. 学生应展示的结果

① 发动机大修竣工检验单。
② 任务实施方案。
③ 任务实施总结报告。

3. 思考与练习

① 发动机大修后检验的必要性与参考标准。
② 验车交付实施步骤与技巧。
③ 发动机大修竣工检验单内容如何确定。

任务三　发动机大修费用结算与客户回访

【任务说明】

验车交付后，维修接待还需要引领客户提车结账，解释维修内容、质量报告和发票内容；做好跟踪回访服务，更新客户档案以及车辆维修质量调查。组织本任务实施的导向图如图 5-4 所示。

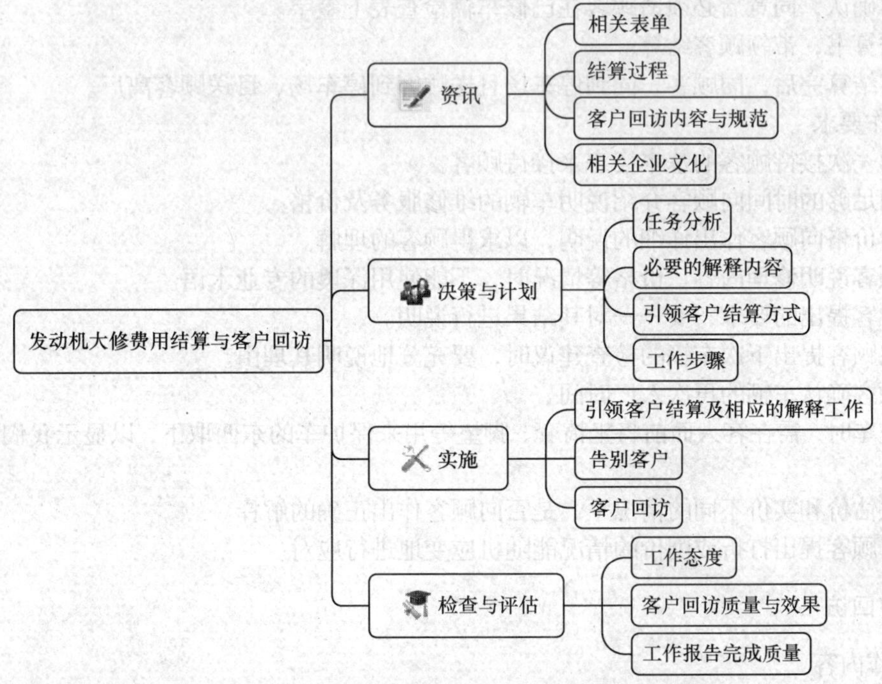

图 5-4　组织费用结算与客户回访任务实施的导向图

【知识要求】

① 具有汽车维修基础知识。

② 掌握汽车构造基本知识。

③ 具有计算机操作相关知识。

④ 了解发动机大修后费用结算流程与客户回访主要内容。

【能力要求】

① 能够引领客户进行费用结算、提车。

② 能够向客户解释维修内容，并推荐新业务。

③ 能够做好客户的跟踪回访，并及时更新客户档案。

【职业素养】

① 良好的语言表达能力与协调能力。

② 积极与客户交流与沟通。

③ 注重礼节，行为大方得体，善于与客户建立良好关系。

一、资讯

1. 费用结算

（1）工作内容

① 车辆检查完毕后作结算书。

② 准备好要交给顾客的结算书、旧零件、钥匙。

③ 向顾客出示结算书、修后检查表、施工单、报价单、零件出库单，针对左记事项进行说明。

④ 询问旧零件的处理方法，对照已检修的车辆说明修理的内容。

⑤ 顾客确认，同意后必须请顾客在已修车辆检查表上签字。

⑥ 持结算书，带领顾客结算。

⑦ 顾客结算完后，同顾客一同到停车场且送顾客到停车场、目送顾客离厂。

（2）工作要求

① 以第一次接待顾客的基本姿态来接待顾客。

② 利用足够的时间向顾客介绍说明车辆的维修服务及价格。

③ 针对价格向顾客作出详细的说明，以求得顾客的理解。

④ 向顾客说明修理内容、价格等情况时，不能使用深奥的专业术语。

⑤ 对顾客提出的要求，要一一对其结果进行说明。

⑥ 在向顾客提出下次车辆的检查建议时，要充分地说明其理由。

⑦ 向顾客确认车辆的再次入厂时间。

⑧ 在交车时，需在客人面前将坐椅套、脚垫等用来保护车的东西取下，以显示我们对顾客车辆的爱护意识。

⑨ 发生估价和实价不同的情况下，是否向顾客作出正确的解释。

⑩ 面对顾客提出打折或削价的情况能随机应变地进行应对。

2. 客户回访

（1）工作内容

根据档案资料，业务人员定期向客户进行电话跟踪服务。跟踪服务的第一次时间一般选定在客户车辆出厂二天至一周之内。

跟踪服务内容：询问客户车辆使用情况，对我公司服务的评价，告之对方有关驾驶与保养的知

识，或针对性地提出合理使用的建议，提醒下次保养时间，欢迎保持联系，介绍公司新近服务的新内容、新设备、新技术，告之公司免费优惠客户的服务活动。做好跟踪服务的纪录和统计。通话结束前，要致意："非常感谢合作！"

（2）工作要求

① 回访时，要文明礼貌，尊重客户，在客户方便时与之通话，不可强求。

② 回访时要有一定准备，要有针对性，不能漫无主题，用语要简明扼要，语调应亲切自然。

③ 要善于在交谈中了解相关市场信息，发现潜在维修服务消费需求。并及时向业务主管汇报。

二、工作方案制订

学生需根据任务工单进行相关资讯并进行课前的自主学习，针对任务实施前的维修工具及材料准备、实施中的小组人员分工安排以及任务实施操作步骤等制订方案计划，如表5-14所示。

表5-14　工作方案计划表

工作项目/任务	发动机大修费用结算与客户回访
人员分工	
时间安排	
设备、材料及维修工具准备	
任务实施操作步骤	

三、工作组织实施

车辆维修后的费用结算与客户回访，是树立良好企业形象的重要环节。此时，企业工作人员的主要工作是引领客户提车、交款，解释相关内容，并在交付结束后给客户善意的提醒。此任务各个汽车维修企业要求不一致，但大同小异，其基本步骤如下。

步骤1：解释本次维修的项目内容和最终质量报告、各个项目的收费情况及发票内容。

步骤2：引领客户进行财务结算。

步骤3：与客户说明下次需要维修的项目和必做的项目。

步骤4：陪同客户提车，如果有必要则陪同客户试车；客户满意后送别客户。

步骤5：及时跟踪回访客户，更新客户的基本信息，记录客户的意见和建议；了解车辆的情况，及时反馈车间技术人员。

在本步骤实施中，需要注意做到以下事项。

① 主动向客户推荐，并根据车间工作情况进行预约。

② 在客户到来之前准备预约工单和维修记录。

③ 按到达顺序接待客户。

④ 迎接及问候客户。

⑤ 注重个人仪表。

⑥ 注意谈话的方式。

⑦ 仔细倾听并认真记录客户的要求及对故障的描述。

⑧ 在客户面前对车辆进行系统的检测。

⑨ 诊断的正确性。

⑩ 主动推荐保养维修项目。

⑪ 向顾客提供价格与交车时间的估算。

⑫ 所开工单的精确性。

⑬ 跟踪与监控工作的进程。

⑭ 交车前进行检查。

⑮ 交车时对客户的关注。

⑯ 向客户解释维修项目以及更换零件的项目。

⑰ 向客户道别的方式。

⑱ 交车后的跟踪服务。

步骤 6：根据客户档案更新车辆的维修资料信息；及时与客户联系，提醒或预约下次来厂维修项目及时间。

四、工作质量评价

将发动机大修费用结算与客户回访工作质量评价填入表 5-15 中。

表 5-15　　发动机大修费用结算与客户回访工作质量评价表

质量评价项目/任务	发动机大修费用结算与客户回访		
	质量评价要点及要求	分值	评分
礼仪态度	① 迅速出迎并且礼貌地问候客户	4	
	② 自我介绍	4	
	③ 确认客户的姓名并在交谈中使用	4	
	④ 微笑，眼睛看着对方礼仪态度	4	
	⑤ 保持 1m 左右的安全距离	4	
沟通技巧	① 耐心倾听客户需求	5	
	② 询问：注意获得并记录信息	5	
	③ 交谈：注意音量、清晰度，要有礼貌，注意语速和停顿	5	
	④ 归纳	5	
大修费用结算与客户回访	① 是否介绍说明车辆的维修服务及价格	10	
	② 是否提出下次车辆检查建议并提醒下次来厂时间	10	
	③ 能否显示我们对顾客车辆的爱护意识	8	
	④ 是否陪同客户进行费用结算	8	
	⑤ 回访时是否有准备	8	
	⑥ 回访是否有针对性	8	
	⑦ 车辆交付、送别客户	8	
合　计		100	

五、考核建议与结果展示

1. 考核建议

关于本任务的考核与评价，应该侧重以下几点。

① 任务完成的过程。

② 任务实施后的总结报告质量。

2. 学生应展示的结果

① 任务实施方案。

② 任务实施总结报告。

3. 思考与练习

① 维修费用结算过程需要向客户解释的内容有哪些？

② 客户回访的主要目的与应该确定的主要内容有哪些？

任务四　发动机大修后的检查与维护

【任务说明】

车辆在大修后，发动机犹如全新的，需要一段磨合期。在这期间要注意提醒客户一些磨合期常识，如避免高速行驶、长途行驶、过载行驶、急加速、急减速等注意事项。在磨合期，车辆需要二次返厂做一些常规检查与维护保养作业，进而确定车辆的性能。组织本任务实施的导向图如图 5-5 所示。

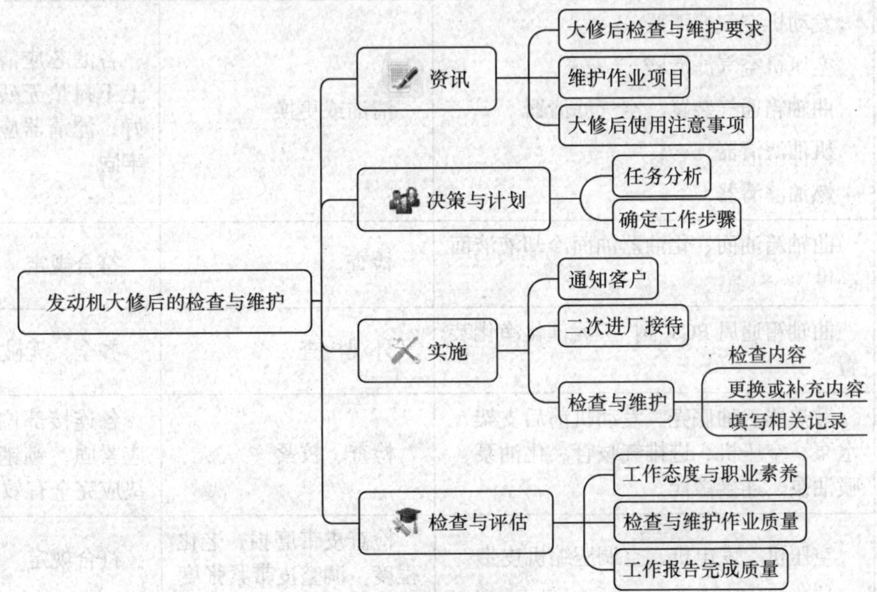

图 5-5　组织发动机大修后检查与维护任务实施的导向图

【知识要求】

① 具有汽车发动机维护与保养的基础知识。

② 掌握汽车构造基本知识。

③ 理解发动机大修后磨合期使用注意事项。

④ 理解汽车发动机大修后维护与检查作业项目与流程。

【能力要求】

① 能够完成发动机大修后维护与检查作业项目。

② 能够查阅相关标准和技术资料。

③ 能够根据检查结果确定大修后发动机性能，并告知客户。

【职业素养】

① 积极与客户交流与沟通。

② 能够耐心细致工作。

③ 实事求是，不隐瞒、不谎报。

一、资讯

1. 汽车发动机的一级维护

一级维护的周期一般按照汽车厂推荐或规定的行驶里程或使用时间进行，一级维护的间隔约 6 个月，里程为 7 500～15 000km，以行驶里程或使用时间先达到为准。发动机一级维护的基本作业项目如表 5-16 所示。

表 5-16　发动机一级维护的基本作业项目

序　号	项　　目	作 业 内 容	技 术 要 求
1	点火系统	检测、调整	工作正常
2	发动机空气滤清器 空压机空气滤清器 曲轴箱通气装置、空气滤清器 机油滤清器 燃油滤清器	清洁或更换	各滤芯应清洁无破损，上下衬垫无残缺，密封良好；滤清器应清洁，安装牢固
3	曲轴箱油面、化油器油面冷却液液面高度	检查	符合规定
4	曲轴箱通风 PCV 阀、三元催化净化装置	外观检查	齐全，无破损
5	散热器、油底壳、发动机前后支架、水泵、空压机、进排气歧管、化油泵、喷油泵、连接螺栓	检查、校紧	各连接部位螺栓、螺母应紧固，锁销、垫圈及胶垫应完全有效
6	空压机、发电机、空调压缩机皮带	检查皮带磨损、老化程度，调整皮带紧张度	符合规定

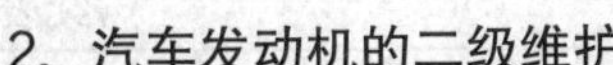

2. 汽车发动机的二级维护

二级维护是指汽车使用了30 000km或12个月后，应进行全面的检查和调整，以避免各种机械故障的发生，并保证汽车的安全性、动力性和经济性能达到使用要求。二级维护是对汽车进行一次较为彻底的技术维护作业，作业内容除一级维护作业内容外，以检查、调整为主，并拆检轮胎，进行轮胎换位。基本作业项目如表5-17所示。

表5-17 发动机二级维护的基本作业项目

序号	维护项目	作业内容	技术要求
1	发动机润滑油，机油滤清器	更换润滑油 视情更换机油滤清器	润滑油规格性能指标符合要求 液面高度符合规定 机油滤清器密封良好，无堵塞，完好有效
2	空气滤清器	清洁空气滤清器	空气滤清器有效，安装可靠 恒温进气装置真空软管安装可靠，进气转换阀工作灵敏、准确
3	燃油箱及油管 燃油滤清器 燃油泵	检查接头及密封情况 清洁燃油滤清器，并视情更换 检查燃油泵	接头无破损、渗漏，紧固可靠 燃油滤清器工作正常
4	燃油蒸发控制装置	检查、清洁，必要时更换	工作正常
5	曲轴箱通风装置	检查、清洁	清洁畅通，连接可靠，不漏气，各阀门无堵塞、卡滞现象，灵敏有效，符合规定
6	散热器、膨胀水箱百叶窗水泵、节温器传动皮带	检查密封情况、箱盖压力阀、液面高度、水泵 检视皮带外观皮带，调整皮带紧张度	散热器及软管无变形、破损及渗漏；箱盖接合表面良好，胶垫不老化，箱盖压力阀开启压力符合要求；水泵不漏水，无异响；节温器工作性能符合规定 皮带应无裂痕和过量磨损，表面无油垢，皮带紧张度符合规定
7	进气歧管、排气歧管、消声器、排气管、气缸盖	检查、紧固，视情补焊或更换 规定次序和扭紧力矩校紧气缸盖	裂纹、无漏气，消声器性能良好 扭紧力矩符合规定
8	增压器、中冷器	检查、清洁	符合规定
9	发动机支架	检查、清洁、紧固	连接牢固，无变形和裂纹
10	化油器及联动机构	清洁、检查、紧固	清洁，联动机构运动灵活，连接牢固，无漏油、气现象，工作系统和附加装置工作正常
11	喷油器、喷油泵	检查喷油器和喷油泵的作用，必要时检测喷油压力和喷油状况，视情调整供油提前角	喷油器雾化良好、无滴油、漏油现象，喷油压力符合规定 供油提前角符合规定

续表

序号	维护项目	作业内容	技术要求
12	分电器、高压线	清洁、检查	分电器无油污调整触点间隙在规定范围内，漏电现象，高压线性能符合规定
13	火花塞	清洁检查或更换火花塞，调整电极间隙	电极表面清洁，间隙符合规定
14	气门间隙	检查、调整	符合规定
15	电控燃油喷射系统供油管路	检查密封情况	密封良好，作用正常
16	三元催化转化器	检查三元催化转化器的作用，必要时更换	性能符和规定

3. 汽车发动机的日常维护

发动机日常维护作业内容如表5-18所示。

表5-18　　发动机日常维护作业内容

序号	作业内容
1	检查、补充发动机机油
2	检查、补充发动机冷却液
3	检查、补充燃油
4	检查并清除散热器的污物，拧紧软骨卡箍，及时更换老化的软管
5	检查、调整蓄电池液面高度或检查免维护蓄电池比重计显示情况
6	检查、调整发动机驱动皮带张紧度，检查其老化、断裂等损坏情况
7	起动发动机，检查发动机运转是否正常，听有无异响

4. 汽车发动机的常规维护

发动机是汽车各系统的动力源，保持发动机良好的技术状态是维护的重要目的之一。随着汽车技术的发展，发动机维护的内容越来越简单而且操作要求也越来越规范。发动机维护的主要内容是对润滑系统、冷却系统、空气滤清器和燃料系统等的检查、补充和更换，对V形皮带、火花塞等部件的检查、调整与更换，以及对气门间隙、怠速等项目的调整。

（1）润滑系统的维护

① 机油的检查。

（a）检查机油的油量。应在起动发动机之前或熄火10min后进行检查。检查之前应将车辆停放在平坦的场地上，将起动开关钥匙拧到关闭位置，把驻车制动杆放到制动位置，变速杆放到空挡位置。打开发动机舱盖，抽出机油尺，将机油尺用抹布擦净油迹后，插入机油尺导孔至限定位置，拔出查看。油位在上下刻线之间，即为合适。如果超出上刻线，应查出原因，视情处理；如果低于下刻线，可从加油口处添加，待10min后，再次检查油位。补充时应严格注意清洁并检查是否有渗漏现象。

（b）检查机油的质量。检查机油质量的常用方法有油迹对比法、黏度比较试验和化验法等。

用油迹对比法检验机油，取两片洁净的白纸，在纸上分别滴下同种新机油和正在使用的机油各

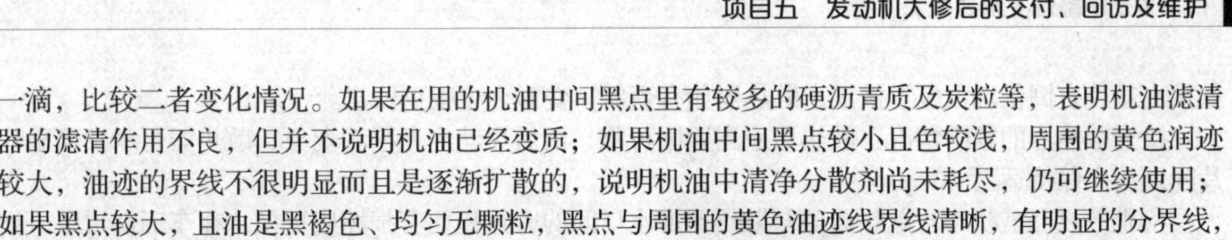

一滴，比较二者变化情况。如果在用的机油中间黑点里有较多的硬沥青质及炭粒等，表明机油滤清器的滤清作用不良，但并不说明机油已经变质；如果机油中间黑点较小且色较浅，周围的黄色润迹较大，油迹的界线不很明显而且是逐渐扩散的，说明机油中清净分散剂尚未耗尽，仍可继续使用；如果黑点较大，且油是黑褐色、均匀无颗粒，黑点与周围的黄色油迹线界线清晰，有明显的分界线，则说明其中清净分散剂已经失效，表明机油已变质，应及时更换，机油的更换还应按生产厂家的要求进行。

② 机油的更换。更换机油时，在冷车状态下放出机油盘和滤清器内的旧机油。有些车型的机油盘放油螺塞为磁性螺塞，待机油放净后，应将放油塞上吸附的铁屑清除干净后再拧上。如果有条件，更换机油时，最好使用真空换油设备，该装置可将旧机油吸出得比较干净。

③ 视需要清洗润滑油道。当放出的机油较脏时，应对润滑油道进行清洗。操作时，向发动机加入标准容量60%～80%的清洗油（稀机油或掺入20%柴油的机油）。起动发动机，怠速运转3～5min（切不可高速运转），停车一段时间，最后放净滤清器和机油盘中的清洗油，加入清洁的新机油。有条件的可以再换一次新机油。

④ 机油滤清器的更换。现代汽车上广泛采用全流式机油滤清器，这种滤清器具有滤清效果好，机油流动阻力小和使用方便等优点。其更换作业也非常简单，可按以下步骤进行。

更换滤清器的准备工作：首先将车架高，使放机油容易些，将油盆放到发动机油底壳的放油螺塞处，卸下放油螺塞，放干净机油。

拆装滤清器的滤芯：准备好同样的滤清器滤芯，先在滤芯的O形密封圈上涂抹一层机油，用滤清器扳手拆下滤清器滤芯，操作时注意不要让机油到处淌，以免弄脏发动机和操作环境，将新滤芯拧到规定的紧度，要防止因过度拧紧而损坏O形圈，造成漏油。

起动发动机，在怠速情况下，观察滤清器有无泄漏，如果有泄漏，应拆检油封胶圈，排除漏油现象。

⑤ 检查机油压力及报警机构工作状况。

⑥ 检查各系统是否有渗漏。检查发动机的管路部分及各个安装结合面的密封情况，发现有渗漏现象应予以排除。在处理结合面渗漏情况时，应尽量使用液体密封（即密封胶密封），以确保密封效果。检查各系统的软管，如果老化或破损应更换。

⑦ 排气系统和三元催化转化器的维护。检查排气系统泄漏情况：由于发动机废气高温氧化的作用，排气系统的管路、接口处（特别是消音器等）容易被腐蚀，接口垫易被冲坏。当排气系统出现泄漏时，发动机排气的噪声增加，废气排放容易超标。因此，在维护时应检查排气系统泄漏情况，发现泄漏应及时修理或更换泄漏的部件。

检查三元催化转化器：装有三元催化转化器汽车使用应注意以下事项。

（a）不能使用含铅汽油；

（b）不能在阻风门失效关闭的状态下运行；

（c）在车辆行驶中不能关闭点火开关；

（d）不能在不充电的情况下长时间运行；

（e）避免出现多次不易起动发动机的现象发生；

（f）不能在发动机断缸的情况下长时间运行；

（g）避免出现在起动发动机时加油过多“淹死”现象。

（2）冷却系统的维护

① 清洁并检查散热器外部及相关部件。清洁散热器外表，首先从外部查看散热器上、下水室及芯子，不得有渗漏现象，散热器框架不得有断裂和脱焊现象，然后用水从发动机舱向外冲洗散热器芯，清除其表面的灰尘和散热器片内的堵塞物。散热器芯上如果仍嵌有杂物，可用细钢丝进行清理。

如果水箱片有倒伏现象应予扶正，散热器如有歪斜、变形，应压平校正。

检查散热器的紧固情况：散热器应当紧固可靠，前后晃动应无松动现象；散热器与水泵风扇叶片间距离应保持适当。

检查散热器盖状态：散热器盖与散热器加水口间的密封垫如有损坏应更换。在车辆使用中，如果发现发动机出水管被吸瘪，则说明散热器盖的空气阀损坏，应检修或更换散热器盖。

检查膨胀水箱的连接管是否有漏气或堵塞现象，发现有漏气或堵塞现象应予排除，以防膨胀水箱的冷却液回不到水箱内。

检查管路老化情况，检查进、出软管有无老化、接头卡箍处有无渗漏等故障现象，发现软管老化时，应予更换；发现软管接头扣箍处有渗漏现象时，应拧紧卡箍或更换卡箍。

② 清洗冷却系统。如果冷却液变得浑浊或充满水垢，应将冷却液全部放掉并清洗冷却系统。

一般清洗：洗涤时，应放净旧冷却液，将发动机冷却系加满清洁水（自来水），起动发动机运转5min后放出。放出的水若比较浑浊，应重复上述步骤直至水清为止。

彻底清洗：当发动机散热性能不好、发动机冷却系水垢过多时，可使用专用的水箱清洁剂进行清洗。其操作步骤如下。

起动发动机，使其达到正常的工作温度后，停止发动机运转并放净冷却液，将混有清洗剂的清洗液加入到冷却系统中，起动发动机，加热到90℃并怠速运转20～30min，然后使发动机停止转动，放出清洗液，用清洁的水冲洗冷却系统5min后，将发动机内注满清洁的水，再起动发动机，使其运转10min，将水放出。如果排出的液体仍然较脏，应继续用清水反复清洗直到放出清水为止。

③ 检查节温器。从缸盖上拆下节温器壳，取出节温器，清洁节温器上的水垢等污物。检查节温器有无破损，如有破损应予更换。将节温器放在烧杯内的水面下，用铁丝将节温器吊在烧杯内，使之离烧杯底部20～30mm。缓慢加热，到节温器阀开阀温度，保持5min，检查节温器是否处于开阀状态，继续加热到节温器阀全开温度，保持5min，测定阀门行程。检查当水温降至关闭温度以下时，节温器阀是否关闭。

检查上述各项时，任何一项不符合规定要求，都应更换节温器。

④ 检查电动风扇的工作情况。测定电动风扇的起动温度，几种典型轿车发动机的风扇起动温度如下。

桑塔纳轿车：当散热器冷却液温度达到93℃～98℃时，电动风扇开始以低转速转动；当发动机负荷继续增加，冷却液温度上升至105℃时，电动风扇以较高的转速转动。

富康轿车：低挡工作温度为91℃～96℃，高挡工作温度为96℃～101℃。

捷达轿车：低挡工作温度为92℃～97℃，高挡工作温度为99℃～105℃。

测定电动风扇的停转温度，当冷却液温度下降时，电动风扇将从高挡降至低挡转动直至停止转动。当冷却液温度降至一定温度时，低挡风扇将停止转动，桑塔纳轿车为88℃～93℃，富康轿车为92℃，捷达轿车为84℃。

检查时，如果符合上述要求，电动风扇的工作情况正常，否则，应拆下修理或更换。

（3）空气滤清器的维护

① 清洁空气滤清器滤芯。松开滤清器锁扣，卸下固定滤芯的螺母，取下护盖后拔出滤芯，用抹布擦净空气滤清器壳内外部，检查滤芯的污染程度并进行清洁。当滤芯积尘为干燥的灰尘时，可用压力不高于500kPa的压缩空气，从滤芯内侧由内向外，上下均匀地沿斜角方向吹净滤芯内外表面的灰尘。如果没有压缩空气，可用起子柄轻轻敲打滤芯，扑打掉积尘。操作时，不得大力敲打或碰撞滤芯。在清洁时，如果发现滤芯损坏，应更换滤芯。正常使用的纸质滤芯应按规定间隔期更换。

② 检查清洁后的空气滤芯。将照明灯点亮后放入滤芯里面从外部观察有无损伤、小孔或变薄的

部分，检查橡胶垫圈有无损伤。如有异常，应更换滤芯和垫圈。

③ 更换空气滤清器滤芯。根据各车型的规定，进行更换。更换滤芯时，应注意检查新滤芯有无损伤或缺件，发现损伤应予更换，缺件应予配齐。

④ 空气滤清器的安装。滤芯清洁完毕后，按与拆卸相反的顺序，将各部件安装好。必须可靠地装好滤芯，不宜用手或器具接触滤芯的纸质部分，尤其不能让油类污染滤芯。

（4）燃料系统的维护

对使用电控燃油喷射系统的发动机，由于电控燃油喷射系统可靠性比较高，因此在对燃料系统进行维护时，如果没有异常，不要拆卸电控燃油喷射系统部件，仅对各部滤芯的脏污程度和各部件的电缆插头固定情况进行检查即可，其他部件不需要检修。

在使用化油器燃料系统的发动机上，汽油泵和化油器虽然工作任务繁重，但其可靠性比较高，一般也不易出现故障。只是在长期使用后，二者的滤网、油道和部分连接部分可能会发生脏污现象。因此，可以结合维护工作，对二者进行一般性的清洁、检查。对汽油泵的维护基本要求是保持清洁，避免无益的拆卸。

① 清除燃油系中滤网的沉淀物。松开汽油泵进油管接头，取出滤网，倒出滤网中的污物，在汽油中清洗并吹净滤网后，装回原处，拧紧油管。起动发动机，观察汽油泵有无渗漏现象，如果有渗漏现象应予以排除。

② 更换汽油滤清器。常见的小型汽油发动机车型普遍使用一次性整体式汽油滤清器。通常这种滤清器外壳是透明的，可以从外面看出滤芯的脏污程度，当滤芯脏污时，应更换滤清器。滤清器装复前应看清进出口位置，不得装反。

如果要进行清洗，应先从车上拆下汽油滤清器总成。清洗时，要按汽油流动方向逆向进行，这样做只能用于临时救急，事后必须更换滤芯。由于这种滤清器是不可拆式，若滤清器过脏，不易洗净，需要更换滤清器总成。

③ 汽油泵的检查。汽油泵在工作中，故障少、可靠性高，在对它进行维护时，如果发现汽油泵工作不正常时，应检修汽油泵。

从车上拆下汽油泵（注意汽油泵与发动机之间垫片的厚度），用汽油清洗阀门，清除腔壁及膜片上的沉积物，检查膜片是否完好，检查膜片固定螺母是否松动。发现膜片老化、裂纹等损坏现象时，应予更换；泵膜弹簧如有锈蚀、弹力减弱，影响泵油压力时，也应更换。

汽油泵装复时，泵体底座的小孔应保持清洁畅通，以便在使用中能及时发现泵膜裂纹、老化，防止因泵膜漏油，致使汽油流到曲轴箱内稀释润滑油；在汽油泵上下体装合时，应对称均匀地拧紧固定螺栓，并注意上体油管接头的方向。

汽油泵装复后，可放在油盆内作手压试验，如果喷油有力且成圆柱形，则表明泵工作性能良好。装回发动机时，应垫好垫片，将凸轮轴上的偏心轮凸起部分转到与汽油泵摇臂背离的位置，并将摇臂微向上倾斜靠在偏心轮上。

（5）皮带的检查、调整

发动机散热风扇、发动机、空调系统等很多附件都需要由曲轴通过皮带来带动工作，因此，皮带对发动机时至关重要的，皮带状态不好，发动机将无法正常工作。

① 检查皮带状况和紧张度。检查皮带有无损伤、剥落，皮带在断裂之前，皮带表面会出现龟裂的裂纹、磨损以及剥落等前兆现象。因此，应仔细观察，如出现上述现象应及时更换皮带。

检查风扇皮带的张紧度，风扇皮带张紧应适度。

② 调整 V 形皮带张紧度。调整 V 形皮带张紧度时，稍微拧紧发电机的固定螺栓后，将整个发电机向里或向外移位调整 V 形皮带的张紧度。调整后可靠地拧紧固定螺栓，操作时避免皮带受油脂污染，否则会引起滑磨而缩短使用寿命。

③ 更换 V 形皮带。当皮带表面出现龟裂的裂纹、磨损以及剥落等前兆现象或出现滑磨声（除皮带因松弛出现的滑磨声外）时，表示皮带可能会断裂，此时应更换皮带。

更换皮带时，先松开发电机的固定螺栓，将发电机向缸体方向移动，使皮带松弛，然后将皮带取下来。安装皮带时，按与拆卸相反的顺序操作即可。

④ 检查齿形皮带。齿形皮带用于曲轴和凸轮轴之间的传动工作，检查中如果发现齿形皮带有硬化、龟裂、剥落、磨损和纤维松散等损坏现象，必须更换齿形皮带。

检查齿形皮带张紧度，齿形皮带用张紧轮张紧。如果齿形皮带张紧度适中，在规定皮带张紧度检查位置处用食指和拇指可将齿形皮带翻转大约 90°，如果不符合要求应进行调整。

检查张紧轮状况，张紧轮如果出现异常的声音、运转不平稳以及摇晃时，说明张紧轮已损坏，必须更换。

（6）火花塞的检查与更换

① 拆卸火花塞。依次拆下火花塞上的高压分线，在拆下高压分线时，应做好各缸的记号，以免搞乱。在拆卸火花塞前，要清除火花塞座孔处的杂物和灰尘，然后用火花塞套筒逐一卸下各缸的火花塞。拆卸时要确保火花塞套筒套牢火花塞，否则，会损坏火花塞的绝缘磁体，引起漏电。卸下的火花塞应按顺序排好，并用布堵住火花塞孔，确保火花塞拆卸后，不会有杂物掉进气缸里，同时也应防止应发动机转动而将堵布吸入气缸。

② 检查火花塞。逐一检查火花塞电极，如果火花塞的电极呈现灰白色，而且没有积炭，则表明该火花塞工作正常；如果电极严重烧蚀或存有积炭，甚至有污迹或其他异常现象，则表明该火花塞可能有故障。检查火花塞的绝缘体，如有油污应清洗干净，磁芯如有损坏、破裂，应予更换。

③ 检查、调整火花塞电极间隙。火花塞的间隙应车型的不同而异，可以从随车手册中查到。如果找不到适当的依据，火花塞的电极间隙一般可按 0.7～0.9mm 调整。间隙过小，火花塞容易烧蚀；间隙过大，火花塞放电会变弱，甚至断火。

可用火花塞量规来测量火花塞间隙。如果没有量规，可用折断的钢锯来代替量规，进行测量，钢锯片一般为 0.6～0.7mm。

如果火花塞间隙过大时，可用起子柄轻轻敲打外电极来调整，但是要注意不要使外电极过度弯曲而损坏；如果间隙过小时，可用平口螺丝刀插入电极间，扳动螺丝刀把间隙调整到符合要求为止。

④ 更换火花塞。火花塞是汽车的消耗零件之一，普通火花塞使用寿命约为 15 000km，长效型使用寿命约为 30 000km。火花塞使用达到寿命时，电极的放电部分会烧蚀，因此，必须定期更换，否则会造成发动机起动困难、油耗增加、功率下降等。

⑤ 火花塞的安装。安装火花塞时，先用手抓住火花塞的底部，对准火花塞孔，慢慢用手拧上几圈，然后再用火花塞套筒拧紧。如果用手拧入感觉有困难或费力，应把火花塞取下来再试，千万不要勉强拧入，以免损坏螺纹孔。为使火花塞安装顺利，可在火花塞螺纹上抹上一点机油。

连接高压线时，要注意各缸线的顺序，不要插错。起动发动机，查看有没有严重的抖动或放炮声，若有，就说明各缸高压线排列错了，有乱缸故障，应重新排列高压线。

二、工作方案制订

学生需根据任务工单进行相关资讯并进行课前的自主学习，针对任务实施前的维修工具及材料准备、实施中的小组人员分工安排以及任务实施操作步骤等制订方案计划，如表 5-19 所示。

表 5-19　　　　工作方案计划表

工作项目/任务	发动机大修后的检查与维护
人员分工	
时间安排	
设备、材料及维修工具准备	
任务实施操作步骤	

三、工作组织实施

汽车发动机大修后进入磨合期，发动机的磨合期间，在车辆使用上有一定要求，维修人员应该非常认真的提醒客户，告知车辆在磨合期内使用的注意事项，并通知在磨合期结束后将要二次进厂进行发动机大修后的维护与检查作业，本任务完成建议实施以下步骤。

步骤 1：提醒客户车辆在发动机大修后需要注意的事项。

（1）避免超负荷行驶

汽车在大修磨合期内装载量不能超过额定载荷的 75%。在装载时应低于规定的载重量和人数，更不能超载。超载会加重发动机、变速器、传动系统、悬挂系统等部件的负担，加速磨损。一般而言，国产车不能超过额定载荷的 75%，进口车不能超过额定载荷的 90%。另外，为减少车身和动力系统的负荷，应选较平坦的行车路面，避免震动、冲撞和紧急制动。

（2）避免高速行驶

大修磨合期内有速度限制。一般而言，国产车为 40～70km/h，进口车一般在 100km/h 内。确保发动机转速和车速在中速工作，一般情况下，磨合期发动机转速应在 2 000～4 000r/min。忌跑长途，车在磨合期内跑长途，发动机连续工作的时间就会增加，易造成机件磨损。此外，驾驶时应及时换挡，避免高挡位低转速和低挡位高转速行驶。一般而言，各挡位时速控制在顶速 3/4 范围内。车在磨合期还应注意尽量不做紧急制动，力争做到慢起动，缓停车。

（3）使用优质汽油

在磨合期内使用的汽油不能低于厂家规定的标号，切勿添加抗磨损的油精，以免里程数已够而磨合不足。此外，正确调整点火系统和供油系统，可以解决因安装了限速片导致真空省油器产生变化的问题，提高磨合期的经济性。此外，正确合理的驾驶还包括起动时应轻踏缓抬离合器和加速踏板。起动后应低速运行，预热升温至 50℃～60℃等。

行驶过程中注意车辆仪表的各个指示灯，特别注意观察水温表温度、机油压力警示以及发动机故障灯等情况。

步骤 2：进行发动机大修后磨合期维护与检查作业。

新车、大修车以及装用大修发动机汽车的磨合期有以下几项规定。

① 磨合期里程为 1 000～3 000km。

② 在磨合期内，应减载限速行驶，避免全负荷和高转速，一般汽车按装载质量标准减载 20%～25%；禁止拖带挂车，半挂车按装载质量标准减载 25%～50%。

③ 在磨合期内，驾驶员必须严格执行操作规程，保持发动机正常工作温度。磨合期内严禁拆除发动机限速装置。

④ 磨合期内认真做好车辆日常维护工作，注意各总成在运行中声响和温度变化，及时进行调整。

⑤ 磨合期满后，应进行一次磨合期维护，其作业项目参照制造厂的要求进行。

⑥ 进口汽车按制造厂的磨合期规定进行，有些高级轿车按规定无磨合期。

汽车磨合期结束后，应及时将汽车送到厂家指定的维修站做磨合期维护。做此次维护的目的，一方面是对汽车进行全面的检查、紧固、调整和润滑作业，使汽车具有良好的行驶性能；另一方面也是生产厂家对汽车售后服务的信息反馈及身份认定。

发动机磨合期满后维护检查的主要作业项目如下。

① 更换发动机机油。

② 更换机油滤清器。

③ 检查发动机的泄漏情况。

④ 检查、补充发动机冷却系中的冷却液量。

⑤ 检查、调整发动机传动皮带张紧度。

⑥ 检查校正点火正时。

⑦ 检查、调整发动机尾气排放。

⑧ 检查有无异响等异常情况。

具体操作步骤与过程可参考前面相关内容，或参照车辆维护保养手册。

四、工作质量评价

将发动机大修后的检查与维护工作的质量评价填入表 5-20 中。

表 5-20 发动机大修后的检查与维护工作质量评价表

质量评价项目/任务	发动机大修后的检查与维护		
	质量评价要点及要求	分值	评分
发动机大修后磨合注意事项提醒	① 是否提醒客户大修磨合期内汽车装载量不能超过额定载荷的 75%	4	
	② 是否提醒客户大修磨合期内的车辆速度限制	4	
	③ 是否提醒客户磨合期内需使用优质机油并切勿添加抗磨剂	4	
	④ 是否提醒客户轻柔驾驶并注意仪表板的各种指示灯状况	4	
磨合期满检查维护作业	① 是否正确更换机油、机滤	8	
	② 是否正确检查发动机的泄漏情况	8	
	③ 是否正确检查、补充发动机冷却系中的冷却液量	8	
	④ 是否正确检查、调整发动机传动皮带张紧度	8	
	⑤ 是否正确检查校正点火正时	8	
	⑥ 是否正确检查、调整发动机尾气排放	8	
	⑦ 是否正确检查发动机有无异响等异常情况	8	
安全/环保意识	① 是否正确着装工作服	4	
	② 地面是否有机油滴漏	4	
	③ 是否用榔头敲击发动机及其零部件	4	
	④ 橡胶类零件是否粘油	4	
	⑤ 分解过程中是否有零件坠地	4	
	⑥ 操作过程是否有安全事故	8	
合　计		100	

五、考核建议与结果展示

1. 考核建议

关于本任务的考核与评价，应该侧重以下几点。

① 发动机大修后二次返厂检查和维护作业方案合理性与完整性。

② 发动机大修后二次返厂检查和维护作业能否完成。

③ 任务实施后的总结报告质量。

2. 学生应展示的结果

① 发动机大修后二次返厂检查和维护作业方案。

② 发动机大修后二次返厂检查和维护作业实施报告。

3. 思考与练习

① 发动机大修后二次返厂条件要求与目的是什么?

② 发动机大修后二次返厂检查和维护作业主要内容有哪些?

③ 简述发动机大修磨合期使用注意事项。

附录

发动机常用术语中英文对照表

UR　直列多缸排列发动机
V　V 形气缸排列发动机
B　水平对置式排列多缸发动机
WA　汪克尔转子发动机
W　W 形气缸排列发动机
Fi　前置发动机（纵向）
Fq　前置发动机（横向）
Mi　中置发动机（纵向）
Mq　中置发动机（横向）
Hi　后置发动机（纵向）
Hq　后置发动机（横向）
OHV　顶置气门，侧置凸轮轴
OHC　顶置气门，上置凸轮轴
DOHC　顶置气门，双上置凸轮轴
CVTC　连续可变气门正时机构
VVT-i　气门正时机构
VVTL-i　气门正时机构
ES　单点喷射汽油发动机
EM　多点喷射汽油发动机
SDi　自然吸气式超柴油发动机
TDi　Turbo 直喷式柴油发动机
ED　缸内直喷式汽油发动机
PD　泵喷嘴
D　柴油发动机（共轨）
DD　缸内直喷式柴油发动机
TA　Turbo（涡轮增压）
SFI　连续多点燃油喷射发动机
FSI　直喷式汽油发动机
engine　发动机
engine body　机体
crank-connecting rod mechanism　曲柄连杆机构
valve timing mechanism　配气机构
fuel supply system　供给系统
cooling system　冷却系统
lubricating system　润滑系统
ignition system　点火系统
starting system　起动系统
valve　气门
inline4　直列四缸
boxer engine　水平对置发动机
reciprocating 4 Stroke Cycle Engine　四冲程汽油机
diesel engine　柴油机
rotary engine　转子发动机
cylinder block　气缸体
cylinder liner　气缸套
connecting rod　连杆
crank shaft　曲轴
oil pan　油底壳
piston　活塞
piston pin　活塞销

piston ring　活塞环
balancer　平衡机构
cylinder head　气缸盖
intake valve/exhaust valve　进气门和排气门
valve seat　气门座
valve spring　气门弹簧
cotter　气门锁块
shim　气门间隙调节垫片
camshaft　凸轮轴
rocker arm　摇臂
swing arm　摇杆
timing belt　齿形皮带
valve lash adjuster　液压挺杆
valve timing　配气相位（气门开闭角度）
variable induction system　可变进气系统
fuel pump　汽油泵
inertia change　惯性增压
intake manifold　进气管
throttle valve　节气门
air cleaner　空气滤清器
fuel injection　汽油喷射系统
air flow meter　空气流量计
throttle body　节气门体
injector　汽油喷嘴
natural aspiration　自然进气
turbo charger　涡轮增压器
inter cooler　中冷器
knocking　爆燃
knock sensor　爆燃传感器
super charger　机械增压器
lubricant　润滑剂
pressure lubrication　压力润滑
splash lubrication　飞溅润滑
grease　润滑脂
oil pressure sensor　机油压力传感器
oil seal　油封
bypass valve　旁通阀
oil cooler　机油散热器
dip stick　机油尺
oil fille　加机油口
crankcase ventilation　曲轴箱通风
thermostat　节温器
anti-freezing liquid　防冻液
compensation reservoir　补偿水桶
V belt　V 带
shutter　百叶窗
big circulation　大循环
small circulation　小循环
fins　散热器片
heat value　热值
anti-knock property　抗爆性
Research Octane Number　辛烷值（RON）
coefficient of excessive air　过量空气系数
theoretical mixture　理论混合气
thin mixture　稀混合气
thick mixture　浓混合气
main supply system　主供油系统
idle system　怠速系统
thickening system　加浓系统
accelerating system　加速系统
float　浮子
float chamber　浮子室
needle valve　针阀
metering jet　量孔
filter cartridge　滤芯
aestos pad　石棉垫
pre-heating　预热
gasoline direct injection　汽油直接喷射
electronic control　电控
muti-point injection　多点喷射
single point injection　单点喷射
circuit control　电路控制
distributor signal　分电器信号
airflow signal　空气流量信号
water temperature signal　冷却水温信号

参考文献

[1] 全国汽车维修专项技能认证技术支持中心编写组．发动性能[M]．北京：教育科学出版社，2003.

[2] 全国汽车维修专项技能认证技术支持中心编写组．发动机械[M]．北京：教育科学出版社，2003.

[3] 戴士弘．职业教育课程教学改革[M]．北京：清华大学出版社，2007.

[4] 曹笔耕．汽车发动机修理技术160问[M]．上海：上海科学技术出版社，2002.

[5] 王凤军，吴东平．汽车发动机构造与维修[M]．北京：科学出版社，2007.

[6] 孙海波．汽油发动机维修技术300问[M]．北京：化学工业出版社，2008.

[7] 姜大源．当代德国职业教育主流教学思想研究[M]．北京：清华大学出版社，2007.

[8] 欧盟Asia-Link项目“关于课程开发的课程设计”课题组．学习领域课程开发手册[M]．北京：高等教育出版社，2007.

[9] 马东霄．汽车维修实训教材[M]．北京：人民邮电出版社，2002.

[10] 陈文华．汽车发动机构造与维修[M]．北京：人民交通出版社，2001.

[11] 刘文举．汽车发动机检修问答[M]．北京：人民邮电出版社，1998.

[12] 申荣卫．汽车电子技术[M]．北京：机械工业出版社，2003.

[13] 张西振．汽车发动机电控技术[M]．北京：机械工业出版社，2006.

[14] 李春明．汽车发动机燃油喷射技术[M]．北京：北京理工大学出版社，2005.

[15]《轿车故障速查丛书》编委会．本田雅阁系列轿车故障速查手册[M]．北京：中国标准出版社，2005.

[16]《轿车故障速查丛书》编委会．桑塔纳系列轿车故障速查手册[M]．北京：中国标准出版社，2005.

[17] 蔡伟维．ACCORD雅阁轿车故障检修图解[M]．四川：四川科学技术出版社，2006.

[18] 徐国庆．论职教课程中理论知识与实践知识的结合点[J]．中国职业技术教育，2004（13）.

[19] 李学锋．基于工作过程导向开发高职课程的“3343”模式[J]．中国职业技术教育，2008（19）.